Dorothee Obermann-Jeschke

Eugenik im Wandel: Kontinuitäten, Brüche, Transformationen
Eine diskursgeschichtliche Analyse

Edition des Duisburger Instituts für Sprach- und Sozialforschung im UNRAST-Verlag, Münster

Die Edition DISS wird im Auftrag des Duisburger Instituts für Sprach- und Sozialforschung herausgegeben von Gabriele Cleve, Margarete Jäger, Siegfried Jäger, Jobst Paul, Thomas Quehl, Alfred Schobert (†) und Iris Tonks.

Bibliographische Information der Deutschen Bibliothek
Die Deutsche Bibliothek verzeichnet diese Publikation in der Deutschen Nationalbibliografie; detaillierte bibliographische Daten sind im Internet über http://dnb.ddb.de abrufbar.

Bei dieser Publikation handelt es sich um eine von dem Fachbereich Gesellschaftswissenschaften der Universität Duisburg-Essen genehmigte Dissertation.

Datum der mündlichen Prüfung: 03. September 2007

Referent: Prof. Dr. Dankwart Danckwerts (Universität Duisburg-Essen)
Korreferent: Prof. Dr. Siegfried Jäger (Universität Duisburg-Essen)

Dorothee Obermann-Jeschke – Eugenik im Wandel: Kontinuitäten, Brüche und Transformationen. Eine diskursgeschichtliche Analyse
Edition DISS Bd. 19
1. Auflage, 2008
ISBN 978-3-89771-748-0

© UNRAST-Verlag, Münster
Postfach 8020, 48043 Münster – Tel. (0251) 66 62 93
info@unrast-verlag.de
www.unrast-verlag.de
Mitglied in der assoziation Linker Verlage (aLiVe)

Umschlag: Peter Heuer
Satzgestaltung: Andreas Hollender, Köln
Druck: Interpress, Budapest

Inhalt

Danksagung 9

I Einleitung 11
   1 Zur Brisanz der Fragestellung und zur Methodik der Arbeit 11
   2 Eugenik als Untersuchungsgegenstand 14
      Zur Bedeutung von Eugenik 14
      Eugenik im Kontext einer Rationalisierung und
      Ökonomisierung des Lebens 16

II Die Frage der Eugenik in der Debatte um die moderne Humangenetik 20
   1 Das Eugenikargument 20
   2 Die 1. Phase der Debatte: Distanzierung der Humangenetik
      und Reproduktionstechnologie von der »Eugenik« 20
      Aporien der ersten Phase der Eugenik-Debatte 23
      Konzeptionelle Weiterentwicklung der Gentherapie und die
      Frage nach den Grenzen 26
   3 Die 2. Phase: Die Diskussion über eine neue Eugenikbewegung 27
      Von einer totalitären zu einer humanitären Eugenik? 27
      Der Begriff »Lebensqualität« – Flexibilisierung normativer Grenzen ... 29
      Die »neue« Eugenikbewegung aus kritischer Sicht 32
   4 Aporien der ersten und zweiten Phase der Eugenikdebatte 34

III Bio-Macht und Eugenik: »Leben machen« 36
   1 Bio-Macht – Rationalisierung des Lebens 36
      Klassifizierung von Körpern nach Normalitätsgraden 37
      Optimierung des Lebens durch Vorsorge 39
   2 Sexualität und Vererbung: Gegenstände bevölkerungspolitischer
      Planung 40
      Sexualität und Normalitätsgebot 40
      Eugenik – Rationalisierung der Fortpflanzung 42
      Die Formierung eines genetisch-informationellen
      Machtdispositivs: Optimierung des Genpools 42
   3 Selbstmanagement von Denormalisierungsrisiken 43
   4 Die Umdeutung des Todes als Beitrag zum Aufstieg des Lebens 45

IV Zu Methode und Struktur der Arbeit **49**
    1 Das Verfahren der Kritischen Diskursanalyse 49
        Zum Begriffsverständnis und zur Struktur des Diskurses 49
        Zur methodischen Durchführung von Kritischen Diskursanalysen ..50
        Die Interdiskurstheorie 51
        Über die Verbindung zwischen Diskursen 51
        Das Kollektivsymbolsystem 52
    2 Analyse eines institutionalisierten Wissenscorpus 57
        Zusammenstellung meines Textcorpus 57
        Untersuchung verschiedener Diskursebenen: Spezialdiskurs,
        Interdiskurs und Alltagsdiskurs 63

V Produktion der für die Generierung eugenischer Konzepte konstitutiven Wissensformationen **68**
    1 Charles Darwin: Der Mensch als Gegenstand der Auslese 68
        Die Abweichung als Element einer natürlichen Entwicklung 68
        Der Kampf ums Dasein und Überleben des »Tüchtigsten« 69
        Die Konstitution von determinierenden Erbeinheiten 70
        Regulation des natürlichen Gleichgewichts durch Selektion 71
        Monstrositäten: Grenzen des Menschseins bei Darwin 72
        Inszenierung der Degeneration: Die Zivilisation hemmt die
        natürliche Zuchtwahl 74
        Das Bild vom Typus – Ausblick auf die Konstitution von »Rasse« 75
        Normalisierung durch Steuerung der Fortpflanzung 76
    2 Francis Galton: Die Begründung von Eugenik 77
        Der Mensch entspricht nicht dem Anforderungsprofil der
        Zivilisation 77
        Zwischen Genialität und Idiotie – Konstituierung von
        Normalitätsgrenzen 78
        Die Basis für eugenische Zuchtwahl: Klassifizieren menschlicher
        Fähigkeiten 79
        Erbprognosen und Auslese 81
        Inszenierung der Degeneration: Verlust der Genialität im Erbgang ...82
        Von der Normalkurve zur normalisierenden Intervention:
        Galtons positive Eugenik 84
    3 August Weismann: Auslese auf Ebene der Keimzellen 85
        Kontinuität des Keimplasmas: Begründung des Gendeterminismus ..86
        Daseinskampf auf Ebene der Keimzellen 87
        Weismanns Inszenierung der Degeneration: Zivilisation führt
        zur Verschlechterung der Organe 88

 4 Alfred Ploetz: Die Vervollkommnung der menschlichen Rasse
durch Keimauslese 91
Erhaltung der »Rassetüchtigkeit« 91
Vervollkommnung durch Auslese 92
Vision einer »humanitären« Eugenik: Auslese von Keimzellen 93
Optimierung durch Umwelteinflüsse nicht ausgeschlossen 95
 5 Erbbiologische Fundierungen der Eugenik und der Rassenhygiene ... 96
Von Mendels Kreuzungsversuchen zu Erbprognosen und Auslese 96
 6 Diskurstragende Formationen früher eugenischer Konzepte 99

VI NS-Rassenhygiene: Radikalität der Eugenik bis zum Massenmord 102
 1 Nationalsozialismus und Eugenik 102

VII Transformation der für die Generierung eugenischer Konzepte konstitutiven Wissensformationen 108
 1 Von der Eugenik zur Euphänik: Abgrenzung von der NS-
Rassenhygiene 108
 2 Die Transformation gendeterministischer Wissensformationen
in der Molekulargenetik 109
Die Gene werden zu Bausteinen des Lebens 109
Das Strukturmodell der DNS-Doppelhelix und das
Nukleinsäureparadigma des Lebens 110
Das zentrale Dogma der Molekularbiologie und die
Verankerung des Gendeterminismus 112
Gendeterminismus und Gentherapie 113
 3 Molekulargenetisches Know-How in gegenwärtigen
Evolutionstheorien: Auslese auf molekularer Ebene 115
Synthetische Evolutionstheorie: Gene als Ansatzpunkt der Selektion ... 115
 4 Richard Dawkins: Züchtung optimierter Gene 117
Daseinskampf der Moleküle 117
Der Mensch als »Überlebensmaschine« seiner Gene 119
Genwirkung auf Körper und Umwelt 120
Der menschliche Körper wird entbehrlich 122
Kulturelle Evolution – Daseinskampf kultureller Überlieferungen .. 124
Inszenierung der Degeneration: Wohlfahrtsstaat und Geburtenrate .. 126
Selektion von sog. »Kümmerlingen« 127
Züchtung von Genen losgelöst vom Körper 128
 5 Diskurstragende Formationen gegenwärtiger eugenischer Konzepte 132

VIII Transfer der für die Generierung eugenischer Konzepte konstitutiven Wissensformationen in den Alltagsdiskurs 134

1. Das Humangenomprojekt – Eine Sequenz des »Normalen« 134
   Das Humangenomprojekt im Dienste der »Gesundheitsförderung« .. 135
   Die Konstituierung einer vorbildlichen DNA-Sequenz als Normalisierungslandschaft 136
   Das Symbolsystem rund um die DNA legt Eingriff des Menschen nah 139
2. Die Gralssage – Anbindung des Genomprojektes an den kulturellen Wissensbestand 142
   Die Gralssage und ihre gendeterministischen Effekte 142
3. Die Genomentschlüsselung in den Printmedien 145
   Genomentschlüsselung und der biopolitische Diskurs im Jahr 2000 146
   Exemplarische Analyse: Watsons Plädoyer für eine Selektion sog. erbgeschädigter Embryonen 150
   Eine Beschreibung der Textstruktur 153
   Übertragung von Wissensformationen 156
   Welche genetischen Wissensformationen vermittelt James D. Watson? 157
   Welche evolutionstheoretischen Wissensformationen vermittelt James D. Watson? 161
   Welche Subjektpositionen bietet James D. Watson seiner Leserschaft in seinem Artikel an? 164
   Rhetorische Mittel 166
   Stimmen in der Debatte: Frage nach dem Status des Embryos 168
   Zusammenfassung 174
   »Monströs« – »Lebensunwert« – »Erbgeschädigt«: Der Embryo und die Grenzen des Menschseins 174
   Genomentschlüsselung: Die Suche nach dem Wesen des Menschseins mündet in die Suche nach dessen Grenzen 179

IX Anbindung der für die Generierung eugenischer Konzepte konstitutiven Wissensformationen an die Selbsttechniken 181

1. Humangenetische Beratung: Genetische Prävention durch Kommunikation 181
   Das Prinzip der Nichtdirektivität – eine »Verteidigungslinie« in der Frage der Eugenik 182
   Eine diskursanalytische Betrachtung von Beratungsgesprächen: Handlungsanleitung über die Aufbereitung von Wissen 185

X Wirken der für die Generierung eugenischer Konzepte konstitutiven Wissensformationen in reprogenetischen Praktiken 192

1. Gentests – Normalisierung durch Risikoabschätzung 192
   Gesund oder krank? – Ermittlung von Risikowahrscheinlichkeiten und Bildung von Normalitätsklassen 192
   Gendiagnostik und gesetzliche Regelungen 195
2. Pränatale Diagnostik: Ermittlung des Risikos für die Geburt eines behinderten Kindes 197
   Verfahren der Pränatalen Diagnostik: Normalistische Verortung des Embryos 198
   Die Indikation der PD: Schwangerschaft als Denormalisierungsrisiko 201
3. Die Präimplantationsdiagnostik: Selektion von Embryonen 204
   Selektion ex vivo 205
   Gendeterminismus als Theoriebasis der PID 205
   Präimplantationsdiagnostik und Embryonenschutzgesetz 207
   Das Screening von Embryonen: Einteilung in Normalitätsklassen 210
   Der Wunsch nach einem genetisch »gesunden« Kind versus Lebensrecht 212

XI Fazit: Euphänisches Selbstmanagement genetischer Risiken 217

1. Wissensformationen eugenischer Konzepte: Kontinuität durch Transformation 217
2. Genetifizierung des Bewusstseins und reproduktive Selbstauslese 224

Anhang 230

Leitfaden zur Materialaufbereitung naturwissenschaftlicher Texte 230
Übersicht: Artikelserie in der FAZ (Sept. 2000 – Nov. 2001), die im Kontext von Watsons Plädoyer für eine Selektion sog. »erbgeschädigter« Embryonen erschienen ist. 232
Transkript FAZ Die Ethik des Genoms 233
Leitfaden zur Materialaufbereitung im Rahmen der diskursanalytischen Untersuchung der Printmedien 241

Literaturverzeichnis 243

Glossar 273

Danksagung

Die vorliegende Arbeit ist nicht denkbar ohne die Anregungen, Kritik und Ermunterung, die ich von vielen Seiten erhalten habe.

Ich bin Herrn Prof. Dr. Dankwart Danckwerts für seine fachwissenschaftliche Betreuung und Erstbegutachtung zu Dank verpflichtet. Er hat die Arbeit mit Umsicht und Sorgfalt betreut. Ich danke ihm besonders für sein Vertrauen, mit mir in verschiedenen Forschungsprojekten des Rhein-Ruhr-Instituts für Sozialforschung und Politikberatung (RISP) an der Universität Duisburg / Essen zusammenzuarbeiten. Er gab mir in unserer Zusammenarbeit die Freiheit und das Zutrauen, die für eine wissenschaftliche Qualifikation unabdingbar sind. Seine Kompetenz und seine Erfahrung waren mir über die Dissertation hinaus eine große Stütze. Herrn Prof. Dr. Siegfried Jäger danke ich ebenfalls für seine Gutachten und für seine Anregung und Kritik. Zudem danke ich ihm dafür, dass er mir im Duisburger Institut für Sprach- und Sozialforschung (DISS) ein intellektuelles und institutionelles Umfeld zur Verfügung gestellt hat, das erheblich zum Gelingen der Forschungsarbeit beigetragen hat. Ich bedanke mich bei der Duisburger Diskurswerkstatt für die vielen konstruktiven Diskussionen und die anregende Arbeitsatmosphäre. Danken möchte ich auch Joannah Caborn, Ursula Kreft und Sabine Mehlmann, die mir in unserer gemeinsamen Arbeitsgruppe gerade in der Anfangsphase geholfen haben, meine Gedanken zu ordnen und meine Fragen zu finden. Besonders Sabine Mehlmann, die die Arbeit in verschiedenen Stadien mit Respekt kommentiert hat, bin ich zu großen Dank verpflichtet. An dieser Stelle möchte ich auch den Studierenden meiner Lehrveranstaltungen an der Gerhard Mercator Universität Gesamthochschule Duisburg für ihr Vertrauen, ihre Neugierde und ihre Bereitschaft danken, sich mit transdisziplinären Themen auseinander zu setzen. In den intensiven Diskussionen habe ich viel gelernt. Hans-Werner Obermann und Andreas Jeschke standen mir in Fragen der EDV zur Seite und fanden für alle technischen Probleme eine Lösung. Ich danke Hermann Obermann, Hans-Werner Obermann und Andreas Jeschke dafür, dass sie einzelne Fassungen der Arbeit geduldig Korrektur gelesen haben. Meine Mutter Christa Obermann hat mich bei der Betreuung meiner Tochter unterstützt, dafür möchte ich ihr herzlich danken. Meine Eltern haben mich in der langen Zeit des Schreibens immer wieder ermutigt, wofür ich ihnen sehr dankbar bin. In großer Verbundenheit danke ich meinem Mann Andreas Jeschke, weil er nie an dem Ende dieser Arbeit gezweifelt hat. Und nicht zuletzt danke ich meiner Tochter Jannika für alles, was ich durch sie lernen durfte. Ihr ist diese Arbeit gewidmet.

I Einleitung

1 Zur Brisanz der Fragestellung und zur Methodik der Arbeit

Die Präimplantationsdiagnostik (PID) steht derzeit im Mittelpunkt einer kontrovers diskutierten öffentlichen Debatte über die sozial-ethischen Konsequenzen der modernen Humangenetik und Reproduktionstechnologie. Die PID verbindet Verfahren der Gendiagnostik und Reproduktionsmedizin.[1] Sie ermöglicht es, im Rahmen einer künstlichen Befruchtung Embryonen vor der Übertragung in den Uterus der Frau genetisch zu untersuchen. Für die Herbeiführung einer Schwangerschaft werden dann ausschließlich solche Embryonen ausgewählt, die bestimmte Krankheitsveranlagungen nicht haben. Bei der Auswahl im Labor wird somit eine Grenze zwischen normal und anormal, zwischen gesund und krank gezogen. Die Embryonen, die dabei als pathologisch klassifiziert werden, werden dann »verworfen«. Diese Selektion in vitro wird in der bioethischen Debatte als Möglichkeit einer sog. »neuen« Eugenik diskutiert. Die Formierung als »neue« Eugenik beruht auf der Abgrenzung von einer »alten« Eugenik, die mit der moralisch diskreditierten NS-Rassenhygiene gleichgesetzt wird. Die Differenzierung zwischen »alt« und »neu« suggeriert, dass es ausschließlich diese beiden Varianten von Eugenik gibt. Das Verhältnis zwischen diesen beiden Varianten wird als Verhältnis des Bruchs oder der Kontinuität beschrieben. Diese Verhältnisbestimmung beinhaltet eine reduktionistische Perspektive auf das Phänomen Eugenik, die ich in meiner Arbeit hinterfrage. Gegenüber der Engführung von Eugenik auf die NS-Rassenhygiene untersuche ich die historische Entwicklung eugenischen Wissens und der mit diesem Wissen verbundenen Praktiken seit dem 19. Jahrhundert. Bei meiner Rekonstruktion gehe ich von den Wissenschaften aus, die gemeinhin als die Basiswissenschaften der Eugenik angesehen werden: von der Evolutionstheorie und der Vererbungslehre bzw. Genetik.[2] Dabei sind Wissensformationen insofern konstitutiv für Eugenik, als dass sie den Bedeutungshorizont für die Grenzziehung zwischen Norm und Abweichung und den Ausschluss von sog. abweichenden Leben definieren.

---

1   Ich werde in dieser Arbeit fortan aufgrund der starken Verzahnung zwischen Gentherapie und sog. Reproduktionsmedizin keine strikte Trennung zwischen diesen Bereichen vornehmen. Denn Hauptanwendungsgebiet genetischer Tests ist die PD. Weiterhin stellt die Reproduktionsmedizin Verfahren bereit, die nicht nur auf Sterilitätstherapie beschränkt sind. Die In- vitro- Fertilisation (IVF) dient als Basistechnologie für verschiedene gentechnologische Verfahren. Beispielsweise wird die Präimplantationsdiagnostik (PID), ein Verfahren molekulargenetischer Diagnostik, im Zusammenhang mit einer IVF durchgeführt. Daher sprechen einige Experten in Hinblick auf diese Verbindungen von Technologien und Methoden von der »Reprogenetik«. (vgl. RIEWENHERM, PICHLHOFER Mai 1998.)
2   vgl. zu den Basiswissenschaften der Eugenik JUNKER, PAUL 1999, S. 167.

Meinem Ansatz liegt die Vorstellung Siegfried Jägers von einem rhizomartig mäandernden »Fluß von »Wissen« bzw. sozialen Wissensvorräten durch die Zeit«[3] zugrunde, den er als »Diskurs« fasst. Dabei richte ich meinen Blick besonders auf mögliche Transformationen, die im Fluss dieses Wissens – im Diskurs – selbst stattfinden. In modernen okzidentalen Gesellschaften wird Wissen nachhaltig meist in Form von Texten vermittelt. Deshalb wähle ich als Basis meiner Analyse Texte aus, die repräsentativ für die Evolutionstheorie und Vererbungslehre / Genetik sind. An diesen Schlüsseltexten rekonstuiere ich in Kapitel V wie sich im 19. und 20. Jahrhundert in der Evolutionstheorie und Vererbungslehre / Genetik für Eugenik konstitutive Wissensformationen generieren. Dabei geht es nicht darum, ob etwas aus heutiger Sicht wahr oder falsch, wissenschaftlich oder ideologisch ist, sondern vielmehr um die Rekonstruktion der Bedingungen, unter denen diese Erkenntnisse als wahr anerkannt und damit gesellschaftlich allgemein akzeptiert werden. Wie sich dieses spezifische Wissen dann in der modernen Evolutionstheorie und Molekulargenetik weiterentwickelt hat, zeige ich in Kapitel VII an Texten, die sich explizit in die Tradition dieser Schlüsseltexte stellen. Dabei verdeutlicht die chronologische Anordnung der Texte auf einer Zeitachse die Transformation des Wissens über die Zeit bis in die Gegenwart. Die Analyse der NS-Rassenhygiene ordne ich Kapitel VI in den aufgezeigten Zeithorizont ein. Auf diese Weise wird deutlich, wie sich das Wissen im Fluss der Zeit vor, durch und über die NS-Zeit hinaus entwickelt und transformiert hat. Die NS-Rassenhygiene wird als *eine* historisch spezifische Konzeption von Eugenik sichtbar, die den Diskurs bis heute bestimmt. Neben der Produktion und Transformation untersuche ich, ob und wie diese für eugenische Konzepte konstitutiven Wissensformationen in der gegenwärtigen sozialen Praxis der genetischen Diagnostik insbesondere im Bereich der pränatalen Diagnostik wirken und welche eugenischen Konsequenzen damit konkret verbunden sind (Kapitel X). So reflektieren in der gegenwärtigen Gesellschaft die Individuen zunehmend ihre Lebensführung und Fortpflanzungsentscheidung vor dem Hintergrund ihres Wissens um ihre genetischen Dispositionen. Die Implementierung eines reflexiven Verhältnisses zwischen dem Wissen um seine genetischen Dispositionen und der individuellen Lebensplanung ist meines Erachtens zugleich ein entscheidender Effekt als auch ein zentrales Instrument von Eugenik in ihrer aktuellen sozialen Praxis. Entscheidend in Bezug auf die mögliche Wirkungsweise von Eugenik ist nun die Frage, ob und wie diese Selbstreflexion der Individuen mit weiteren Techniken der Selbstführung und mit Techniken der sozialen Regulation gekoppelt wird. Um die Generierung dieses reflexiven Verhältnisses erfassen zu können, ist es notwendig, die bisherige Forschungsperspektive, die sich meist auf die repressiven Aspekte von Macht beschränkt, zu erweitern.

---

3 vgl. JÄGER, SIEGFRIED 2005, S. 58.

Michel Foucaults Theorie der Bio-Macht bietet hier einen geeigneten theoretisch-konzeptionellen Zugang, den ich in Kapitel III ausführe. Die Bio-Macht wirkt in erster Linie darüber, dass sie die biologische Grundlage des Menschen für politische Prozesse zugänglich macht.[4] Die Eugenik ist, sowohl von ihrem Ansatzpunkt, dem Genom eines Individuums, als auch von ihrer Zielsetzung, der Verbesserung des individuellen wie kollektiven Genpools, stark im Feld der Bio-Macht verankert. Weiter grenzt Foucault die Bio-Macht durch ihre Produktivität von herkömmlichen Formen der Macht ab. Er sieht das Individuum und seine Erkenntnisse als Produkt von Machtbeziehungen. Dabei diszipliniert und normalisiert die Bio-Macht ihm zufolge die Individuen über die Hervorbringung spezifischer Wissensformationen. Dabei werden die Wissensformationen mit Formen sozialer Regulation und individueller Selbstführung gekoppelt. Diese Perspektive auf die Subjektbildung der Individuen mache ich für meine Untersuchung fruchtbar, wenn ich die Reflexion des Individuums um die eigenen genetischen Dispositionen als Produkt von Machtbeziehungen fasse. Eine zentrale Institution in diesen Machtbeziehungen ist die Humangenetische Beratung. In Kapitel IX zeige ich, wie in Beratungsgesprächen die Familiengeschichte der Rat suchenden Individuen auf genetische Abnormalitäten hin rekonstruiert wird, und wie dieses spezifische Wissen in deren persönliche Lebensbiographie eingeschrieben wird. Diese Subjektbildung erfolgt nicht nur im Rahmen dieses institutionalisierten Kommunikationsprozesses. Vielmehr werden eugenische Formationen des Spezialwissens in veränderter Form in den kulturellen Wissensbestand der Gesellschaft eingespeist und zirkulieren darüber dann in Form von Bildlichkeiten und Symbolsystemen in den Alltag der Individuen, wo sie als Applikationsvorgabe für die Subjektbildung dienen. In diesem Prozess kommt dem Humangenomprojekt[5], auf das ich in Kapitel VIII eingehe, eine zentrale Funktion zu. Denn im Zuge der massiven Öffentlichkeitsarbeit im Projektverbund wird das Wissen über den Interdiskurs in den Alltagsdiskurs der Bevölkerung eingeführt. Eine exemplarische Analyse einer Debatte über die gegenwärtige Embryonenforschung im Jahr 2000 zeigt dann, wie die Medien in dem Transformationsprozess als »Mittler« fungieren. James D. Watson löst diese Debatte aus, als er im Kontext der Humangenomentschlüsselung in der Frankfurter Allgemeinen Zeitung vom 26.09.2000 dafür plädierte, erbgeschädigte Embryonen abzutreiben. Seine Forderung wird in zahlreichen Artikeln als eine Form »neuer Eugenik« diskutiert. In dieser Debatte werden den Lesern zentrale Argumentationslinien in Hinblick auf das Verhältnis von Reprogenetik und Eugenik vermittelt.

---

4   vgl. zur politischen Rationalität der Bio-Macht MAGIROS 2004, S. 91ff.
5   Unter Humangenomprojekt (HGP) versteht man das 1985 in den USA initiierte, später durch die Human Genom Organisation (HUGO) international koordinierte Programm zur systematischen Erforschung des menschlichen Genoms. An diesem Projekt, das 2004 endete, beteiligten sich verschiedene Forschungseinrichtungen aus den USA, Großbritannien, Frankreich, Japan, Deutschland und China.

Insgesamt umfasst somit meine diskursgeschichtliche Analyse der Eugenik vier Untersuchungsebenen, die sich teilweise überschneiden:[6]

1. Die Rekonstruktion der Produktion und Transformation von Wissensformationen in den Basiswissenschaften der Eugenik (Evolutionstheorie und Vererbungswissenschaft bzw. Genetik) in ihrer Historie.
2. Transfer dieser spezifischen Wissensformationen über die einzelnen Fachgrenzen der jeweiligen Spezialdiskurse hinaus über den Interdiskurs bis in den Alltagsdiskurs der Individuen.
3. Die Anbindung dieser Wissensformationen an die Selbsttechniken der Individuen
4. Das Wirken dieser Wissensformationen in den gegenwärtigen Praktiken der Humangenetik und Reproduktionsmedizin.

Michel Foucault entwickelte mit seiner Diskursanalyse nun einen Ansatz, der Diskurse in ihrer Materialität historisch und gegenwartsbezogen analysiert. Dabei hat Foucault sich überwiegend mit Diskursen der Wissenschaft befasst. Siegfried Jäger und die Duisburger Diskurswerkstatt entwickeln mit ihrem Konzept der Kritischen Diskursanalyse (Kapitel IV) ein an Foucault orientiertes Verfahren, »das sich für die Analyse von Diskursen auf allen diskursiven Ebenen eignet, also für Wissenschaft, Medien, Politik, Alltag und auch für fiktionale Diskurse.« (Jäger 2005, S. 53) Aus diesem Grund erscheint sie mir besonders passend, um die Produktion, den Transfer und die Transformation dieses speziellen Wissens in den verschiedenen Untersuchungsebenen meiner Arbeit nachzuzeichnen. Dabei zeigt die Diskursanalyse als »Wirkungsanalyse«, mögliche Konsequenzen diskursiv vermittelten Wissens für das indivduelle und kollektive Handeln im Kontext gendiagnostischer und -therapeutische Praktiken konkret auf. (Jäger 2005, S. 65)

2 Eugenik als Untersuchungsgegenstand

Zur Bedeutung von Eugenik

Meine Arbeit beschäftigt sich mit der Generierung eugenischer Konzepte in ihrer Historie. Die Theorie der Eugenik ist in der Mitte des 19. Jahrhunderts mit dem Anspruch auf die Deutung der menschlichen Reproduktion, auf deren Transformation nach planbaren und rationalen Prinzipien entstanden. Der

---

6 Mit der Bezeichnung »diskursgeschichtlich« fasse ich eine Rekonstruktion von Diskursivität in ihrer Historie. Die Möglichkeiten der Diskurstheorie und der Diskursanalyse wird auch in den Geschichtswissenschaften zunehmend diskutiert. So sieht der Historiker Philipp Sarasin in der Rekonstruktion von Diskursivität eine große Herausforderung für seine Disziplin. Vgl. SARASIN 2001, S. 53 ff..

englische Forscher Francis Galton (*1822- †1911) erhebt die Eugenik Mitte des 19. Jahrhunderts in den Rang einer wissenschaftlichen Disziplin und beschreibt sie als »die Wissenschaft, die sich mit den Einflüssen befasst, welche die angeborenen Eigenschaften einer Rasse verbessern und welche diese Eigenschaften zum größtmöglichen Vorteil der Gesamtheit zur Entfaltung bringen.« (Galton 1904, S. 35) Unter dieser Zielsetzung integriert die Eugenik u.a. Wissensbereiche der Anatomie, Psychiatrie, Medizin, Vererbungslehre und Anthropologie. Ihre Vertreter zielen darauf ab, ihre Erkenntnisse in einer sozialen Praxis umzusetzen. Demnach verstehen sie die Eugenik sowohl als wissenschaftliche Disziplin als auch als soziale Bewegung. In diesem Sinne formulieren die Eugeniker ein verbindliches Definitions- und Interpretationsraster für die Rationalisierung des Fortpflanzungsverhaltens und die dafür notwendigen sozialen Bedingungen. Diesen Doppelcharakter von Eugenik als wissenschaftliche Disziplin und als soziale Bewegung haben bislang in der Forschung nur wenige reflektiert. Nach den Erfahrungen des Nationalsozialismus und der NS-Rassenhygiene wurde die Eugenik meist als eine Art Pseudowissenschaft begriffen, die unter ideologiekritischen Aspekten untersucht wurde. Entsprechend haben die Forscher den Aspekt von Eugenik als Wissenschaft lange vernachlässigt, oder nur unter dem Blickwinkel betrachtet, inwieweit wissenschaftliches Wissen ideologisch instrumentalisiert worden ist. In Anlehnung an Foucaults Konzept des Macht-Wissens hinterfrage ich diese Instrumentalisierbarkeit wissenschaftlichen Wissens. Foucault zufolge stellten Ärzte, Psychiater, Lehrer, Richter und Sozialarbeiter kein Wissen bereit, das dann instrumentalisiert werden könnte, »sondern dieses Wissen hat direkt normalisierende Funktion: Es formuliert und definiert Normen, die eine Scheidung in normal und anormal erlauben und in sozialen und institutionellen Praktiken operieren.« (Lemke 1997 S. 96). Wissenschaftliches Wissen muss demnach nicht erst instrumentalisiert werden, um normalisierende Funktionen auszuüben. Die These von der Instrumentalisierung wissenschaftlichen Wissens und die damit verbundene Ideologisierung von Eugenik war vielmehr die Voraussetzung, um nach dem II. Weltkrieg die Genetik von der eugenischen Bewegung abzugrenzen und als objektive Wissenschaft rehabilitieren zu können. Die Verortung der Genetik im Bereich der Wissenschaft trägt entscheidend zur gesellschaftlichen Akzeptanz gendiagnostischer und -therapeutischer Verfahren bei. Meine Arbeit richtet den Fokus auf Eugenik als Wissenschaft. Dabei verstehe ich unter Eugenik theoretische Entwürfe, in denen Aussagen und Theoreme aus unterschiedlichen Diskursformationen zeitweise systematisch und historisch spezifisch miteinander verbunden werden, in denen es um die Wiederherstellung und / oder die Verbesserung des menschlichen Erbguts durch Interventionen des Menschen geht. Eugenische Konzepte basieren hierbei auf einer politischen Rationalität, die zugleich auf die Kontrolle des

Lebens des Einzelnen und der Bevölkerung insgesamt zielt.[7] Weiter beinhalten sie Selektionsverfahren. Mit meinem Fokus hinterfrage ich die scheinbare Faktizität gegenwärtigen reprogenetischen Wissens und rücke stattdessen die Wahrheitswirkungen im Inneren dieser Diskurse in den Blick. Dazu rekonstruiere ich die historischen Entstehungsbedingungen evolutionsbiologischer und genetischer Wissensformationen. Auf diese Weise wird das Geworden- und Konstruiert-Sein der naturwissenschaftlichen Gegenstände und Theorien deutlich, die die gegenwärtige Forschung und die Praxis genetischer Diagnostik und Therapie bestimmen.

Eugenik im Kontext einer Rationalisierung und Ökonomisierung des Lebens

Die Eugenik zielt über die Rationalisierung des Fortpflanzungsverhaltens Generationen übergreifend auf den Erhalt und die Optimierung der Bevölkerung. Die Gesunderhaltung der Bevölkerung hat nun in der kapitalistischen Industrialisierung eine soziale Dimension angenommen. Denn die neuen Produktionstechniken und die kapitalistische Arbeitsteilung sind auf gesunde Arbeitskräfte angewiesen. Die im ausgehenden 19. Jahrhundert auftretenden Krisenerscheinungen des Industriekapitalismus wie Verarmung der städtischen Bevölkerung und mangelnde hygienische Zustände scheinen nun die Bereitstellung und die Qualität dieses Produktionsfaktors zu gefährden. In dieser Krisensituation bietet Galtons Eugenik nicht nur eine Erklärung, sondern auch eine Lösung. Er geht von der Grundprämisse aus, dass es in den Industrienationen durch ein Außerkraftsetzen der natürlichen Selektion zu einer überproportionalen Vermehrung vermeintlich »minderwertiger« Bevölkerungsgruppen kommt, die schließlich zu einer Degeneration der Bevölkerung führt.[8] Denn Schwache und Anpassungsunfähige werden ihm zufolge durch Medizin, Hygiene und Sozialpolitik nicht nur erhalten, sondern können sich zudem verstärkt fortpflanzen. Galton plädiert dafür, diese kontraselektive Wirkung kultureller Errungenschaften durch eine nach rationalen Kriterien gesteuerte staatliche Fortpflanzungspolitik auszugleichen. In seinen Ausführungen zur Degeneration bindet er die menschliche Reproduktion in die ökonomischen Prozesse und die gesellschaftliche Entwicklung ein. In kapitalistischen, industriellen Gesellschaften wird die Frage nach der Gesundung des durch verfehltes Fortpflanzungsverhalten geschädigten Bevölkerungskörpers im Zusammenhang mit allgemeinen Erhaltungs- und Investitionskosten für diesen gestellt. Vor

---

7   Die Zielvorstellung eugenischer Konzepte richtet sich auf die Gesamtheit aller Gene einer menschlichen Population.
8   Darwins Evolutionstheorie gibt die Folie für diese Erklärung ab. Charles Darwin entwickelt in seiner Theorie explizit einen Zusammenhang zwischen dem Problem der Degeneration und dem Wegfall der natürlichen Zuchtwahl in der modernen Zivilisation.

diesem Hintergrund ökonomischer Kosten-Nutzen-Abwägungen stellen Degenerierte als Unproduktive eine Belastung für die öffentlichen Einrichtungen dar. Es erscheint rentabler, wenn Menschen, die aufgrund ihrer Defekte nicht als genuiner Kapitalwert und gesamtgesellschaftlicher Produktionsfaktor rangieren, gar nicht erst geboren werden. Die Eugenik formuliert als Wissenschaft ein verbindliches Definitions- und Interpretationsraster für die Erfassung der Leistungsfähigkeit und der Produktivität der individuellen wie der kollektiven Körper. Das Leben wird in Höher- und Niederwertiges, Normales und Anormales differenziert. Diese Klassifikation bildet dann die Basis für die Organisation des Geschlechtslebens und die Selektion. So unterstützen Eugeniker einerseits das gewünschte Reproduktionspotential durch Ehe- und Fortpflanzungsgebote, andererseits merzen sie das unerwünschte Potential durch Heiratsverbote, Asylierung und Kastration aus. Sie tragen über die Gestaltung des Reproduktionspotentials langfristig und Generationen übergreifend zur Bereitstellung produktiver Arbeitskräfte bei. Die Vorschläge des amerikanischen Ingenieurs Fredrick Winslow Taylor (*1856-†1915) durch exakte Messungen, wissenschaftliche Optimierung der menschlichen Fertigung und leistungsorientierte Belohnung den Produktionsprozess rationaler zu gestalten, entspringen dem gleichen Zeitgeist, wie die eugenische Forderung, die natürliche Selektion durch eine rationelle, effiziente und humanere Form der Selektion zu ersetzen. In der Perspektive der Eugeniker in Westeuropa und den Vereinigten Staaten versprach nun eine »Rationalisierung des Geschlechtslebens« für die Menschheit »ähnliche Effizienzsteigerungen wie die Rationalisierung des Produktionsprozesses für die Wirtschaft.« (Kühl 1997, S. 21) Es ist daher nicht erstaunlich, dass vor dem Hintergrund allgemeiner Rationalisierungstrends in den Industriestaaten die Eugenikbewegung in den verschiedenen europäischen Ländern, im anglo-sächsischen Raum und in den USA einen enormen Zulauf verzeichnet. Dabei reagieren die eugenischen Bewegungen stark auf die nationalen Besonderheiten in ihren Ländern. Nach dem ersten Weltkrieg führt dann die Sorge um eine kontraselektive Wirkung moderner Kriege zu einer Radikalisierung eugenischer Positionen. Vor dem Hintergrund des Todes vermeintlich »eugenisch« hochwertiger Soldaten an der Front unterziehen Eugeniker in Deutschland die überlebende Bevölkerung einem rigiden Kosten-Nutzen-Kalkül. Nach 1933 wird dann die Umgestaltung der Bevölkerung nach eugenischen Kriterien im NS-Staat zur offiziellen staatlichen Bevölkerungs-, Gesundheits- und Sozialpolitik. Die selektionstheoretisch legitimierte Politik der Auslese wird dabei als rationaler Akt für das Allgemeinwohl deklariert. Mit Beginn des zweiten Weltkrieges nimmt auch in der breiten Öffentlichkeit die Akzeptanz zu, geistig Behinderte und psychisch Kranke zu ermorden. Deren Selektion soll einer scheinbar drohenden Degeneration entgegenwirken. Lisbeth Trallori charakterisiert deren Tötung als Opferung auf dem »Altar der

Rationalität« (Trallori 1996a, S. 171), die in Deutschland zu dem Zeitpunkt, als der »arisch« reine Volkskörper durch die Rassentheorie definiert ist, eine Radikalisierung erfährt, die letztendlich in die KZ's und Massenvernichtungen im NS-Staat münden.

Nach dem zweiten Weltkrieg und dem Bekanntwerden der im Namen der Rassenaufbesserung verübten Massenmorde im Nationalsozialismus ist die rassistische Variante der Eugenik zunächst international diskreditiert. Die Rede vom degenerativen Verfall verbleibt dagegen im Feld des Sagbaren. Losgesagt von einem rassenbiologischen Kontext ist die Degeneration fortan ein Forschungsgegenstand der Genetik, die hier in Abgrenzung zur NS-Rassenhygiene explizit als Wissenschaft konstituiert wird. Die Genetiker setzen bei ihrer Problemlösung weiterhin auf eine Rationalisierung der Reproduktion. In ihren Augen erscheinen allerdings die eugenischen Techniken, die an körperlichen Merkmalen phänotypisch ansetzen, wie beispielsweise die Zwangssterilisation in Anbetracht der permanenten Verschlechterung des Genpools der Bevölkerung als nicht effizient. Die Genetiker plädieren stattdessen für eine selektive Reproduktion durch Ausleseverfahren von menschlichen Keimzellen, für eine »klonische« Fortpflanzung oder die außerkörperliche Befruchtung im Labor. Dabei unterstellen sie diese Techniken von vornherein dem Primat der Gesundheit; nur gesunde Zellen und Gene kommen für diese Verfahren in Frage. Mit der Herausbildung des Modells eines molekularen Mechanismus der Vererbung wird eine sozialtechnologische Züchtungspolitik schließlich überflüssig. Neben den Techniken verändern sich in der eugenischen Bewegung auch die Strategien der Menschenführung. Durch die Diskreditierung des Eugenikbegriffs sieht sich die amerikanische und britische eugenische Gesellschaft dazu gezwungen, eugenische Ziele unter anderem Namen als dem der Eugenik zu erreichen. Der britische Eugeniker Frederick Osborn (*1889 – †1981) setzt darauf, dass die Bevölkerung die Begrenzung ihrer Geburtenzahl akzeptieren würde, wenn die soziale und wirtschaftliche Umwelt umgestaltet werde. Seiner Ansicht nach würden sich dann die Menschen einer freiwilligen und größtenteils unbewussten Selektion im Sinne der Eugenik unterwerfen.[9]

Inzwischen sind die meisten Wirtschaftsordnungen der westlichen Industrienationen, auch die soziale Marktwirtschaft der Bundesrepublik Deutschland, nach den grundlegenden Prinzipien des Neoliberalismus umgestaltet. Der Neoliberalismus zielt darauf, die staatlichen Einflüsse auf das Wirtschaftsgeschehen zu minimieren. In Zeiten von weitgehender Befreiung des Kapitals von staatlicher Regulierung müssen sich die Individuen zunehmend auf dem Markt selbst bewähren. Gegenwärtig werden die sozialen Sicherungssysteme immer weiter abgebaut. Mit dem Rückzug des Staates korrespondiert der Ap-

---

9 vgl. zur Strategie der Reformeugeniker nach 1945: KÜHL 1997, S. 194ff.

pell an Eigenverantwortung und Selbstsorge. Dabei überträgt der neoliberale Staat in Anbetracht der Kostenexplosion im Gesundheitsbereich seinen Bürgern die anfallenden Gesundheitsrisiken und -kosten als Individualkosten. Die Individuen werden entsprechend auf Selbstfürsorge und -vorsorge als rationale Handlungsbasis verwiesen. Zentrales Element dieser Selbstsorge ist ein eigenverantwortliches Management der Individuen mit ihren Humanressourcen zu denen ihre persönlichen genetischen Dispositionen zählen.

II Die Frage der Eugenik in der Debatte um die moderne Humangenetik

1 Das Eugenikargument

Seit Anfang der 70er Jahre wird die Auseinandersetzung über die sozialethischen Folgen der modernen Humangenetik und sog. Reproduktionsmedizin durch die Frage strukturiert, ob diese Disziplinen in der Tradition der von Francis Galton begründeten Eugenik stehen. In dieser Diskussion wird, so der Theologe Dietmar Mieth, das »Eugenikargument« als »moralische Prüfinstanz« (Mieth 1999, S. 225) anerkannt. Mit dem Eugenikargument sei dabei gemeint, etwas sei moralisch falsch, weil es »eugenisch« sei. Der Einwand, eine Praktik sei möglicherweise eugenisch, ist daher ein starkes Argument gegen ihre Anwendung. Die Wissenschaftler problematisieren eine eugenische Orientierung insbesondere in den Bereichen der genetischen Diagnose an Embryonen und der Keimbahntherapie. Dabei kristallisierten sich in der Diskussion zwei wesentliche Argumentationsstränge heraus: Befürworter der Humangenetik und ihrer praktischen Anwendungen distanzierten die Disziplin von diesem Vorwurf, während Kritiker sie in der Tradition der Eugenik verhaftet sahen. In der letzten Zeit finden sich in der Debatte zunehmend Versuche wieder, den Begriff »Eugenik« neu zu besetzen. Es ist die Rede von einer »neuen«, »humanitären«, »liberalen« oder »demokratischen« Eugenik und von einer »Eugenik des Normalen«. Diese positiv klingenden Zuschreibungen durchbrechen den in der Auseinandersetzung über die NS-Vergangenheit der Humangenetik erzielten Konsens, dass es sich bei »Eugenik« um ein moralisch diskreditiertes Konzept handle. Dadurch verändern sich die Argumentationsstrukturen der bioethischen Debatte.

2 Die 1. Phase der Debatte: Distanzierung der Humangenetik und Reproduktionstechnologie von der »Eugenik«

Bis weit in die 60er Jahre war die Verbindung der Idee der »Verbesserung der Menschheit« mit der genetischen Forschung noch weit verbreitet und konzediert. Für die Kontinuität eugenischer Utopien steht das internationale CIBA-Symposium »Man and His Future« zu dem 1962 die Stiftung des Schweizer Pharmakonzerns CIBA prominente Wissenschaftler nach London eingeladen hatte. Zentrales Anliegen des Symposiums war die biologische Zukunft des Menschen, die von den Teilnehmern in Anbetracht eines von ihnen als bedrohlich angesehenen Bevölkerungswachstums und eines befürchteten genetischen Verfalls der Menschheit pessimistisch beurteilt wurde. Die Wissenschaftler, die sich als Darwinisten verstanden, erörterten die Verantwortung von Naturwissenschaftler für einen Eingriff in die Evolution[10]. Ein großer Teil der Beiträge befasste sich mit den Möglichkeiten einer genetischen Verbesserung des Menschen, die eugenische Verfahren einschließen.

Joshua Lederberg, der von der CIBA-Foundation geladen war, zum Schwerpunkt »Eugenik und Genetik« zu referieren, stellte in seinen Ausführungen die Entwicklungen der Molekulargenetik direkt in den Dienst seiner eugenischen Utopien. Die neuesten Errungenschaften sollten die Möglichkeiten der Eugenik erweitern.[11] Der Molekulargenetiker spricht von dem Beginn einer neuen »Euphänik«, worunter er das »engineering« der menschlichen Entwicklung u. a. mittels der Ausmerzung von genotypischen Fehlanpassungen der Individuen versteht.[12] [13] Von Kritikerseite wurden die Visionen von einer genetischen Verbesserung des Menschen, wie sie auf dem CIBA-Symposium vorgetragen wurden, als Beginn eines zweiten Zyklus eugenischer Doktrin gewertet.[14]

Als vor dem Hintergrund des Nationalsozialismus die neuen Möglichkeiten der Forschung am menschlichen Genom zunehmend ins Kreuzfeuer der Kritik gerieten, distanzierten sich im Laufe der 70er Jahre die meisten Humangenetiker von der Eugenik und von Visionen, die Evolution des Menschen zu steuern. Sie räumten ein, dass ihre Disziplin in der ersten Hälfte dieses Jahrhunderts eugenische Ziele verfolgt habe. Dies sei in der gegenwärtigen Humangenetik aber nicht mehr der Fall. Denn nicht zuletzt durch eine innerdisziplinäre Auseinandersetzung mit der Geschichte der nationalsozialistischen Rassenhygiene habe die moderne Humangenetik sich explizit zum Ziel gesetzt, das individuelle Leiden eines Patienten zu mildern. In diesem Sinne konstituierten die Wissenschaftler eine am Individuum orientierte Humangenetik als ein Teilgebiet der Medizin und grenzten sie dadurch gegenüber einer am Kollektiv ausgerichteten eugenischen Bevölkerungspolitik ab. Für diese Darstellung der Humangenetik als medizinische Disziplin ist die Entwicklung des Begriffs der »Gentherapie« konstitutiv. Der Transfer von Genen in menschliche Zellen mit der Intention von Heilungsversuchen wurde bereits Therapie genannt, auch wenn bis zu diesem Zeitpunkt kein Therapieerfolg vorlag.[15] Auf diese Wei-

---

10 vgl. BERGMANN 1998, S. 115.
11 vgl. Lederberg, Die biologische Zukunft des Menschen, nach WESS 1998, S. 189.
12 vgl. MARANTO 1998, S. 225.
13 Unter Genotyp versteht man die Gesamtheit der in den Genen festgelegten und äusserlich nicht ablesbaren Erbinformationen eines Individuums (im Gegensatz zum Phänotyp).
14 vgl. WEINGART, KROLL, BAYERTZ 1992, S. 649.
15 In einem Bericht des National Institute of Health wurde 1995 festgestellt, dass bislang kein Gentherapieversuch klinisch erfolgreich war (vgl. GRAUMANN 2001, S. 3ff.). Im September 1999 starb ein Patient in Philadelphia an den Folgen eines Gentherapieexperiments.

se konnten Forscher die klinische Bedeutung dieser Intervention hervorheben und sich von anderen Optionen gentechnologischer Eingriffe am Menschen abgrenzen. Sie unterschieden fortan zwischen Therapie und »enhancement«. Dabei wurde »enhancement« aufgrund der verbessernden Zielsetzung mit genetischer Kontrolle und Manipulation von Menschen verbunden und somit mit Eugenik assoziiert. »Enhancement« wurde als Behandlungsziel abgelehnt und eine gezielte Menschenzucht von den meisten Forschern als absurd verworfen.[16] In den 80er Jahren entwickelte sich ein konkretes klinisches Modell für gentherapeutische Verfahren. Im Rahmen dieses Modells zielten die Bemühungen der Forscher darauf ab, im Austausch gegen ein »defektes« Gen ein intaktes Gen in das Genom der Zielzelle einzubauen. Die Molekularbiologen begriffen Veränderungen der DNA, sog. genetische Mutationen als Fehler im genetischen Code und verbanden sie kausal mit einer Erkrankung des Individuums, die es durch Korrektur des Gens zu heilen galt. Der Begriff »Krankheit« wurde um die Kategorie der »genetischen Krankheit« erweitert. Je nachdem ob bei der Therapie die Gene in eine Körperzelle oder in eine Keimzelle des menschlichen Körpers transferiert werden sollen, unterscheiden die Molekulargenetiker zwischen somatischer Gentherapie und Keimbahntherapie. Während die Genveränderungen in Ei- oder Spermienzelle bzw. befruchteter Eizelle auf die folgenden Generationen vererbt werden, ist von der somatischen Therapie nur das jeweils behandelte Individuum betroffen. In der Diskussion spielte seitdem die mögliche Vererbbarkeit genetischer Interventionen eine große Rolle, da eine Generationen übergreifende Zielsetzung mit Eugenik verbunden wurde. Die meisten Forscher lehnten daher die Keimbahntherapie zunächst ab. Die somatische Gentherapie grenzten sie dagegen grundsätzlich von Eugenik ab, da die Zielsetzung dieser Therapieform nicht die Vererbung an zukünftige Generationen sei, sondern die Heilung eines betroffenen Individuums. Mit Verweis auf mögliche Heilungschancen forderten sie eine moralische Pflicht zur Entwicklung der Somatherapie ein. Ihre Zielvorstellungen bezogen sich zunächst auf die somatische Therapie monogener Erkrankungen, die auf die Wirkung nur eines Gens zurückzuführen sind. Für immer mehr monogene Defekte wurden auf der Grundlage des gentherapeutischen Konzepts genetische Testmöglichkeiten entwickelt, deren Hauptanwendungsgebiet die Pränataldiagnostik (PD) ist.

Die Differenzierung zwischen Therapie und *enhancement*, der Verzicht auf die Keimbahntherapie und die Einschränkung der Zielsetzung auf die Therapie monogener Erkrankungen durch die Forscher selbst waren nach Ansicht der Humangenetikerin Sigrid Graumann die Voraussetzungen, um die somatische Gentherapie losgelöst von dem historischen Kontext der Menschen-

---

16 vgl. GRAUMANN 2000a, S. 32.

züchtungsphantasien und Eugenikideologie diskutierbar machen zu können.[17] Als Argument, das gegen eine eugenische Orientierung gentherapeutischer Behandlungen spreche, betonen die Wissenschaftler die freiwillige Entscheidung der Patienten, die individuellen Hilfeleistungen der genetischen Beratung, Diagnostik und Therapie in Anspruch zu nehmen. Die Berater sollen dann die individuelle Entscheidungsfindung der Rat suchenden im Rahmen des Beratungsprozesses selbst unterstützen, ohne direkten Einfluss auf die Entscheidung zu nehmen.[18] Die Humangenetiker sprechen von einer nichtdirektiven Beratung. Der Wertewandel vom Kollektiv zum Individuum, die Konzeption eines therapeutischen Ansatzes und das Leitbild der nichtdirektiven Beratung wurden als Belege für einen Paradigmenwechsel in der Humangenetik angeführt, der eine Distanzierung der modernen Humangenetik und deren reprogenetischen Anwendungen von der Eugenik letztendlich fundieren sollte.

Die Kritiker der Humangenetik und deren Anwendungen in der sog. Reproduktionsmedizin verwiesen auf die mögliche selektive Abtreibung von Föten nach pränataler Diagnostik und auf die Selektion von Keimen, die nach genetischer Analyse bei der Präimplantationsdiagnostik (PID) in die Mutter retransferiert werden, um ihren Standpunkt, dass die moderne Humangenetik eugenische Auswirkungen hat, zu begründen. Zudem befürchteten sie als Folge der Etablierung der somatischen Gentherapie als Bestandteil der gängigen medizinischen Praxis die schleichende Akzeptanz der Keimbahnmanipulation. In Hinblick auf die Möglichkeit der freiwilligen Entscheidung der Patienten wiesen sie daraufhin, dass auch in einer nichtdirektiven humangenetischen Beratung durch die institutionalisierte Praxis, die von Ärzten und Krankenversicherungen ausgeht, indirekt Zwang auf die Patienten ausgeübt werden könnte und somit bestimmte Entscheidungen präjudiziert würden.[19] Viele Kritiker charakterisierten entsprechend die gegenwärtige Beratungspraxis als eine Form staatlicher Repression und die Anwendung der modernen Humangenetik und Reproduktionsmedizin als eugenische Bevölkerungspolitik.[20]

Aporien der ersten Phase der Eugenik-Debatte

Beide Positionen, Befürworter wie Kritiker bezogen sich in ihrer Argumentation auf die von ihnen verurteilten NS-Verbrechen. Auf diese Weise koppelten sie den Bedeutungsgehalt des Eugenikbegriffs an die Ideologien und gewaltsamen Praktiken der Rassenhygiene. Teilweise kam es zu einer völligen

---

17 vgl. GRAUMANN 2000a, S. 34.
18 vgl. GESELLSCHAFT FÜR HUMANGENETIK 1996, S. 125 ff.
19 vgl. JUNKER, PAUL. 1999, S. 179.
20 vgl. WALDSCHMIDT 1996, S. 13.

Identifikation. Die alleinige Identifikation mit NS-Verbrechen bedingt ein Verständnis von Eugenik, nach dem es vor und nach der NS-Rassenhygiene keine andersartigen Variationen von Eugenik gegeben habe. Es stellt »Eugenik« als eine historisch einzigartige Struktur dar. Die Verknüpfung mit der NS-Diktatur legt die Bindung von eugenischen Techniken an eine autoritäre und repressive Machtform nahe. So bezeichnen viele Befürworter und Kritiker der modernen Humangenetik Praktiken immer dann als eugenisch, wenn sie mit repressiven und meist lebensbedrohenden Maßnahmen verbunden sind, die – wenn nicht staatlich verordnet – zumindest im Gesundheitssystem institutionalisiert sind. Im Kontext dieser Argumentation werden das Individuum und seine individuellen Interessen mit dem gesellschaftlichen Kollektiv und dessen Interessenlage konfrontiert. Damit einhergehend wird in der Diskussion die Freiheit, die in der autonomen Entscheidung des Individuums zum Ausdruck kommen soll, als Gegensatz zu einer institutionalisierten, i. d. R. staatlichen Repression konstruiert. In diesem Zusammenhang besteht die Tendenz, den Klienten den Status eines autonomen Subjekts zuzuschreiben und es gegenüber einem instrumentalisierten Objekt, einem Opfer abzugrenzen. Dieses Subjekt käme zudem in den Genuss von therapeutischen Maßnahmen, während das Objekt von lebensvermindernden Techniken oder gar dem Tod bedroht werde. Menschen, die als Objekte klassifiziert werden, drohen weiterhin genetisch manipuliert und kontrolliert zu werden. Die therapeutischen Interventionen werden dem Bereich der Medizin zugeordnet, während lebensvermindernde Methoden und Tötung mit der NS-Rassenhygiene analogisiert werden.

Es wird deutlich, dass die beschriebene einseitige Begriffsbestimmung von Eugenik die Diskussion um die sog. Reproduktionsmedizin, um Perspektiven der Humangenetik, um pränatale und Präimplantationsdiagnostik und -therapie nicht nur im Ganzen strukturiert, sondern auch begrenzt. Der überwiegend an der faschistischen Rassenhygiene orientierte Vorwurf der Eugenik an die Humangenetik konstituiert ein Feld dessen, was in der Debatte über mögliche reprogenetische Anwendungen als gängige Position gilt. Was üblicherweise gesagt wird und was nicht, bewegt sich zwischen Positionen, die einander dichotomisch gegenübergestellt werden. Ich verorte dieses »Debattenfeld« zwischen den in Tab. 1 aufgelisteten binären Oppositionen, die in paradigmatischer Beziehung zueinander stehen. Dabei liegt der Hauptgegensatz dieser paradigmatischen Reihen zwischen dem Paradigma der Selbstbestimmung und dem der Fremdbestimmung, von denen dann die jeweiligen Reihen (z.B. Selbstbestimmung, individueller Körper, Freiwilligkeit usw.) ausgehen. Von einem Glied dieser Reihen können die anderen dann assoziiert werden. Die Paradigmen dieser biomedizinischen Debatte werden auf der Grundlage von ethischen Prinzipien entwickelt, die i.d.R. mit dem Gedanken der Menschenrechte verbunden sind. Die Menschenrechte entsprechen in den westlichen

Paradigmen	
Selbstbestimmung	Fremdbestimmung
Humangenetik	Eugenik
Individueller Körper bzw. individuelles Erbgut	Bevölkerungskörper bzw. Genpool
individuelle Interessen	Interessen des gesellschaftlichen Kollektivs
Subjektstatus	Objektstatus
Wissenschaft	Ideologie
Medizin	NS- Rassenhygiene
Therapie von Krankheit	a) Töten bzw. lebensvermindernde Interventionen b) Optimierung/ Manipulation (Menschenzucht)

Tabelle 1: Paradigmatische Reihen der Expertendiskussion über die ethischen und gesellschafts-politischen Folgen der modernen Humangenetik und der sog. Reproduktionsmedizin (1. Phase).

Gesellschaften einem allgemein anerkannten Moralverständnis. Die daraus abgeleiteten bioethischen Prinzipien werden somit von Befürworter wie Kritiker vordergründig geteilt. In der Debatte haben sich insbesondere »*autonomy*«, »*beneficence*«, »*nonmaleficence*« und »*justice*« als ethische Prinzipien etabliert. In der Argumentation von Kritikern und Befürwortern lassen sich vergleichbare paradigmatische Reihen nachweisen, mit denen aber jeweils unterschiedliche Standpunkte begründet werden. In der Diskussion über reprogenetische Verfahren greifen beide Seiten vorrangig auf das Prinzip der Autonomie zurück, um ihren jeweiligen Standpunkt zu begründen. Die Vorstellungen von Autonomie können je nach Begründungsansatz sehr unterschiedlich sein. Sie stimmen aber meist darin überein, dass als Bedingung, um von Autonomie sprechen zu können, erstens die Freiheit – im Sinne der Unabhängigkeit von kontrollierbaren Einflüssen – und zweitens die Handlungsfreiheit erfüllt sein müssen.[21] In reprogenetischen Zusammenhängen wird die Autonomie als Situationsbezogene Handlungsautonomie des Individuums in Form von Selbstbestimmter Zustimmung, Forderung oder Ablehnung einer ärztlichen Handlung definiert. Diese Form der Patientenautonomie ist zur wichtigsten Legitimation reprogenetischer Techniken geworden. Dabei diskutieren Befürworter und

---

21 vgl. KOLLEK 2000, S. 120.

Kritiker zum einen die Grenzen des Rechts auf Selbstbestimmung und zum anderen die Kriterien für die Bewertung von Entscheidungen oder Handlungen als »autonom« kontrovers. In dieser Definition des Autonomieprinzips als praxisrelevante Patientenautonomie zeigt sich ein genereller Trend in der sozialethischen Debatte: Die befürwortende wie die kritische Position bewegen sich in der Diskussion zunehmend weg von der Frage nach der grundsätzlichen Akzeptabilität von Interventionen ins menschliche Erbgut hin zu konkreten Problemen gentechnischer Anwendungen im Bereich der Reprogenetik. Es geht den Experten beider Seiten in erster Linie darum, praktische Handlungsregeln und eine Art »Checkliste« relevanter Kriterien für die Beurteilung der jeweiligen Anwendungen zu entwickeln. Die Diskussion spitzt sich schließlich auf die Frage zu, welche Anwendungen unter welchen Bedingungen erlaubt sein sollen und wo die Grenzen dieser Anwendungsbereiche liegen.

Konzeptionelle Weiterentwicklung der Gentherapie und die Frage nach den Grenzen

Ein entscheidendes Kriterium für die Grenzziehung zwischen Humangenetik und Eugenik war bislang die Differenzierung zwischen therapeutischen und optimierenden Interventionen. Durch die konzeptionelle Weiterentwicklung der Gentherapie wird die Grenze zwischen Therapie und *enhancement* durchlässig. Die Forscher geben die Begrenzung auf die Therapie monogener Erkrankungen auf und experimentieren mit unspezifischen Ansätzen zur Behandlung multifaktorieller Erkrankungen. Dabei legen einige Wissenschaftler den Anwendungsbereich der Gentherapie nicht mehr auf genetische Erkrankungen fest. Wolff und Lederberg definieren Gentherapie inzwischen als »application of genetic principles to the treatment of human disease« (Wolff, Lederberg zitiert nach Graumann 2000a, S. 41). Die Gentherapie zielt, so Sigrid Graumann, heute weniger auf die Korrektur genetischer Defekte als auf die Veränderung von multifaktoriellen, krankheitsassoziierten Eigenschaften. Hierbei zeigt die Diskussion über den »Krankheitswert« einiger multifaktorieller Eigenschaften, dass der Krankheitsbegriff, der herangezogen wird, um therapeutische und somit legitime von illegitimen, optimierenden Interventionen zu unterscheiden, ausgeweitet wurde. Krankheit wird zunehmend als genetische Normabweichung definiert. Somit kann jedes Eingreifen bei einer genetischen Normabweichung als Therapie gekennzeichnet werden. Die Grenzlinie zwischen der Heilung von Krankheiten und einer materiellen genetischen Optimierung ist flexibel geworden. Darüber hinaus weisen die Überlegungen einiger Forscher die Generationen übergreifende Keimbahntherapie anzuwenden, und erste Experimente da rauf hin, dass die nun mögliche Dimension einer gentechnischen

Optimierung des Erbgutes auf die Ebene der menschlichen Population ausgedehnt werden könnte.

3 Die 2. Phase: Die Diskussion über eine neue Eugenikbewegung

Von einer totalitären zu einer humanitären Eugenik?

Bisher bestimmten die Differenzierungen zwischen Soma- und Keimzelltherapie, der Verzicht auf die Keimzelltherapie sowie die Unterscheidung zwischen Therapie und *enhancement* die Grundlagen der sozial-ethischen Diskussion über reprogenetische Anwendungen.[22] Die Überlegungen, die Keimbahntherapie anzuwenden, und die Ausweitung der Zielvorstellung auf krankheitsassoziierte Eigenschaften, heben diese Grundlage auf. In der aktuellen Debatte wird der bisherige Konsens, die eugenische Verbesserung des menschlichen Genpools moralisch zu diskreditieren, zur Diskussion gestellt. Wissenschaftler wie etwa der Mediziner und Initiator des französischen Genomprojektes Daniel Cohen setzen sich bereits offensiv für eine »Superevolution unserer eigenen Spezies« (Cohen 1995, S. 332) ein, die auf eine Verbesserung des menschlichen Erbgutes zielt. Der bisherige Konsens ist auf eine Distanzierung von der nationalsozialistischen Vergangenheit der Eugenik bezogen. Das Bestreben, die genetische Optimierung diskutierbar zu machen, setzt voraus, diese von dem Kontext der nationalsozialistischen Idee der Menschenzüchtung abzulösen. In diesem Zusammenhang sind daher die Versuche von renommierten Befürwortern reprogenetischer Maßnahmen den Eugenikbegriff neu, d.h. mit vorgeblich »humanitären« Inhalten zu besetzen bedeutsam. Im Rahmen dieser neuen Bedeutungsbestimmung ist es dann möglich, über Optimierung zu diskutieren. Diese Forscher entwickeln die Vorstellung, dass die Erkenntnisfortschritte in der Molekulargenetik unausweichlich zu einer neuen Form der Eugenik führen werden. Beispielsweise charakterisiert Philip Kitcher die molekulargenetischen Entwicklungen und deren Anwendung in der Pränatalen Diagnostik als »Verlust der genetischen Unschuld« (Kitcher 1998, S. 317), der unvermeidlich zu einer neuen Form von Eugenik führen wird. Die sich ergebende Form von Eugenik konstituieren diese Forscher als »neue« Form, die sie gegenüber der »alten« Eugenik abgrenzen. Die »alte« Eugenik setzen sie mit der NS-Rassenhygiene gleich. Im Unterschied zu der Diskussion seit den 70er Jahren verstehen sie allerdings die nationalsozialistische Rassenhygiene nicht mehr als Inbegriff von »Eugenik«, sondern als eine bestimmte Variante von Eugenik. Sie gehen davon aus, dass es neben der »alten« NS-Eugenik eine »neue« Form

---

22   vgl. GRAUMANN 2000a, S. 43.

von Eugenik gibt. Die Identifikation von Eugenik und NS-Rassenhygiene kritisieren sie als Simplifizierung und Begrenzung der Bedeutungsbestimmung von »Eugenik«, die dazu führe, dass aus Angst vor einem Wiederaufleben der NS-Eugenik mögliche Anwendungen der modernen Molekulargenetik von vornherein verboten würden. Die Bezeichnung einer molekulargenetischen Praktik als Eugenik würde diese so stigmatisieren, dass es nicht möglich sei, über deren Potentiale und Grenzen zu diskutieren. Daher fordern Molekularbiologen, die sich für reprogenetische Anwendungen einsetzen, »Hitler hinter uns zu lassen« (Watson zitiert nach Evers, Franke, Grolle 1999, S. 316) und sich in der Debatte mit den Möglichkeiten einer »humanitären« Ausgestaltung von »Eugenik« auseinander zu setzen. Dennoch bleibt bei ihren Versuchen, den Eugenikbegriff neu zu besetzen, der Vergleich zur NS-Rassenhygiene ein wesentlicher Bezugspunkt. Die Bedeutungsbestimmung erfolgt weiterhin häufig in direkter Abgrenzung zur NS-Eugenik. Die NS-Eugenik wird dabei als totalitär, repressiv und durch die ideologische Verzerrung wissenschaftlicher Erkenntnisse charakterisiert. Die »neue« »Eugenik« wird mit den positiven Entsprechungen dieser negativ konnotierten Merkmale der NS-Eugenik beschrieben. Sie wird als »humanitär«, »liberal« oder »demokratisch« bezeichnet. Die Bezugnahme auf die nationalsozialistische Rassenhygiene fungiert hier als Negativfolie. Auf diese Weise entsteht der Eindruck, dass es zwei mögliche Ausgestaltungen von Eugenik gibt: erstens die repressive und totalitäre Eugenik, die meist im Rahmen einer Historiographie der NS-Rassenhygiene als »alte« Form der Eugenik problematisiert wird, und zweitens die »neue« Form von Eugenik, die sich auf die Praktiken der modernen Humangenetik stützt, auf individuelle Leidensvermeidung ausgerichtet ist und in diesem Sinne als humanitär verstanden wird. Die totalitäre Form der Eugenik wird von den Forschern abgelehnt. Womit gleichzeitig die Befürchtungen gegenüber einer zukünftigen Form von Eugenik abgebaut werden sollen. Daniel Cohen versichert:

»Es wird eine Art Eugenik sein, gewiss, aber eine humanitäre, nicht eine totalitäre Eugenik, die mir nicht mehr Angst macht als die Praxis des Impfens« (Cohen 1995, S. 329).

Für die Konstituierung einer »humanitären« Neuentwicklung der Eugenik ist die häufig vertretene These, dass es sich bei der Ausprägung der NS-Rassenhygiene um den exzessiven Missbrauch wissenschaftlicher Erkenntnisse durch die nationalsozialistische Herrschaftsideologie handelt, konstitutiv. Sie suggeriert, dass, wenn die ideologischen und repressiven Elemente in einer Gesellschaft überwunden seien, die Eugenik als wissenschaftlicher Begriff und als »theoretisches Fach« (Kitcher 1998, S. 213) unbefleckt von seiner nationalsozialistischen Vergangenheit neu mit humanitären Inhalten, die sich mit dem medizinischen Selbstverständnis der humangenetischen Disziplin vereinbaren ließen, besetzt werden könnte. Eine wichtige Voraussetzung einer solchen Inszenierung der Eugenik als »neutrale« Wissenschaftsdisziplin ist die Rückbesinnung auf Galtons statistische Erblichkeitsstudien. Neben der Fundierung einer »neuen« Form von Eugenik auf einem System wissenschaftlicher Daten wird weiterhin die Etablierung des Autonomieprinzips im Sinne von Legitimation durch Selbstbestimmung als Indiz für die Bewältigung des ideologischen Missbrauchs und als Garant gegen ein mögliches Wiederaufleben der »alten« Eugenik angeführt. Kitcher führt das Prinzip der Entscheidungsfreiheit bei der Fortpflanzung als »gewichtiges Bollwerk« (Kitcher 1998, S. 360) an, »um eine Trennlinie zwischen einer hoffentlich glücklichen Zukunft und den Exzessen der Vergangenheit zu ziehen.« (Kitcher 1998, S. 360). Die Ausrichtung an der autonomen Entscheidung des Individuums ist ein wesentlicher Bedeutungsinhalt einer neuen Eugenik und eine wichtige Voraussetzung für die Entwicklung einer neuen eugenischen Programmatik. Entsprechend operieren die Wissenschaftler auch hier mit den Paradigmen der Selbst- und der Fremdbestimmung, die die Debatte bisher bestimmt haben. Sie stellen diese ebenfalls dichotomisch gegenüber. Ihre Bedeutungsbestimmungen von Eugenik gehen aber über die Grenzen dessen, was in dieser Debatte bis dato als gängige Position galt, hinaus. Unter Bezugnahme insbesondere auf die ethischen Prinzipien der *autonomy* und *beneficence* entwickeln die Forscher neue Begrifflichkeiten, die die Grenzziehung zwischen akzeptablen und nicht-akzeptablen Interventionen beeinflussen. Der Philosoph Kitcher entwickelt in seiner Version einer neuen Eugenik, die er in die Tradition der britischen Sozialreformer stellt[23], den Begriff der »Lebensqualität«.

Der Begriff »Lebensqualität« – Flexibilisierung normativer Grenzen

Kitcher hebt den Begriff der »Krankheit« auf. Stattdessen spricht er von unterschiedlichen physiologischen Zuständen, die sich durch große Variationsbreite auszeichnen. Diese Zustände verbindet er jeweils mit unterschiedlichen Qualitäten des Lebens, dessen Spektrum von einem minimal wertvollen Leben ohne persönliche Vorstellung von der Richtung des eigenen Lebens bis zu einem erfüllten Dasein reicht. Die Grundvoraussetzung dieses erfüllten Daseins wird dabei an die Fähigkeit gebunden, ein Selbstverständnis zu entwickeln und persönliche Werte zu definieren. Den unterschiedlichen Qualitäten ordnet er jeweils unterschiedliche moralische Bedeutung zu. Kitcher macht schließlich die Dringlichkeit eines Eingriffs von dem Grad der Beeinträchtigung der Qualität des Lebens abhängig. So seien myotonische Dystrophie[24] oder zystische Fibro-

---

23 Kitcher bezieht sich hier insbesondere auf George Bernard Shaw und Sidney und Beatrice Webb, die Eugenik als Teil eines systemischen Sozialreformplans fassten.
24 Myotonische Dystrophie bezeichnet eine genetisch bedingte, fortschreitende Muskelerkrankung. Die

se[25] sehr viel beeinträchtigender als Albinismus oder eine Allergie gegen Haselnüsse. Er geht bei der Einstufung der relativen Dringlichkeit von bestimmten Wertvoraussetzungen aus. Da eine wertfreie Definition von Krankheit seiner Ansicht nach keine Kriterien für die Beurteilung der Dringlichkeit eines Eingriffs liefert, würde sie für Entscheidungsprozesse unbrauchbar. Der Begriff »Lebensqualität« soll bei der Unterscheidung zwischen legitimen und illegitimen Handeln die Funktion eines moralischen Kompasses übernehmen. Mögliche Bedenken, dass die Relevanz von Werturteilen zu einem Missbrauch biomedizinischer Techniken führen könne, entgegnet er, dass den Individuen über Aufklärung und Erziehung die Fähigkeit vermittelt werden soll, die Qualität eines Lebens – auch die eines zukünftigen Lebens – einschätzen zu können. Für diesen Prozess des Abwägens operationalisiert Kitcher den Begriff Lebensqualität in drei vorgeblich überprüfbare Dimensionen:

»Bei dem Versuch, die Qualität des menschlichen Lebens einzuschätzen, sollten wir auf drei verschiedene Dimensionen achten. Erstens: hat die Person irgendeine Vorstellung von Prioritäten, und wie kam diese Vorstellung zustande? Zweitens: Inwieweit gingen die Wünsche, die für den Lebensentwurf der Person wesentlich sind, in Erfüllung: hat die Person erreicht, was ihr am meisten am Herzen liegt? Und die dritte Dimension schließlich betrifft das Wesen der Erfahrungen, das Verhältnis von Lust und Leid.« (Kitcher 1998, S. 323/324).

Diese Operationalisierung des Begriffs Lebensqualität erlaubt die Unterscheidung zwischen Eingriffen, die die Lebensqualität erhalten bzw. steigern und Eingriffen, die diese einschränken. In diesem Sinne könnten sowohl die therapeutische wie auch die optimierende Intervention als Steigerung der Lebensqualität aufgefasst werden. Genmanipulative Eingriffe wie die Optimierung der Widerstandskraft gegen Infektionskrankheiten könnten laut Kitcher die Lebensqualität verbessern. Die Gegenüberstellung von Therapie und Optimierung als abzugrenzende Pole wird aufgehoben, die damit verbundene Grenzziehung wird durchlässig. So lehnt Kitcher Genmanipulationen nicht prinzipiell ab:

»Wir müssen unsere Urteile auf den jeweiligen Einzelfall beziehen und dabei die Bedürfnisse der betroffenen Personen, die Risiken der verfügbaren Techniken, den Stellenwert der Einwilligung, die Forderungen von Billigkeit und Gerechtigkeit und die gesellschaftlichen Auswirkungen berücksichtigen. Es ist nicht in jedem Fall verwerflich, Maßnahmen zu ergreifen, um uns selbst und unsere Nachfahren genetisch zu manipulieren.« (Kitcher 1998, S.136).

Auswirkungen sind unterschiedlich. Die Betroffenen können unter körperlichen und geistigen Behinderungen leiden, die im Alter von 50 bis 60 Jahren zum Tode führen. Die Krankheit kann aber auch zur Todgeburt oder zu frühkindlichem Tod führen.
25 Zystische Fibrose bezeichnet eine erbliche Stoffwechselanomalie, die auch Mukoviszidose genannt wird. Die Krankheit führt häufig im frühen Kindesalter zu schweren Funktionsstörungen des Atmungs- und des Verdauungssystems und wirkt stark lebensverkürzend.

Unter Bezugnahme auf die beschriebenen Dimensionen von Lebensqualität entwickelt Kitcher für Fortpflanzungsentscheidungen im Bereich der pränatalen Diagnostik folgende Kriterien:

»Die qualvolle Entscheidung bedeutet eine Abwägung unterschiedlicher Anliegen. An erster Stelle steht die Qualität des zu erwartenden Lebens, die entsprechend den oben genannten Überlegungen eingeschätzt werden muß. Danach sind die Folgen für das Leben anderer, direkt oder indirekt betroffener Personen zu bedenken. Und an dritter Stelle schließlich steht der Wert des fötalen Lebens, das bereits begonnen hat, ein Wert, der durch den Abbruch der Schwangerschaft vernichtet würde.« (Kitcher 1998, S. 334).

Kitcher geht davon aus, dass durch bestimmte Genotypen die Lebensqualität der Person, die sich aus einem bestimmten Fötus entwickeln würde, zwangsläufig sehr niedrig sein würde. Denn die Wahrscheinlichkeit, dass beispielsweise ein Kind mit der Veranlagung zum Tay-Sachs-Sydrom[26] je in der Lage wäre, eine Vorstellung vom Sinn seines Lebens zu gewinnen, wäre gering. Die sich aus der Geburt dieses Kindes ergebenden Verpflichtungen, die notwendig wären, die gegebenen Möglichkeiten so weit wie möglich zu realisieren, würden seiner Ansicht nach die Qualität des Lebens anderer erheblich einschränken. Der Wert des Lebens stellt an sich keine moralisch feststehende Größe dar. Der Wert kann durch entsprechende genetische Dispositionen eingeschränkt werden.

Mit Bezug auf die von Kitcher entwickelten Entscheidungskriterien ist es erstens möglich, eine Abtreibung moralisch zu legitimieren. Zweitens ermöglicht der Begriff der Lebensqualität die Abtreibungsfrage unabhängig vom Status des Fötus als Person bzw. Nichtperson zu thematisieren.[27] Der Personenstatus allein bietet nach Kitchers Ansicht keinen Schutz vor Beendigung seines Lebens. Drittens kann eine Abtreibung insofern heilende Wirkungen zugeschrieben werden, als dass durch die Tötung mögliche Einschränkungen, die mit der Betreuung eines behinderten Kindes verbunden sein können, vermieden werden. Kitcher spricht von einer »therapeutischen Abtreibung«.[28]

Darüber hinaus werden – über die Ausrichtung der Reproduktionsentscheidung auf eine verantwortungsvolle Fortpflanzung – Individuum und Bevölkerung in einem biologischen Beziehungszusammenhang verbunden. Verantwortungsbewusst bedeutet hier, dass die Auswirkung der individuellen

---

26 Das Tay-Sachs-Syndrom bezeichnet eine erbliche Fettspeicherkrankheit, die mit zerebralem Verfall zwischen dem dritten und achten Lebensmonat und Erblindung einhergeht. Die Tay-Sachs-Krankheit führt innerhalb der ersten Lebensjahre zum Tode.
27 Kitcher lehnt sich bei der argumentativen Entkoppelung der Abtreibungsfrage und der Diskussion über den Personenstatus des Embryos an den Philosophen und Rechtstheoretiker Ronald Dworkin an. Dworkin argumentiert, dass grundlegende Probleme außer acht gelassen würden, wenn sich die Debatte über Abtreibung auf die Persönlichkeit des Fötus konzentriert.
28 vgl. KITCHER 1998, S. 248

Entscheidung auf die Lebensqualität des sozialen Umfeldes berücksichtigt werden soll. Die Folge ist, dass individuelle Interessen gegenüber bevölkerungspolitischen Interessen zurückgestellt werden können. Dies zeigt sich u. a. in Kitchers Überlegung, ob im Interesse des Kollektivs, das hier die Weltbevölkerung umfasst, u. U. die Entscheidungsfreiheit des Individuums in Hinblick auf seine Fortpflanzung in quantitativer Hinsicht eingeschränkt werden müsste, um eine Tragbarkeitsgrenze der Erde nicht zu überschreiten.

Die Einführung des Begriffs der Lebensqualität ermöglicht es Kitcher, folgende Grenzen, die den bis dato gültigen bioethischen Konsens bestimmten, zu flexibilisieren:
1. Die Grenze zwischen Therapie und Optimierung.
2. Die Grenze zwischen Therapie und Tötung.
3. Die Abgrenzung individueller Interessen gegenüber bevölkerungspolitischen Interessen.

Die »neue« Eugenikbewegung aus kritischer Sicht

Auch Kritiker reprogenetischer Verfahren gehen davon aus, dass die neuen Erkenntnisse in der Molekulargenetik die Gesellschaft zwangsläufig »an den Rand einer neuen eugenischen Ära« (Rifkin 2000a, S.201) bringen werden. Sie grenzen diese »neue« Form von Eugenik von einer »alten« Eugenik ab, die sie mit der NS-Rassenhygiene analogisieren. Mit ihrer Beschreibung als Neuentwicklung betonen die Kritiker, dass mit »Eugenik« im Sinne der Rassenhygiene nicht alle gegenwärtigen eugenischen Praktiken erfasst werden. Als Spezifika der »neuen« Form von Eugenik heben sie den Rückgang direkt repressiver Elemente und die Verlagerung eugenischer Entscheidungen von der staatlichen auf die individuelle Ebene hervor. Jeremy Rifkin verdeutlicht die Differenz zwischen einer »neuen« Eugenik und der »alten« Eugenik folgendermaßen:

»Die neue Eugenikbewegung aber hat nur wenig Ähnlichkeit mit jenem Terrorregime, das im Holocaust gipfelte. Statt ein schrilles eugenisches Geschrei von der Reinerhaltung einer Rasse anzustimmen, äußert sich die neue, kommerzielle Eugenik in pragmatischen Begriffen wie Erhöhung der ökonomischen Effizienz, Optimierung von Leistungsstandards und Verbesserung der Lebensqualität. Die alte Eugenik war eng verknüpft mit einer politischen Ideologie, durch Angst und Furcht motiviert. Ansporn der neuen Eugenik sind die Kräfte des Marktes und die Wünsche der Verbraucher.« (Rifkin 2000a, S. 197).

Kritiker beanstanden besonders die Verknüpfung eugenischer Praktiken mit einer autonomen Einzelentscheidung der Individuen. Sie sprechen von »Eugenik von unten« (Grüber, Krebs, FR, 29.05.2001) bzw. »indirekter Eugenik« (Mieth, FAZ, 16.11.2000). Sie problematisieren die Autonomie als ethisches

Legitimationsprinzip. Die Kritik konzentriert sich dabei generell auf die Realisationsmöglichkeiten von Autonomie insbesondere im Bereich der pränatalen Diagnostik. Hier würden unterschiedliche Arten der Fremdbestimmung und der Normierung die Möglichkeit der freien Entscheidung unterlaufen. Der Theologe Diethmar Mieth verweist dabei auf eine »sehr subtile[n] Gleichschaltung personaler Entscheidungen im Namen von deren Originalität (etwa durch Akzeptanzbeschaffung)« (Mieth, FAZ, 16.11.00). Rifkin spricht von sozialem Druck, gentechnologische Anwendungen in Anspruch zu nehmen.[29]

Darüber hinaus wird eine verkürzte Interpretation der Autonomie im Sinne von Selbstbestimmung kritisiert, die bereits an Willkür grenzen würde. Die kritische Position betont, dass Autonomie als ethisches Prinzip auch die Verpflichtung zur Selbstbegrenzung beinhaltet.

Die gemeinsame Einschätzung von Kritikern und Befürwortern der Entwicklung einer neuen Eugenik als zwangsläufig, legt nahe, dass der Prozess per se nicht mehr aufzuhalten sei. Es ist daher nicht verwunderlich, dass sich auch der Einspruch kritischer Stimmen in der Diskussion weg von der Frage der grundsätzlichen Anwendung reprogenetischer Verfahren hin zu konkreten Problemen einzelner Anwendungen im Bereich der pränatalen Diagnostik verlagert hat. Diese Verlagerung spiegelt sich nicht zuletzt in der Einschränkung des Horizonts der Kritik, die in zunehmenden Maße im Kontext der Grenzziehung zwischen (gentherapeutischen) Interventionen, die zulässig und denen, die nicht zulässig sind, formuliert wird. Die Konstituierung einer zukünftigen Eugenik als »Neuentwicklung« bleibt in beiden Fällen auf ein mit der NS-Eugenik assoziiertes reduktionistisches Verständnis von Eugenik bezogen. Dieses einseitige Bild der NS-Eugenik unterstützt das Bestreben der Befürworter einer »neuen« Eugenik, mögliche »inhumane« Formen von Eugenik als extremistische Randerscheinung darzustellen und Eugenik als wissenschaftlichen Begriff neu und positiv zu besetzen. Die Klassifizierung als wissenschaftlicher Begriff vermittelt eine Vorstellung von Objektivität, die häufig mit einem Wahrheitsanspruch i. S. einer Übereinstimmung mit der Wirklichkeit verbunden wird. Hierdurch wird impliziert, dass im Rahmen der Eugenik Tatsachen ermittelt werden, die dann auch zur Verwirklichung vorgeblich »humanitärer« Ideale genutzt werden können. Die Rede vom Machtmissbrauch der Wissenschaft[30] von Seiten der Kritiker und die Tendenz Eugenik als deskriptiven oder wissenschaftlichen Begriff zu kennzeichnen, unterstützen indirekt diese »Säuberung« des Eugenikbegriffs. So spricht Mieth z.B. von einem zunächst »deskriptiven Gehalt« (Mieth 1999, S. 247) des Eugenikbegriffs. Er geht damit von der Möglichkeit eines wertfreien Gebrauchs des Begriffs aus. Sigrid Graumann klassifi-

---

29 Rifkin 2000a, S. 209.
30 vgl. Rifkin, FR, 12.09.2000.

ziert in ihren Ausführungen »Eugenik« als einen wissenschaftlichen Begriff.[31] Auch wenn Graumann noch explizit auf die normativen Voraussetzungen des Eugenikbegriffs hinweist, lässt die Einführung als Fachbegriff aus der Wissenschaft diesen zumindest im Alltagsgebrauch als wertfrei erscheinen. Mit dieser Bedeutungsbestimmung verstärken Kritiker die Bemühungen der Befürworter die »neue« Eugenik von dem Image der Menschenzüchtung abzukoppeln und als theoretisches Fach zu konstituieren, das nun losgelöst von seiner Vergangenheit mit humanitären Inhalten besetzt werden könne. Sie tragen damit implizit zu den Voraussetzungen für die Entwicklung einer »neuen« eugenischen Programmatik bei.

4 Aporien der ersten und zweiten Phase der Eugenikdebatte

In der Debatte über eine Distanzierung der modernen Humangenetik und Reproduktionstechnologie von einer Eugenik im Gewand der faschistischen Erbgesundheitslehre wird ein Bild von Eugenik entworfen, nach dem es vor und nach der NS-Rassenhygiene keine andersartigen Eugenikformen gegeben habe. Die sich aus diesem Begriffsverständnis ergebende Forschungsperspektive fragt nach einem Bruch mit der faschistischen Eugenik und nach möglichen »Kontinuitäten« (Weingart, Kroll, Bayertz 1992, S. 562), blendet aber mögliche Transformationen eugenischer Praktiken aus.

In der gegenwärtigen Debatte über die »neue« Eugenik wird demgegenüber ein Bild entwickelt, nach dem es zwei mögliche Varianten von Eugenik gebe: Erstens die totalitäre, »inhumane« Eugenik, die meist mit der NS-Rassenhygiene analogisiert wird und zweitens die humanitäre Eugenik, die vor dem Hintergrund eines Bruchs mit der ideologischen Vergangenheit als Neuentwicklung konstituiert wird. Die Konstitution als Neuentwicklung baut dabei auf den Aporien der vorangegangenen Debatte auf. Transformationen werden nur unter der Perspektive der Neuentwicklung erfasst.

Der Philosoph Kitcher löst diese Polarisierung zwischen »alter«, »inhumaner« und »neuer«, »humaner« Eugenik auf, indem er seinen Entwurf von Eugenik in die Tradition der britischen Sozialreformer stellt. Hierbei betont er, dass bereits Shaw und Webb die Eugenik als Teil ihres systemischen Sozialreformplans mit humanitären Inhalten verbunden hätten. Auf diese Weise konstituiert Kitcher eine Form von Eugenik, die zugleich »alt« und »humanitär« ist, um Eugenik vom »Stereotyp eugenischer Repression« (Kitcher 1998, S. 224) abzugrenzen. Diese Traditionalisierung humanitärer Inhalte von Eugenik stellt das »Eugenikargument«, das die Debatte über die sozial-ethischen

---

[31] vgl. GRAUMANN 1999, S. 117.

Folgen der Reprogenetik bis dato strukturiert hat, endgültig in Frage. Kitchers Argumentation zufolge erscheint es nicht mehr ausreichend, einen Eingriff mit dem Hinweis auf seine eugenische Orientierung als inhuman abzulehnen. Die feste Struktur der Auseinandersetzung über die Folgen reprogenetischer Anwendungen wird somit tendenziell gelockert. Weiterhin impliziert der Begriff Lebensqualität in Anlehnung an Kitcher folgende Modifikationen der paradigmatischen Reihen der Debatte:

Paradigmen	
Selbstbestimmung	Fremdbestimmung
Humane Eugenik	Inhumane Eugenik
Subjektstatus	Objektstatus
Wissenschaft	Ideologie
Medizin	NS-Rassenhygiene
Aufklärung / Erziehung	Repression
Erhalt/Förderung der Lebensqualität a) Optimierung b) »therapeutische« Tötung	Verminderung / Einschränkung der Lebensqualität Vernichtung von Leben nach Kriterien einer Eliteideologie

Tabelle 2: Paradigmatische Reihen der Expertendiskussion über die ethischen und gesellschafts-politischen Folgen der modernen Humangenetik und der sog. Reproduktionsmedizin (2. Phase).

Es wird möglich, zwischen den binären Oppositionen der Selbst- und der Fremdbestimmung Positionen zu entwickeln, die die Grenze des bisherigen Debattenfeldes erweitern könnten. So könnten sowohl die genetische Optimierung und als auch die Vernichtung von Menschen als humane und damit legitime Intervention dargestellt werden.

III Bio-Macht und Eugenik: »Leben machen«

1 Bio-Macht – Rationalisierung des Lebens

Michel Foucault beschreibt die Entwicklung eines neuen, modernen Machttyps, Ende des 18. Jahrhunderts, der nicht autoritär und repressiv, sondern produktiv und relational ausgerichtet ist. Diesen Machttyp bezeichnet Foucault als Bio-Macht.[32]

Ein charakteristisches Attribut der früheren, rein repressiven Macht, der Souveränitätsmacht, war das Recht über Leben und Tod. Der souveräne Herrscher hatte demnach die Macht entweder zu töten oder leben zu lassen. Mit dem Beginn der »Moderne« wird diese Form der Machtausübung durch die Bio-Macht ergänzt, «die genau die Umkehrung der ersteren ist: die Macht leben zu machen und sterben zu lassen.« (Foucault 1993, S. 28) Diese neue Machtform nimmt die Prozesse des Lebens in die Hand, um sie in einem Bereich von Wert und Nutzen zu organisieren. Dabei befasst sie sich nicht mit dem »Körper-Menschen«, sondern mit dem »Menschen als Lebewesen«. (Foucault 1993, S. 30) Die Bio-Macht geht aus zwei »Entwicklungssträngen« (Foucault 1979, S. 167) hervor: aus der Disziplinarmacht und aus der Regulierungsmacht der Bio-Politik. Die Disziplinarmacht, die aus Transformationen der Macht im 17. Jahrhundert entsteht, richtet sich auf die individuellen Körper. Sie zielt darauf ab, die nutzbare Kraft der Körper »durch Übung, Dressur usw. zu steigern« (Foucault 1993, S. 29) und sie in wirksame und ökonomische Kontrollsysteme zu integrieren. In der zweiten Hälfte des 18. Jahrhunderts tritt dann die Bio-Politik der Bevölkerung auf, die sich mit der Disziplinarmacht verbindet. Die Bio-Politik erfasst die Fortpflanzungs- und Sterblichkeitsraten, kontrolliert die gesundheitliche Verfassung der Bevölkerung und reguliert das Verhältnis zwischen Ressourcen und Bevölkerung. In diesem Zusammenhang wird die alte Mächtigkeit des Todes überlagert durch die Verwaltung der Körper und die rechnerische Planung des Lebens. Dabei bilden die Disziplinierung des Individualkörpers und die Regulierung der Bevölkerung keine Gegensätze, sondern eher zwei durch ein Bündel von Zwischenbeziehungen verbundene Pole. Im Kontext wirtschaftspolitischer Bestrebungen von Staaten wird dieses Bevölkerungskonstrukt zu einer ökonomisch bedeutsamen Ressource, die systematisch beobachtet wird. Die moderne Medizin und Biologie etablieren sich als Wissenschaften. Ihr systematisches Wissen über den individuellen Menschen, als

---

32 vgl. zur Konzeption der Bio-Macht nach Foucault z.B. Bührmann 1995; Braun 2000, Jäger, Jäger, Ruth et al. 1997; Lemke 1997; Waldschmidt 1996.

auch über die Spezies Mensch wird zur Grundlage der »Bio-Regulierung durch den Staat« (Foucault 1993, S. 37) und geht auf diese Weise in den Prozess der Machtausübung ein. Anstelle der Drohung mit dem Tod verschafft nun die institutionalisierte Verantwortung für das Leben, einen Zugang zum Körper. Das gen- und reproduktionstechnologische Wissen kann in diesem Sinne »als historisch neuartige Konkretisierung einer »Bio-Macht« (Foucault) aufgefasst werden.« (Bublitz 1997, S. 122)

Klassifizierung von Körpern nach Normalitätsgraden

Für die Problematik der Autonomie des Individuums im Kontext der sog. Reproduktionsmedizin und der humangenetischen Diagnostik ist es aufschlussreich, dass durch die Bio-Macht die Ausübung von Macht per Gesetz durch die Disziplinierung und Normierung der Individuen ergänzt wird. Die Disziplinen klassifizieren und hierarchisieren die Individuen untereinander. Dabei rekurrieren die Disziplinen auf Normen, die Foucault als »Mischung aus Gesetzmäßigkeit und Natur aus Vorschrift und Konstitution« (Foucault 1994, S. 392) definiert. Diese Normen wurden u.a. in der Medizin und Pädagogik entwickelt. Die Disziplinar-Mechanismen ordnen dann anhand dieser Normen die Vielheit der Individuen und ihrer Körperleistungen in überschaubare und nutzbringende Einheiten, in »lebenden Tableaus« (Foucault 1994, S. 190). Die Tableaus ermöglichen es, die einzelnen Körper und die jeweiligen Körperleistungen untereinander zu differenzieren, zu vermessen, zu kontrollieren. Sie werden schließlich in Hinblick auf eine Regel, die mit Bezug auf eine Gesamtheit wie beispielsweise auf die Bevölkerung in Form eines idealen Durchschnittswerts aufgestellt wird, in einer Reihe angeordnet.[33] Die Anordnung in einer Reihe ist nicht statisch, sondern lässt die Möglichkeit der Veränderung von Körperleistungen im Rahmen bestimmter Zeitabschnitte, d.h. die Möglichkeit der Entwicklung offen. Durch diese hierarchisch ausgerichtete Reihung wird in der Disziplinarordnung zwischen dem Einzelnen und der Gesamtheit ein biologischer Funktionszusammenhang konstruiert, der es ermöglicht, den einzelnen Körper gemäß seiner Nützlichkeit für die Gesamtheit, die sich im jeweiligen Abstand der gemessenen Merkmale zum Idealwert manifestiert, zu qualifizieren. Der Einzelne wird dann über den Platz, den er in der Reihe einnimmt und über den Abstand zu den anderen Individuen definiert. Die Individuen werden so bezüglich der Merkmale, die funktionell auf die Tüchtigkeit der Gesamtheit bezogen werden, zu austauschbaren Elementen.[34] Die Möglichkeit, Individuen wie Elemente entsprechend ihres jeweiligen Ranges austauschen zu können, ist

---

33 vgl. FOUCAULT 1994, S. 236.
34 vgl. FOUCAULT 1994, S. 187.

die Voraussetzung für die Selektion von Individuen z.B. nach ihren genetischen Dispositionen. Die Gesamtregel in Form des idealen Durchschnittswerts orientiert sich dabei von vornherein an den in den Humanwissenschaften entwickelten Normen. Ob die Individuen den vorgeschriebenen Wert erreicht haben, wird durch vielfältige Prüfungstechniken kontrolliert. In diesem Sinne beschreibt Foucault die Organisation des Spitals als Prüfungsapparat.[35] Im Spital werden die Krankheiten erfasst und nach Merkmalen klassifiziert. In diesen nosologischen Tableaus wird die Vielzahl der Krankheiten übersichtlich geordnet und somit sichtbar. Das Individuum wird als Träger einer Krankheit zu einem medizinischen Fall, der untersucht und therapiert wird. Im 19. Jahrhundert ändert sich dann der Blick des Arztes. Er ist »nicht mehr an das enge Raster der Struktur, der Form, Disposition, Anzahl, Größe gebunden« (Foucault 1996a, S.103). Krankheiten werden nun als globales Phänomen wahrgenommen, die dann als Serie analysiert werden. Dabei wird der zeitliche Verlauf einer Krankheit, ihr Entwicklungsprozess erfasst. Der Blick des Arztes versucht in der modernen Klinik, »die Variationen, die kleinsten Anomalien« (Foucault 1996a, S. 103) zu erfassen; er lauert ständigen Abweichungen auf. Denn er begnügt sich nicht mehr mit der Feststellung des Sichtbaren, sondern »muß Chancen und Risiken erschließen helfen«. Mit dieser Entwicklung des Spitals zur modernen Klinik werden Methoden der systematischen Präsentation hervorgebracht, durch die Entwicklungsprozesse und Wahrscheinlichkeitsprozesse in die medizinische Wahrnehmung integriert werden können. Die Untersuchung des Kranken dient vorrangig nicht mehr der individuellen Heilung, sondern es gilt, die Entwicklung der Krankheit und die Wirksamkeit von Behandlungen zu verfolgen. In dieser Perspektive wird die Individualität des Einzelnen in einen medizinischen Code der Symptome formiert.[36]

In den Humanwissenschaften etabliert sich weiterhin mit Beginn des 19. Jahrhunderts zunehmend das Normale als Zwangsprinzip – in der Medizin in Form von allgemeinen Gesundheitsnormen.[37] Normalität beinhaltet in diesem Zusammenhang ein reguläres Funktionieren des Organismus. Die Wissenschaften vom Leben konstituieren fortan das Individuum mit seinen individuellen und kollektiven Verhaltensweisen und Realisationen in einem Feld »das vom Gegensatz zwischen dem Normalen und Pathologischen bestimmt ist.« (Foucault 1996a, S. 53) Die Messungen im medizinischen Bereich setzen die Individuen einer unerbittlichen Sichtbarkeit aus. Die Individuen werden bzw. verorten sich selbst in einem »System von Normalitätsgraden«, (Foucault 1994, S. 237) das die Zugehörigkeit zu einem homogenen Gesellschaftskörper anzeigt, dabei jedoch klassifizierend und hierarchisierend wirkt.

35 vgl. FOUCAULT 1996a, S. 239ff.
36 vgl. FOUCAULT 1996a, S. 244.
37 vgl. FOUCAULT 1994, S. 237.

Optimierung des Lebens durch Vorsorge

In späteren Arbeiten[38] beschreibt Foucault wie die Macht per Gesetz und die disziplinierende »Normierungsgewalt« (Foucault 1994, S. 392) noch durch die Sicherheitsmechanismen der Regulierungsmacht ergänzt werden. Da die Disziplin wie das Recht von einer präskriptiv-normativen Norm ausgehen und mittels Zwang operieren, fasst Foucault diese beiden Machtformen als negatives »juridisch-disziplinäres System« und grenzt sie gegenüber den positiven Sicherheitsmechanismen der Regulierungsmacht ab. Als Beispiele für Mechanismen des individuellen und kollektiven Sicherns nennt er Systeme der Krankenversicherung und Hygieneregeln.[39] In den meisten Fällen verbinden sich disziplinierende und regulierende Techniken. Im Gegensatz zu dem Disziplinarsystem orientieren sich die Sicherheitsmechanismen nicht an einer durch Gesetze oder Humanwissenschaften vorgegebenen normativen Norm, sondern an der statistischen Häufigkeitsverteilungen in Form von Fortpflanzungs- und Mortalitätsraten. Diese Sicherheitssysteme nehmen keine fixe Grenzziehung zwischen dem Normalen und Anormalen vor, sondern bestimmen aus der Empirie heraus ein optimales Mittel innerhalb einer Bandbreite von Variationen.[40] Sie streben danach, die Zufallsereignisse zu kontrollieren, die sich in einer Bevölkerung ergeben können, indem sie die Wahrscheinlichkeiten dieser Ereignisse zu modifizieren suchen. Die Kontrolle von Wahrscheinlichkeiten zielt darauf ab, das Leben der Population zu optimieren.[41] In diesem Kontext werden »Krankheiten« als Bevölkerungsphänomene aufgefasst, deren Entwicklungsverlauf kalkuliert werden muss. Demzufolge richten sich Regulierungsmechanismen im medizinischen Kontext in erster Linie nicht auf den Einzelnen, sondern auf die Bevölkerung. Die Praktiken zielen dabei nicht nur auf die Feststellung und Heilung von Krankheiten, sondern auf die Vorsorge.[42] Um eine umfassende Vorsorge zu gewährleisten, ist es nicht mehr ausreichend, nur die sichtbaren Eigenschaften der Individuen zu überprüfen. Daher werden neben den beschriebenen Sicherheitstechniken Geständnisprozeduren in das »Feld wissenschaftlich akzeptabler Beobachtungen« (Foucault 1979, S. 84) integriert. Historisch werden in diesen Geständnisritualen zunächst sexuelle Begehren problematisiert, in denen dann die Ursache von Krankheiten gesucht wird. In der Medizin wird das Geständnis in die Anamnese integriert. Das Individuum »gesteht« dem Arzt seine Krankheiten und verborgenen Leiden. Der Arzt kombiniert in seiner Diagnose nun die Selbstberichte und die

---

38 z.B. in seiner Vorlesung: Leben machen und sterben lassen, Die Geburt des Rassismus, die Michel Foucault im März 1976 am College de France gehalten hat.
39 vgl. FOUCAULT 1993, S. 28.
40 vgl. LEMKE 1997, S. 190.
41 vgl. FOUCAULT 1993, S. 34.
42 vgl. LEMKE 1997, S. 237.

entschlüsselbaren Symptome und verordnet eine Therapie.[43] Foucault spricht von einer »klinischen Kodifizierung des Sprechen-Machens« (Foucault 1979, S. 84), die unabhängig von äußeren Konsequenzen innere Veränderungen des Individuums bewirkt. Das Individuum fühlt sich bereits durch die Prozedur des Geständnisrituals befreiter.[44] Die Selbstberichte des Individuums im Rahmen des Arzt-Patienten-Gesprächs werden als Teil der Anamnese mit einem medizinischen Normierungssystem verbunden, dessen Technologien gesamtgesellschaftlich auf die Normalität der Bevölkerung zielt. Hierbei verbinden sich nun Disziplinar- und Regulierungstechnologien. Die Mechanismen wirken sowohl auf das Individuum, als auch auf die Bevölkerung im Sinne einer Stärkung des Gemeinwesens.

2 Sexualität und Vererbung: Gegenstände bevölkerungspolitischer Planung

Sexualität und Normalitätsgebot

Foucault zufolge kommt es im Verlauf des 19. Jahrhunderts zu einer Kopplung der beiden Formen der Bio-Macht: der Disziplinierung der Körper und der Regulierung der Bevölkerung. Dabei ordnet er der Sexualität eine Scharnierfunktion zu. Einerseits wird die Sexualität als körperliches Verhalten konstituiert, das Disziplinierungstechniken zugänglich ist, anderseits werden ihr aufgrund der mit ihr in Verbindung gebrachten Zeugung biologische Prozesse der Bevölkerung zugeschrieben. Foucault fasst die unterschiedlichen diskursiven und nicht-diskursiven Praktiken zu einem Netz von Machtbeziehungen, zu einem Machtdispositiv zusammen, das er als Sexualitätsdispositiv bezeichnet. Entsprechend seines produktiven Machtverständnisses werden in diesem Macht-Wissenskomplex soziokulturelle Gegenstände der Erkenntnis und des Wissens, Subjektpositionen und Wahrnehmungsweisen hervorgebracht. Foucault geht davon aus, dass die Sexualität durch diese Machtbeziehungen nicht unterdrückt wird. In diesem Zusammenhang bestreitet er aber nicht, dass der Sex seit dem klassischen Zeitalter verboten wurde. Er sieht diese Repression jedoch als taktischen Bestandteil einer Diskursstrategie, den Sex moralisch akzeptierbar und technisch nützlich zu machen. Dem Sprechen über den Sex würde durch Verbot und Zensur ein »Hauch von Revolte, vom Versprechen der Freiheit und vom nahen Zeitalter eines anderen Gesetzes« (Foucault 1979, S. 16) anhaften. Die Suggestion von Befreiung würde die Individuen den Wunsch

---

43 vgl. FOUCAULT 1979, S. 86.
44 vgl. FOUCAULT 1979, S. 80.

hegen lassen, über ihren Sex zu sprechen. Im Rahmen der Diskursivierung des Sexes wurde die Sexualität auch als »pathologisches Gebiet« konstituiert. Die Pathologie begründet erstens eine ständige Kontrolle und Regulierung der Sexualität und zweitens eine Differenzierung der Sexualität in eine »normale« und eine »abweichende« Sexualität. Die abweichende Sexualität wird u.a. dem Bereich der Medizin überantwortet, dort von Experten untersucht und schließlich therapeutischen und normalisierenden Interventionen unterzogen. Diese Interventionen wirken umso effektiver, je mehr sie mit Selbstfindungsprozessen des Individuums verbunden werden. Diese Verbindung setzt voraus, dass die Sexualität innerhalb der Machtbeziehungen nicht nur als Verhalten des Individuums, sondern insbesondere als dessen Wesenskern betrachtet wird. Die Gespräche mit den medizinischen Experten sind zum einen Bestandteil der medizinischen Diagnostik und Therapie, zum anderen eine Art Selbstfindungsprozess des Individuums. Wesentlicher Bestandteil dieses Selbstfindungsprozesses ist die Praxis des Geständnisses, in dem es zunächst überwiegend um die sexuellen Begehren der Individuen ging. Dem medizinischen Experten eröffnet sich in der Praxis des Geständnisses ein bis dahin verborgenes Wissen über die sexuellen Begehrlichkeiten, in denen fortan die Ursache für Abweichungen und Krankheiten gesehen werden. Die Individuen meinen weiterhin sich durch ihr Geständnis selbst zu erkennen. Dabei konstituieren sie sich im Prozess des Gestehens eine Identität. Zudem wird ihnen – ähnlich wie bei den Mechanismen der Beichte – durch den Akt des Sprechens mit einem Experten eine Art Läuterung suggeriert, die zu ihrer Heilung beitragen soll. Die Vorstellung, dass die Sexualität den verdeckten, wahren Wesenskern des Individuums ausmache, bringt es dann mit sich, dass mit der Klassifizierung des Sexualverhaltens als abweichend auch das Individuum als Wesen als abweichend klassifiziert wird. Es wird nicht nur das Verhalten, sondern das Wesen normiert. Es verbinden sich die normalisierenden Eingriffe mit der Suche des Individuums nach sich selbst. Auf diese Weise ist es möglich, ein Normierungssystem zu implementieren, in dem das Individuum sich zwar mittels Geständnispraktiken zu befreien versucht, jedoch dazu beiträgt, beständig neues Wissen über die Individuen hervorzubringen und damit weitere Normierungen zu produzieren.[45] Durch die Praxis des Geständnisses werden die Technologien der Regulierung und Normierung mit den Machtwirkungen auf die Individuen verbunden; sie dringen quasi in die Individuen ein.

---

45 vgl. zur Funktion des Geständnisrituals bei Foucault insbesondere BRAUN 2000, S. 27f..

Eugenik – Rationalisierung der Fortpflanzung

Im 19. Jahrhundert wird im Rahmen des Sexualitätsdispositivs die Vererbung als Gegenstand des Wissens konstituiert. Dabei wird unter Vererbung ein Prozess der Weitergabe von bestimmten Qualitäten an die nächste Generation verstanden, die als konstitutiv für den Erhalt bzw. die Optimierung der Art gesetzt sind. Dabei werden diese Qualitäten in Form des Erbgutes materialisiert, das bei dem Zeugungsakt von den Elternindividuen an die Nachkommen weitergegeben wird. Die Weitergabe dieses Erbgutes ist ein Element der Biologie der Fortpflanzung, die Foucault als eine Technologie des Sexes charakterisiert. Er beschreibt wie sich die Technologien des Sexes in die Biologie der Fortpflanzung, die schließlich in die Erbhygiene mündet, und in die Medizin des Sexes differenziert, die sich überwiegend zu einer Medizin der Perversion entwickelt. Beide Technologien ordnen sich dem Gesundheitswesen und dem Normalitätsgebot unter. Eine Regulierung der Vererbung erfolgt als Technologie des Sexes indirekt über eine Regulierung der Sexualität. Dadurch wird der Sexualität in Hinblick auf ihre Auswirkungen auf die Vererbung biologische Verantwortung für den Erhalt der Art übertragen. Diese biologische Verantwortung setzt voraus, dass zwischen dem Bestand der Art und der Qualität des individuellen Erbguts eine kausale Beziehung hergestellt wird. Weiterhin wird Foucault zufolge die Qualität des Erbguts über die sog. Theorie der Entartung auf doppelte Weise mit dem Sexualverhaltens des Individuums gekoppelt: Die sexuelle Abweichung führt zu einer Erschöpfung der Nachkommenschaft und über die Vererbung von Krankheiten werden Sexualperverse hervorgebracht. Über die Klassifikation des individuellen Sexualverhaltens als abweichend kann auf diese Weise eine Gefährdung des Erbguts konstituiert werden. Die Eugenik entwickelt sich als ein medizinisch-politisches Projekt, das eine staatliche Verwaltung des Heiratens und der Geburten beinhaltet, um die Fortpflanzung zu optimieren. Dabei setzt die Optimierung als Bezugspunkt ein System von Norm und Abweichung voraus.

Die Formierung eines genetisch-informationellen Machtdispositivs: Optimierung des Genpools

Mit zunehmender Trennung von Sexualität und Fortpflanzung lösen sich die Machtbeziehungen, die auf die Vererbung zielen, von den Technologien des Sexes. Es entwickeln sich die Vererbungswissenschaften. Im Fortpflanzungsprozess steht fortan die Übertragung der Merkmalsanlagen von den Elternindividuen an die Nachkommen im Zentrum. Die Vererbung wird nun weniger durch die Regulierung des Sexualverhaltens als vielmehr durch die kontrollierte

Weitergabe der Gene normalisiert. Die Vererbung wird nun zum Angriffs- und Durchgangspunkt von Machtbeziehungen. Dabei haben sich zum einen Praktiken, die im Rahmen des Sexualitätsdispositivs auf eine gesunde Nachkommenschaft zielten, historisch weiterentwickelt und zum anderen haben sich neue Praktiken entwickelt, die direkt auf eine Normalisierung der Gene zielen. Letztere fasse ich in meiner Darstellung zu einem neuen Dispositiv zusammen, dem genetisch-informationellen Dispositiv.[46] Die Weitergabe der Gene ist hier der Ansatzpunkt für Strategien, die auf eine Problematisierung der Gesundheit und eine Intensivierung weniger der Körper als vielmehr des individuellen wie kollektiven Genpools zielen.

Das genetisch-informationelle Dispositiv umfasst Wissensformationen, die erstens beschreiben, wie sich historisch das Genom als Erkenntnis- und Wissensbereich der Vererbungswissenschaften bzw. der Genetik und der Informationswissenschaften gebildet hat und wie die DNA als »Molekül des Lebens« konstituiert wurde, zweitens, wie die Individuen im 20. Jahrhundert beginnen, in den Genen die Wahrheit über sich selbst zu suchen und drittens, wie sie lernen, sich als Subjekte ihrer genetischen Dispositionen anzuerkennen und wie dieser Selbstfindungsprozess mit einem Normierungssystem verbunden wird. Es kommt zu einer Überlagerung des Sexualitätsdispositivs und des genetischen Dispositivs. Bevor die Gentechnologie, die sich im Rahmen des genetisch-informationellen Dispositivs entwickelte, einen direkten Zugriff auf die Gene versprach, war die Fortpflanzungskontrolle auch weiterhin an eine indirekte Regulierung der Reproduktion über das Sexualverhaltens gebunden.

3 Selbstmanagement von Denormalisierungsrisiken

Foucault beschreibt, wie über die Differenzierung zwischen »normaler« und »perverser« Sexualität die Individuen in »normale« und »anormale« Individuen klassifiziert werden. Hierbei geht er davon aus, dass die medizinische Normalität diskursiv und praktisch an, auf den Körper wirkende Dressurleistungen gebunden ist.[47] Normierung und Normalisierung, die gegenwärtig auf dem Feld der Reprogenetik vonstatten gehen, sind damit aber nur unzureichend erfassbar. Foucault beschreibt das Normale als Zwangsprinzip, auf das die Individuen hin normalisiert werden. Der Diskurstheoretiker Jürgen Link schildert dann, wie in gegenwärtigen Gesellschaften das Zwangsprinzip dyna-

---

46 Margret und Siegfried Jäger konstatieren in einer Analyse des biopolitischen Diskurses in deutschen Printmedien die Entwicklung eines »biopolitischen Dispositivs« (JÄGER, JÄGER 1997, S. 306). Dies umfasst nicht allein die Erkenntnisse der modernen Biologie und die Praktiken der Bio- und Gentechnologie. Weitere Bestandteile sind (neben den diskursiven Anteilen) etwa Transplantationszentren, Installationen in Krankenhäusern, Forschungseinrichtungen und universitäre und außeruniversitäre Institutionen.
47 vgl. LINK 1997, S. 136.

misiert und flexibilisiert wird. Er geht davon aus, dass Normalität nicht mit Normativität gleichgesetzt werden kann. Die Normalität, ein auf Verdatung gegründetes statistisch tangiertes Orientierungswissen, umfasst die ständige Herstellung eines Durchschnitts. Sie gilt in modernen Gesellschaften nicht als unveränderliches Fixum, sondern wird in Diskursen ständig produziert und reproduziert. Sie bietet den Individuen die Möglichkeit zur »flexiblen Orientierung« (Link FAZ, 01.08.2001). Es gibt keine Wesensgrenzen mehr zwischen »normal« und »anormal«, sondern ein Kontinuum von Daten, das entsprechend zwischen den Gegenpolen von Normalität und Anormalität angeordnet wird. Die Grenzen erscheinen als »Toleranz-Grenzen« (Link 1997, S.21). Die Notwendigkeit die den modernen Gesellschaften inhärente Dynamik des sozialen Wandels einerseits zu gewähren, andererseits aber auch zu steuern, hat zur Entwicklung von zwei fundamental unterschiedlichen Strategien[48] geführt, zur protonormalistischen und zur flexibel-normalistischen Strategie.

Die protonormalistische Strategie dominierte zu Beginn des Normalismus. Sie zielt auf die Bildung eines stabilen Gleichgewichts, wobei sie sich an fixen und stabilen Grenzen, sog. »Stigma-Grenzen« (Link 1997, S. 340) ausrichtet. Dabei orientiert sie sich bei der Grenzbestimmung oft an vornormalistischen Ideologemen wie beispielsweise Natur und Gesundheit. Zwischen dem Normalen und dem Anormalen werden deutliche Diskontinuitäten angenommen. Protonormalistische Individuen orientieren sich an starren Normen, die an die Normativität angelehnt sind. Dem entsprechen als Subjektivierungstaktik die Außenlenkung und Dressur.

Die zweite, die flexibel-normalistische Strategie versucht dagegen ein dynamisches Fließgleichgewicht herzustellen. Die Grenzlinie zwischen normal und anormal ist nur für eine mittelfristige Zeitdauer gültig und kann immer wieder neu festgelegt werden. Das flexibel-normalistische Individuum überprüft ständig die Grenzzonen von Normalität um herauszufinden, wo gegebenenfalls Normalitätsgrenzen in Bewegung sind und sich dadurch größere Freiräume eröffnen. Die Freiräume sind eine Seite der Medaille, die Erfordernis der Selbstnormalisierung der Individuen ist die andere Seite. Der flexible Normalismus macht Formen des Selbstmanagements notwendig, die im Subjekt selbst imaginäre Datenvergleiche, Kurvenentwürfe und Durchschnittskalküle installieren.[49] In Biographie und Generationenfolge ist ein Statuswechsel zwischen normal und anormal jederzeit möglich. Demzufolge können alle Individuen im Verlauf ihres Lebens in den Bereich der Anormalität geraten. Die

---

48 Link verwendet den Begriff der (diskursiven) Strategie »dabei im Sinne einer »gerichteten« Kombination einzelner »Taktiken«, wobei die »Richtung« in der Regel nicht teleologisch, subjektiv-intentional und gänzlich bewusst vorgegeben ist« (LINK 1997, S. 77), sondern sich im Verlauf von taktischen Prozessen transsubjektiv unter Schwankungen einstellt.
49 vgl. LINK 1997, S. 337.

Angst nicht normal zu sein, löst dann bei den Individuen ein fieberhaftes Vergleichen innerhalb der Variationsbreiten des Normalen aus. In diesem Prozess der Selbst-Adjustierung (Selbst-Normalisierung) orientieren sie sich an Wahrscheinlichkeitsrechnungen und Risiko-Kalkülen. Die flexibel-normalistischen Formen des Selbstmanagements verlangen dem Individuum eine handlungsbezogene subjektive Risikobereitschaft ab. Die Individuen verorten sich selbst zwischen den »Selbstzumutungs-Polen von Risiko Null und von maximalen Risiko« (Link 1997, S.338). Eine Überdehnung des Risikos, die zu Sucht, Kriminalität, Krankheit und anderen Anormalitäten führen würde, wird durch die »Denormalisierungsangst« (Link 1997, S.338) der Individuen vermieden. Mit der zunehmenden Flexibilisierung der Normalitätsgrenzen ist die Entwicklung einer »Therapiekultur« (Link 1997, S. 153) verbunden, die die ganze Gesellschaft erfasst und die die »fast-normalen Störungen« (Link 1997, S. 153) minimieren soll. Flexibel-normalistische Subjekte werden durch Selbsterfahrungsprogramme in der »Erfahrung ihrer je individuellen Grenzen und in der Einschätzung von Denormalisierungsrisiken geschult, was idealiter durch Therapieprogramme für breite Bevölkerungskreise erfolgt.« (Link 2001a, S. 84) In der Therapiekultur werden wie nirgends sonst die subjektiven Selbstnormalisierungsverfahren trainiert. Dabei wird die Normalität zum »Orientierungs- und Handlungsraster« (Sohn 1999 b, S. 9) sowohl für die Gesellschaft als auch für das einzelne Individuum.

4 Die Umdeutung des Todes als Beitrag zum Aufstieg des Lebens

Die Bio-Macht wurde als eine Machtform beschrieben, die »das Leben« schützt und fördert. Wie ist dieser Anspruch damit zu vereinbaren, dass in den abendländischen Gesellschaften im Zeitalter dieser »Lebensmacht« Menschenleben in Größenordnungen vernichtet wurden wie nie zuvor? Michel Foucault zeigt, dass die Souveränitätsmacht nicht durch die Bio-Macht abgelöst, sondern nur überlagert wird. So kann in Normalisierungsgesellschaften das souveräne Recht des Tötens über den Rassismus ausgeübt werden. Dabei verbindet sich die Funktion des Vernichtens mit der Intention »das Leben« zu optimieren. Die Funktion des Vernichtens umfasst auch Praktiken, die jemanden der Gefahr des Todes aussetzen, den politischen Tod oder die Vertreibung. Er charakterisiert die moderne Form des Rassismus als biologisch. Die Verbindung zwischen der Vernichtung von einzelnen Leben und der Optimierung des Lebens der Population ist in biologische Theorien eingebettet, die das Leben des einzelnen Individuums in das Leben des Kollektivs einschreiben.

Foucault beschreibt, wie die Beziehung zwischen biologischen Theorien und dem politischen Diskurs der Macht im 19. Jahrhundert durch den Evolutionismus bestimmt wird. Dabei ist »Evolutionismus – in einem weiten Sinne verstanden, d.h. nicht so sehr die Theorie Darwins selbst als vielmehr das Ensemble ihrer Begriffe (die die Hierarchie der Arten auf einem gemeinsamen Baum der Evolution, der Kampf ums Dasein zwischen den Arten, die Selektion, die die am wenigsten angepassten Arten eliminiert) – im 19. Jahrhundert in wenigen Jahren auf ganz natürliche Weise nicht einfach zu einer Art und Weise geworden, den politischen Diskurs in biologische Begriffe zu übersetzen, nicht einfach eine Art und Weise, einen politischen Diskurs unter einem wissenschaftlichen Deckmantel zu verbergen, sondern eine Art und Weise, die Beziehungen der Kolonisierung zu denken, die Notwendigkeit der Kriege, die Kriminalität, die Phänomene des Wahnsinns und der Geisteskrankheiten usw.« (Foucault 1993 S. 44).

In Anbindung an diese Ausführungen Foucaults verstehe ich unter Evolutionismus ein rationales Programm[50]. Ein rationales Programm beinhaltet eine intellektuelle Bearbeitung der Realität, an der politische Technologien ansetzen können. Es konkretisiert sich in bestimmten historisch variablen Wissensformationen. Im Rahmen dieser Formation wird eine Form von Realität hervorgebracht, nach der die Gesellschaft gegen Gefährdungen biologischer Natur verteidigt werden müsse. Dabei rezitieren evolutionistische Wissensformationen Evolution in der Form, dass sie Evolution als Fortschritt in dem Sinne definieren, dass sich innerhalb dieses Vorgangs die höchst entwickelte Form des Menschen durchsetzt. Diese Sichtweise von Fortschritt geht davon aus, dass das einzelne Individuum teleologisch für die Höherentwicklung der Population lebt, der Fortpflanzungsgemeinschaft also, die jeweils als »Erhaltungseinheit des Lebens« konstituiert wird. Die Selektion fungiert hier als »Motor« dieses Fortschrittsprozesses. Die Auslese von minderwertigen Organismen wird als Weg des Fortschritts deklariert. Dem Tod wird in diesem Prozess eine schöpferische Funktion zugeschrieben. In der evolutionistischen Rezeption der Selektionsgesetze wird er als Beitrag zum »Aufstieg des Lebens« umgedeutet. Dem Tod wird die Aufgabe zugewiesen, lebensunwertes Leben zu vernichten. Dadurch werden Ressourcen freigestellt, die wiederum die Existenz des stärkeren Lebens fördern, das sich durch höhere Fortpflanzungserfolge auszeichnet. In evolutionistischen Formationen, die in eugenische Konzepte eingehen, wird die natürliche Auslese auf eine Fortpflanzungsauslese reduziert. Der Fortpflanzungserfolg wird als Beitrag zur Höherentwicklung gewertet, der den Lebenswert eines Individuums bestimmt. In gendeterministischen Zuspitzungen[51] dieser Fortpflanzungsauslese werden schließlich die Gene als

---

50 Dabei meint rational die Übereinstimmung von Regeln, Verfahren, Denkformen mit einer Gesamtheit von Bedingungen, unter denen es zu einem gegebenen Zeitpunkt möglich ist, bestimmte Probleme zu behandeln. (vgl. LEMKE 1997, S. 146.)
51 Spezifische Formationen von Wissen, die die Vererbung bzw. die Gene als die Faktoren konstituieren,

Medium der Vervollkommnung konstituiert. Wobei die zugrunde liegenden genderministischen Formationen davon ausgehen, dass die Ursache dessen, was als »normal« und »gesund« definiert wird, in den Genen liegt.[52] Die Konstitution der Erbeinheiten als Medium der Vervollkommnung ist nun die Voraussetzung dafür, dass im Rahmen eugenischer Konzepte, aufbauend auf den beschriebenen evolutionistischen Formationen, der Beitrag eines Individuums zur Höherentwicklung einer Population in Form seiner Erbqualitäten quantifiziert wird. Eugeniker befürchten, dass wenn ein bestimmter Selektionsdruck wegfallen würde, sich *die* Individuen vermehren könnten, deren Erbwert den Durchschnitt des in der Population erreichten Wertes nicht erlangen. Diese Zunahme abweichender Individuen innerhalb der Population würde deren progressive Entwicklung hemmen, wenn nicht sogar umkehren. Die Population würde letztendlich durch diese Kontraselektion zerstört werden. Entsprechend werden »Minderwertige«, deren Erbwert von dem als ideal gesetzten Wert abweichen, von der Fortpflanzung ausgeschlossen. Der Ausschluss und die Vernichtung »Minderwertiger« wird mit Bezug auf evolutionistische Formationen als Förderung des Lebens umgemünzt. Die Hegemonie des Evolutionismus im politischen Diskurs ist die Voraussetzung dafür, dass das Vernichtungsprinzip im Zeitalter der Bio-Macht angewendet werden kann. Der Rassismus überträgt die evolutionistische Rezeption gesetzter Naturgesetze auf die menschliche Gesellschaft. Zwischen dem Leben des einzelnen Individuums und dem Tode des Anderen wird eine Beziehung biologischen Typs aufgebaut. Diese Beziehung biologischen Typs beschreibt Foucault wie folgt:

»Je mehr die minderwertigen Rassen verschwinden, je mehr die anormalen Individuen eliminiert werden, umso weniger Degenerierte wird es im Verhältnis zur Spezies geben, umso mehr werde ich – nicht als Individuum, sondern als Spezies – leben, werde ich stark sein, werde ich kraftvoll sein, werde ich mich vermehren können« (Foucault 1993, S. 42 f.).

Der Rassismus übernimmt quasi die Funktion eines Selektionsdrucks seitens der Umwelt und fragmentiert das biologische Kontinuum der menschlichen Gesellschaft in Gruppen, denen bestimmte Qualitäten in Hinblick auf die Entwicklung der Population zugeordnet werden. Das Prinzip »Kampf ums Dasein« begründet dann, dass die Gruppen gegeneinander in diejenigen differenziert werden, die leben müssen und die, die sterben müssen. Beim Kampf der Völker und Rassen wird der Kampf ums Dasein auf überindividuelle Einheiten übertragen. Das Kollektiv muss hier gegenüber Gefährdungen von außen durch »fremde« Rassen verteidigt werden. Weiterhin muss das Kollektiv auch gegenüber Gefährdungen von innen durch Krankheiten geschützt

---

die die individuelle Ontogenese des Organismus und die Evolution der Art festlegen, können als genderministisch charakterisiert werden.
52 vgl. NEUMANN-HELD 1998, S. 261f..

werden. Das Prinzip: »Kampf ums Dasein« wird auf innergesellschaftliche Entwicklungen übertragen. Dabei wird das gesellschaftliche Kollektiv in die Gruppe der »Gesunden« bzw. »Normalen« und die der »Abweichenden«, der »Kranken« unterteilt. Die abweichenden Individuen stehen dabei nicht mehr außerhalb der Gesellschaft, sondern werden in die Dynamik der Lebensentwicklung des Kollektivs integriert und bedrohen bereits durch ihre Existenz den Erhalt und die Entwicklung des Kollektivs. Es entsteht Foucault zufolge eine Form des biologischen Rassismus, den die Gesellschaft gegen ihre eigenen Elemente ausspielt. Je mehr die anormalen Individuen eliminiert werden, umso stärker wird das gesellschaftliche Kollektiv.[53]

Um die Todeslogik der evolutionistischen Rezeption der Selektionsgesetze in eine eugenische Fortpflanzungslogik umzusetzen, die im Rahmen der Bio-Macht realisiert werden kann, wird der Tod zudem dem Bereich der Medizin überantwortet. Dort wird er dann als notwendige medizinische Intervention zur Steigerung des Lebens sowohl des einzelnen als auch des kollektiven Körpers umgedeutet. Hierbei werden evolutionistische Wissensformationen an Institutionen der öffentlichen Gesundheitsfürsorge gebunden. Die Tötungsfunktion wird fortan mittels medizinischer Techniken insbesondere der Geburtenkontrolle ausgeübt. Die Medizin richtet sich als Machtwissen zugleich auf den individuellen Körper und auf den gesamten Bevölkerungskörper. Aufgrund dieser Ausrichtung wird die Medizin zur »Nationalen Aufgabe« (Foucault 1996a, S. 37). Die moderne Medizin versucht nun durch Prävention und Selbstführung das Individuum dazu zu bringen, die Verantwortung für seine Gesundheit vermehrt selbst zu übernehmen – ein Stück weit »selbst sein eigener Arzt« (Foucault 1996a, S. 52) zu werden. Mit der Ausrichtung auf Prävention muss der medizinische Blick zunehmend »Chancen und Risiken erschließen helfen« (Foucault 1996a, S. 103). In diesem Kontext ist meines Erachtens die Entwicklung der genetischen Diagnostik zu verorten, die darauf abzielt, für die Individuen persönliche Risikoprofile für bestimmte Krankheiten zu bestimmen. Dabei ist das Risiko des einzelnen Individuums eng mit dem Risiko des Kollektivs über eine biologische Beziehung verbunden. Demnach erhöht das abweichende Individuum mit signifikant erhöhten Risikowerten das Gesamtrisiko des Kollektivs und bedroht dadurch dessen Bestand. Diese im Sinne Foucaults »rassistische« Konstruktion ermöglicht es, die gegenwärtigen Verfahren der genetischen Diagnostik mit Verfahren des Vernichtens zu verbinden. Embryonen mit ungünstigen genetischen Risikoprofilen können demnach abgetrieben werden.

---

53 vgl. FOUCAULT 1993, S. 42 f..

IV Zu Methode und Struktur der Arbeit

1 Das Verfahren der Kritischen Diskursanalyse

Zum Begriffsverständnis und zur Struktur des Diskurses

Wer schafft mit welchen Mitteln und für welche Wahrheiten Akzeptanz? Was ist zu einem bestimmten Zeitpunkt von wem wie sagbar und was nicht? Was wird als normal angesehen und was nicht? Diesen Fragen geht das Verfahren der Kritischen Diskursanalyse nach, das der Sprachwissenschaftler Siegfried Jäger entwickelt hat. Jäger verbindet Foucaults Diskursverständnis, Links Interdiskurstheorie und die Tätigkeitstheorie Leontjews zu dem Ansatz der Kritischen Diskursanalyse. Dieses Verfahren konzentriert sich auf die Analyse des Diskurses bzw. der Diskurse, »die sie als Verläufe oder *Flüsse von sozialen Wissensvorräten durch die Zeit* versteht, die die Applikationsvorgaben für die Gestaltung der gesellschaftlichen Wirklichkeit enthalten und in diese gegenständlich umgesetzt werden und, in Verbindung mit diesen »Vergegenständlichungen«, insgesamt also als *Dispositiv*, weiterwirken, sie »»am Leben halten««, sie und sich verändern oder auch zum Absterben bringen können« (Jäger 1999, S. 158).

Gemäß diesem Diskursverständnis entfalten die Diskurse insofern Machtwirkung, als dass die in ihnen transportierten Inhalte als die jeweils gültigen Wahrheiten konstituiert werden. Diese Wahrheiten fungieren dann als Applikationsvorgaben für individuelles und kollektives Handeln. Um sich verändernde Sagbarkeiten rekonstruieren zu können, wird ein Diskursstrang oder auch mehrere miteinander verschränkte Diskursstränge historisch und gegenwartsbezogen analysiert. Nach Siegfried Jäger fördert bereits die Erfassung der Diskurse »eine kritische Perspektive zu Tage, indem dabei die impliziten und nicht gesagten Voraussetzungen und *als Wahrheiten* vertretenen Setzungen oder zu Unrecht Konsens beanspruchenden Aussagen oder falsche Verallgemeinerungen und dementsprechende Fluchtlinien etc. sichtbar gemacht werden können« (Jäger 1999, S. 223).

Um Diskurse analysieren zu können, ist es zweckmäßig, sich die Struktur des gesellschaftlichen Gesamtdiskurses zu verdeutlichen. Auf diese Weise können die einzelnen Diskurse in den soziokulturellen Gesamtzusammenhang eingeordnet werden.[54] Jäger entwickelte folgende pragmatischen Analyseka-

---

54 vgl. JÄGER, CLEVE, RUTH, JÄGER 1998, S. 25f.

tegorien, die die prinzipielle Struktur von Diskursen verdeutlichen. Zunächst differenziert er in Anlehnung an Jürgen Link den gesellschaftlichen Gesamtdiskurs in die überwiegend wissenschaftlichen Spezialdiskurse und den Interdiskurs. Er fasst dabei alle nicht-wissenschaftlichen Diskurse als Bestandteile des Interdiskurses auf. Weiterhin fließen seiner Ansicht nach Elemente der wissenschaftlichen Spezialdiskurse unentwegt in den Interdiskurs ein.

Der Gesamtdiskurs lässt sich nun analytisch in verschiedene thematisch einheitliche Diskursstränge auffächern, die aus einer Vielzahl von Elementen, den Diskursfragmenten zusammengesetzt sind. Die Erfassung der Diskursfragmente ist die Grundlage für die Bestimmung von Aussagen, d.h. von Äußerungen homogenen Inhalts. Die Diskursanalyse zielt auf die Erfassung dieser Aussagen, die Foucault auch als »Atome des Diskurses« bezeichnet. Um die Aussagen aus den Diskursfragmenten zu extrahieren, werden Diskursfragmente gleicher Inhalte, getrennt nach Themen und Unterthemen, empirisch aufgelistet und deren Inhalte und Häufungen sowie ihre formale Beschaffenheit erfasst und interpretiert. Zusammengenommen bilden die Aussagen den Diskursstrang. Die Richtung und die Qualität eines Diskursstrangs kann durch ein Ereignis, das politisch und das heißt in aller Regel auch durch die Medien besonders herausgestellt wird, beeinflusst werden. Die Ermittlung solch diskursiver Ereignisse kann insofern für die Analyse von Diskurssträngen wichtig sein, als dass ihre Nachzeichnung den diskursiven Kontext konturiert, auf den sich ein aktueller Diskursstrang bezieht. Im historischen Verlauf verändern sich die Diskursstränge, wobei sie in der Regel an vorangegangene Verläufe anknüpfen.[55] Die Stränge verlaufen auf verschiedenen Ebenen. Dabei bezeichnen Diskursebenen die sozialen Orte, von denen aus gesprochen wird, von denen aus Diskurse Wirkung entfalten wie Wissenschaft, Politik, Medien und Alltag. Diese Diskursebenen beeinflussen sich häufig gegenseitig. Beispielsweise können auf der Medien-Ebene Diskursfragmente eines wissenschaftlichen Spezialdiskurses oder auch des Politikerdiskurses aufgenommen werden.

Zur methodischen Durchführung von Kritischen Diskursanalysen

Die Durchführung einer Diskursanalyse beginnt mit einer genauen Bestimmung ihres Gegenstandes. Dabei sind die zu untersuchenden Diskursstränge thematisch gegenüber sonstigen Diskurssträngen abzugrenzen. Zweitens ist die Diskursebene zu benennen, auf welcher der zu untersuchende Diskursstrang bzw. die zu untersuchenden Diskursstränge verortet sind. Weiterhin ist die Bestimmung der Diskursposition, also des Ortes, von dem aus eine Beteiligung

---

55 vgl. JÄGER, CLEVE, RUTH, JÄGER 1998, S. 28.

am Diskurs und seine Bewertung für den Einzelnen und die einzelne bzw. für Gruppen und Institutionen erfolgt, wichtig.[56] Kurz und knapp fasst Jäger zusammen, »dass es bei der Verortung eines Diskursstranges auf das Wer, Was, Wie, Wann und Wo ankommt, also auf das Subjekt der Aussage, das Referential, den Untersuchungsgegenstand oder die Aussage selbst, auf ihre Struktur oder Form, den Zeitpunkt oder auch Zeitraum und auf den extradiskursiven Rahmen, in dem sich der Diskursstrang bewegt« (Jäger 1998, S. 169). Dazu kommt, dass die Diskursstränge eine Geschichte, eine Gegenwart und eine Zukunft haben. Es empfiehlt sich daher, größere Zeiträume diskursiver Abläufe zu analysieren, »um auf die Weise ihre Stärke, die Dichte der Verschränkung der jeweiligen Diskursstränge mit anderen, Änderungen, Brüche, Versiegen und Wiederauftauchen etc. aufzeigen zu können.« (Jäger 2005, S. 64f.) Denn nur auf diese Weise lässt sich die Produktion und Transformation von Wissen in bestimmten diskursiven Teilbereichen rekonstruieren. Zum Abschluss stellt sich nun die Frage, wie eine Diskursanalyse zu einer Kritischen Diskursanalyse im Sinne Jägers wird. Nach Siegfried Jäger geht es in diesem kritischen Ansatz explizit darum, die gefundenen diskursiven Sachverhalte auch begründet zu bewerten und zu kritisieren. Es geht darum, Widerstand dagegen zu leisten, »dass uns historisch-diskursive jeweilige Gültigkeiten als ewige und quasi natürliche Wahrheiten »verkauft werden« (Jäger 1999, S. 223). In seiner Kritik kann sich der Diskursanalytiker auch auf Normen und Werte berufen und eine eigene Position einbringen. Für dieses Konzept von Kritik ist die genaue Beschreibung von Diskursen eine notwendige Voraussetzung. Dabei ist die Untersuchung von den Verbindungen zwischen den Diskursen von besonderer Bedeutung. Hier setzt die Interdiskurstheorie, die der Sprachwissenschaftler Jürgen Link als Ergänzung der Foucaultschen Diskurstheorie entwickelt hat, ein.

Die Interdiskurstheorie

Über die Verbindung zwischen Diskursen

Bereits Michel Foucault weist auf die zeitweilige Formierung spezialisierter Diskurse zu interdiskursiven Konfigurationen hin, die die Übertragung von Begriffen, Methoden oder Techniken gestatten. Wie das spezialisierte Wissen in den kulturellen Wissensbestand reintegriert und umgekehrt wieder aus diesem kulturellen Wissen gespeist wird, verfolgt Foucault allerdings nicht weiter. An diesem Kopplungs- und Transformationsprozess setzt nun die Interdiskursanalyse der Forschergruppe um Jürgen Link an. Es geht ihnen darum, die

---

56 vgl. JÄGER, M. 1996, S. 47.

Produktionsregeln elementarer Anschauungsformen historisch spezifisch zu rekonstruieren. Für dieses Vorhaben knüpft Link explizit an die von Foucault aufgezeigte Beziehungsstruktur zwischen Diskursen, an die interdiskursive Konfiguration an. Er problematisiert diese als eine historisch spezifische Interferenz von Spezialdiskursen. Er definiert Diskurselemente als »interdiskursiv«, »die nicht an einen Spezialdiskurs gebunden sind, die vielmehr mit variabler und flexibler Bedeutung in einer Mehrzahl von Spezialdiskursen sowie ggf. ebenfalls in allgemeinen, z.B. sog. Alltagsdiskursen zirkulieren.« (Link 1997, S. 50) Link spezifiziert Interdiskursivität noch als »außerwissenschaftliche, sog. »spontane« Prozesse« (Link 2001a, S. 78). Die Produktion interdiskursiver Elemente findet im gering institutionalisierten Alltag aber auch in institutionalisierten Bereichen wie beispielsweise in Vorworten von Fachbüchern oder in den Medien statt.[57] Das Verhältnis zwischen Spezial- und Interdiskurs erläutert Link schließlich wie folgt: »Dabei tendieren Spezialdiskurse gerade aufgrund ihrer Spezialität, die unter modernen Bedingungen zudem stets mehr oder weniger mit technischer Operationalität gekoppelt ist, zum Vorherrschen der Denotation und der Eindeutigkeit, während Interdiskurse umgekehrt Spezialwissen überbrückende integrative Funktionen bedienen und vor allem an Subjektapplikationen gekoppelt sind, woraus sich das Vorherrschen der Konnotation und der Mehrdeutigkeit erklärt.« (Link 2001a, S. 78). Der Interdiskurs nimmt dabei vor allem diejenigen Elemente auf, die als gesellschaftliche Erfahrungsschemata dienen können. Die interdiskursiven Elemente sind demnach für die Konstitution des elementaren, kulturellen Wissens verantwortlich, »mit dessen Hilfe die Individuen einer gegebenen Kultur sich in ihrer »Welt« orientieren« (Link, Link-Heer 1994, S. 44). Zu diesem Wissensbestand gehören u. a. interdiskursiv generierte Gegenstände wie beispielsweise die Normalität.[58]

Das Kollektivsymbolsystem

Der elementare Wissensbestand ist durch stereotype bildliche Vorstellungen geprägt und beinhaltet auch Praktiken wie Versuchsanordnungen, Handlungsschemata und die Entwicklung von Modellen wie sie gerade für viele wissenschaftliche Diskurse konstitutiv sind. Die Gesamtheit dieser kulturspezifischen, kollektiv-stereotypen Bildlichkeiten bezeichnet Link als »Kollektivsymbolik«. Unter dem einzelnen Kollektivsymbol wird hierbei ein »Symbol mit umfangreichem kollektivem Träger« (Link-Heer, Link 1994, S. 46) verstanden. Ein Kollektivsymbol lässt sich nicht isoliert betrachten. Denn in jeder Kultur bilden alle Kollektivsymbole über Katachresen ein fluktuierendes System kollek-

---

57 vgl. zur Produktion des Interdiskurses auch SAIER 1997.
58 vgl. LINK 2001a, S. 78.

tiver Symbole. Die Verbindung der Symbole lässt den Eindruck einer einheitlichen Kultur entstehen. Gesellschaftliche Veränderungen können symbolisch integriert werden. Auf diese Weise enthält die Kollektivsymbolik in symbolisch verdichteter und vereinfachter Form das heute gültige Bild der jeweiligen Gesellschaft.[59] Ein Kollektivsymbol wird daher von allen Mitgliedern eines Kulturmilieus ohne Erläuterung verstanden. Dieses System von Symbolen übt auf diese Weise »eine ungeheuer starke Wirkung bei allen Gesellschaftsmitgliedern darauf aus, wie sie die Wirklichkeit sehen, deuten und verstehen« (Jäger 1999, S. 134) und wie sie sich selbst in dieser Wirklichkeit verorten. Das Kollektivsymbolsystem vermittelt über seine Bildlichkeiten Vorgaben für die Subjektbildung und wirkt dadurch subjektformierend. Das System ist historisch veränderbar, bleibt aber für eine gewisse Zeitspanne stabil. Für die damalige Bundesrepublik fasst Link die gängigen Kollektivsymbole in ein Grundschema, das mit jeweils spezifischen Symbolen ausgefüllt auch auf andere moderne Industriegesellschaften übertragen werden kann:

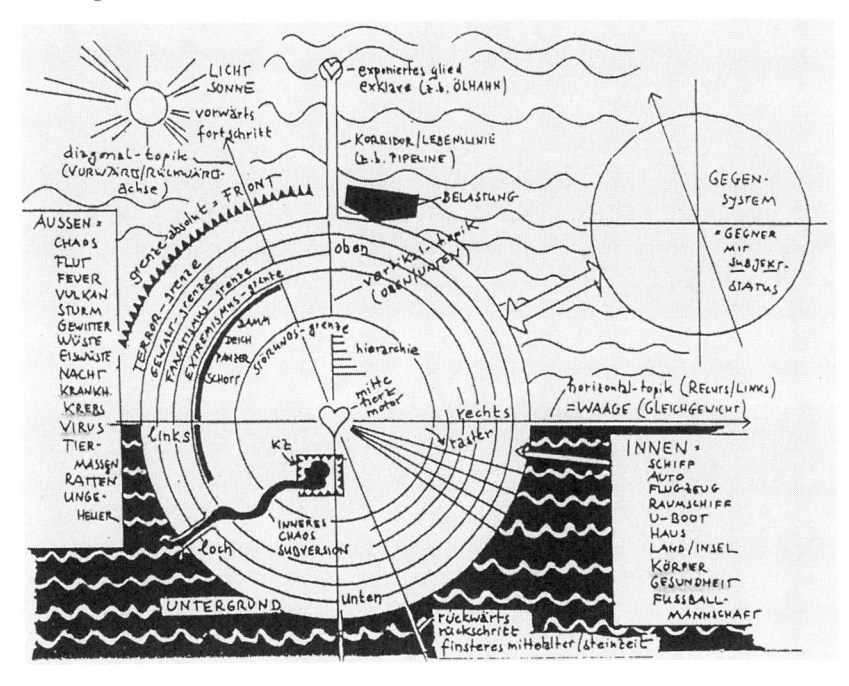

Abbildung 1: nach Link 1984b S.14

Die Kreislinie symbolisiert in diesem Schema die Grenzen des sozialen Systems. Von der Grundtopik wird ein Innen und ein Außen des Systems konstituiert,

---

59   vgl. JÄGER 1999, S. 133.

das zwischen dem Eigenen und dem Fremden trennt. Das Außen wird mit Symbolen aufgefüllt, die im Allgemeinen negativ konnotiert sind wie beispielsweise Chaos, Krankheit und Virus. Während das Innere des Systems mit positiv besetzten Bildlichkeiten wie Haus, Körper und Gesundheit assoziiert wird. Wichtig ist hierbei, dass dem Innen und dem Eigenen im Gegensatz zu dem außersystemischen Chaos ein Subjektstatus zugewiesen wird. Drei Achsen durchschneiden nun diesen das System darstellenden Kreis: die Horizontale, die Vertikale und die Diagonale. Die horizontale Achse ermöglicht die Darstellung einer wie Link es ausdrückt »rudimentären politischen Taxonomie« (Link 1984b, S.12), die einen linken und einen rechten Flügel und eine Mitte abbildet. Hier können politische Parteien, Gruppierungen und Aussagen verortet werden. Die Vertikale kann dann zum einen die hierarchische Gliederung des abgebildeten Systems darstellen, zum anderen kann sie unter Einbeziehung des Innen/Außen-Kreiskomplexes auch als Körper topographiert werden. Der Kopf des Körpers liegt im oberen Abschnitt und sein Herz in der Mitte. Ursula Link-Heer und Jürgen Link sehen die Funktion des Körper-Symbols in erster Linie in »der Symbolisierung der Subjektivität«. (Link-Heer, Link 1994, S. 48) Sie beschreiben wie mit dem Körper »die fundamental notwendige symbolische Brücke zwischen individuellen und kollektiven Subjekt (Socius)« (Link-Heer, Link 1994, S. 48), zwischen den individuellen Körpern und dem Bevölkerungskörper geschlagen wird. Diese symbolische Verbindung zwischen Individuum und Kollektiv gehört meines Erachtens zu den Kernelementen eugenischer Konzepte. Über diese Brücke können nicht nur Angriffe auf den Sozius (z.B. »die Nation«) als ansteckende Krankheiten symbolisiert werden, sondern Krankheiten insbesondere sog. Erbkrankheiten können auch als Angriff auf die Nation stilisiert werden. Zudem ist es über die subjektdarstellende Funktion der Körpersymbole möglich, eine Verbindung zwischen Subjektivität und genetischen Dispositionen zu konstituieren. Weiterhin lässt sich die im Schema dargestellte spezifische Beziehung zwischen Innen und Außen auch auf die Gegenüberstellung von Umwelteinflüssen und genetischen Dispositionen in Hinblick auf ihren jeweiligen Einfluss auf die Entwicklung des Organismus übertragen. Diese Gegenüberstellung spielt in der Diskussion über die Vererbbarkeit von (erworbenen) Eigenschaften eine entscheidende Rolle. Dabei wird die Umwelt mit einem Außen assoziiert und das Erbgut mit dem symbolischen Inneren gleichgesetzt. In Hinblick auf die Zielsetzung eugenischer Konzepte, den Genpool der menschlichen Population zu verbessern, sind mögliche Verbindungen mit der diagonalen Achse aufschlussreich. Denn die Diagonale bildet die Achse rückwärts- mitte-vorwärts ab, die häufig zeitlich gedeutet und mit Fortschritt bzw. Rückschritt gleichgesetzt wird. Die Gegebenheit einer Population lässt sich dann auf dieser Achse als Entwicklung darstellen. Und die Gefahr eines möglichen Rückschritts der menschlichen Entwicklung ist ein zentrales Diskurselement in eugenischen Konzepten. Um nun die Funktion des Körper-Symbols im Rahmen eugenischer Konzepte näher beschreiben zu können, analysiere ich die Symbole, die häufig als eine Art Erweiterung bzw. Überblendung des Körpers fungieren. Das beschriebene Kollektivsymbolsystem Links dient mir bei meiner Analyse des Textmaterials als Hintergrundfolie. Neben den disziplinären Zwangsmitteln untersuche ich in meiner Arbeit besonders die produktiven Zugriffsmöglichkeiten reprogenetischer Diskurse auf die Individuen. Entsprechend stehen bei meiner Untersuchung die Selbsttechniken der Individuen im Vordergrund. Für die Selbsttechniken sind die über Bildlichkeiten in den Texten vermittelten Vorgaben für Subjektbildung konstitutiv. Dabei ist der interdiskursiv generierte Gegenstand der Normalität in Hinblick auf die Generierung eugenischen Wissens von zentraler Bedeutung. Denn die Grenzziehung zwischen Normalität und Abweichung ist ein Bestandteil der Normalisierung und Selbstnormalisierung der Individuen auf »gesundes« Erbgut. Jürgen Link spezifizierte das beschriebene Grundschema der Kollektivsymbole, um wichtige Handlungsmöglichkeiten normalistischer Subjekte zu simulieren.

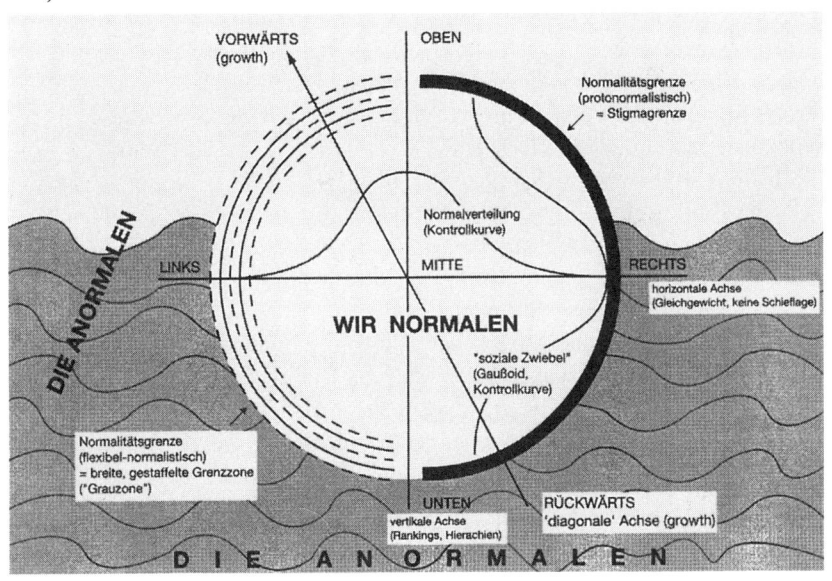

Abbildung 2: Grundstruktur der normalistischen Kurvenlandschaft (Link 2001a, S. 86)

Der Kreis stellt die Grenze des Systems des applizierenden Subjekts und seiner Ingroup da. Er umschließt einen eigenen Bereich dieses Subjektes und grenzt diesen gegenüber den Bereich der »anderen« Subjekte oder des »Fremden« ab. Die weiteren Elemente der Abbildung spezifizieren dieses allgemeine Schema für moderne, okzidentale und normalistische Kulturen. Jürgen Link unterscheidet auch hier drei symbolische Hauptachsen: die Vertikale, die Horizontale und die Diagonale. Die Vertikale symbolisiert Rankings und Hierarchien. Mit ihrer Hilfe lassen sich innersystemische Leistungskonkurrenzen in Form von Maßstäben darstellen. Im soziologischen Gebrauch bildet die Vertikale meist die gesellschaftliche Stratifikation ab. Die Diagonale stellt als zweite Hauptachse jede Form symbolischer Dynamik dar. In normalistischen Gesellschaften symbolisiert sie häufig Fortschrittskurven. Die horizontale Achse bildet im Normalismus Gleichgewichtszustände ab. Dabei gibt ihr Neigungswinkel den Grad des Gleichgewichts des Systems wieder. Der Winkel von 90 Grad bildet den normalen Richtwert. Andere Winkel bedeuten eine Abweichung von der Normalität und bedingen entsprechende Adjustierungen. Der Schnittpunkt dieser drei Hauptachsen markiert das Zentrum des Ingroup-Systems. Das Zentrum ist zugleich der Scheitelpunkt einer symmetrischen Gaußkurve, die eine sog. Normalverteilung darstellt. Diese Kurve dient den Subjekten zur Orientierung. Der Scheitelbereich symbolisiert den Kernbereich des Normalen. Ihre flachen Ausläufer, die sich auf der horizontalen Achse erstrecken, stellen die Extreme dar. Die Normalitätsgrenzen werden hier durch den Außenkreis der Abbildung wiedergegeben, wobei die gestrichelten Linien mehrere Grenzen darstellen, die von der Kreismitte nach außen eine schrittweise zunehmende Abweichung von der Normalität bis in den Grenzbereich hinein zeigen. Subjekte innerhalb des symbolisierten Grenzbereichs werden bzw. konstituieren sich selbst als »die Normalen« und setzen sich gegenüber »den Anormalen« »draußen« ab. Im Falle des Protonormalismus ist der Außenkreis fix. Im Falle des flexiblen Normalismus ist der Grenzbereich dagegen eher vergleichbar mit einem «flexiblen und relativ breiten Fächer, in dem verschiedene symbolische Grenzen nach den Floating-Verfahren »aus- und eingefahren« werden können« (Link 1997, S. 351). Dieses symbolische Modell kann sowohl individuellen wie kollektiven Subjekten als Orientierungsschema dienen. Die soziale Gesamtnormalität könnte demnach gewahrt werden, wenn sich die Individuen in der Mehrheit an den »flexibel-normalistischen Imperativ« hielten: »Anything goes, außer Handlungen, die die symbolische Gaußoidverteilung deiner eigenen Lebenslinie wie die derjenigen deines Sozius ernsthaft gefährden würden.« (Link, 2001a, S. 87) Der flexibel-normalistische Imperativ impliziert hier eine freiwillige Selbstbeschränkung von Extremerfahrungen innerhalb des jeweiligen individuellen Lebens und ihre Kompensation durch Normalerfahrungen. Jürgen Link weist darauf hin, dass gerade die Gentechnik zeigt, dass jede Normalitätsgrenze per defintionem eine flexible, niemals eindeutige Schwelle darstellt. Dies zeigt bereits die »Frage, ob das menschliche Leben bereits vor der Nidation oder später, ob es bei 4, 16 oder n Zahlen beginnt« (Link FAZ,

01.08.2001).[60] Die Entscheidungen in diesen gen- und reproduktionstechnologischen Bereichen sind nach Link insofern »normalistischen Typs«, als dass sie nach statistischen Wahrscheinlichkeitskalkülen getroffen werden und stets flexibel bleiben. Meines Erachtens ist trotz aller Flexibilisierung aber gerade in Hinblick auf die Problematik gentechnischer Interventionen festzuhalten, dass »die Normalisierungsstrategien im Endeffekt zwar zu vielfältigen und weitläufigen Übergangszonen, nicht aber zu einer vollständigen Entgrenzung« (Waldschmidt 1998, S. 21) führen. Die Polarität zwischen Anormalität und Normalität verschwindet nicht, wenn auch die Zwischenräume zwischen diesen Grenzpolen verbreitert werden. Die Grenzen werden letztendlich per Definition festgelegt, um beispielsweise im Rahmen der pränatalen Diagnostik die Entscheidung zu legitimieren, einen Embryo u. U. abtreiben zu können.

2 Analyse eines institutionalisierten Wissenscorpus

Zusammenstellung meines Textcorpus

Die Episteme und Paradigmen einer wissenschaftlichen Disziplin, ihre Gegenstandsbereiche und Bedeutungsinhalte dokumentieren sich am nachhaltigsten in ihren Texten. Dabei sind die Texte als Elemente des Diskurses in einen Macht-Wissens-Komplex eingebunden. In diesem Sinne lassen sich Texte unter Bezug auf Michel Foucault als taktische Elemente im Feld von Kräfteverhältnissen charakterisieren. In meiner Analyse zeichne ich daher die Produktion und Transformation von Wissensformationen, die für die Generierung eugenischer Konzepte konstitutiv sind, anhand von thematisch einschlägigem Textmaterial aus der Evolutionsbiologie und der Vererbungslehre bzw. Genetik nach. In Abgleich mit der von mir entwickelten Definition eugenischer Konzepte ergeben sich zentrale Themenbereiche, die das Auffinden dieser Wissensformationen in Texten erwartbar macht:
1. Die Rede von Auslese in Hinblick auf die Fortpflanzung des Menschen und die Weitergabe von Genen an die nächste Generation
2. Der Zusammenhang zwischen der Entwicklung eines Individuums bzw. einer Population und dem menschlichen Erbgut bzw. den Genen.
3. Die Beschreibung und Einordnung von physiologischen Differenzen zwischen Individuen und bestimmten Menschengruppen.

Die Gliederung und die Kapitelüberschriften der Texte zeigen, inwieweit diese Themenbereiche in dem jeweiligen Werk problematisiert werden. Überschneidungen dieser spezifischen Wissensformationen werden bereits sichtbar.

---

60 Diese Frage spielt in der Diskussion um die Präimplantationsdiagnostik eine zentrale Rolle.

Die unterschiedlichen Untersuchungsebenen meiner Analyse – Generierung und Transformation, Transfer und Subjektivierung von Wissen – spiegeln sich auch in der Zusammensetzung des Textcorpus wieder. Mein Corpus soll zum einen die spezifischen theoretischen Erörterungen und zum anderen die damit verbundenen Handlungsweisen in ihrer wechselseitigen Abhängigkeit erfassen. Entsprechend schließt mein Corpus unterschiedliche Textsorten und Diskursebenen ein. Die Generierung und Transformation der Wissensformationen zeige ich anhand abstrakt-theoretisierender Texte des evolutionsbiologischen und genetischen Spezialdiskurses. Dabei wähle ich gezielt Texte aus, die für die jeweiligen Disziplinen in Hinblick auf die genannten Themen als Orientierungspunkte im »Labyrinth der diskursiven Äußerungen« (Waldschmidt 1996, S. 72) fungieren.[61] Für die Textauswahl ist entscheidend, dass sie in ihrer und / oder auch in späteren Zeiten als Bezugspunkte für die Entwicklung innerhalb der Disziplin als auch für die Entwicklung von eugenischen Bedeutungsinhalten gedient haben und dies teilweise heute noch tun. Ein Hinweis darauf ist, dass die Texte über einen längeren Zeitraum hinweg in zahlreichen Auflagen erschienen sind und z.T. auch heute noch aufgelegt werden. Zudem spricht ihre hohe Auflage dafür, dass die in den Texten vermittelten Formationen zu kanonisiertem Wissen geworden sind oder noch werden können. Einige Texte stehen untereinander in einem Theoriezusammenhang.

Von zentraler Bedeutung für die Analyse eugenischer Konzepte sind die Texte Francis Galtons (*1822-†1911), der als Begründer der Eugenik gilt. Bis heute beziehen sich Wissenschaftler explizit auf seine Thesen. Galtons Forschungsinteressen richten sich auf eine Steigerung der menschlichen Leistungsfähigkeit. In seinen Ausführungen in »Genie und Vererbung«[62] geht er davon aus, dass die Fähigkeiten des Menschen durch Vererbung übermittelt werden. Entsprechend setzt er sich dafür ein, die relative Fruchtbarkeit des guten und schlechten Erbgutes in der Gesellschaft zu modifizieren. Francis Galton bezieht sich in diesem Begründungszusammenhang explizit sowohl auf die Arbeiten des Evolutionstheoretikers Charles Darwin (*1809-†1882) als auch auf die des Zoologen August Weismann (*1834-†1914). In meiner Untersuchung rekonstruiere ich, wie er Elemente der Evolutionstheorie insbesondere die Selektionstheorie rezipiert und wie er sie mit Wissensformationen der Vererbungswissenschaften auf spezifische Art und Weise verbindet und welche diskursiven Positionen er schließlich aus diesem Kopplungszusammenhang ableitet. Der Evolutionstheoretiker Charles Darwin misst umgekehrt der Vererbung eine große Bedeutung im Prozess der menschlichen Evolution bei und spekuliert über die Vererbbarkeit von psychischen und sozialen Merkmalen, wobei er sich

---

61 Bei dem Problem, das Textmaterial qualifiziert zu beschränken, orientiere ich mich insbesondere an der methodischen Vorgehensweise von Andrea Bührmann und Anne Waldschmidt.
62 Meiner Analyse liegt eine Ausgabe von 1910 zu Grunde.

an dem Eugeniker Francis Galton orientiert. Für die Auswahl der beiden Hauptwerke Darwins, »Die Entstehung der Arten« und »Die Abstammung des Menschen« spricht, dass ihnen Zeitgenossen und spätere Wissenschaftshistoriographen eine revolutionäre Bedeutung nicht nur für die Biologie, sondern auch für die Humanwissenschaften sowie das Menschen- und Weltbild insgesamt zuweisen.[63] Das häufige Zitieren der Arbeiten Francis Galtons in seinem Werk »Die Abstammung des Menschen« und seine Auseinandersetzung mit der englischen Eugenik belegen, dass die Eugenik für Darwin im Rahmen seiner Arbeit diskussionswürdig ist. Als zentral für die Entstehung eugenischer Bedeutungsinhalte ordne ich weiter die Theorie August Weismanns ein, der als Begründer des Neodarwinismus gilt. Weismann verbindet in seiner Theorie systematisch Elemente der Selektionstheorie mit Vererbungswissen, was zu einer erheblichen Zuspitzung des Selektionsprinzips führt. Er vertritt die Ansicht, dass ein im Zellkern befindlicher Stoff als Träger der Vererbung von Generation zu Generation weitergegeben wird. Mit seiner These, dass es keine Vererbung erworbener Eigenschaften geben könne, wird ein Hauptargument gegen die Eugenik in Frage gestellt.[64] Die zentralen Formationen seiner Vererbungstheorie, die Keimplasmatheorie, bilden zudem die theoretische Grundlage bei der Entwicklung des zentralen Dogmas in der Molekularbiologie, auf dessen Gültigkeit das Verfahren der Gentechnologie aufbaut. Die ausgewählten Texte Galtons, Darwins und Weismanns dienen mir als Orientierungspunkte in der Vielfalt der Diskurse, die die Rede von Eugenik letztlich generieren. Im nächsten Schritt zeige ich an Textmaterial, das explizit in der Tradition dieser zentralen Texte steht, mögliche Transformationen der eugenischer Bedeutungsinhalte auf. Die Transformationen von Wissenselementen der Evolutionstheorie Darwins zeige ich an Texten, die im Rahmen der synthetischen Theorie entstanden sind. Denn die synthetische Theorie ist eine Evolutionstheorie, die von ihren Vertretern und von der Wissenschaftsforschung als »Erweiterung der Theorie Darwins« (Wuketits 1988, S. 67) verstanden wird. Neben diesem Traditionsbezug ist in Hinblick auf die von mir zu erfassenden Themen ausschlaggebend, dass ihre Vertreter sie als »Selektionstheorie« verstehen und sich bei der Erklärung der Evolutionsprozesse primär auf die Genetik beziehen. Während die meisten Vertreter der Synthetischen Theorie in Anlehnung an Darwin das Individuum als »Zielscheibe der Selektion« (Wuketits 1988, S. 71) ansehen, betrachtet der englische Evolutionstheoretiker Richard Dawkins (* 1941) das Gen als *die* Selektionseinheit. Da gentechnische Verfahren ebenfalls auf einzelne Gene zielen, erscheinen mir seine Ausführungen in: »Das egoistische Gen« und »The Extended Phenotyp«[65]

---

63 vgl. zur Bedeutung der Evolutionstheorie Darwins: ENGELS 1995b, S. 27.
64 vgl. WESS 1998, S. 25.
65 Ich beziehe mich bei »Das egoistische Gen« auf eine Ausgabe von 1996 und bei »The extended phenotype« auf eine Ausgabe von 1999.

als besonders geeignet, um mögliche Verbindungen zwischen Selektionsansätzen und genetischem Wissen aufzuzeigen.[66] Neben möglichen Transformationen evolutionstheoretischer Elemente kann ich am Beispiel der Synthetischen Theorie auch mögliche Transformationen gendeterministischer Wissenselemente aufzeigen. Denn die Rede von der Weismanndoktrin findet in der Synthetischen Theorie ihre Entsprechung in den Rezeptionen des zentralen Dogmas der Molekularbiologie.[67] Das zentrale Dogma als Kernprinzip der Molekularbiologie formulierte Francis Crick (*1916-†2004). Umgangssprachlich drückt er es wie folgt aus: »Die DNA macht die RNA, die RNA macht Proteine, und die Proteine machen uns« (Crick zitiert nach Fox-Keller 2001, S. 76). Diese Vorstellung dient als theoretische Grundlage für die Entwicklung gendiagnostischer und -therapeutischer Verfahren, die es ermöglichen, im Rahmen der Pränatalen Diagnostik nach eugenischen Kriterien zu selektieren. Aus diesem Grund gehören Cricks Ausführungen über das zentrale genetische Dogma in: »Ein irres Unternehmen«[68] ebenfalls zu den Texten, die in meiner Untersuchung als Schlüsseltexte fungieren. Ich erweitere meinen Textcorpus entsprechend um die Ausführungen Richard Dawkins und Francis Cricks. Diese theoretischen Texte ordne ich nun entlang einer historisch chronologischen Zeitachse an, um die Produktion und die Transformation von Wissensformationen über einen längeren Zeitraum hinweg bis in die Gegenwart zu rekonstruieren. Da die Eugenik von ihren Vertretern als praxisnahe Wissenschaft begriffen wird, beziehe ich dann neben diesen abstrakt-theoretisierenden Texten auch noch Texte in meinen Untersuchungscorpus ein, die im weitesten Sinne in der Rubrik »angewandte Wissenschaft« gefasst werden können. Der Mediziner Alfred Ploetz (*1860- †1940), der mit Wilhelm Schallmayer als Begründer der Eugenik in Deutschland gilt, problematisiert in seinen »Grundlinien einer Rassenhygiene«[69] explizit die Umsetzung wissenschaftlicher Erkenntnisse in eine soziale gesellschaftliche Praxis. Demzufolge lässt sich an seinen Texten die Verzahnung von theoretischen Elementen mit sozialen Praktiken aufzeigen. Mit seiner Forderung, die Auslese auf die Ebene der Keimzelle zu verlagern, nimmt er ein Ziel gegenwärtiger reprogenetischer Verfahren vorweg. Gleichwohl sind die wissenschaftlichen Publikationen an ein sehr eingeschränktes Fachpublikum gerichtet. Es bleibt also die Frage, wie die spezifischen Wissensformationen in die aktuelle Lebenswelt der Individuen zirkulieren. Mit Texten, die als Handbücher zum Bereich der Ratgeber gezählt werden können, wird

---

66 Aufgrund der Verbindung von genetischem Wissen mit Elementen der Selektionstheorie messen Molekularbiologen der Evolutionstheorie Dawkins große Bedeutung bei. So wird beispielsweise Francis Crick, der für die Entdeckung der DNA-Struktur den Nobelpreis erhielt, auf dem Einband der deutschen Ausgabe »Und es entsprang ein Fluß in Eden« (1996) zitiert, wie er die Leserschaft beschwört, dieses Buch zu lesen.
67 vgl. WUKETITS 1988, S. 78.
68 Ausgabe von 1988.
69 Ich beziehe mich auf die Ausgabe von 1985, die bei S. Fischer in Berlin erschienen ist.

ein über die Fachdisziplin hinaus gehendes Klientel angesprochen. So charakterisiert Humangenetiker Jörg Schmidtke, Mitglied in maßgeblichen Verbänden und Kommissionen u.a. der Deutschen Gesellschaft für Humangenetik und der Human Genome Organization (HUGO), sein Buch »Vererbung und Ererbtes« als humangenetischen Ratgeber, der Menschen erreichen soll, die sich beruflich für das Thema interessieren – z.B. Angehörige der Heilberufe, Erzieher, Sozialwissenschaftler und Juristen. Dieser Ansatz, der laut Schmidtke auf einen »interdisziplinären Dialog« zielt, erscheint mir in Bezug auf interdiskursive Vernetzungen besonders lohnenswert. In seinen Ausführungen wird deutlich, welche Begriffe und Gegenstände, die zuvor auf abstrakter Ebene entwickelt wurden, als allgemeingültig dargestellt werden. Der Kontext seiner Ausführungen ist die humangenetische Beratung. Vor diesem Hintergrund werden die vermittelten Wissensformationen zu Elementen der Entscheidungsfindung generiert. Zudem wird sichtbar, welche Wissensformationen aus Sicht eines Experten in die humangenetischen Anwendungen einfließen. Die Gesprächsprotokolle aus Beratungsgesprächen, die Jennifer Hartog in ihrer Arbeit »Das genetische Beratungsgespräch« zusammenstellt, ermöglichen mir dann einen systematisierten Zugriff auf die lebensweltliche Ebene der Individuen, die sich Rat suchend an die Experten wenden. An diesen Gesprächspassagen zeige ich, wie ausgewählte spezialdiskursive Wissensformationen in die Entscheidungsfindung der Individuen einfließen. Im Rahmen der humangenetischen Beratung wird das Wissen allerdings an ein eingeschränktes Publikum weitergeben: an *die* Individuen, die bereits humangenetische Diagnostik nachfragen. Wie aber profiliert das genetische Wissen in die alltägliche Lebenswelt der breiten Bevölkerung, in deren Alltagsdiskurs. An dieser Transferstelle funktionieren die Medien als »Mittler, die jenes oftmals für die Öffentlichkeit unzugängliches Wissen, aufbereiten und plastisch darstellen.« (Jäger, Jäger, Ruth et al. 1997, S. 20) Dabei kommt dem Einsatz der Kollektivsymbolik eine entscheidende Bedeutung zu. Wissen, das mit dem System der Kollektivsymbolik verbunden wird, wird über diese Verbindung an ein »Bild« der Gesellschaft gekoppelt, das allen Gesellschaftsmitgliedern im Alltag als Verständnis- und Orientierungshilfe dient. Auf diese Weise speist der Mediendiskurs das spezialisierte Wissen in den Alltag der Individuen ein. Das medial vermittelte Wissen fließt wiederum in die Entscheidung ein, sich humangenetisch beraten zu lassen. Um diesen Wissenstransfer abbilden zu können, ergänze ich meinen Untersuchungscorpus um eine Auswahl von Texten aus dem Printmediendiskurs. Mit der Frankfurter Allgemeinen Zeitung wähle ich eine der großen überregionalen Tageszeitungen Deutschlands aus. Ich stelle exemplarisch die Analyse einer Serie von Artikeln dar, die sich um ein Ereignis gruppieren, dass die Diskussion über die eugenischen Tendenzen der modernen Humangenetik erneut entfacht hat. So nimmt der Nobelpreisträger und DNA Entdecker James D.

Untersuchungs-ebene	Textart	Diskursebene	Texte
Generierung / Transformation von Wissensformationen	Abstrakt-theoretisierende Texte	Spezialdiskurs	Darwin, Charles: Die Abstammung des Menschen / Die Entstehung der Arten Weismann, August: Vorträge über Deszendenztheorie Crick, Francis: Von Molekülen und Menschen. Ein irres Unternehmen Dawkins, Richard: Das egoistische Gen
Generierung / Transformation von Wissensformationen im Bereich angewandte Wissenschaft	Praxisnahe wissenschaftliche Texte (handlungsorientiert)	Spezialdiskurs	Ploetz, Alfred: Die Grundlinien einer Rassen-Hygiene
Verzahnung von Wissensformationen und Praktiken	Beratungsliteratur	Übergang Spezialdiskurs- Interdiskurs	Schmidtke, Jörg: Vererbung und Ererbtes – ein humangenetischer Ratgeber
Verzahnung von Wissensformationen und Subjektbildung	Protokolle humangenetischer Beratungsgespräche	Lebens-weltliche Praxis von Individuen im Kontext der human-genetischen Beratung	Hartog, Jennifer: Das genetische Beratungsgespräch
Proliferation von Spezialwissen in den Alltag	Serie von FAZ-Artikeln rund um den Artikel Watsons[1]	Mediendiskurs	Watson, James D.: Ethik des Genoms

Tabelle 3: Das Archiv meiner diskursgeschichtlichen Analyse

Watson die vollständige Entschlüsselung des genetischen Codes im Rahmen des Humangenomprojektes im Jahr 2000 zum Anlass, um sich für die Selektion sog. erbgeschädigter Embryonen einzusetzen (FAZ 26.09.2000). Sein Plädoyer wird als Form einer neuen Eugenik diskutiert. Diese Debatte ist für meine Arbeit insofern von besonderer Bedeutung, als dass hier über aktuelle Probleme der Embryonenforschung hinaus Bedeutungsinhalte von Eugenik aus unterschiedlichen Perspektiven diskutiert werden. Insbesondere in Hinblick auf den Status des Embryos werden von den an der Debatte beteiligten Experten Aussagen getroffen, die das Bewusstsein der Lesenden so prägt, dass sie die Handlungsmöglichkeiten beispielsweise im Rahmen einer humangenetischen Beratung mitbestimmen.

Mein Untersuchungscorpus setzt sich nun aus den in Tabelle 3 genannten konkreten Texten zusammen, die als Archiv die historischen Aussagemöglichkeiten beschreiben.[70]

Untersuchung verschiedener Diskursebenen: Spezialdiskurs, Interdiskurs und Alltagsdiskurs

Die unterschiedlichen Textsorten meines Untersuchungscorpus bedingen jeweils einen unterschiedlichen Analysemodus. Denn der Umfang sowohl der abstrakt-theoretischen als auch der anwendungsorientierten wissenschaftlichen Texte ist wesentlich umfangreicher als der von einzelnen Zeitungsartikeln.

Die Auswertung der wissenschaftlichen Texte ist auf die Rekonstruktion der Wissensformationen ausgerichtet. Dabei betrachte ich besonders die mit den Formationen verbundenen sprachlichen Phänomene. Denn Metaphern und Symbole spielen bei der Generierung neuer Theoreme und Modelle auch in wissenschaftlichen Spezialdiskursen eine zentrale Rolle.[71] So weist die Kulturwissenschaftlerin Donna Haraway explizit auf die konstitutive Bedeutung narrativer Strukturen in den Biowissenschaften hin.[72] Ihr zufolge sind diese Wissenschaften durch komplexe, historisch spezifische Erzählpraktiken geprägt. Die Theorien sind mit Werten durchsetzt und Werte mit Geschichten verbunden. Aus diesem Grund kann eine linguistische Betrachtung der jeweiligen Wissensformationen und ihrer narrativen Strukturen deren normativen Charakter offenbaren, der sonst in Anbetracht der postulierten Neutralität naturwissenschaftlichen Wissens in Abrede gestellt wird. Den Text in seiner Gesamtheit betrachte ich dann in seiner »Kontextualisierungsfunktion« (Jung 2001, S.39)

---

70 Zitate aus diesen Texten wurden im Original belassen d.h. die Rechtschreibung wurde nicht an die gültigen Rechtschreibregeln adaptiert.
71 vgl. zur Funktion von Metaphern in wissenschaftlichen Diskursen: SARASIN 2001, S. 66.
72 vgl. Haraway 1995a.

für diese Wissensformationen. Anhand der jeweiligen Überschriften kann das Auftreten von Wissensformationen, die für die von mir festgelegten Themenbereiche relevant sind, in bestimmten Kapiteln der ausgewählten Werke erwartet werden. Der Zugriff auf die einzelnen Wissensformationen erfolgt nun über Begrifflichkeiten und Gegenstände, die zum einen in einem bestimmten Formationssystems generiert werden und zum anderen eben dieses Beziehungsgefüge organisieren und strukturieren. Dabei sind für die Generierung eugenischer Konzepte die Gegenstände bedeutsam, in deren Beziehungsgefüge sich ein Feld der Normalität und der Abweichung entfalten kann. Hierbei werden meist folgende Gegenstände in einen semantischen Zusammenhang gebracht: Entwicklung, Vererbung bzw. Erbgut, Normalität oder Tüchtigkeit und Selektion. Damit ist bereits ein semantischer Komplex benannt, der konstitutiv für Wissensformationen der Eugenik ist. In meiner Analyse rekonstruiere ich für die einzelnen Werke die Regeln, denen das Erscheinen dieser Gegenstände unterworfen ist. Dabei beschreibe ich die jeweilige Oberfläche ihres Auftauchens und mache die entsprechenden Spezifikationsraster sichtbar, nach denen beispielsweise Entwicklungsstadien, Qualitäten des Erbguts und Normalitätsgrade bzw. -typen voneinander abgegrenzt werden. Ich stelle zudem heraus, wie die einzelnen Gegenstände zueinander in Beziehung gesetzt werden und lege offen, wie sowohl für die einzelnen Gegenstände als auch für die damit verbundenen Beziehungsgefüge ein Gebiet der Gültigkeit definiert wird. Dabei beruht meine Analyse auf folgender Materialaufbereitung, deren Schritte ich bei allen spezialdiskursiven Texten meines Archivs angewendet habe:[73]

Nachdem ich im Rahmen meiner thematischen Corpusbestimmung den institutionellen Kontext der einzelnen Texte (Position des Autors und seines Theorieansatzes etc.) beleuchtet habe, betrachte ich zunächst die Textoberfläche des Gesamtwerkes in seiner »Kontextualisierungsfunktion« (Jung 2001, S. 39) für die Wissensformationen. Welche Themenbereiche spricht der Autor in seinem Werk insgesamt an, in welchem Umfang und an welcher Stelle? Anhand der Gliederung wähle ich dann einzelne Kapitel aus, die ich näher analysiere. Dabei lassen Überschriften und Zwischenüberschriften bestimmte Wissensformationen vermuten. Stimmen die Kapitel und Unterkapitel mit den Sinnabschnitten des Textes überein? Welche Begriffe, Gegenstände und Verfahrensweisen entwickeln die Autoren in diesen Kapiteln und mit welchen Bedeutungsinhalten verbinden sie diese? Setzen sie dann diese Gegenstände des Wissens zueinander in Beziehung und wenn, auf welche Art und Weise? Hierbei achte ich besonders auf die verwendeten sprachlichen rhetorischen

---

73   Meine Materialaufbereitung beruht auf einem Analyseleitfaden, den Siegfried Jäger für eine diskursanalytische Untersuchung von Zeitungsartikeln entwickelt hat und den ich in Hinblick auf die Bearbeitung umfassender Theorietexte leicht modifiziert habe. vgl. zu Jägers Analyseleitfaden insbesondere: JÄGER, SIEGFRIED 1999a, S. 171ff. und 1999b S.141ff.

Mittel, die die Autoren in ihren Ausführungen verwenden. In den wissenschaftlichen Texten sind die Referenzbezüge von besonderer Bedeutung. Auf welche anderen Wissenschaftler und Theorieansätze berufen sich die Autoren. Werden noch andere Quellen des Wissens genannt. Die Antworten auf diese Fragen ergeben bereits einen Eindruck, inwieweit sich der betreffende Autor im Feld des Sagbaren seiner Disziplin bewegt. Schließlich gehe ich konkret auf die Aussagen der Autoren zu den von mir zu untersuchenden Themenbereichen ein, die ich dann zusammenfasse. Bei meiner Zusammenfassung habe ich folgende Fragen im Hinterkopf: In welches Gesellschaftsverhältnis bettet der Autor seine Aussagen zu den definierten Themenbereichen ein? Geht er dabei von einem bestimmten Menschenbild aus, das er seinen Lesern vermittelt? Entwickelt der Autor bestimmte Zukunftsvisionen? Die Ergebnisse der einzelnen Analyseschritte fasse ich dann für die einzelnen Autoren und für das von mir untersuchte Werk zusammen und stelle sie in meiner Arbeit in Form einer synoptischen Analyse vor.[74] Meine konkrete Vorgehensweise bei der Analyse von Printmedien habe ich ebenfalls in enger Anlehnung an den von Siegfried Jäger entwickelten Analysefaden erarbeitet. Diesen Leitfaden, den Jäger insbesondere für die Analyse von Zeitungsartikeln erstellt hat, habe ich auf die Problematik meiner Arbeit hin modifiziert. Im Zentrum meiner Analyse stehen der Aufsatz, den James D. Watson am 26.09.2000 im Feuilleton der FAZ publiziert hat und die sich daran anschließende Debatte. Diese Debatte verorte ich zunächst in den biopolitischen Diskurs im Jahr 2000, den ich anhand der Berichterstattung der FAZ in diesem Jahr rekonstruiere. Diese Zusammenstellung der Themen und Ereignisse wird mit der Berichterstattung in der Frankfurter Rundschau (FR)[75], einer überregionalen Tageszeitung, abgeglichen und gegebenenfalls ergänzt. Die in den jeweiligen Zeitungen angesprochenen reprogenetischen Themen und Ereignisse werden in ihrer thematischen Häufung und in ihrer zeitlichen Chronologie dargestellt. In diese Darstellung wird der Artikel Watsons und die sich anschließende Diskussion als diskursives Ereignis eingefügt. Im Anschluss an diesen Überblick stelle ich die Feinanalyse dieses Artikels exemplarisch vor.[76] Hierbei liegt mein Fokus auf der Frage, auf welche Wissensformationen aus der Evolutionstheorie und der Genetik sich James D. Watson in welcher Art und Weise bezieht, um seine Forderung nach einer Selektion sog. »erbgeschädigter« Embryonen zu unterstützen. Weiter frage ich, mit welchen Subjektpositionen Watson diese

---

74 Der Analyseleitfaden, der der Auswertung der Texte aus dem Spezialdiskurs zugrunde liegt, befindet sich im Anhang meiner Arbeit.
75 Die Redaktion der Frankfurter Rundschau charakterisiert ihre Grundhaltung als linksliberal. Der Frankfurter Allgemeinen Zeitung bescheinigen Kritiker dagegen eine gewisse Affinität zu den Unionsparteien und zum Wirtschaftssektor. Mit Blick auf diese beiden großen überregionalen Tageszeitungen erfasse ich somit ein breites politisches Spektrum.
76 Der der Printmedienanalyse zugrunde liegende Analyseleitfaden befindet sich im Anhang der Arbeit.

Wissensformationen dann verbindet. Auf der Suche nach Antworten setze ich mich zunächst intensiv mit der Textstruktur seines Artikels auseinander. Ich untergliedere den Artikel in Themenbereiche und Sinnabschnitte und fasse die darin formulierten Aussagen zusammen. Im Anschluss daran rekonstruiere ich die semantischen Felder, die sich um die Gegenstände und Begrifflichkeiten bilden, die seine Themenbereiche strukturieren. Ebenfalls anhand semantischer Felder ermittle ich die Subjektpositionen, die Watson in seinen Ausführungen generiert und seinen Lesern als Applikationsvorgaben anbietet. Mit Hilfe eines linguistischen Instrumentariums untersuche ich die von Watson verwendeten sprachlich rhetorischen Mittel. Die Ergebnisse meiner Feinanalyse binde ich dann in eine zusammenfassende Analyse der Artikel ein, deren Autoren Stellung zu Watsons Forderungen bezogen haben. Die Redaktion der FAZ publiziert diese Reaktionen in regelmäßigen Abschnitten in ihrem Feuilleton.[77] Auf diese Weise suggeriert die Redaktion der FAZ ihrer Leserschaft an einer Debatte teilzuhaben. In dieser Debatte wird Watson Forderung nach einer Selektion erbgeschädigter Embryonen sowohl von Befürwortern als auch Kritikern als Form neuer Eugenik diskutiert. In dieser Debatte werden zentrale Argumentationslinien in Hinblick auf das Verhältnis von moderner Reprogenetik zu Eugenik entwickelt. Ich wende mich nun einem weiteren Kommunikationsbereich und damit einer weiteren Textsorte zu. Anhand von transkribierten Beratungsgesprächen, die Jennifer Hartog in ihrer Studie zur humangenetischen Beratung erhoben hat, gebe ich einen Einblick in die Lebenswelt der Individuen, die eine humangenetische Beratung in Anspruch nehmen. Hartog fasst in ihrer Studie Ausschnitte aus unterschiedlichen Beratungsgesprächen nach den einzelnen Phasen eines institutionalisieren Beratungsgesprächs zusammen. Die Ausschnitte bleiben dabei in ihrer Originalversion erhalten und werden von Hartog diskursanalytisch untersucht. Sie unterscheidet folgende Tätigkeiten der Beratung: ein Vorgespräch, den Problemvortrag, in dem die Klienten ihre Situation beschreiben, die Wissensvermittlung, bei der die Berater den spezifischen Fall in einen breiteren Kontext fachlichen Wissens einbetten, die Präsentation des Risikos und seine Bewertung. Hartogs Materialaufbereitung dient mir als Ausgangsbasis, um die grundlegende Gesprächsstruktur der aktuellen Beratung darzustellen. Dabei beziehe ich ihre Erkenntnisse in meine Rezeption aktueller Beratungsliteratur ein. Der Schwerpunkt meiner Analyse liegt hier auf der Anbindung von Wissensformationen an die Selbsttechniken der Individuen. In dieser Hinsicht erscheint mir die Familienanamnese bedeutsam. Das Wissen, das die Klienten in dieser Gesprächsphase den Beratern offenbaren, bildet den Ansatzpunkt, um abstrakte Wissensformationen des Spezialdiskurses in die konkrete Lebensbiographie der Individuen einzubinden.

---

77 Die Angaben der einzelnen FAZ Artikel, die im Kontext dieser Debatte erschienen sind, habe ich in einer Tabelle zusammengefasst, die sich im Anhang dieser Arbeit befindet.

Aus dieser Perspektive betrachte ich die kurzen Gesprächspassagen, die Hartog unter dieser Beratungsphase zusammengestellt hat, und fasse die zentralen Aussagen knapp zusammen. Des Weiteren untersuche ich diskursanalytisch die Gesprächsausschnitte, in denen die Berater das professionelle Wissen übersetzen. An diesem Punkt achte ich insbesondere auf die sprachlich-rhetorischen Mittel. Ausschnitte der Gesprächsprotokolle zur Risikopräsentation überprüfe ich in Hinblick auf die Generierung von Handlungsoptionen. Meine Erkenntnisse aus diesem kurzen Einblick gleiche ich in einer zusammenfassenden Analyse, in die ich umfassende Sekundärliteratur einbeziehe, mit dem Anspruch der aktuellen humangenetischen Beratung ab, nichtdirektiv zu sein.

V Produktion der für die Generierung eugenischer Konzepte konstitutiven Wissensformationen

1 Charles Darwin: Der Mensch als Gegenstand der Auslese

Charles Darwin (*1809-†1882) entwickelt in seinen beiden Hauptwerken, »Der Entstehung der Arten«[78] und »Die Abstammung des Menschen«[79], ein Ensemble von Begriffen, dass die Beziehung zwischen biologischen Theorien und dem politischen Diskurs der Macht im 19. Jahrhundert bestimmt. Foucault bezeichnet dieses Ensemble als Evolutionismus. Im Folgenden zeichne ich die Entwicklung jener Begrifflichkeiten, die für die Generierung eugenischer Konzepte konstitutiv werden, nach. Dabei gilt mein besonderes Interesse den Begriffen, die mit der Entstehung einer sich immer mehr durchsetzenden Definitionsmacht über normales und anormales Leben assoziiert sind.[80]

Die Abweichung als Element einer natürlichen Entwicklung

Bislang war die Art im Kontext der Naturgeschichte als Konstante festgelegt, während sich die Entwicklung nur als individuelle gestalten konnte. Der Evolutionstheoretiker Charles Darwin folgert dann aus dem Material, das er anlässlich seiner Weltreise zusammengetragen hat, dass die Arten veränderlich sind. Zunächst beobachtet Darwin, dass naturgemäß auch die Individuen einer Art variieren und durch Verschiedenheit im Bau, in organischen Verrichtungen und der Lebensweise geeignet sind, verschiedene Stellen im Naturhaushalt einzunehmen, und sich zu vermehren. Darwin spricht hier von der Divergenz des Charakters. Weiterhin stellt er fest, dass im Generationenwechsel nur eine annähernd identische Reproduktion der Art stattfindet. Die Nachkommen unterscheiden sich häufig in einigen Merkmalen von der vorherigen Generation. Darwin vermutet bereits in diesem Zusammenhang, dass einige dieser Abweichungen auch vererbbar sind. Die Veränderung der Arten beschreibt er als eine allmähliche und graduale. Danach stammen alle lebenden Wesen von einer Stammform ab. Das natürliche System gleicht in seiner Anordnung einem Stammbaum. Die Artabwandlung und die Divergenz der Artcharaktere führt Darwin auf die Selektion im »Kampf ums Dasein« zurück. Die Selektionstheo-

---

78 Der Analyse liegt eine Ausgabe von 1998 zugrunde, die bei Reclam, Ditzingen erschienen ist.
79 Der Analyse liegt eine Ausgabe von 1986 zugrunde, die bei Weiss Verlag GmbH, Dreieich erschienen ist.
80 vgl. BERGMANN 1998, S. 94.

rie ist ein zentrales Element der Darwinistischen Evolutionstheorie, auf das bei der Generierung eugenischer Konzepte in der Regel Bezug genommen wird.

Der Kampf ums Dasein und Überleben des »Tüchtigsten«

Darwin entwickelt das »Prinzip vom Kampf ums Dasein« aus seiner Beschäftigung mit der Malthusianischen Bevölkerungstheorie. Den dort dargestellten Wirkungszusammenhang von Fortpflanzung, Leben und Tod projiziert er dann als »logisches System auf die Natur zurück« (Bergmann 1998, S. 96). In seiner Übertragung entwickelt Darwin eine »natürliche« Ordnung, die nach seinem Verständnis die menschliche Gesellschaft von vornherein einschließt. Der Bevölkerungsgeograph Thomas R. Malthus bezieht sich dagegen in seinen Ausführungen explizit und ausschließlich auf die menschliche Gesellschaft. Er wendet sich gegen die bis dahin allgemein anerkannte Auffassung, dass Bevölkerungswachstum ein sicheres Zeichen der Wohlfahrt eines Volkes ist. Statt dessen geht er davon aus, dass die Bevölkerungszunahme beim Menschen in einem geometrischen Verhältnis (2, 4, 8 …) erfolgt, während das Nahrungsangebot hingegen nur in einem arithmetischen Verhältnis (2, 3, 4 …) wächst. Die Nahrungsmittel lassen sich nur mit gleich bleibenden absoluten Zuwächsen, also sinkenden Wachstumsraten vermehren. Darwin und Malthus gehen dann davon aus, dass alle Lebewesen bei begrenzten Ressourcen mehr Nachkommen hervorbringen als letztendlich zur Reife gelangen.[81] Beide folgern daraus, dass der Nachkommenüberschuss über einen Wettbewerb ums Dasein kompensiert werden muss. Darwin implementiert den Daseinskampf in seiner Theorie als »Instanz der natürlichen Selektion« (Lefevre 1984, S. 78). In der Malthusianischen Bevölkerungstheorie zeichnen sich die »Überlebenden« dieses Kampfes durch günstige soziale Eigenschaften aus. Bei Darwin sind dagegen die Unterschiede zwischen den einzelnen Varietäten eher als Wesensunterschiede angelegt. So passen sich die Individuen ihrer Umwelt durch eine veränderte organische Ausstattung an. Vorteilhafte individuelle Unterschiede werden erhalten und können an die Nachkommen vererbt werden, während nachteilige Veränderungen vernichtet werden. Durch die Manifestation der Variationen in organischen Strukturen und z. T. im Erbgut gestaltet sich der Daseinskampf in Form eines permanenten Verdrängungswettbewerbs, den nur die »Tüchtigsten« überleben. Dabei richtet sich der Grad der Tüchtigkeit, die Darwin den jeweiligen Organismen zuspricht, nach der Zweckmäßigkeit ihrer Strukturen. Die Zweckmäßigkeit spiegelt sich dabei in der Fähigkeit zur Aneignung von Lebensressourcen wider. Letztendlich weisen dann die Tüchtigsten

---

[81] vgl. SIEFERLE 1989, S. 40.

die höchsten Anpassungspotentiale auf und werden von der Natur zur Zucht erwählt, d.h. sie pflanzen sich am meisten fort. Die wirksamste Selektionsweise ist gemäß der Evolutionstheorie Darwins die sexuelle Zuchtwahl. Diese charakterisiert Darwin als »Kampf zwischen den Individuen eines Geschlechts, gewöhnlich des männlichen, um den Besitz des anderen« (Darwin 1998, S. 131). Er geht davon aus, dass die lebenskräftigsten Männer (Männchen) die meisten Nachkommen hinterlassen. Die geschlechtliche wie die natürliche Zuchtwahl wirkt schließlich »nur durch die Häufung sehr kleiner ererbter Abänderungen, deren jede für das betreffende Geschöpf günstig ist« (Darwin 1998, 142). Varietäten, die sich im Daseinskampf bewährt haben, werden an spätere Generationen weitergegeben.

Die Konstitution von determinierenden Erbeinheiten

In Hinblick auf die Weitergabe erwünschter Eigenschaften an die nächste Generation ist Darwins Hypothese der Pangenesis von entscheidender Bedeutung.[82] In ihr differenziert er Eigenschaften, die dem Individuum Vorteile bzw. Nachteile im Daseinskampf gebracht haben und denen er organische bzw. zelluläre Abänderungen zuschreibt, in einzelne Merkmale aus und koppelt sie an erfassbare Trägerstrukturen, die Keimchen. Die Keimchen werden als Merkmalsträger an die nächste Generation weitergegeben. Er nimmt an, dass die Keimchen von den einzelnen Organen des Körpers abgegeben werden. Sie kommen in jeder Zelle aller Körperteile vor und vermehren sich durch Teilung[83]. Sie durchdringen Darwin zufolge durch Permeabilität alle Gewebe und werden in der Blutbahn zu den Fortpflanzungszellen, den Keimzellen befördert, in denen sie sich sammeln. Aus den Keimzellen bildet sich dann die Nachkommenschaft. Darwins Teilchenwanderung erinnert an eine Art Fluss in dem jede einzelne Körperzelle Informationen über das, was ihr im Laufe des Lebens widerfahren ist, an die Keimzelle weitergibt.[84] Meines Erachtens votiert Darwin hier implizit für die Vererbbarkeit erworbener Eigenschaften. Denn ihm zufolge ist es möglich, Eigenschaften durch Übung und Gebrauch zu verbessern und diese optimierten Eigenschaften mit Hilfe der Keimchen als Trägerstrukturen an die nächste Generation weiterzugeben. Konkret bewirken die Keimchen nun erstens die Ähnlichkeit zwischen Eltern und Nachkommen und steuern zweitens die Entwicklung der letzteren und sind drittens die Ursache für Missbildungen, wenn sie nicht den richtigen »Bestimmungsort«

---

82 Darwin charakterisiert seine Ausführungen über die Vererbung explizit als Entwurf. Er spricht deshalb auch nicht von Theorie, sondern von einer vorläufigen Hypothese. vgl. zur Pangenesis-Hypothese auch JAHN 1990, S. 433 ff..
83 Darwins Pangenesis-Hypothese ist eng mit der zeitgenössischen Zellentheorie verknüpft.
84 vgl. SIEFERLE 1989, S. 43.

erreichen, um Körper- oder Gewebeteile zu generieren. Über den Modus der Vererbung bildet Darwin ein Kontinuum von Varietäten über Generationen hinweg. Über dieses Kontinuum von Varietäten wird das einzelne Individuum zu einem Element in einer Generationen übergreifenden lebendigen Pluralität. Vor der Hintergrundfolie des Selektionsprozesses ist dieses Kontinuum dann von vornherein auf die Weitergabe und Akkumulation vorteilhafter Varietäten in der Kette der Generationen ausgerichtet.[85] Ein wesentliches Kennzeichen für die gewünschte Richtung eines Entwicklungsprozesses ist für Darwin der Fortpflanzungserfolg. Darwin implementiert hier einen kausalen Zusammenhang zwischen der Optimierung eines Individuums bzw. einer Population und der indirekten Gestaltung des Erbgutes über die Regulation der Fortpflanzung. Dabei schreibt er der natürlichen Umwelt einen objektiven Züchtungseffekt zu. Darwin verbindet hier Elemente, die in Anlehnung an Foucault wesentlich den Evolutionismus bestimmen. Er verbindet den Kampf ums Dasein und die Selektion mit einer Vorstellung von Vererbung, die Erbeinheiten deterministische Kräfte zuschreibt. Er konstituiert einen linearen Wirkungszusammenhang zwischen den Keimchen und der Entwicklung der Nachkommen und den u. U. entstehenden Missbildungen. Die Verbindung dieser Wissensformationen ist für die Entwicklung eugenischer Konzepte konstitutiv.

Regulation des natürlichen Gleichgewichts durch Selektion

Darwin entwickelt die beschriebenen Wissensformationen über die Prozesse der Artabwandlung, der Selektion und der Vererbung unter der Voraussetzung einer, die Natur als Gleichgewichtssystem unterstellten Gesamttheorie. Die Natur erscheint als reguliertes Gleichgewichtssystem, dessen Gleichgewicht sich dadurch erhält, »dass aus dem Gleichgewicht gefallene Elemente eliminiert und durch neue ersetzt werden« (Lefevre 1984, S. 232). Darwin entwirft ein Modell einer homöostatischen Natur. An diesem Modell lassen sich die von Jürgen Link dargestellten Grundstrukturen einer normalistischen Kurvenlandschaft aufzeigen. In seinem Naturmodell grenzt Darwin die Elemente einer Art gegenüber den die Art umgebenden Umweltbedingungen ab. Sie bilden im Sinne Links das »Innere«, sozusagen die Ingroup eines Systems ab. Die Umwelt stellt in diesem Zusammenhang dann das »Außen« dar. In seiner Beobachtung, dass die Arten naturgemäß variieren, differenziert er diese Ingroup in einzelne Varietäten. Dabei sind die Elemente einer Art durch »eine Kette geringfügiger Abstufungen« (Lefevre 1984, S. 76) miteinander verbunden. Es entsteht ein Kontinuum der Varietäten einer Art. Darwin geht nun in

---

85   vgl. LEFEVRE 1984, S. 79.

seinen Überlegungen davon aus, dass zunächst ein Überschuss an Nachkommen besteht. Die Ingroup expandiert und bewegt sich von der Anzahl ihrer Individuen her im Grenzbereich. Das Überangebot an Individuen droht die von Darwin zugrunde gelegte natürliche Balance zwischen Population[86] und Ressourcen aufzuheben. Auf diese Weise konstituiert Darwin in seinen Grundannahmen einen Handlungsbedarf, der mit Link als Normalisierungsbedarf charakterisiert werden kann. Das Gleichgewicht, das er im Sinne einer homöostatischen Normalität fasst, soll nun durch eine Kompensation des Nachkommensüberschusses wieder hergestellt werden. Dabei ist die Kompensation von vornherein auf die Selektion von Nachkommen ausgerichtet. Als Regulationsinstrument führt Darwin den Kampf ums Dasein ein, den er in diesem Kontext als Instanz der Selektion etabliert. Vor dem Hintergrund einer notwendigen Selektion differenziert sich das Kontinuum der Varietäten einer Art auf eine Norm hin aus. Darwin benennt die Zweckmäßigkeit / Tüchtigkeit der entsprechenden Varietät als Norm. Die Zeckmäßigkeit gestaltet sich derart, dass die Varietät den jeweiligen Umweltbedingungen entspricht und diese dadurch im Verhältnis zu konkurrierenden Varietäten Vorteile hat. Nachteilige Varietäten werden durch ihre geringe Fortpflanzung oder durch Tötung reduziert – was in Hinblick auf die Balance des Systems als »naturnotwendig« erscheint. Für eine dauerhafte Erhaltung des Systems ist es schließlich notwendig, dass die vorteilhaften Varianten auch im Generationenwechsel beibehalten werden. Darwin bindet die Merkmale, die die einzelnen Varianten auszeichnen, an Kügelchen, die im Generationenwechsel an die nachfolgende Generation weitergegeben werden können. Wie Francis Galton glaubt er den Erbgang mittels Kügelchen simulieren zu können. Dabei zielt die Simulation darauf, Aussagen über die zukünftige Verteilung bestimmter Merkmale bei den Nachkommen machen zu können. Auf diese Weise versucht Darwin den Erbgang quantitativ erfassbar und damit auch Bewertungsverfahren zugänglich zu machen. An diesem Punkt in Darwins Theorie erscheint es möglich, Vergleichsfelder zu bilden, die sich in Hinblick auf die jeweilige Ausstattung mit den Keimchen, die zivilisationsrelevante Eigenschaften transportieren und die Tüchtigkeit einer Varietät erhöhen sollen, unterscheiden. Die Vergleichsfelder ermöglichen es dann, die Nachkommen bezüglich ihrer vererbbaren Merkmale zu differenzieren und zu kontrollieren.

Monstrositäten: Grenzen des Menschseins bei Darwin

Indem Darwin die Auslese und Vererbung miteinander kombiniert, generiert er den Prozess der Artabwandlung insgesamt als Entwicklungsprozess, der

---

86 Mit Population bezeichnet man in diesem Kontext die Gesamtheit aller Individuen einer Art.

sich über Generationen hinweg gestaltet. Dabei sucht die Natur als objektive Züchterin die vorteilhaften Varietäten zur Nachzucht aus. Auf diese Weise erscheint es möglich, vorteilhafte Abweichungen in der Kette der Generationen zu akkumulieren. Darwin gibt damit der Entwicklung zunächst eine Vorwärts-Richtung vor. Die Entwicklungsdynamik bei Darwin weist aber auch entwicklungstheoretische Implikationen einer Rückwärtsentwicklung auf. In seinen Ausführungen über die natürliche Zuchtwahl bei Kulturvölkern expliziert er konkret die Möglichkeit, dass Nationen rückschreiten. Dabei unterstellt er die menschliche Gesellschaft in ihrem Evolutionsprozess den Entwicklungsgesetzen der Tierwelt. Darwin schreibt:

»Wenn die verschiedenen, in den letzten beiden Absätzen speziell angeführten, und vielleicht noch andere unbekannte Hemmnisse es nicht verhindern, daß die leichtsinnigen, lasterhaften und in anderer Weise niedriger stehenden Glieder der Gesellschaft sich in einem schnelleren Verhältnisse vermehren als die bessere Classe der Menschen, so wird die Nation rückschreiten, wie es in der Geschichte der Welt nur zu oft vorgekommen ist. Wir müssen uns daran erinnern, dass Fortschritt keine unabänderliche Regel ist.« (Darwin 1986, S. 155).

Die Möglichkeit eines Rückschritts ist bei Darwin von vornherein in die Dynamik des Naturmodells implementiert. Nachdem Darwin die Abweichung in den natürlichen Evolutionsprozess integriert hat, gibt es keine definite Wesensgrenze mehr zwischen dem Normalen und dem Anormalen. Stattdessen gestaltet Darwin ein Kontinuum der Varietäten, das von vorteilhaft über neutral bis nachteilig reicht. Wenn es aber keine Wesensgrenze mehr gibt, können alle Individuen nachteilige Merkmale aufweisen oder entwickeln; können alle Individuen anormal sein oder werden. Darwin führt im Kontext dieses Kontinuums die Kategorie des Monströsen ein, die bezogen auf die menschliche Entwicklung auf dem Weg von Tier zum Menschen liegt.[87] Bis dato wurden in der Naturgeschichte Monstren und normal gestaltete Lebewesen als zwei separate Entitäten behandelt. Darwin transformiert das Monster in eine monströse Abweichung, die in die Gesetze der Lebensentstehung integriert ist.[88] Dabei versteht er unter Monstrosität allgemein »eine beträchtliche Abweichung im Körperbau die für die betreffende Art in der Regel schädlich oder wenigstens nicht nützlich ist« (Darwin 1998, S. 76). Er selbst beschreibt, wie die sog. Monstrositäten stufenweise in die Varietäten übergehen. Er führt verschiedene Monstrositäten des Menschen auf Entwicklungshemmungen zurück, die teilweise auch vererbt werden. Eine Entwicklungshemmung des Gehirns ordnet Darwin als Rückschritt ein. Denn der Schädel dieser Menschen, die er als mikrocephale

---

87 vgl. zum Auftritt des Monströsen bei Darwin auch OLDENBURG 1996, S. 25ff..
88 vgl. HAGNER 1995b, S. 73ff..

Idioten[89] bezeichnet, seien kleiner und ihre Hirnwindungen weniger kompliziert als beim normalen Menschen. Ihm zufolge gleichen sie eher denen eines Affen als denen eines Menschen. Dass deren Körper- oder Organbildungen denen bei niederen Tieren ähneln, ist für Darwin dann ein entscheidendes Kriterium, um eine Entwicklungshemmung als Rückschritt einzuordnen. Das betreffende Individuum wird hier bedingt auf die Stufe eines Tieres zurückgeworfen. Darwin vergleicht sie daher mit den »niederen Typen des Menschen«[90]. Dabei gestaltet sich das Monströse nicht allein für den individuellen Körper als Hemmnis, sondern die gesamte gesellschaftliche Entwicklung droht beeinträchtigt zu werden. In diesem kontinuierlichen Übergang zwischen dem sog. Normalen und dem Monströsen ist in Darwins Theorie die Möglichkeit einer fundamentalen Naturkrise angelegt. In seinen Ausführungen über die Bedeutung der natürlichen Zuchtwahl im Prozess der Zivilisation entwickelt er dann die Vision der Züchtung als Verfahren, um Normalitätsgrenzen zu fixieren.

Inszenierung der Degeneration: Die Zivilisation hemmt die natürliche Zuchtwahl

Darwin führt das Prinzip der Zivilisation auf den Vorgang der »natürlichen Zuchtwahl« zurück. Darwin unterscheidet in diesem Prozess drei Zivilisationsstufen: aus der Organisation affenähnlicher Wesen entwickelt sich über das Stadium der Barbarei die Zivilisation. Als Gradmesser für die jeweilige Entwicklungsstufe gilt der Stand der Instinkte. Auf der untersten Stufe schreibt er den Menschen und Tieren die gleichen Instinkte zu. Die Instinkte differenzieren sich dann mit zunehmender Zivilisation. Durch natürliche Selektion haben sich Instinkte wie »Sympathie« und »Moral« entwickelt, die für hohe Kulturen charakteristisch sind. Als Problem aller zivilisierter Nationen thematisiert er, dass die »werten« Instinkte in diesem Stadium der Entwicklung die Wirksamkeit der natürlichen Zuchtwahl hemmen. Die Anfänge einer wohlfahrtsstaatlichen Politik blockieren nun die Selektion, die das Gleichgewicht des Systems bislang stabilisierte. Armenfürsorge und die Entwicklung der modernen Medizin federn den Daseinskampf ab, was letztendlich zur Degeneration führt. Da die Selektion als quasi »natürliches« normalistisches Instrument in hoch zivilisierten Gesellschaften nicht mehr ausreichend greift, thematisiert Darwin die Notwendigkeit, weitere normalistische Instrumente zu entwickeln, die von der Gesellschaft etabliert, die Fortpflanzung der Individuen regulieren sollen.

---

89 Unter Mikrocephalie versteht man heute eine Entwicklungsbesonderheit beim Menschen, bei der der Kopf eine vergleichsweise geringere Größe aufweist. Sie kann u.a. auf eine Fehlentwicklung des Gehirns zurückgehen.
90 vgl. DARWIN 1986, S. 39.

Da ein direkter Eingriff in das Erbgut zu diesem Zeitpunkt nicht möglich erscheint, liegt es nahe, die Weitergabe des Erbgutes beispielsweise durch Sterilisation oder Zuchtwahl zu verhindern.[91] Entsprechend regt Darwin explizit Geburtenverbote durch Heiratsbeschränkung an.

»Beide Geschlechter sollten sich der Heirath enthalten, wenn sie in irgendwelchem ausgesprochenen Grade an Körper oder Geist untergeordnet wären; derartige Hoffnung sind aber utopisch und werden niemals, auch nicht einmal zum Theil realisiert werden, bis die Gesetze der Vererbung durch und durch erkannt sind. Alles was uns diesem Ziele näher bringt, ist von Nutzen. Wenn die Principien der Züchtung und der Vererbung besser verstanden werden, werden wir nicht unwissende Glieder unserer gesetzgebenden Körperschaften verächtlich einen Plan zur Ermittlung der Frage zurückweisen hören, ob blutsverwandte Heirathen für den Menschen schädlich sind oder nicht.« (Darwin 1986, S. 699).

Darwin plädiert für eine geplante Gestaltung der Fortpflanzung, die darauf abzielt, die intellektuellen und moralischen Fähigkeiten über die Generationenfolge zu erhalten bzw. zu steigern. Bei der Planung setzt Darwin auf staatliche Repressionen. Ansonsten befürchtet er, in Anschluss an Francis Galton, dass »die untergeordneten Glieder der menschlichen Gesellschaft die besseren zu verdrängen streben« (Darwin 1986, S. 700). Zudem prognostiziert Darwin, dass weitere Erkenntnisse über die Gesetzmäßigkeit der Vererbung zu repressiven Interventionen durch die gesetzgebenden Körperschaften führen. Dennoch ist Darwin in Bezug auf eugenische Interventionen ambivalent.[92] Trotz seines Plädoyers für Ehebeschränkungen nach eugenischen Kriterien hält er an der natürlichen Selektion als einer permanent – zumindest kompensierend wirkenden Kraft gegen das Überleben der Schwachen fest. Er konstatiert:

»Es sind indessen mehrere Hemmnisse gegen diese nach abwärts strebende Bewegung vorhanden. Wir haben gesehen, dass die Unmäßigen einem hohen Sterblichkeitsverhältnis unterliegen und dass die im höchsten Grade Lüderlichen wenig Nachkommen hinterlassen.« (Darwin 1986, S. 153).

Das Bild vom Typus – Ausblick auf die Konstitution von »Rasse«

Weiter setzt Darwin der mit der Ausdifferenzierung der Lebensformen verbundenen Dynamik im Rahmen seines Naturmodells eine gewisse Stabilität des Arttypus entgegen. Diese Stabilität generiert er über die Gestaltung des Zeithorizonts, in dem sich die Lebensformen ausdifferenzieren. So verlaufen die von Darwin beschriebenen Veränderungen langsam, fast unmerklich über

---

91 vgl. Link 1997, S. 299.
92 vgl. zu Darwins Ambivalenz in diesen Punkt auch Bergmann 1998, S.104.

mehrere Generationen hinweg. Über die Gestaltung des Zeithorizonts und der Veränderungsgeschwindigkeit ist es möglich, Arten einerseits als prinzipiell in der Zeit geworden und variabel darzustellen und andererseits einen Arttypus zu konstituieren, der sich historisch über große Zeiträume hinweg als weitgehend unveränderlich zeigt. Unter Bezug auf diesen stabilen, aber nicht starren Typus können in Rezeptionen der Darwinschen Theorie schließlich Ordnungsprinzipien konstituiert werden, an denen die Abweichungen der einzelnen Individuen oder Populationen weiter strukturiert werden. So kann das Bild des festen Typus als Bezugspunkt implementiert werden. Über die jeweilige Differenz zu diesem Typus kann die Abweichung dann quantitativ erfasst werden. Durch die Einführung unterschiedlich langer Zeithorizonte in der Evolutionstheorie Darwins wurde es der Rassenanthropologie möglich, »die Rassen als feste Typen zu behandeln und zugleich an ihrer Plastizität in längeren evolutionären Zeiträumen festzuhalten« (Sieferle 1989, S. 142).

Normalisierung durch Steuerung der Fortpflanzung

In Darwins Modell einer homöostatischen Natur sehe ich eine diskurstragende Grundformation eugenischer Konzepte.[93] Denn das symbolische Gleichgewicht fungiert in diesem Modell als Mittel und Katalysator von Entwicklungsdynamiken. In diesen Dynamiken ist von vornherein auch eine Regressionskurve implementiert, die von der intendierten Vorwärts-Entwicklung der Evolution abzweigt und mehr oder weniger stark umgekehrt exponentiell abstürzt.[94] Auf diese Weise kann jederzeit ein Handlungsbedarf, ein Normalisierungsbedarf suggeriert werden. Da Darwin die Entwicklungsdynamik an den Erbgang zwischen den Generationen koppelt, richtet sich der Normalisierungsbedarf auf die Steuerung des Fortpflanzungsverhaltens, um darüber indirekt auf den Erbgang zugreifen zu können. Dabei basiert die Steuerung auf einer Bewertung der sog. Tüchtigkeit des jeweiligen Organismus im Kampf ums Dasein anhand von Eigenschaften, die an das Erbgut gebunden werden. Darwin generiert über diese Koppelung das Erbgut als Objektbereich mit mehr oder weniger breiten normal ranges, die sich zwischen den beiden polarisierenden Grenzen normal und anormal erstrecken. Dabei löst die Kategorie des Monströsen, die Darwin als ein Produkt der natürlichen Entwicklungsdynamiken anlegt, die starre Grenzziehung zwischen den Bereichen der Normalität und Anormalität auf. Mit dieser Auflösung vollzieht Darwin einen Paradigmenwechsel, der für die Generierung eugenischer Konzepte von zentraler Bedeutung ist. Denn Darwin integriert die Abweichung in die Gesetzmäßigkeit bei der Entstehung von Le-

---

93 vgl. hierzu auch Links Ausführungen zu einer diskurstragenden Kategorie in Link 1997, S. 15.
94 vgl. Link 1997, S. 236.

ben. Die Individuen sind demnach alle potentiell gefährdet, in den Bereich der Anormalität abzuweichen. Die auf diese Weise implizierte Verunsicherung des Grenzbereichs lässt den Einsatz normalisierender Interventionen in den Erbgang als notwendig erscheinen. Vor der Hintergrundsfolie dieses systemimmanenten Normalisierungsbedarfs werden die diskursiven Praktiken eugenischer Konzepte entwickelt. Darwins Modell einer homöostatischen Natur fungiert dabei als interdiskursives Orientierungs-Modell.[95]

2 Francis Galton: Die Begründung von Eugenik

Francis Galton (*1822-†1911) gilt als Begründer der Eugenik. Er entwickelt, angeregt durch Darwins Selektionstheorie, in seinem Werk »Hereditary Genius«, Genie und Vererbung, ein Konzept zur genetischen Verbesserung der Menschheit.

Zudem begründet Galton auch jene normalistische Kurvenlandschaft, mit der die Normalverteilung bestimmter Eigenschaften wie der Intelligenz in einer Gesellschaft dargestellt wird. Diesen empiristischen Zugriff auf den Menschen verbindet er mit seiner Vererbungslehre und mit seiner Vorstellung von Selektion. Dieses Konglomerat fügt er dann in sein Konzept von Eugenik ein.

Der Mensch entspricht nicht dem Anforderungsprofil der Zivilisation

Francis Galton sieht den Menschen als Produkt der Evolution, die er als Entwicklungsprozess versteht. In Anlehnung an seinen Cousin Charles Darwin begreift er dabei die natürliche Auslese als den entscheidenden Mechanismus der Evolution, der notwendig dazu führte, dass jede »langbestehende Rasse« (Galton 1910, S. 359) für die Bedingungen, unter welchen sie gelebt hat, ihre »speziellen Fähigkeiten« (Galton 1910, S. 359) herausbildete. Auf der hohen Zivilisationsstufe, die die menschliche Entwicklung inzwischen erreicht hat, sind nach Galton eine große Anzahl der im Kampf ums Dasein herausgebildeten Fähigkeiten, die die Tauglichkeit der Rasse ausmachten, obsolet geworden. Diese Fähigkeiten sind in einem veränderten Zivilisationskontext zu Hemmnissen der kulturellen Weiterentwicklung geworden. Denn die Entwicklung des Menschen hat in der Zivilisation ein Niveau erreicht, das gänzlich neue Bedingungen der Existenz fordert. Galton konstatiert eine Inkonsequenz zwischen menschlicher Natur und ihren moralischen Bedürfnissen. Der Mensch wird ihm zufolge unter den veränderten Bedingungen letztendlich von seinen Instinkten im Stich gelassen. Er charakterisiert die Zivilisation als eine neue

---

95 vgl. zur Funktion von interdiskursiven Orientierungs-Modellen LINK 1997, S. 24.

Bedingung, die den Menschen durch den Lauf der Entwicklung auferlegt wurde. Galton ordnet dem Grad der Zivilisation insofern eine Selektionsfunktion zu, als dass der mit diesem Grad korrelierte Bedarf an zivilisationsrelevanten Fähigkeiten in einem Prozess der Auslese entweder zu einer Modifizierung der entsprechenden Rassen führt oder bei Nicht-Anpassung deren Auslöschung bewirkt. Auch für die englische Rasse befürchtet er, dass sie in die Degeneration hinabgestürzt werden könnte. Denn zwischen den Anforderungen der Zivilisation und den in der Nation verbreiteten Fähigkeiten stellt er eine große Diskrepanz fest, die bereits zu einer Überlastung der Rasse geführt hat. Die Überlastung könnte schließlich einen kontinuierlichen Abwärtstrend der Entwicklung der betroffenen Nation bis zu ihrem Untergang einleiten. Francis Galton fasst in seinen Ausführungen das Phänomen der Degeneration letztendlich als Ausdruck dieser Diskrepanz zwischen den gegebenen Fähigkeiten in einer Nation und den intellektuellen und kulturellen Anforderungen der Zivilisation. Die Degeneration ist insofern als Generationen übergreifender Prozess angelegt, als dass die Fähigkeiten und der Grad ihrer Ausprägung von Generation zu Generation weitergegeben werden. Durch die erbliche Permanenz der Fähigkeiten manifestiert sich die Diskrepanz zwischen dem Stand der Fähigkeiten und dem Anforderungsprofil der Zivilisation in Form eines generativen Niedergangs. Diesen Niedergang führt Galton auf eine Beeinträchtigung der natürlichen Auslese im Kontext der Zivilisation zurück. Die natürliche Auslese selektiert nicht entsprechend der neuen Bedürfnisse einer zivilisierten Gesellschaft. Sie wirkt sich dadurch auf den Entwicklungsprozess kontraproduktiv aus. Aus diesem Mangel leitet Galton schließlich die Notwendigkeit ab, die natürliche durch eine künstliche Selektion zu ersetzen. Denn nun müssen die Selektionskriterien aus den Bedürfnissen einer hoch zivilisierten Gesellschaft und weniger aus den Anforderungen einer natürlichen Umwelt resultieren. Die Entwicklung der Selektionskriterien überantwortet er den Menschen. Die endgültige Umsetzung der Selektion erfolgt in einem Kampf ums Dasein. Dieser reguliert als Instanz der Selektion die Balance zwischen den Fähigkeiten einer Population und den kulturellen Erfordernissen einer zivilisierten Gesellschaft. Die Balance gestaltet sich in Form einer permanenten Weiterentwicklung zivilisationsrelevanter Fähigkeiten einer Population. In diesem Vorgang ist der Mensch zu einer aktiven Förderung der Evolution verpflichtet, die Galton als ein aktives Partizipieren an einem göttlichen Naturprozess charakterisiert.

Zwischen Genialität und Idiotie – Konstituierung von Normalitätsgrenzen

Seine Forderung nach einer künstlichen Selektion konfrontiert Galton nun mit dem forschungsmethodologischen Problem, sein Verständnis der gewünschten

Fähigkeiten in Form von Daten fixierbar zu machen.[96] Die Operationalisierung des Bedeutungsinhalts natürlicher Fähigkeiten ist die Basis, um den Grad der Übereinstimmung der Fähigkeiten mit den kulturellen Erfordernissen überprüfen zu können. Weiter ist eine Materialisierung dieser Fähigkeiten die Voraussetzung, um deren Weitergabe im Erbgang kontrollieren zu können. Im Zuge seiner Zielsetzung, menschliche Intelligenz zu züchten, verbindet Galton dann die Codierung von Fähigkeiten mit seinen Vorstellungen von Vererbung.

Die Basis für eugenische Zuchtwahl: Klassifizieren menschlicher Fähigkeiten

Galton entwickelt zunächst ein überprüfbares Kriterium mit dessen Hilfe die gewünschten Fähigkeiten nachgewiesen werden sollen. Er sieht die Reputation (»eminence«) eines Individuums als ein gutes Zeugnis für hohe Fähigkeiten an. Das Kriterium der Reputation ermöglicht es ihm bei der Zusammenstellung der zu untersuchenden Grundgesamtheit eine »ziemlich wohldefinierte Grenzlinie« (Galton 1910, S. 8) zu ziehen, die nicht viele berühmte Männer zulässt. Seinen Methoden liegt zudem die Annahme zugrunde, »daß Befähigung nicht zufällig verstreut ist, sondern an gewissen Familien haftet« (Galton 1910, S. 68). Galton analysiert die Biographien berühmter Männer und deren Nachfahren, um schließlich deren Stammbäume abbilden zu können. Dabei wählt er die Männer nach ihren Berufsgruppen aus. Das Individuum repräsentiert in seiner Funktion als Vertreter einer bestimmten Berufsgruppe spezifische Fähigkeiten, die Galton eben mit dieser Berufsgruppe verbindet. Die in der zivilisierten Gesellschaft zum Überleben notwendigen Fähigkeiten setzt er aus einem Konglomerat von Eigenschaften zusammen, die er von einem von ihm gesetzten Idealtypus, dem Genie ableitet. Die Eigenschaften gehen über eine rein intellektuelle Begabung hinaus. Galton spricht von einem Miteinander von Talent, Eifer und Kraft. Er geht von einer erblichen Permanenz dieser Fähigkeiten aus. Zudem schreibt er diesen Fähigkeiten eine Art instinktive Durchsetzungskraft zu. Galton glaubt zudem an einen eindeutigen Zusammenhang zwischen körperlichen und intellektuellen Eigenschaften. Je eindeutiger der Zusammenhang zwischen den einzelnen Eigenschaften ist, desto harmonischer wird das sich ergebende Gesamtbild. Galton bezeichnet diese Bilder dann als »reine« Typen.[97] Für den Überlebenserfolg des Individuums im Kampf ums Dasein ist neben der Qualität der einzelnen Fähigkeitseigenschaften und dem Grad ihrer Ausprägung insbesondere die Harmonie der Komposition der Eigenschaften entscheidend. Das sich ergebende Gesamtbild verortet Galton dann auf einer kontinuierlichen Skala der Fähigkeiten, die sich zwischen den beiden Extremen

---

96 vgl. zum forschungsmethodologischen Problem Galtons Schmidt 1999, S. 330.
97 vgl. zu Galtons Verständnis sog. »reiner Typen« auch Sieferle 1989, S. 157.

der Genialität und der Idiotie erstreckt. Nach ihm liegen diese beiden Extreme in einer Population weit auseinander:

»Ich fasse noch einmal zusammen: der Abstand in den Geisteskräften – ich sage nicht zwischen dem höchststehenden Kaukasier und dem niedrigsten Wilden, sondern der zwischen dem größten und dem kleinsten englischen Intellekt, ist ungeheuer. Wir sehen eine Kontinuität natürlicher Fähigkeiten, die, man weiß nicht recht bis zu welcher Höhe, aufsteigt und die wieder bis zu einem Tiefstand hinabsinkt, der sich ebenfalls kaum bezeichnen lässt.« (Galton 1910, S. 25).

Die beiden Extreme sind demnach kaum zu fassen und der Abstand zwischen ihnen ist enorm. Die Extreme sind durch eine Vielzahl von Fähigkeitsklassen miteinander verbunden. Ein Übergang von einer zur nächsten Klasse ist in Richtung beider Extreme möglich. In dem Kontinuum der Fähigkeitsklassen gibt es einen Wendepunkt, der die Richtung zum einen oder anderen Extrem hin anzeigt, den Durchschnittswert. Die einzelnen Klassen ermöglichen es, die einzelnen Individuen in Hinblick auf die von ihnen erbrachten Fähigkeitsleistungen zu differenzieren und sie dann in Bezug auf den jeweils ermittelten Durchschnittswert in einer Skala der Fähigkeitsgrade anzuordnen. In Anbetracht der Auflösung einer absoluten Grenze zwischen den beiden Polen der Skala, der Genialität und Idiotie, befürchtet Galton nun ein stetiges Absinken oder eine Fehlanpassung der Fähigkeiten im Laufe der Entwicklung über die Generationen hinweg. Diese Befürchtung, dass einzelne Individuen oder eine Population in den Bereich der unterdurchschnittlichen Fähigkeitsgrade gerät, charakterisiert Jürgen Link in seiner Analyse der Werke Galtons als Denormalisierungsangst. Ein offener Übergang zwischen den beiden Extrembereichen ermöglicht auch eine Anhebung niedriger Fähigkeitsgrade. Diese Möglichkeit ist eine wesentliche Voraussetzung für die Konzeption einer Eugenik in Form einer aktiven Zuchtwahl – einer positiven Eugenik. Die Untersuchungen des Eugenikers Francis Galton zielen schließlich auf eine Prognose, in welche Richtung sich die Fähigkeitsleistungen über die Generationen hinweg entwickeln werden. Dabei dient die jeweilige Entfernung eines Fähigkeitsgrades zum Durchschnitt als quantifizierbares Kriterium, um eine Entwicklung als fortschrittlich oder rückschrittlich zu klassifizieren. Der Durchschnittswert fungiert als Maßstab des Normalen. Entsprechen nun die durchschnittlichen Fähigkeiten den kulturellen Erfordernissen oder liegen sie über den Erfordernissen, ist der Erhalt und damit der Fortschritt einer Gesellschaft gesichert. Entwickeln sich die Fähigkeiten nicht weiter, dann droht der betroffenen Population die Degeneration. Da Galton Entwicklung zudem als ständige Weiterentwicklung generiert, ist die Beziehung zwischen den in der Population ausgebildeten Fähigkeiten und den kulturellen Erfordernissen der Zivilisation von vornherein als Ungleichgewicht angelegt. Früher oder später entwickelt sich eine Diskrepanz zwischen den sich ständig neu formierenden Bedürfnissen und den in der Population gegebenen durchschnittlichen Fähigkeiten. Daraus folgert Galton, dass eine Anhebung der Fähigkeiten in der Population notwendig ist. Galton generiert Normalisierung also von vornherein im Sinne einer Optimierung, wobei sein Instrument, um diese Optimierung zu realisieren, die künstliche Selektion ist.

Erbprognosen und Auslese

Francis Galton geht davon aus, dass die natürlichen Fähigkeiten von Generation zu Generation vererbt werden. Ansatzpunkt der von ihm geforderten künstlichen Selektion ist somit der kontrollierte Zugriff auf die Weitergabe der Eigenschaften an die jeweils nachfolgende Generation. Diesen Schritt versucht er in seinem Forschungsvorhaben quantifizierbar zu machen. Dazu codiert Galton zunächst die Eigenschaften in einzelne erfassbare Merkmale, die er dann an das in Form von Kügelchen materialisierte Erbgut, an die sog. stirps koppelt. Auf diese Weise können die verschiedenen Fähigkeitsmerkmale scheinbar substanziell von Generation zu Generation weitergegeben werden. Die einzelnen Fähigkeitsmerkmale sind während dieses Vorgangs sowohl von ihrer Anzahl als auch vom Grad ihrer jeweiligen Ausprägung her untereinander kombinierbar. Eine totale und wahllose Vermischung der Merkmale ist hierbei nach Galtons Vorstellungen eher schädlich. Je näher die Eltern physisch, psychisch und charakterlich beieinander sind, desto höher ist nach Galton die Wahrscheinlichkeit, dass sich in ihren Nachkommen diese Eigenschaften zu einem »reinen« Typus ordnen. Er stellt in Bezug auf die Kombination von Merkmalen einzelne Merkmale in einen funktionalen Zusammenhang zueinander. Dabei beeinflussen sich die einzelnen Merkmale gegenseitig und werden teilweise korreliert an die nächste Generation weitergegeben. Galton bündelt die einzelnen Merkmale zu neuen Typenbildern.[98] Über die Weitergabe bestimmter Merkmalskompositionen im Erbgang bilden sich schließlich über die Generationen hinweg unterschiedliche Typenbilder heraus. Diesen Kompositionen von Fähigkeitsmerkmalen ordnet Galton dann eine bestimmte Fähigkeitsklasse im Kontinuum der natürlichen Fähigkeiten zu. Die Analyse des Fähigkeitsprofils stellt das Individuum als Träger einer bestimmten Merkmalskomposition in eine »Wertehierarchie, die seine Eignung sowohl für die Fortpflanzung als auch im sozialen Prozeß bestimmt« (Schmidt 1994, S. 66). Das tauglichste Individuum ist das, dessen Fähigkeitsmerkmale sich untereinander und mit den Anforderungen der zivilen Gesellschaft in Einklang befinden. Die Erfas-

---

98 vgl. zum Korrelationsbegriff und der Bildung von Typenbildern bei Galton WALTER 1983, S. 113.

sung der Fähigkeitsmerkmale erfolgt von vornherein unter dem Aspekt des Auslesebedarfs. Deshalb ist eine Prognose, welche Merkmalskompositionen in welcher Häufigkeit in den folgenden Generationen vorkommen werden, eine wesentliche Anwendung der Korrelation. Denn dadurch, dass Galton die einzelnen Merkmale in einen funktionalen Zusammenhang stellt, kann er, wenn er die Verteilung eines Merkmals in einer Population ermittelt hat, auch Aussagen über die Verteilung der Merkmalsausprägungen machen, die mit diesem Merkmal korreliert worden sind. Auf diese Weise kann Galton Aussagen über die Entwicklung dieser Merkmalsausprägungen und damit indirekt auch über die Entwicklung bestimmter Typenbilder ableiten. Diese Prognose dient letztendlich dazu, die Auslese bestimmter Merkmalskonstellationen zu begründen. Die Individuen werden dann als Träger bestimmter Merkmalskonstellationen zur Zucht ausgewählt oder aber von der Fortpflanzung ausgeschlossen. Seine Fortpflanzungsauslese basiert auf der Voraussetzung, dass die Vererbung die einzig ausschlaggebende Determinante bei der Entwicklung der zivilisationsrelevanten Fähigkeitsmerkmale ist. Kommt es nun darauf an, bestimmte Fähigkeiten in der Population stärker zu verbreiten, ist dies Galton zufolge allein durch eine bleibende Intervention ins Erbgut möglich. Die Tendenz erworbener Fähigkeiten erblich weitergegeben zu werden, ist dagegen seiner Ansicht nach gering. Eine Steigerung der Fähigkeiten und eines Erhalt eines bereits erreichten Fähigkeitsniveaus sind nach Galton nicht über Übung bzw. Gestaltung der Umwelt zu gewährleisten.[99] Diese Begrenzung des Umwelteinflusses ist meines Dafürhaltens ein entscheidender Ansatzpunkt für Eugeniker in ihren Konzepten für eine gezielte Gestaltung des Erbgutes zu plädieren. Einige wie beispielsweise der Mediziner Alfred Ploetz entwickeln bereits Visionen, in denen der Einsatz gentechnologischer Methoden und Instrumente angedacht wird.

Inszenierung der Degeneration: Verlust der Genialität im Erbgang

Mit seiner Absage an die Vererbung erworbener Eigenschaften stellt Galton auch Darwins Vorstellungen über den Vererbungsmechanismus, insbesondere die Hypothese der Pangenesis, in wesentlichen Punkten in Frage. Ihm zufolge werden die Erbeinheiten bei der Bildung der Körperzellen in der Ontogenese verbraucht. Die Erbeinheiten, die er als stirps bezeichnet, kehren seiner Theorie nach nicht zur Keimzelle zurück. Keim- und Körperzellen sind somit

---

[99] In der Einleitung zu der zweiten Ausgabe von Genie und Vererbung von 1892 bezieht sich Galton in diesem Kontext explizit auf die Theorie von August Weismann. In Anschluss an Weismanns Ausführungen über die Kontinuität des Keimplasmas folgert er, dass es jetzt klar ist, »daß die Tendenz der erworbenen Gewohnheiten erblich weiter gegeben zu werden, außerordentlich gering ist« (GALTON 1892, S. XVI). Weismann hat jedoch seine Hypothesen erst nach Galton entwickelt und dessen Priorität anerkannt. (vgl. WALTER 1983, S. 73).

klar voneinander getrennt. Es gibt keinen Weg über den die Konstitution von Körperzellen die Beschaffenheit der Keimzellen beeinflussen kann. Demnach kann es keine Vererbung erworbener Eigenschaften geben. Das Keimplasma trägt unveränderlich alle vererbbaren Eigenschaften. Einen direkten und bleibenden Einfluss der Umwelt auf das Erbgut schließt Galton somit aus. Der entscheidende Faktor für die Zusammensetzung der Folgegeneration ist nach ihm die erfolgreiche Vermehrung der Teile der menschlichen Population, die sich als Träger zivilisationsrelevanter Merkmale auszeichnen. Somit bildet eine Kontinuität des Keimplasmas bei Galton die Grundlage für die Generationenfolge. Im Erbgang werden dann Fähigkeitsmerkmale von Vater und Mutter kombiniert. Dabei haben nicht nur die Eltern mittelbaren Anteil am Erbgut ihrer Kinder, sondern auch die Generation der Großeltern. In der Generation der Kinder können auch Merkmale auftreten, die auf noch frühere Generationen als die der Großeltern zurückgehen. Durch den Einfluss entfernter Verwandter liegen die Kinder näher am statistischen Mittelpunkt der Population als ihre Eltern. In Bezug auf die Körpergröße bedeutet dies, dass die Kinder sehr großer Eltern im Durchschnitt kleiner als ihre Eltern werden und dass Kinder sehr kleiner Eltern meist größer als ihre Eltern werden. Diese Abminderung überdurchschnittlicher Ausprägungen von Eigenschaften fasst Galton als Gesetz der Regression. Demnach kommt Regression in jeder Population gesetzmäßig vor, in der »unreine« Merkmalskompositionen vorkommen.[100] Die Regression lässt die überdurchschnittlichen Ausprägungen zivilisationsadäquaten Fähigkeiten mit jeder Generation schwächer werden. Im Kontext seiner Vererbungstheorie entwickelt Galton die Vorstellung, dass im Falle der Genialität eine Kraft wirkt, die in Richtung Weitergabe der Fähigkeiten wirkt. Je weiter entfernt die Generation dann im Erbgang vom Ursprungsgenius liegt, desto geringer wirkt diese Kraft. Diese Kraft nimmt entsprechend dem Anteil der vererbten Eigenschaften über die Generationen hinweg ab. An Stelle der überdurchschnittlichen Ausprägungen bildet sich eine mittlere Normalität aus, die langfristig den sich ständig weiterentwickelnden Anforderungen der Zivilisation nicht genügen kann. Die entstehende Diskrepanz implementiert langfristig dann einen degenerativen Abwärtstrend in der Entwicklung einer Population. Diese inszenierte Bedrohung durch eine mögliche Degeneration nimmt Galton schließlich zum Ausgangspunkt, um einen scheinbaren zivilisatorischen Mangel mit Hilfe künstlicher Selektion auf eine höhere Ebene zu heben. Die Selektion lässt er an den vereinzelt auftretenden, positiven Extremen seines Fähigkeitskontinuums ansetzen. Die Entstehung der Extreme führt er auf sprunghafte Veränderungen im Erbgut, auf sog. Sports zurück. Diese diskontinuierlichen Sprünge organisieren das Erbmaterial grundlegend um, was

---

100 vgl. zum Gesetz der Regression bei Galton auch SCHMIDT 1994, S. 65.

sich Galton zufolge fortschrittsfördernd auf den Gang der Evolution auswirkt. Die kontinuierlichen Variationen, die den Entwicklungsprozess überwiegend gestalten, führen dagegen über viele kleine Schritte zu minimalen Modifikationen im Erbgut. Diese Variationen können seiner Ansicht nach nicht in so kurzer Zeit zu einer relativ großen Entfernung vom durchschnittlichen Fähigkeitsniveau der vorherigen Generation führen, wie sie für das Genie charakteristisch ist. Vielmehr ist gemäß Galton der Entwicklungsprozess über kontinuierlich erfolgende Variation über einen langen Zeitraum hin angelegt. So aber kann die Selektion der zweckdienlichsten Variationen »nicht einmal einen großen Grad künstlichen und vorübergehenden Fortschritts hervorbringen, da bald ein Gleichgewicht zwischen Abweichung und Regression erreicht wird, wobei die besten der Nachkommenschaft aufhören besser zu sein als ihre eigenen Vorväter und Vormütter« (Galton 1910, S. XIX). Wenn eine drohende Degeneration abgewendet und ein Fortschritt der Evolution erreicht werden soll, erscheint es demnach notwendig, die sich durch die Sports ergebenen positiven Fähigkeitsextreme zum Ausgangspunkt künstlicher Selektionsvorgänge zu machen. Danach sollen vorwiegend Individuen gepaart werden, deren Vorfahren Träger reiner, zivilisationsrelevanter Fähigkeitsmerkmale wie besondere Intelligenz oder große Kraft u. ä. waren.[101] Eine weitere Möglichkeit der Zucht besteht darin, durch geschickte Rekombination wieder »reine« Typen aus einem Merkmalsgemisch heraus zu züchten bzw. bestimmte Fähigkeiten zu optimieren.[102] Beide Möglichkeiten bilden die Basis für Galtons Konzept einer positiven Eugenik. Galton setzt sich hier dafür ein, über gezielte Verheiratungspolitik eine biologische Nachbesserung zu erreichen, die die Population an die kulturellen Erfordernisse adaptiert.

Von der Normalkurve zur normalisierenden Intervention: Galtons positive Eugenik

Galton macht die von ihm beschriebene Entwicklungsdynamik mit Hilfe statisch-mathematischer Kurven sichtbar. Fürs erste stellt Galton die Gesetzmäßigkeiten bei der Verteilung von Merkmalen graphisch da. Dazu entwickelt er zuerst homogene, kontinuierliche und eindimensionale Skalen wie beispielsweise die Größe, gemessen in Fuß. Die größte Anzahl der Individuen zeigt bei Größe, Gewicht usw. durchschnittliche Werte. Die einzelnen Werte verteilen sich Galton zufolge derart um den Durchschnittswert, dass die Abweichung nach oben und unten zunächst in gleichmäßigen und kleinen Schritten und zu den Enden der jeweiligen Skala hin in zunehmend größeren und wachsenden

---

101 vgl. WALTER 1983, S. 110.
102 vgl. SIEFERLE 1989, S. 157.

Schritten verläuft. Diesen Verlauf charakterisiert er als gesetzmäßig. Er spricht in diesem Zusammenhang von dem »Gesetz der Abweichung vom Durchschnitt«. Diesem Verlauf unterliegt seiner Ansicht nach auch die Verteilung der Fähigkeiten in einer Population. Galton stellt fest, dass »innerhalb der geistigen Kapazitäten der Bewohner der britischen Inseln ein ziemlich konstanter Durchschnitt bestehen muß und daß die Abweichung von diesem Durchschnitt – hinauf zum Genie und hinunter zum Blödsinn – dem Gesetz folgen müssen, das die Abweichungen von jedem richtigen Durchschnitt bestimmt« (Galton 1910, S. 31). Diese Art der Verteilung wird inzwischen als Normalkurve bezeichnet. Die entscheidende Funktion dieser graphischen Darstellung besteht nun darin, dass sich, wie Jürgen Link in seiner Diskursgeschichte des Normalismus darlegt, die Kurve symbolisch an ihren beiden auslaufenden Ästen »mühelos an positive und negative Exponentialkurven anschließen [lässt D.O.]« (Link 1997, S. 241). Auf diese Weise kann Galton in seiner Abbildung sowohl die Möglichkeit des Fortschritts als auch die des Rückschritts graphisch, in statistisch objektivierter Form sichtbar machen. Der von ihm angestrebte Fortschritt ist durch eine Umverteilung der Fähigkeitsmerkmale zu erreichen. Eine Umverteilung im Sinne Galtons würde sich in Anlehnung an Link dann wie folgt gestalten: Um zu verhindern, dass die extrem positiven Abweichungen im Mittelmäßigen verschwinden, sollen die Sports von heute durch gezielte Planung des Erbweges »zu stabilisierten Mittelwerten von morgen hochgezüchtet werden« (Link 1997, S. 241).

Galton ist noch auf eine indirekte Intervention über eine gezielte Steuerung des Erbweges beschränkt. Der Zoologe August Weismann entwickelt dann schließlich in seinen Untersuchungen mit seiner Theorie von der Kontinuität des Keimplasmas einen zentralen Begründungszusammenhang, um eugenische Interventionen vom Individuum auf *die* Zellen zu verlagern, aus denen die Individuen hervorgehen, auf die Keimzellen.

3 August Weismann: Auslese auf Ebene der Keimzellen

Dem Zoologen August Weismann (*1834-†1914) wird das Verdienst zugesprochen, auf Erkenntnissen der mikroskopischen Strukturforschung aufbauend, eine umfassende Theorie der Vererbung entwickelt zu haben, die er in seinen 1904 veröffentlichten Vorträgen über die Deszendenztheorie darlegt.[103] Seine Theorie der Vererbung verbindet er mit der Selektionstheorie.

---

103 vgl. LEISEWITZ 1982, S. 232.

Kontinuität des Keimplasmas: Begründung des Gendeterminismus

August Weismann führt embryologische Untersuchungen an niederen Organismen durch. Bei Einzellern beobachtet er die Vermehrung durch Zellteilung und die Weitergabe der Eigenschaften an die Nachkommen. Er zieht daraus die Schlussfolgerung, dass Einzeller potentiell »unsterblich« sind, da sie die im Kern vorhandene chromatische Substanz unverändert auf die Tochterorganismen weitergeben. In dieser chromatischen Substanz vermutet er die eigentliche Vererbungssubstanz. Weismann überträgt diese Vorstellung von Vererbung auf die Keimzellen mehrzelliger Organismen. In diesem Zusammenhang weist er Darwins Ausführungen über die Vererbung der durch äußere Einflüsse erzielten Veränderungen zurück und stellt stattdessen seine Vorstellungen über eine Kontinuität des Keimplasmas als Grundlage seiner Vererbungstheorie vor. Darin trennt er strikt zwischen Keimplasma und Soma. Die Soma- oder auch Körperzellen und die Keimzellen verdanken laut seiner Theorie ihr Wesen dem Keimplasma der Eizelle. Die Keimzellen enthalten das gebundene Keimplasma. Dadurch können sie nicht nur ihresgleichen eine gewisse Zeit lang durch Teilung bilden, sondern sie sind auch befähigt, »aus sich heraus wieder ein vollständiges Individuum der betreffenden Art zu bilden« (Weismann 1904, S. 339). Daher sieht August Weismann die Keimzelle als »unsterblich« (Weismann 1904, S. 339) an. Den Körperzellen weist er dagegen nur eine begrenzte Dauer zu. Einen direkten Wirkungszusammenhang von der Körperzelle auf die Keimzelle schließt Weismann aus. In diesem Punkt grenzt er sich entschieden von Darwin ab. Erbliche Variabilitäten sind seiner Ansicht nach durch Amphimixis, durch die Verbindung zweier elterlicher Keimplasmen bei bisexueller Vermehrung möglich. Demnach entsteht die Keimsubstanz einer Art nie neu, sondern leitet sich von der vorhergehenden Generation ab. Daher können in der Vererbungssubstanz der Keimzelle eines Organismus nicht nur die Anlagen von einem einzigen Individuum dieser Art enthalten sein, sondern vielmehr von mehreren. Weismann schafft hier über die Kontinuität des Keimplasmas ein Kontinuum der jeweiligen Art, in das er dann den individuellen Organismus über seine Vererbungssubstanz eingliedert. Das Individuum geniert er dabei zum Träger seiner Erbsubstanz. Weismann selbst spricht explizit davon, dass unter dem Gesichtspunkt der Fortpflanzung, die Keimzelle zum wichtigsten am Individuum wird, während er den individuellen Körper zur »bloßen Pflegestätte der Keimzelle« (Weismann 1904, S. 340) werden lässt.

Unter dem Eindruck der Entdeckung der Chromosomen, der fadenförmigen Gebilde im Kern, und ihres Verhaltens bei der Zellteilung baut August Weismann schließlich seine Vorstellungen zu einer eigenständigen Theorie des Keimplasmas aus. Danach setzt sich das Keimplasma aus einer großen Anzahl different lebender Teilchen zusammen. Dabei hat der sog. propagative Teil des

Keimplasmas die Substanz der Erbanlagen für die Erbfolge zu erhalten, während der somatische Teil den Aufbau des Organismus mit Hilfe von Determinanten leitet. Die Determinanten lösen sich in die sie zusammensetzenden kleinsten Lebensteilchen, die Biophoren auf. Diese charakterisiert Weismann als chemische Moleküle, die durch die Kernmembran hindurch in die Zellkörper wandern, die sie bestimmen. Die Zellen oder Zellengruppen werden auf diese Weise durch die Determinanten in der Entwicklung beeinflusst. Determination versteht August Weismann in der Art, dass die Biophoren den jeweiligen Zellen und Zellfolgen eine bestimmte Lebenskraft erteilen, die dann deren Größe, Gestalt und die Zahl ihrer Teilungen normiert. Die Determination umfasst also die gesamte physische Natur einer Zelle. Über diese Determination ist dann laut Weismann das Organ im Kern »prädestiniert« (Weismann 1904, S. 320). Nach ihm gelangen in jedem Zellschritt der Ontogenese Determinanten zur Reife und lassen ihre Biophoren in den Zellkörper übertreten. Dabei wird in jeder Zelle jeweils nur diejenige Determinante zur Tätigkeit ausgelöst, die die folgenden Zellen zu bestimmen hat. Auf diese Weise wird Weismann zufolge die Qualität jeder Zelle in sämtlichen Entwicklungsschritten unter Kontrolle gehalten. Hierbei ist die Determination nicht absolut, vielmehr wird eine Tendenz festgelegt, die noch eine gewisse Variabilität in der Entwicklung erlaubt. Jede Determinante bedarf dann eines Reizes der sie auslöst. Die materielle Ursache einer Bildung ist in der Anlage zu suchen, die die betreffende Zelle oder Zellgruppe vom Keim her bekommen hat, also in ihren Determinanten. Die Umwelt fungiert bei Weismann somit nur als Auslöser einer Entwicklung, deren Ursache in den Determinanten im Keimplasma liegt. Die Umwelt kann also keine aktiven Veränderungen und Anpassungen im Erbgut bewirken. Diese Determinanten können in Anlehnung an Andre Leisewitz »als theoretische Vorwegnahme der späteren Gene« (Leisewitz 1982, S. 233) verstanden werden. Weismann entwickelt in seinen Ausführungen über die kausale Wirkung der Determinanten die theoretische Grundlage für die Entwicklung gendeterministischer Wissensformationen. Diese Wissensformationen verbindet er mit Elementen der Darwinschen Evolutionstheorie. Dabei verlagert er den Prozess der Selektion in das Innere der Zelle, in das Keimplasma.

Daseinskampf auf Ebene der Keimzellen

Aus einer Population genetisch verschiedener Organismen selektiert die Umwelt laut Weismann die weniger Tüchtigen aus. Dabei beruht die Selektion letztendlich auf der unbewussten Auswahl von verschiedenen Keimesvarianten. Die unterschiedlichen Keimesvarianten sind das Ergebnis einer Intraselektion, die sich zwischen den Determinanten des Keimplasmas abspielt. Dabei nimmt er an, dass zunächst ein Gleichgewicht zwischen den Determinanten besteht. Dieses Gleichgewichtssystem unterstellt Weismann den Gesetzen des Kampfes ums Dasein aus der Evolutionslehre Darwins. Er unterwirft nicht nur die Arten und die Individuen einer Art den Gesetzen des Daseinskampfes, sondern auch einzelne Organe und die Vererbungssubstanz. Die Stellung der Determinanten untereinander ist das Ergebnis eines Selektionsprozesses. Die stärkeren Determinanten ziehen den Nahrungsstrom stärker an. Sobald dann aufgrund intragerminaler Nahrungsschwankungen die Zu- oder Abnahme einer Determinante eine gewisse Höhe erreicht hat, kann sich die Gleichgewichtslage der Determinanten verschieben. Die Zu- oder Abnahme steigert sich dann in derselben einmal eingeschlagenen Richtung und es entstehen stärkere oder schwächere Varianten des von der Determinante kontrollierten Organs. Von zentraler Bedeutung an diesem von Weismann angenommenen Kräftespiel ist, »daß es ganz unabhängig von den Beziehungen des Organismus zur Außenwelt Variationen schafft« (Weismann 1904, S. 101). Diese Variationen vererben sich ihm zufolge im Laufe der Generationen auf immer zahlreichere Individuen und führen schließlich zu Veränderungen der Arten. Der Daseinskampf auf der Ebene des Keimplasmas reguliert somit das Gleichgewicht zwischen den Individuen einer Art. Vererbbare Variationen gehen auf den Prozess der Intraselektion zurück, der sich zwischen den Determinanten des Keimplasmas abspielt, und den Weismann schließlich als Germinalselektion bezeichnet.

Weismanns Inszenierung der Degeneration: Zivilisation führt zur Verschlechterung der Organe

Die Germinalselektion führt nach August Weismann in letzter Konsequenz zum Schwinden nutzloser Organe. Dieses Phänomen wurde bis dato meist auf den Einfluss des Gebrauchs oder Nichtgebrauchs eines Organs zurückgeführt. Weismann führt stattdessen das Schwinden von Organen auf das Sinken einzelner Determinanten zurück, welches er als Ergebnis eines Kampfes um Nahrung und Vermehrung im Keimplasma sieht. Die entscheidende Frage ist dann, wie Weismann die Schwankungen im Determinantensystem erklärt. Die erste Majorität gleichsinnig variierender Determinanten im Keimplasma führt er auf den Zufall und Klimaveränderungen zurück. Dass die Veränderung im Determinantensystem letztendlich zum Verschwinden eines Organs führen kann, setzt dazu den Wegfall der erhaltenden Tätigkeit der Naturzüchtung in Hinblick auf das betreffende Organ voraus. Denn nach Weismann bewirkt die Naturzüchtung nicht nur die Anpassung, »sondern sie erhält auch die Organe auf der einmal erreichten Höhe der Anpassung durch stete Beseitigung der Individuen, bei denen das betreffende Organ etwa in minder hoher Vollkommenheit vorkommt« (Weismann 1904, S. 97). Hört die Tätigkeit der Naturzüchtung auf, folgert er, dass die Organe von der Höhe der Anpassung herabsinken müssen. Denn die Individuen mit besseren und schlechteren Organen sind nun gleich lebens- und konkurrenzfähig. Es kommt zu einer »Vermischung Aller, der gut und der schlecht Ausgerüsteten« (Weismann 1904, S. 98). Weismann spricht von Panmixie. Ihm zufolge führt die Panmixie zunächst zu einem funktionellen schlechter werden des Organs. Er verdeutlicht die Panmixie am Beispiel einer Krusten-Art, die auf Dauer in tiefen Gewässern lebt. Bei dieser Art hört jede Selektion des Individuums in Bezug auf das Auge auf, da das Individuum durch schlechte Augen nicht in Nachteil gesetzt ist. Durch intragerminale Nahrungsschwankungen wird die Determinante für das entsprechende Organ, in diesem Fall für das gute Auge, geschwächt und es entsteht eine schwächere Variante des ungünstigen Organs. Dieses Schwächerwerden führt zu einem »unwiderruflichen Herabsinken der Größe und Stärke der betreffenden Anlage« (Weismann 1904, S. 103). Das ungünstige Organ vererbt sich in der Generationenfolge auf immer zahlreichere Individuen falls nicht »Personalselektion« eingreift und durch die Auswahl der in Bezug auf die betreffende Determinante die Stärksten unter den Geschwächten die Anlage wieder auf ihre normale Höhe hebt. Wird die Personalselektion außer Kraft gesetzt, werden ungünstig variierenden Individuen nicht aus dem genealogischen Stammbaum entfernt und damit ungünstig variierende Determinanten in der Generationenfolge weitergegeben. Weismann konstatiert, dass dann eine Verschlechterung des Auges unausweichlich ist. Dieser Prozess führt ihm zufolge bei den Krusten zum Verschwinden der nutzlos gewordenen Organe.

Weismann interpretiert verschiedene organische Erscheinungen beim Menschen im Sinne der Panmixie. Ihm zufolge regt die Kultur zahlreiche abwärts gerichtete Variationsrichtungen im Keim an, die zu einem Herabsinken der Organe von ihrer früheren Höhe führen. Denn durch kulturelle Errungenschaften wird die Personalselektion teilweise außer Kraft gesetzt. Er verdeutlicht diese Entwicklung in Hinblick auf die Sehkraft des Menschen. Demnach »sind wir offenbar noch im Prozeß des Herabsinkens der Augengüte mitten drin« (Weismann 1904, S. 123). Dabei deutet er diese Abmilderung des Daseinskampfes im Sinne einer missverstandenen Humanität, die in letzter Konsequenz dazu führt, dass sowohl in Hinsicht auf einige Fähigkeiten, als auch auf die körperliche Konstitution des zivilisierten Menschen ein degenerativer Prozess einsetzt. Es wird deutlich, dass Weismann den Kampf ums Dasein als Regulationsinstrument versteht, das das Gleichgewicht zwischen den Individuen in Balance hält. Entfällt nun diese Regulation, entsteht ein Handlungsbedarf, der ihm zufolge nur durch einen künstlichen Selektionsvorgang erfüllt werden kann. Dabei hält er nicht nur für die Ausbildung, sondern bereits für den Erhalt der einmal erreichten Organisationshöhe die Existenz eines permanenten Selektionsdrucks für notwendig.[104] Zudem implizieren seine Ausführungen über die Panmixie, dass in der Population mangelndes Sehvermögen latent vorhanden ist und sich dann bei fehlender Kontraselektion entsprechend ausbreiten kann. Ein zivilisatorisches Umfeld, das das Leben erleichtert, führt durch Panmixie zur Degeneration. In diesem Kontext generiert August Weismann die Zivilisation als einen selbstdestruktiven Vorgang.[105] Er führt dann aber auch zahlreiche erbliche Variationen an, die er als Verbesserung deutet und die er ebenfalls auf den Einfluss der Zivilisation zurückführt. Selbst diese positiven Entwicklungen bringen zunächst ein von Weismann implizit als natürlich vorausgesetztes Gleichgewicht außer Balance. Als Verbesserung führt er insbesondere die Entwicklung der geistigen Eigenschaften auf, wie u. a. Klugheit, Mut, Ausdauer und Phantasie. Er stellt fest, dass es bei einzelnen Individuen und Familien in Bezug auf diese Eigenschaften aufgrund von Germinalselektion zu Steigerungen kommt. Er verweist hier auf drei hochbegabte englische Familien, die zehn Generationen hindurch nur untereinander heirateten. Diese Familien betrieben über ihre Heiratspraktiken eine Art Personalselektion. Nach Weismann sind solche Fälle allerdings selten, da sich die auf diese Weise exzessiv hoch getriebenen Determinanten im Laufe der Generationen aufgrund fehlender Personalselektion wieder verlieren.[106] Ihm zufolge bewirkt die Personalselektion eine Festigung der Eigenschaften im Keimplasma. Eine Steigerung der Eigenschaften ausschließlich über Personalselektion ist dagegen nicht möglich. Alle exzessiven oder defektiven erblichen Variationen dürfen laut Weismann nur auf die Germinalselektion bezogen werden, »d.h. auf lange anhaltende progressive oder regressive Variation bestimmter Determinantengruppen« (Weismann 1904, S. 116). Daher plädiert Weismann für ein Ineinandergreifen von Germinal- und Personalselektion bei Züchtungsvisionen. Dabei muss eine langfristig über mehrere Generationen angelegte Züchtung an dem Determinantensystem im Keimplasma ansetzen. Ein direkter Zugriff auf das Determinantensystem ist zu Weismanns Zeit nicht absehbar. Aus diesem Grund legt er einen indirekten Zugriff nahe, der an den Ergebnissen der Germinalselektion ansetzt. Positive Variationen sollen durch Personalselektion in der Keimbahn der Art manifestiert und gestärkt werden. Die Wirkung der Naturzüchtung der Personalselektion beruht darauf, »daß sie die Keimplasmen mit Majoritäten der bevorzugten Variationsrichtung zur Nachzucht auserwählt« (Weismann 1904, S. 107). Auf diese Weise werden laut Weismann entgegengesetzt variierende Determinanten mehr und mehr aus dem Keimplasma hinausgeschafft. Durch fortgesetztes Eingreifen der Personalselektion kann

---

104 vgl. zum Selektionsverständnis Weismanns auch SIEFERLE 1989, S. 82.
105 vgl. SIEFERLE 1989, S. 89.
106 In diesem Zusammenhang bezieht Weismann sich auf Galtons statistische Untersuchungen über Vererbungserscheinungen.

die Ausbildung der positiv variierten und stärker gewordenen Determinante somit auf das mögliche Maximum gesteigert werden.

Weismanns Keimplasmatheorie wurde im eugenischen Diskurs weitgehend akzeptiert. Auch die Befürworter der Rassenhygiene greifen auf seinen Theorieansatz zurück. Da sie in Übereinstimmung mit Weismann die Eigenschaften sowohl der Spezies als auch des Individuums durch das Keimplasma vorherbestimmt sehen, konzipieren sie die Rassenhygiene als »Hygiene des Keimplasmas«.

4 Alfred Ploetz: Die Vervollkommnung der menschlichen Rasse durch Keimauslese

Erhaltung der »Rassetüchtigkeit«

Am Beispiel der Werke des Mediziners Alfred Ploetz (*1860- †1940) zeige ich, wie Wissensformationen der Evolutionstheorie Darwins und der Vererbungswissenschaften für die rassenhygienische Bewegung instruktiv werden. Ende des 19. Jahrhunderts formiert sich die rassenhygienische Bewegung. Zunächst rekrutiert sie sich überwiegend aus Medizinern. Was in England Francis Galton unter dem Begriff »Eugenik« entwickelt hat, deckt sich mit dem was der deutsche Mediziner Ploetz unter Rassenhygiene versteht. Innerhalb der internationalen eugenischen Bewegung werden die beiden Begriffe dann auch weitgehend synonym verwendet. 1905 gründet Alfred Ploetz die Gesellschaft für Rassenhygiene als erste eugenische Gesellschaft. Ploetz verbindet in seiner Theorie systematisch Wissensformationen der Evolutionstheorie mit Grundlagen der Vererbungswissenschaften unter rassenanthropologischen Gesichtspunkten. Dabei ist die unmittelbare Grundlage für seine rassenhygienischen Ideale die nordische Rasse. Er geht hier von einem Begriff der Rasse aus, »der die Gesammtheit von Menschen im Hinblick auf ihre körperlichen und geistigen Eigenschaften« (Ploetz 1895, S.2) umfasst. Zudem charakterisiert er die Rasse als die letzte Erhaltungs- und Entwicklungseinheit des Lebens. Sein Ziel ist es, die Bedingungen zu erforschen, die für die Erhaltung und bestmögliche Entwicklung der »Rassetüchtigkeit« erforderlich sind. Vor diesem Hintergrund unterstellt er die Rasse als übergeordnete Lebensinstanz den Regeln von Vererbung, Variabilität und Auslese. Dabei sieht Alfred Ploetz nicht mehr in dem von der Natur abverlangten Daseinskampf sondern im Prozess der Fortpflanzung die entscheidende Rolle bei der Entwicklung der Rasse. Die Fortpflanzung übernimmt ihm zufolge die ursprüngliche Funktion des Lebenskampfes. Denn seiner Ansicht nach wird bereits bei der Fortpflanzung durch Zeugung und Gebären das (Über)Leben eines Individuums vorentschieden. Ploetz rückt die Fortpflanzung und Vererbung von physischen und psychischen Eigenschaften innerhalb einer Rasse ins Zentrum der rassenhygienischen Lehre. In seinem Buch »Grundlinien der Rassenhygiene« entwickelt er das Programm der rassenhygienischen Bewegung. Mit seinem Werk wendet er sich an Wissenschaftler und an soziale Praktiker. Damit begründet er den Doppelcharakter der Rassenhygiene, die sich zum einen als Wissenschaft und zum anderen als soziale Bewegung versteht. Die rassenhygienische Bewegung setzt sich für eine Rationalisierung der Fortpflanzung ein, wonach diese nicht mehr der Sexualität und damit den menschlichen Trieben überlassen werden soll. Die natürliche Auslese soll durch eine künstliche, auf dem Fortschritt der Wissenschaft basierende Präselektion ersetzt werden. Dabei entscheidet sich das Lebensrecht eines Individuums bereits im Zeugungsrecht der vorherigen Generation.[107]

Vervollkommnung durch Auslese

Ploetz geht wie Darwin davon aus, dass die Konkurrenz um den Lebensunterhalt das bestimmende Prinzip nicht nur der biologischen Evolution, sondern auch der gesellschaftlichen Entwicklung ist. Die Selektion sorgt für die Auslese der am besten angepassten Individuen. Aufbauend auf den Prinzipien der Vererbung und der Variation gibt er dem, durch Selektion gesteuerten Entwicklungsprozess eine Vorwärts-Richtung vor. So ist die Vervollkommnung beim Menschen »durchaus nicht verschieden von dem überall in der Thierreihe beobachteten Process der besseren Anpassung« (Ploetz 1895, S.113). Die vollkommenere Variante ist Ploetz zufolge die im Kampf ums Dasein stärkere. Den Kampf ums Dasein zwischen den Individuen schildert er als Verdrängungsprozess. Danach kommen die Nachkommen mit etwas anderen Eigenschaften als ihre Eltern haben zur Welt. Von diesen »neuen« Eigenschaften sind laut Ploetz dann einige im Kampf ums Dasein vorteilhaft und tragen dazu bei, mehr und kräftigere Kinder aufzubringen als diejenigen, die die Eigenschaften nicht oder nicht in so hohem Grade haben. Diese Eigenschaften werden wieder auf einen Teil der Kinder vererbt, die dadurch wieder im Kampf ums Dasein begünstigt werden und ihrerseits die Eigenschaften u. U. auch in erhöhtem Grade weitervererben. Auf diese Weise werden die Träger der neuen Eigenschaften im Laufe der Generationen einen immer größeren Prozentsatz der Art ausmachen.[108] Ploetz sieht in diesem Verdrängungsprozess den Kampf ums Dasein als das regulierende Element und in der aufsteigenden Variation »das eigent-

---

107 vgl. zur Funktion der Fortpflanzung als zentrales Regulativ insbesondere Bergmann.
108 vgl. PLOETZ 1895, S. 17.

lich fortschrittliche Element« (Ploetz 1895, S. 227). Als Variation bezeichnet er alle Veränderungen von Anlagen. Mit diesem umfassenden Begriffsverständnis grenzt er sich explizit von August Weismann ab. Ploetz ist der Ansicht, dass vor dem Hintergrund des zu seiner Zeit gegebenen Kenntnisstandes »die Nichtvererbung erworbener Eigenschaften durchaus kein gesichertes Gesetz ist« (Ploetz 1895, S. 37). Er schließt die Möglichkeit eines bleibenden Einflusses der Umwelt auf die Erbanlagen nicht aus. Entsprechend lehnt er Weismanns stark eingrenzende Definition der Variation ab. In diesem Zusammenhang kritisiert Alfred Ploetz weiterhin, dass Weismann zu Gunsten seiner Hypothese die Entwicklung eines Organismus »auf einen so völlig unbedeutenden Antheil beschränkt« (Ploetz 1895, S. 30). Ploetz unterscheidet zwei Funktionskomplexe, den des fertigen Individuums und den ganzen Komplex von Kräften, aus dem er hervorgegangen ist. Dieser Funktionskomplex besteht ihm zufolge »nur z. Th. aus den Kräften, die an das befruchtete Ei gebunden sind« (Ploetz 1895, S. 27f.). Der andere Teil wird von Umgebungskräften gebildet. Ploetz sieht hier die Möglichkeit, dass ein Teil der äußeren Kräfte »in das wachsende Wesen als innere Anlage eingegangen ist« (Ploetz 1895, S. 28). Entsprechend fordert er, der Epigenese einen bedeutend weiteren Spielraum einzuräumen, als Weismann es tut. Dennoch bleibt auch für ihn die Evolution der entscheidende Prozess bei der Entwicklung des Individuums.

Vision einer »humanitären« Eugenik: Auslese von Keimzellen

Die Ausgestaltung des Daseinskampfes durch die Zivilisation hat sich Ploetz zufolge durch die Ausbildung der Sprache und durch die Entwicklung der Warenproduktion von einem Extralkampf zu einem Sozialkampf hin verschoben. Dieser Prozess hat die wichtigsten Errungenschaften der Kulturmenschen hervorgebracht. Als Beispiele nennt Ploetz neben der Intelligenz auch den für den sozialen Zusammenhalt notwendigen Altruismus. Auf eben diese Eigenschaften führt er es dann zurück, dass in einer zivilisierten Gesellschaft neben einem indirekten wirtschaftspolitischen Schutz noch ein immer umfassenderer direkter Schutz der rein körperlich und geistig Schwachen angestrebt wird. Diese Schutzmaßnahmen geraten seiner Meinung nach in Widerspruch zu den Grundbedingungen der Erhaltung und Fortentwicklung der Art. Denn der Kampf ums Dasein wird durch die Schutzmaßnahmen außer Kraft gesetzt. Der Kampf ums Dasein ist aber »unumgänglich notwendig, um die Art auf ihrer Höhe zu erhalten« (Ploetz 1895, S. 52). In seiner Beweisführung bezieht sich Ploetz auf das Phänomen der Panmixie, das von August Weismann erarbeitet wurde. Wie Weismann geht auch Ploetz davon aus, dass die Panmixie einen Rückschritt hervorbringt. Dass es zu einem Rückschritt kommt, setzt nach ihm allerdings zusätzlich noch eine Tendenz zum absteigenden Variieren der Art voraus, die bei fast allen Wesen gegeben ist. Vor diesem Hintergrund lässt Ploetz ein Ausjäten unerwünschter Varianten für die Erhaltung der Art als unabdingbar erscheinen. Er konstatiert, das der Schutz der Schwachen zu einer Abnahme der Rassenqualität führt. Diesen Prozess charakterisiert er als »Kontraselektion«. In seiner Vision vom eugenischen Idealstaat gibt es keine Armenfürsorge und Krankenpflege. Die Ärzte entscheiden anhand eines mutmaßlich festgelegten Erbwertes über Lebens- und Bürgerrechte der Untertanen. Schwächliche Neugeborene können getötet werden. Die Fortpflanzung wird wissenschaftlichen Prinzipien unterstellt. Demnach legt ein Ärztegremium die Zahl der potentiellen Kinder von Ehepaaren fest. Ploetz ist klar, dass seiner Theorie im damaligen sozialen Kontext noch ethische und politische Widerstände gegenüberstehen. Die zivilisierte Gesellschaft befindet sich in einem moralischen Dilemma: Einerseits erscheint in einer zivilisierten Gesellschaft der Prozess der Auslese als unvereinbar mit humanitären Idealen, anderseits ist aber der Vorgang der Auslese für den bloßen Erhalt der Art unabdingbar. So schreibt Ploetz: »Das humane Ideal möchte eben alle und jede schmerzhafte Ausjäte schmerzempfindender Menschen möglichst verhindern und andere Entwicklungsfaktoren an ihre Stelle setzen. Aber ist das überhaupt möglich? Gibt es irgendeinen Ausweg, der mit den als wahr erkannten darwinistischen Prinzipien vereinbar ist?« (Ploetz 1895, S. 224). Als humanitären Ausweg aus diesem Dilemma bietet Alfred Ploetz seinen Lesern die Keimauslese an. Er verlagert den Ansatzpunkt der Auslese vom Individuum auf die Zellen, aus denen das Individuum hervorgeht: auf die Keimzellen. Somit werden ihm zufolge »minderwertige« Individuen nicht mehr durch den blutigen Kampf »ausgemerzt«, sondern werden von vornherein an ihrer Entstehung gehindert. In einer künstlichen Auslese verbindet er die Vorgänge der Variation, der Auslese und der Vererbung. Er geht davon aus, dass in diesem Prozess der künstlichen Auslese die Keimzellen nach ihrer Qualität selektiert werden, bevor sie sich somatisch umgesetzt haben. Er bindet die Möglichkeit, den Daseinskampf auszuschalten, von vornherein zwingend an eine Optimierung der Devarianten. Denn um die Erhaltung und Vervollkommnung der Art zu gewährleisten ist es unabdingbar, dass »in jeder Generation der Gesammtheit der geborenen Devarianten einen etwas höheren Durchschnitt zu geben, als die Gesammtheit der Eltern ihn hatte« (Ploetz 1895, S. 225). Ohne eine entsprechende Optimierung prophezeit er, wird es zu einer Entartung kommen. Auch bei Ploetz bringen die humanitären Errungenschaften ein imaginiertes Gleichgewichtsmodell der Natur außer Balance, indem durch sie das Regulationsinstrument des Daseinskampfes außer Kraft gesetzt wird. Die Keimauslese muss demnach einen Ausgleich für die mit den humanitären Errungenschaften verbundene Milderung des Daseinskampfes schaffen. Ploetz generiert hier indirekt die Keimzelle als ein Medium der Vervollkommnung. Die Umsetzung seiner Forderung ist an die Entwicklung der Genetik gebunden. Seine Vision der künstlichen Auslese zielt bereits auf eine Gentechnologie ab, die »es möglich machen soll, das Ziel genetischer Verbesserung bzw. der Vermeidung von Degeneration zu erreichen, ohne das die Selektion an den Individuen ansetzen müsste« (Sieferle 1989, S. 101f.). Da ihm die Möglichkeiten der Gentechnologie noch nicht zur Verfügung stehen, plädiert Ploetz dafür, dass nur die Paare mit dem besten Keimplasma Kinder zeugen sollen. In seiner eugenischen Utopie nimmt er konzeptionell die künstliche Befruchtung in Verbindung mit einer optimierenden Keimbahntherapie vorweg. Auf diese Weise sucht er den Widerspruch zwischen Selektion und Humanität zu versöhnen. Diese Vision wird in der gegenwärtigen bioethischen Debatte über eine sog. neue und humanitäre Eugenik aufgegriffen und mit dem Einsatz gentechnischer Verfahren verbunden.

Optimierung durch Umwelteinflüsse nicht ausgeschlossen

Auf den ersten Blick erscheinen die Ausführungen zur Keimesauslese in sich stringent.

Andererseits hat sich Alfred Ploetz selbst explizit dafür ausgesprochen, dass bei dem zu seiner Zeit gegebenen Kenntnisstand, die Möglichkeit der Vererbung erworbener Eigenschaften nicht ausgeschlossen werden kann. Diese Möglichkeit könnte auch einen Ansatzpunkt für eine Verbesserung der Erbeinheiten beispielsweise über den Einfluss von Erziehung bieten. Indem Ploetz die Möglichkeit der Vervollkommnung durch Übung nicht auszuschließen vermag, sind Anknüpfungspunkte für eine Auseinandersetzung mit entgegengesetzten Theorien wie der Milieutheorie zumindest denkbar. Ploetz schreibt in diesem Zusammenhang:

»Es stehen sich unter den Biologen zwei Parteien ziemlich schroff gegenüber, so dass ein gänzlich Unparteiischer auf eine befriedigende Lösung verzichten muss, wenn auch mit schwerem Herzen. Denn was gäbe es hoffnungsvolleres für die Entwicklung der Menschheit, als wenn wir durch richtige Uebung der Hirnfunctionen und Vererbung der Uebungsresultate die Vervollkommnung unmittelbar beeinflussen und rascher als durch natürliche Zuchtwahl höheren Stufen entgegen führen könnten? Der Kampf ums Dasein mit all' seinem Jammer wäre im Princip entbehrlich geworden, die Verbesserung der Devarianten, die Verstärkung der Regulations-Anlagen der Kinder würde ja ganz unmittelbar durch Uebung der elterlichen Anlagen zustande kommen.« (Ploetz 1895, S. 214).

Seiner Ansicht nach wäre es denkbar, durch Übung die Anlagen zu verbessern. Auf diese Weise könnte der Kampf ums Dasein überflüssig werden. Ein wenig später schränkt Ploetz allerdings die Möglichkeit einer Verbesserung durch Übung ein, indem er sie als »bloßen Glaubenssatz« einordnet (Ploetz 1895, S. 214).

Obwohl er letztendlich dann für die Keimauslese plädiert, lässt er die Frage nach der Vererbung erworbener Eigenschaften offen: »Aber halten wir fest: so wenig wie die Vererbung erworbener Eigenschaften exact bewiesen ist, so wenig ist sie exact widerlegt.« (Ploetz 1895, S. 214) Dennoch spielt diese Option in seiner Theorie und dann im Kräftespiel der Wissensformationen im Rahmen eugenischer Konzepte keine Rolle mehr. Stattdessen werden weitere Wissensformationen entwickelt und als »wahr« akzeptiert, die die Entwicklung steuernden Kräfte ausschließlich im Erbgut verorten.

5 Erbbiologische Fundierungen der Eugenik und der Rassenhygiene

Die diskursanalytische Betrachtung der wissenschaftlichen Texte zeigt, wie die Eugenik aus einem ärztlichen und wissenschaftlichen Kontext heraus formuliert und begründet wird. Diese Begründung ist entscheidend für die Etablierung der Eugenik und der Rassenhygiene. Die Genetik erweist sich dabei als »eine unlösbar mit der Eugenik verbundene Partnerwissenschaft.« (Kühn 1997, S. 56) Die Rassenhygieniker beziehen sich auf neue Erkenntnisse der Vererbungsforschung, um ihre politische Forderung nach einer genetischen »Aufartung« der Rasse erbbiologisch zu fundieren. Die Vererbungsforschung ist durch die zunehmende Verbreitung der Weismannschen Theorie von der Kontinuität des Keimplasmas und durch die Wiederentdeckung der Mendelschen-Vererbungsgesetze geprägt.

Von Mendels Kreuzungsversuchen zu Erbprognosen und Auslese

In den ersten Jahren des letzten Jahrhunderts werden die Vererbungsgesetze Gregor Mendels (*1822-†1884) wieder entdeckt und mit einer empirischen und experimentellen Vererbungsforschung verknüpft. Mendel untersuchte in seinen Experimenten die Variabilität der Kulturpflanzensorten und analysierte die Gesetzmäßigkeit des Auftretens bestimmter Merkmale in der Generationenfolge. Aus seinen Kreuzungsexperimenten mit Erbsen und Bohnen leitete er dann seine Erkenntnis ab, dass Merkmalsanlagen von Generation zu Generation weitergegeben werden und dass sie sich im Erbgang regelhaft aufspalten. Diese Vorstellung einer konstanten Weitergabe gleicher Erbelemente passte nicht in den Problemhorizont der Botaniker des 19. Jahrhunderts, die nach den

Ursachen der Artentstehung, speziell der Variation und der Variabilität fragten. Daher hielten sie die Vererbungsregeln Mendels für falsch. Für die Akzeptanz der Mendelschen Vererbungsgesetze war eine Veränderung der wahrheitskonstitutiven Regeln des Diskurses erforderlich. Michel Foucault beschreibt diesen Prozess wie folgt: »Es mußte der Maßstab gewechselt werden, es mußte eine ganz neue Gegenstandsebene in der Biologie entfaltet werden, damit Mendel in das Wahre eintreten und seine Sätze (zu einem großen Teil) sich bestätigen konnten.« (Foucault 1998 S. 24) Nun passen die Mendelschen Gesetze in den »zeitgenössischen »Problem-Kontext«« (Leisewitz 1982, S. 244). Die Rezeption seiner experimentellen Kreuzungsforschung kann die Konzeption isolierter, selbständiger, materieller Vererbungsanlagen, die von Generation zu Generation relativ stabil weitergegeben werden, bestätigen. Weiter interpretieren Anhänger der Mendelschen Vererbungsgesetze die Ergebnisse der Kreuzungsexperimente dahingehend, dass bei qualitativen Merkmalen direkt auf distinkte Erbanlagen, d.h. vom Phänotyp auf den Genotyp geschlossen werden kann. Mit den Berichten über die Wiederentdeckung der Mendelschen Regeln verbreitet sich dann auch die Hoffnung, dass es möglich sein könnte, nicht nur die Erblichkeit eines Merkmals nachzuweisen, sondern Erbgänge offen zulegen.[109] Die Forscher sind überzeugt, auf dem Raster der Mendelvererbung Aussagen darüber machen zu können, wie die Nachkommen einer bestimmten Kreuzung beschaffen sein müssten. Sie übertragen die Mendelschen Gesetze, die sie am Beispiel von Kreuzungsexperimenten von Pflanzen mit verschiedenenfarbigen Blüten rekonstruiert haben, auf die Vererbung von Missbildungen und Krankheitsanlagen beim Menschen. Dabei sind sie davon überzeugt, auf dem Raster der Mendelvererbung Prognosen darüber machen zu können, wie diese Merkmale beim Menschen weitergegeben werden. Die beschriebene Rezeption der Mendelschen Regeln impliziert bereits eine gewisse Notwendigkeit, zur eugenischen Intervention. Denn Mendels Spaltungsgesetze zufolge, prägen sich bestimmte rezessive Merkmale in der ersten Tochtergeneration nicht aus. Das in der vorigen Generation unterdrückte Merkmal kann dann in der zweiten Generation wieder auftreten. In Hinblick auf die menschliche Vererbung bedeutet das, dass Individuen Träger von Erbanlagen für Krankheiten sein können, ohne selbst zu erkranken. Vom Erscheinungsbild der Individuen kann somit nicht auf eine mögliche Weitergabe pathologischer Erbanlagen geschlossen werden. Eugenisch orientierte Genetiker sehen in dieser Aufspaltung schließlich die Gefahr einer schleichenden Verschlechterung der Erbanlagen. Vor dem Hintergrund der in der rassenhygienischen Bewegung weitgehend akzeptierten Keimplasmatheorie Weismanns wird die Verschlechterung des Erbguts als besonders bedrohlich angesehen. Eine Entartung der Bevölkerung kann ihnen

---

109 vgl. zur Rezeption Mendels in der Humangenetischen Forschung FRÜH 1998, S. 125.

zufolge nur durch gezielte generative Auslese verhindert werden und nicht durch die Verbesserung der medizinischen, hygienischen und ökonomischen Lebensbedingungen. Die rassenhygienische Bewegung verbindet in den zwanziger Jahren die Mendelschen Gesetze mit Elementen der Rassenanthropologie. Der Anthropologe und Mediziner Eugen Fischer (*1874- †1967) legt 1913 mit seinen Studien am Rehobother Batardvolk in Deutsch-Südwest-Afrika eine Untersuchung vor, die die Vererbung von anatomischen Merkmalen bei der Kreuzung von Europäern und Hottentotten nach den Mendelschen Regeln nachzuweisen versucht. Ihm zufolge ist der bei der Kreuzung entstehende »Mischling« durch eine Höherwertigkeit gegenüber dem negriden Teil und durch eine Minderwertigkeit gegenüber dem weißen Teil gekennzeichnet. In Hinblick auf die Europäer zieht er die Schlussfolgerung, dass durch Rassenkreuzung der minderwertige Anteil der Bevölkerung zunimmt. Viele Bastarde vereinigen ihm zufolge sehr disharmonische Eigenschaften wie Mut und Energie mit Mangel an Intelligenz und Selbstbeherrschung dafür aber mit starken Affekten und Trieben. Entsprechend beurteilt Fischer Rassenkreuzung als drohende Rassenverschlechterung durch genetische Minderwertige, die den Bestand der weißen Rasse bedroht. Im Rahmen der Genetik wird dann in den zwanziger Jahren das Mendelsche Vererbungsmodell durch die Grundlagenforschung an der Fruchtfliege (Drosophila melanogaster) relativiert. Die Beziehung zwischen genetischem Substrat und Merkmal ist komplexer als bisher angenommen. Die Forscher erwägen, dass Merkmale auch auf dem Zusammenwirken mehrer Erbanlagen beruhen bzw. Umweltfaktoren für die Ausprägung eines Merkmals bedeutsam sein könnten. Unter diesen Umständen waren dann die Erbgänge solcher Merkmale nicht mehr so leicht offen zulegen. Dennoch halten Wissenschaftler in der rassenhygienischen Bewegung und in auch der Genetik an einer deterministischen Beziehung zwischen genetischem Substrat und Merkmal fest. Sie halten die Möglichkeit für sichere Erbprognosen weiterhin für gegeben. Erkenntnisse der Untersuchungen an Fruchtfliegen finden im Kontext der Degenerationslehre Eingang in die Rassenhygiene. Hermann Joseph Muller (*1890- †1967) sieht den Grundprozess der Evolution in der vererbbaren Mutation, einer Erbgutänderung auf dem Niveau eines einzelnen Gens oder eines einzelnen Chromosoms. Sie bildet seiner Ansicht nach ausschließlich die Grundlage von vererbbarer Variation.[110] Folglich geht er davon aus, über die Beeinflussung der Mutation den Evolutionsprozess steuern zu können. Er untersucht den Einfluss von Umweltbedingungen auf die Mutationsrate und versucht Methoden zu entwickeln, mit denen die Zahl der Mutationen abgeschätzt werden kann, die in der Embryonalentwicklung oder Jugendstadien tödliche Folgen haben. Bei seinen Arbeiten an der Fruchtfliege

---

110 vgl. LEISEWITZ 1982, S. 273.

stellt er eine bisher nicht für möglich gehaltene Zahl an verborgenen Mutationen fest, die die Population bei der Weiterzucht im Labor zusammenbrechen ließen. Er kommt zu dem Schluss, dass die Mehrzahl der Mutationen schädlich ist. Seiner Vorstellung von Evolution zufolge muss das Entstehen schlechter Mutationen und deren hohe Verbreitung durch etwa gleich große Selektionsraten ausgeglichen werden. Denn ohne Selektion würden sich die mutierten Gene so lange vermehren, bis das gesamte Keimplasma mit defekten Genen durchsetzt ist. Aber auch wenn schädliche dominante Veränderungen selektiert werden, können sich ihm zufolge immer noch die kleinen, rezessiven Mutationen ausbreiten, die sich im heterozygoten Individuum nicht manifestieren. Diese »verborgenen« Mutationen verringern nach Ansicht von Muller und seiner Kollegen die Fitness eines bestimmten Genpools. Sie übertragen ihre Theorie von der Fruchtfliege auf die menschliche Bevölkerung. Dabei gehen sie davon aus, dass es bei den Menschen aufgrund der zivilisatorisch bedingten Beschränkung der »natürlichen« Selektion einen besonders hohen Grad der Durchsetzung ihres Genpools mit schädlichen Mutationen geben müsste. Ihre Beschreibung der Auswirkungen, die sie diesen Mutationen zuordnen, kommt einer Aufforderung zu eugenischen Eingriffen in die menschliche Bevölkerung gleich. So folgert Hermann Muller, dass die Menschheit von einer biologischen Degeneration größeren Ausmaßes bedroht sei und äußert die Hoffnung, mit seinen Untersuchungen an der Fruchtfliege einen Weg zu finden, die menschliche Evolution eugenisch zu kontrollieren. In der Klassischen Genetik bilden sich ausgehend von Mendels Vererbungsgesetzen Wissensformationen, die als konstitutiv für die Generierung des Gendeterminismus eingeordnet werden können. Den Genen wird eine primäre und kausale Rolle bei der Entwicklung des individuellen Organismus und bei der Evolution der Arten zugeschrieben. Dieser gendeterministische Diskurs birgt in sich bereits eugenisches Potential. Denn wenn diesem Diskurs zufolge davon ausgegangen wird, dass Menschen ausschließlich genetisch determiniert werden, muss es seiner Logik folgend – die Kenntnis der genauen Vererbungsvorgänge vorausgesetzt – auch möglich sein, die Konstitution der Nachkommen gezielt zu verändern und die Evolution des Menschen zu steuern. Diese Option, die im Gendeterminismus begründet ist, und die Zielsetzung der Eugenik, den menschlichen Genpool zu verbessern, greifen ineinander und verstärken sich gegenseitig.

6 Diskurstragende Formationen früher eugenischer Konzepte

Francis Galton, August Weismann und Alfred Ploetz knüpfen meines Erachtens an Darwins Modell einer homöostatischen Natur an. Demnach wird ein Gleichgewichtssystem, das implizit als natürlich gegeben gesetzt ist, über den

Kampf ums Dasein, der als Instanz der Selektion fungiert, reguliert. Die Notwendigkeit zur Regulation über Selektion leiten sie aus der Vorstellung einer dichotomen Ordnung des Lebens ab, die Leben in human und animalisch, in funktional und dysfunktional, in normal und anormal differenziert. Diese Vorstellung expliziert Charles Darwin im Rahmen seiner Abstammungslehre in seiner Kategorie des Mönströsen, die er als Element einer natürlichen Entwicklung einführt. Unter dem evolutionistischen Fortschrittsparadigma wird das Monströse, das in Darwins genealogischen Ausführungen eine entwicklungsgeschichtlich niedere Form repräsentiert, als minderwertiges Leben gedeutet. In Hinblick auf seine mögliche Fortpflanzung mutiert das Monströse zum »inneren zersetzenden Feind« (Oldenburg 1996, S.43), der nicht nur das Gleichgewicht, sondern die Existenz des natürlichen Systems bedroht. In diesem Zusammenhang wird dann dem Regulativ der natürlichen Selektion eine zensorische Kraft zugeschrieben, die für die Art das Nützliche erwählt und das Nachteilige ausmerzt. Die Autoren wenden nun diese Prinzipien der natürlichen Selektion auf die Naturgeschichte des Menschen an. Ein zentraler Punkt in ihren Ausführungen ist, dass gerade durch die Errungenschaften der Zivilisation dieses homöostatische Gleichgewicht außer Balance gerät. Die Zivilisation bewirkt gemäß ihren Vorstellungen eine Verschiebung der Selektionsfaktoren. So werden unter den Bedingungen der Zivilisation andere Eigenschaften der Individuen gefördert, als unter nichtzivilisatorischen Bedingungen. In Anlehnung an Darwin materialisieren die Autoren die Eigenschaften des Organismus in Erbeinheiten. Durch die Verschiebung der Selektionsfaktoren werden ihnen zufolge andere genetische Strukturen gefördert. Diese Abweichung der genetischen Struktur wird in einem weiteren Schritt als Verschlechterung bewertet, die dann kausal mit dem Verlust organischer Kompetenz in Verbindung gebracht wird. Bei ihrer Bewertung legen die Autoren normal-ranges der Erbeinheiten zugrunde, die sie mit entsprechenden Typenbildern assoziieren. Die sich ergebenden Typenbilder gleichen sie mit dem von ihnen implizit zugrunde gelegten idealen Maßstab ab. Mit der Implementierung der normal-ranges heben sie die absolute Wesensgrenze zwischen Normalität und Anormalität auf. Die Verschiebung der Selektionsfaktoren kann in ihren Vorstellungen dann dazu führen, dass jedes Individuum zu einem Individuum mit nicht adäquaten Eigenschaften wird, das als minderwertig klassifiziert und demnach ausgemerzt werden soll. Die Bedrohung einer beständigen Verschlechterung wird in den beschriebenen Formationen auch auf die nachfolgenden Generationen ausgedehnt. Denn die Annahme, dass physische und psychische Merkmale von Generation zu Generation direkt vererbt werden, ist ein zentrales Element des dargestellten Diskursstranges. Über die Anbindung an die Vererbung gelingt es den Autoren, die Verschlechterung als eine über Generationen fortschreitende Verschlechterung in Form eines generativen Niedergangs zu generieren. Demzufolge erscheint der Einsatz normalisierender Interventionen in den Erbgang als unabdingbar. Nach Ansicht der Autoren ist der Niedergang nur aufzuhalten, wenn es durch die Intervention zu einer Verbesserung der Erbeinheiten kommt. Dabei unterstellen sie, dass minderwertige Einheiten häufiger an die Nachkommen weitergegeben werden. Entsprechend ist die Normalisierung von vornherein als Optimierung angelegt. Die ausschließliche Begrenzung der Interventionen auf den Erbgang setzt weiter die Annahme voraus, dass erworbene Eigenschaften nicht vererbt werden. Damit schließen Galton und Weismann einen Zugang der Umwelt zur Vererbungsbahn explizit aus. August Weismann entwickelt in seiner Theorie von der Kontinuität des Keimplasmas die theoretische Grundlage dieses bedeutenden Diskurselements. Er konstituiert das Keimplasma als den Teil der Zelle über den allein die konstante Weitergabe des Erbmaterials erfolgt. Deshalb können Veränderungen nur als molekulare Neukombinationen einzelner Erbfaktoren oder als diskontinuierliche Mutationen auftreten.[111] Rolf Peter Sieferle benennt die mit diesem Diskurselement verbundene Konsequenz: »Diese heute noch etwas ironisch das »zentrale Dogma der Molekulargenetik« genannte Theorie einer »Kontinuität des Keimplasma« (Weismann) macht Selektion genetisch unterschiedlicher Individuen zum einzigen Mechanismus der Evolution.« (Sieferle 1989, S. 63). Die beschriebenen Wissensformationen der Vererbungslehre und Evolutionstheorie produzieren in ihrem diskursiv-operativen Feld Gegenstände und Problembereiche, die in Deutschland zunächst im gesundheits- und wohlfahrtspolitischen Diskurs der Weimarer Republik und dann in der nationalsozialistischen Bevölkerungs-, Gesundheits- und Sozialpolitik gesellschaftliche Praxis werden. In diesem Sinne fasse ich die NS-Rassenhygiene als eine historisch spezifische Erscheinung zeitlich lang angelegter Wissensformationen

---

111 vgl. SCHEICH 1993, S. 227.

VI NS-Rassenhygiene: Radikalität der Eugenik bis zum Massenmord

1 Nationalsozialismus und Eugenik

Das Ziel der rassenhygienischen Bewegung in Deutschland, eine krankheits- und devianzfreie Bevölkerung, stößt im gesundheits- und wohlfahrtspolitischen Kontext der Weimarer Republik auf große Resonanz. Die Akzeptanz rassenhygienischer Diskursformationen insbesondere in der Beamtenschaft der Gesundheits- und Wohlfahrtsadministration ist »ein wichtiges Kontinuitätsmoment zum Nationalsozialismus« (Kaufmann 1998, S. 364). Die Affinitäten zwischen Rassenhygiene und Nationalsozialismus zeigt sich auch in einem inhaltlichen Austausch. So sind Adolf Hitlers rassenhygienischen Vorstellungen, die an einigen Stellen in »Mein Kampf« niedergelegt sind, eindeutig von der Ploetzschen Utopie beeinflusst. Hitler bindet wie Ploetz den Erhalt eines Bürgerbriefes an eine eugenische Tauglichkeitsprüfung. Von Francis Galton übernimmt Hitler die These der Regression zum Mittelwert, wenn er von der drohenden Niedersenkung des Niveaus der höheren Rasse warnt und die Notwendigkeit zur Selektion begründet.[112] Neben dem inhaltlichen Austausch kooperieren Rassenhygieniker und Nationalsozialisten auch auf personeller und organisatorischer Ebene. Nach der Machtübernahme durch die Nationalsozialisten im Jahre 1933 wird dann die Zielsetzung der Eugeniker, die Gesellschaft nach rassenhygienischen Kriterien umzugestalten, zur offiziellen Bevölkerungs-, Gesundheits- und Sozialpolitik. Im Zuge dessen etabliert sich die Rassenhygiene als Leitwissenschaft. Die Humangenetik, Psychiatrie und Bevölkerungswissenschaft wird in eine sich politisch verstehende Wissenschaft der Eugenik und Rassenhygiene integriert. Die Rassenhygiene wird als Lehrfach und obligatorisches Prüfungsfach im Studienplan für Mediziner verankert. Auf diese Weise werden rassenhygienische und eugenische Wissensformationen institutionalisiert und mit sozialer Macht verbunden. Die Rassenhygiene ist fortan nicht mehr nur Forschungsprogramm, sondern wird in die soziale Praxis umgesetzt. Diese Umsetzung erfolgt in den Augen vieler Rassenhygieniker gerade noch zur rechten Zeit. Denn sie befürchten durch eine fortschreitende Entartung des Genpools den gesellschaftlichen Niedergang. In Anbetracht dieser ausgeprägten Denormalisierungsangst vieler Rassenhygieniker erscheint das NS-Regime, das sich als konsequente Umsetzung biologischer Prinzipien

---

112 vgl. WEINGART, KROLL, BAYERTS 1992, S. 374.

generiert, als ideale Ergänzung der rassenhygienischen Bewegung. Entsprechend kooperieren sie eng mit einflussreichen nationalsozialistischen Stellen. Neben Forschungsgeldern eröffnen die Nationalsozialisten den Wissenschaftlern unbekannte Experimentierfelder für die Forschung, insbesondere den Zugriff auf Menschen als Forschungsobjekte. Krankenhaus- und Anstaltspatienten, Euthanansieopfer, KZ-Insassen und Kriegsgefangene werden zu Experimenten herangezogen. Die Ergebnisse rassenhygienischer Forschung werden dann in gesellschaftliche Regulierungsverfahren und Disziplinartechnologien transformiert. Auf diese Weise wirken Wissenschaftler direkt bei der Formulierung eugenischer Richtlinien und Gesetze mit, mit denen sich der NS-Staat der erbbiologischen Grundlagen seiner Bevölkerung bemächtigt. Mit dem Gesetz zur Verhütung erbkranken Nachwuchses beginnt dann die Politik der Ausmerze. In diesem Gesetz werden die Grenzlinien dessen, was als Normalität in der NS-Gesellschaft fortan gelten soll, festgelegt. Das Gesetz differenziert zwischen »erbkranken« und »gesunden« bzw. »minderwertigen« und »wertvollen« Individuen. Die bereits bei Charles Darwin in seiner Evolutionstheorie angelegte Vorstellung einer dichotomen Ordnung des Lebens wird in diesem Gesetz als eine Dichotomie des Kranken gelesen und institutionalisiert. Das Minderwertigsein wird zur Rechtfertigung für dessen Ausmerze. Die der Klassifikation zugrunde gelegten Erbkrankheiten werden unter Bezugnahme auf Erkenntnisse der Vererbungswissenschaften in einem »Katalog« spezifiziert. Die Diagnose der erblichen Indikation wird in dem Gesetz zudem ausdrücklich an die Erfahrung der medizinischen Wissenschaft gebunden. Die Grenzziehung dehnt sich in den sozialen und anthropologisch-kulturellen Bereich aus. Sie umfasst die Ausgrenzung »fremder Rassen« und die der Gruppierung der sog. »Asozialen«. Die Bildung dieser als »minderwertig« klassifizierten Gruppen wird jeweils erbbiologisch begründet. Das Gesetz ermöglicht die Sterilisierung von Anstalts- und Fürsorgeheiminsassen, Alkoholikern und von allen, bei denen eine Manifestation einer Erbkrankheit aktenkundig ist. Am Beispiel dieser Sterilisationsgesetzgebung zeigt sich, wie Wissensformationen, die gemeinhin zur »Grundlagenforschung« der Genetik gezählt werden, mit der Rassenpflege verbunden werden und zur rassistischen Ausrichtung der Eugenik beigetragen. So befürwortet der Mediziner Eugen Fischer mit Verweis auf seine, auf der Gültigkeit der Mendelschen Vererbungslehre beruhenden »Bastardstudien« die nationalsozialistische Rassengesetzgebung. Sein Assistent, der Anthropologe Wolfgang Abel (*1905), untersucht dann die Rassenkreuzung an Nachkommen deutscher Frauen und afrikanischer Soldaten, die mit der französischen Armee ins Rheinland gekommen waren, und die »Rheinlandbastarde« genannt werden. Diese beiden Untersuchungen tragen konkret zur Zwangssterilisierung der »Rheinlandbastarde« bei. In diesem Kontext finden auch die ersten illegalen Zwangssterilisierungen an Juden statt. Unter Bezugnahme auf diese

Untersuchungen generieren die Nationalsozialisten die Rassenmischung als »ein Kardinalproblem der Kulturvölker und der arischen Herrenrasse« (Peter 2004, S. 176.) Entsprechend gestalten sie die Eugenik nicht nur als Erb- sondern eben auch als Rassenpflege. Das Gesetz über die Vereinheitlichung des Gesundheitswesens vom 3. Juli 1934 schafft schließlich die entscheidende Voraussetzung für die Implementierung der Eugenik in die öffentliche Gesundheitsfürsorge. Mit dem Gesetz werden die Gesundheitsämter als eigenständige Ämter der unteren Verwaltungsebene eingeführt und die Beamtenlaufbahn des Medizinalbeamten geschaffen. Die Erb- und Rassenpflege werden zu offiziellen Aufgabe der Gesundheitsämter. Die Intention dabei ist, durch die erbliche Gesunderhaltung der Familien die Kosten der Gesundheitsfürsorge zu senken. Eine Reihe von Ehegesetzen sorgt schließlich dafür, dass ab 1935 Ehetauglichkeitszeugnisse obligatorische Voraussetzung für die Heirat werden. Damit setzen die Nationalsozialisten im institutionellen Rahmen der Ehe die Fortpflanzungsauslese in die soziale Praxis um. Die beschriebenen Gesetze und Verordnungen erfordern eine ärztliche Begutachtung. Voraussetzung dieser Begutachtungstätigkeit ist die Erstellung von Erbkarteien. Entsprechend sollen die Erbkataster dazu dienen, die erbprognostischen Hypothesen zu bestätigen. Die Erbkataster tragen zum einen dazu bei, die Rassenhygiene insbesondere in Hinblick auf die Ausmerze als Wissenschaft zu konstituieren, und zum anderen stellen sie die Verbindung zwischen Forschung und erbärztlicher Praxis her. Auf diese Weise etabliert das NS-Regime einen neuen Arzttypus: den Erbarzt. Diese Fachärzte für Erbbiologie erstellen erbbiologische Abstammungsgutachten und Erbdiagnosen im Rahmen von Begutachtungen für die Sterilisation, Ehetauglichkeitsstudien und Eheberatungen. Im Rahmen ihrer Gutachtertätigkeit bekommen die Erbärzte eine Definitionsmacht über den Normalitätsgrad und über den Erbwert eines jeden Menschen verliehen, die in letzter Konsequenz in eine Entscheidung über Leben und Tod des betreffenden Menschen mündet.[113] Die Professionalisierung der Erbgesundheitspflege in Form von Erbärzten und Gesundheitsbehörden im Nationalsozialismus zeigt, wie die Medizin in diesem Regime als soziale Interventionstechnik im Sinne Michel Foucaults fungiert. Dabei setzt sie ihre soziale Funktion mittels eugenischer Praktiken um. Die Gesundheitsbehörden werden zu einer »Art Gesundheitspolizeibehörde« (Weß 1992 S. 71), der die Aufgabe der erbbiologischen Totalerfassung der Bevölkerung zukommt. Grundlage dieser erbbiologischen Erfassung sind die Erbkarteien, die im Rahmen der Begutachtungs- und Beratertätigkeit erstellt werden und zu einem Erbkataster der gesamten Bevölkerung zusammengestellt werden sollen. Die Argumentationslinien der beratenden Forscher bewegen sich bis Mitte der dreißiger Jahre des 20. Jahrhunderts in den Denkmu-

---

113 vgl. zur Definitionsmacht der Rassenhygiene im NS-Regime Weingart, Kroll, Bayertz 1992, S. 522.

stern der klassischen Genetik. Die Rezeption der Mutationsforschung führt dann zu einer Radikalisierung rassenhygienischer Positionen und zu einer Verschärfung der Aussonderungspraxis des NS-Regimes. So wird schließlich im Kontext der erbbiologischen Erfassung auch die Erfassung der körperlich gesunden Überträger »minderwertiger« Gene diskutiert, um bestimmte Genkombinationen von der Weitergabe auszuschließen. Diese Diskussion lässt sich auf Wissensformationen der Mutationsforschung der Populationsgenetik zurückführen. Der Genetiker N. W. Timofeef-Ressovsky (*1900-†1981) erforscht mit quantenphysikalischen Methoden die Natur der Mutation. In diesem Zusammenhang arbeitet er auch mit dem amerikanischen Genetiker Hermann Joseph Muller (*1890-†1967) zusammen. Aufgrund neuer Erkenntnisse setzt sich Timofeef-Ressovsky dafür ein, die Aussonderungspraxis der nationalsozialistischen Rassenhygiene zu modernisieren. Er ist davon überzeugt, dass die hohe Mutationsrate bei frei lebenden Populationen von Fruchtfliegen die Vitalität herabsetzt und zur Regression von Merkmalen führt. Entsprechend trägt seiner Ansicht nach nur ein kleiner Teil der Erbgutänderungen zum evolutionären Fortschritt bei, während der größte Anteil degenerierende Wirkung hat und aufgrund dessen durch die natürliche Selektion ausgemerzt werden muss. Timofeef-Ressovsky überträgt seine Vorstellungen auf die Entwicklung der menschlichen Population. Er konstatiert, dass die Ausbreitung von Mutationen im Genpool beim Menschen bedrohlicher als in der Natur ist, so dass Gegenmaßnahmen unabdingbar sind. Da beim Menschen, vor allem in zivilisierten Völkern, die natürliche Auslese weniger intensiv ist, sind die Bedingungen für das Erhaltenbleiben und für die Verbreitung stark pathologischer Mutationen noch günstiger. Daraus folgert er, dass die menschliche Population zum einen durch eine Reihe dominanter Erbleiden und zum anderen durch rezessive Erbleiden belastet ist. Er fordert daher nicht nur die Feststellung des Prozentsatzes der Erbkranken, sondern auch eine allmähliche Analyse der geographischen Verbreitung und Konzentration der heterozygoten Erbträger. Unter Berufung auf Timofeef-Ressovsky Forschungsarbeiten wird die Erfassung der körperlich gesunden Überträger »minderwertiger« Gene diskutiert, um bestimmte Genkombinationen von der Weitergabe auszuschließen. 1935 verbietet das Ehegesundheitsgesetz schließlich die Eheschließung von »Erbbelasteten« und die erbbiologische Bestandsaufnahme in den Pflegeanstalten wird auf unauffällige Familienangehörige der Erbkranken ausgeweitet. Diese Bestandaufnahme wird später die Basis für die Massenvernichtung von Psychiatrie-Patienten. Neben diesen erweiterten »Ausmerze-Theorien« entwickeln Populationstheoretiker auch züchterische Konzepte. Von einer Steigerung der Geburtenrate versprechen sie sich positive populationsgenetische Effekte. Entsprechend soll die uneheliche Mutterschaft »hochwertiger« Frauen gefördert und polygame Ehen eingeführt werden. Da diese Züchtungsvorstellungen aber die etablierten Familienstrukturen in Frage stellen, stoßen sie zunächst auf erheblichen Widerstand. Akzeptiert wird dagegen eine organisierte Sterilitätsbehandlung unfruchtbarer »hochwertiger« Ehefrauen, die sich der neuesten Methoden bedient. Unter höchster Geheimhaltung wird im Nationalsozialismus der Aufbau der Reproduktionsmedizin vorangetrieben. Das Projekt »Samenbank« soll die entsexualisierte Zeugung etablieren. Es wird deutlich, wie populationsgenetische Wissensformationen zu einem Ferment in jenem gesundheits- und sozialpolitischen Spektrum werden, das den Zugriff auf die eigene Bevölkerung gestattet. Dabei ist der Verweis auf eine wissenschaftliche und damit objektive Begründung eine entscheidende Voraussetzung für die Akzeptabilität negativer und positiver Selektionsmethoden im Rahmen staatlicher Disziplinar- und Regulationstechnologien. Die Wahrnehmung und Einordnung der Kriegsfolgen in der Weimarer Republik tragen dann in letzter Konsequenz zu einer mörderischen Eskalierung rassenhygienischer, genetischer Forschung und nationalsozialistischer Gesundheits- und Sozialpolitik bei. Denn im rassenhygienischen Diskurs wird die Nation als eine Art Gleichgewichtssystem verstanden. Durch den Krieg soll dieses bevölkerungspolitische Gleichgewicht der Nation aus der Balance geraten sein. Alfred Ploetz zufolge sterben durch die technisierte Kriegsführung die mutigsten Kriegsteilnehmer häufiger, als die, welche diese Eigenschaft nicht haben. Die moderne Kriegsführung führt nach ihm dazu, dass in der Bevölkerung die physisch und psychisch weniger Widerstandsfähigen, die sich den Gefahren des Krieges entzogen haben, überwiegen. Er bezieht sich in diesem Kontext besonders auf die jüdischen Bevölkerungsteile. In diesem Sinne spricht er dem Krieg eine dysgenische Wirkung zu. Aus seiner Denormalisierungsangst heraus entwickelt er Interventionsstrategien aus dem Bereich der positiven und der negativen Eugenik. Er plädiert zum einen dafür, dass im Interesse einer völkischen Zukunft die »gebildeten Schichten« in Deutschland ihr Heiratsalter senken sollen. Zum anderen stellt er 1936 klar, dass die kontraselektorische Wirkung des Krieges durch eine Ausmerzquote und durch die Erhöhung der Auslesequote ausgeglichen werden müsste. Ploetz fordert somit eine Radikalisierung der Eugenik als unvermeidliche Konsequenz einer dysgenischen Kriegspolitik ein. Die Verbindung von Eugenik und Kriegspolitik kündigte sich auch in Adolf Hitlers »Mein Kampf« an. Hitler beschreibt hier die Situation nach dem I. Weltkrieg ebenfalls als Denormalisierung: »… das normale Gleichgewicht innerhalb der Struktur unseres Volkes« (Hitler 1974, S. 580) ist durch den Krieg beseitigt worden. Er geht wie Ploetz davon aus, dass durch den Krieg das obere Extrem der Bevölkerung beseitigt worden ist, wodurch die breite mittlere Schicht durch das vorherrschende Wirken der schlechten Elemente, der unteren Anormalitätszone, unterminiert zu werden droht. Vor dem Hintergrund dieses Gleichgewichtssystem, in dem Hitler meines Dafürhaltens Darwins Modell einer homöostatischen Natur rezitiert, lässt die Extermination des unteren Extrems als notwendigen Ausgleich der Kriegsfolgen erscheinen. Der Normalisierungstheoretiker Jürgen Link beschreibt, wie die Ausmerzung des unteren Extrems aus einer extremen Denormalisierungsangst heraus erfolgte, »in der die »jüdische Antielite« als *Blutvergiftung* phantasiert war« (Link 1997, S. 310). Adolf Hitler spricht dann im Herbst 1939 mit dem sog. Euthanasieerlass parallel zur »Kriegserklärung nach außen« auch eine »Kriegserklärung nach innen« aus.[114] Mit dieser doppelten Kriegsführung strebt Hitler danach, die biologische Gefahr, die sowohl von außen als auch von innen heraus droht, zu eliminieren. Dadurch dass potentiell die gesamte Bevölkerung dem Tode ausgesetzt wird, wird sie entweder völlig ausgelöscht oder aber sie geht aus diesem Ausleseprozess gestärkt und erneuert hervor. Diese Perspektive der doppelten Kriegsführung setzt sich auch in der rassenhygienischen Bewegung durch und führt letztendlich zu einer Eskalierung der Eugenik in Richtung Massenvernichtung von sog. »minderwertigen Menschen«. Vor dem zweiten Weltkrieg hatte sich noch die Mehrheit der deutschen Rassenhygieniker gegen die als Euthanasie bezeichnete Massenvernichtung von geistig Behinderten oder psychisch Kranken ausgesprochen. Nun aber wird der deutsche Angriffskrieg in Theorie und Praxis unmittelbar mit der Ermordung von Behinderten und darüber hinaus mit der Ermordung religiöser und ethischer Minderheiten verbunden. Mit seiner doppelten Kriegserklärung bringt der NS- Staat »das Feld eines Lebens, das er verbessert, schützt, garantiert und biologisch kultiviert, und zugleich das souveräne Recht, jemanden zu töten – nicht nur die Anderen, sondern auch die Seinen – absolut zur Deckung«. (Foucault 1993, S.47) Die Koinzidenz einer generalisierten Bio-Macht und einer absoluten Diktatur führt schließlich zur Eskalierung der Eugenik bis hin zum Massenmord und zum totalen Krieg.

---

114 vgl. KÜHL 1997, S. 164.

VII Transformation der für die Generierung eugenischer Konzepte konstitutiven Wissensformationen

1 Von der Eugenik zur Euphänik: Abgrenzung von der NS-Rassenhygiene

Besonders in England und in den Vereinigten Staaten sind nach 1945 von Reformeugenikern dominierte eugenische Gesellschaften aktiv, die sich von der nationalsozialistischen rassistischen »Aufartungspolitik« distanzieren. Diese Eugeniker versuchen eine von ihnen vertretene »gute Eugenik« von einer »schlechten«, durch die Nationalsozialisten korrumpierten und von rassistischen »Pseudowissenschaftlern« instrumentalisierten Eugenik abzugrenzen. Grundlegende Wissensformationen der Eugenik wie der Glaube an eine genetische Determiniertheit des Menschen und die Notwendigkeit der Verbesserung des menschlichen Erbgutes halten sie weiterhin für gültig. Reformeugeniker unterstützen nach dem Krieg die Etablierung eigenständiger wissenschaftlicher Gesellschaften im Bereich der Humangenetik und Bevölkerungswissenschaft. Da es in Deutschland in diesen Fachrichtungen keine von den Nationalsozialisten unabhängige Entwicklung gegeben hatte, kehrten viele Wissenschaftler, die mit den Nazis kooperiert hatten, auf ihre alte Position zurück. Angesichts des öffentlichen Misstrauens gegen eugenische Maßnahmen verfolgte insbesondere die amerikanische und britische eugenische Gesellschaft die Strategie, eugenische Ziele »unter einem anderen Namen als dem der Eugenik zu erreichen« (Osborn 1968, S. 104). Der britische Eugeniker Osborn hält an der Vorstellung minderwertigen Lebens fest, plädiert aber dafür, diese nicht offensiv zu vertreten. Denn ihm zufolge seien genetisch minderwertige Menschen nicht bereit zu akzeptieren, dass das Erbgut, aus dem sich ihr Charakter bildet, minderwertig sei und deshalb nicht auf die nächste Generation weitergegeben werden dürfe. Da Zwangsmaßnahmen durch die Praktiken der NS-Rassenhygiene diskreditiert sind, befürworten Reformeugeniker »freiwillige« Maßnahmen. Diese »Freiwilligkeit« sollte jedoch in einen Komplex aus Anreizen, indirekten Druck und Beeinflussung eingebunden werden. Ihnen schwebt ein eugenisch ausgerichtetes System aus Ehe und Gesundheitsberatung vor. Ideal wäre es, wenn die Menschen eugenische Wertvorstellungen verinnerlichen und Geburtenkontrollmethoden von selbst nachfragen würden. Die eugenischen Gesellschaften fördern in der Nachkriegszeit die Bemühungen, auf der Basis der neuen Erkenntnisse der modernen Genetik entsprechende Beratungsangebote für die breite Bevölkerung zu entwickeln.[115] Die Entdeckung der molekularen Basis der Vererbung sehen die Eugeniker als Ausblick auf die mögliche zukünftige Verbesserung des Menschen. Auf positive Resonanz treffen die Forderungen des Genetikers Joshua Lederberg (*1925). Lederberg sieht für die Molekularbiologie eine glänzende Zukunft voraus. Denn ihm zufolge gibt die Molekularbiologie das Mittel an die Hand, das »Substrat der Nachwelt« zu verändern. Er setzt sich dafür ein, die »alte« Eugenik durch eine Euphänik zu ersetzten, worunter er die Auslöschung der »genotypischen Fehlanpassungen« der Individuen versteht. Die Methodologie der Eugenik würde durch molekulare Techniken ersetzt. Die Techniken zur Rekombination der DNS gab es zwar noch nicht, aber Lederberg sieht voraus, dass sie in der nächsten Zeit entwickelt werden würden. Er prophezeit, dass die Molekularbiologie Möglichkeiten bereitstellen wird, um erbliche Krankheiten durch die Korrektur schadhafter Gene schon vor der Geburt zu behandeln.

2 Die Transformation gendeterministischer Wissensformationen in der Molekulargenetik

Die Gene werden zu Bausteinen des Lebens

August Weismann generiert Ende des 19. Jahrhunderts in seiner Keimplasmatheorie das Keimplasma als *den* Teil der Zelle über den *allein* die konstante Weitergabe des Erbguts erfolgt. Zudem schreibt Weismann dem Erbgut die Fähigkeit zu, die gesamten Zellfunktionen zu steuern, indem die im Zellkern gespeicherten Informationen über materielle Träger in das Protoplasma der Zelle gelangen. Mit diesen beiden Annahmen legt Weismann die weiterführenden Untersuchungen des Vererbungsprozesses auf einer molekularen Ebene an. Weiter entwickelt er die theoretische Grundlage für eine Perspektive in der modernen Genetik, die ausschließlich den Genen bzw. der DNA eine kausale Rolle in der Entwicklung der einzelnen Organismen und der Art zuschreibt. Dabei wird in der genetischen Erforschung der Arteigenschaften und ihrer Veränderung die präformistische Vorstellung aufgegeben, dass Merkmale und endgültige Gestalt des Organismus unmittelbar durch die Gene determiniert sind. Stattdessen wird angenommen, dass ein Merkmal von verschiedenen Genen hervorgerufen wird – und umgekehrt, ein Gen verschiedene Merkmale steuert. Ich rekonstruiere, wie diese Perspektive, die ich als gendeterministisch charakterisiere den erkenntnistheoretischen Horizont und den konzeptuellen Rahmen

---

115 vgl. zur Freiwilligkeit und Beratung als Prinzipien der Reformeugeniker KÜHL 1997, S. 191ff.

der modernen Genetik und der Molekularbiologie bestimmt. Der Übergang zur Molekularbiologie erfolgt ab der zweiten Hälfte der 30 er Jahre mit den ersten physikalisch-chemischen Strukturuntersuchungen zur Erforschung der Gene. Die von dem amerikanischen Genetiker Muller durchgeführte Größenbestimmung von Genen mit Hilfe von Röntgenstrahlen markiert hierbei den Wechsel von der sichtbaren Struktur der Chromosomen zum Gen als molekulare Elementareinheit des Vererbungsprozesses.[116] Für den Morgan-Schüler ist die auffälligste Eigenschaft des Gens die von ihm so bezeichnete spezifische Autokatalyse, unter der er die Selbstreplikation versteht. Noch bemerkenswerter ist nach Muller, dass das Gen mutieren kann, ohne seine spezifische Fähigkeit zur Autokatalyse zu verlieren. Aus diesem Grund generiert er das Gen in seiner Abhandlung »The Gene as the Basis of Life«, zum Grundbaustein des Lebens. Indem Muller das Gen als *den* Grundbaustein des Lebens identifiziert, konstituiert er seine ontologische wie auch zeitliche Vorrangigkeit. Zuerst kommt das Gen und dann das übrige Protoplasma, das wie bei Weismann lediglich als Nebenprodukt erscheint. Die elementaren Geheimnisse allen Lebens liegen Muller zufolge im Genmaterial selbst.[117] Um diesen Geheimnissen auf die Spur zu kommen, fordert er 1936 die Physiker zur Zusammenarbeit an einer Analyse der Genstruktur auf, die deren zugeschriebene Fähigkeit zur Selbstverdopplung, Mutation und Weitergabe der Mutation, erklären soll. Die Arbeiten der Physiker gehören zu den entscheidenden Voraussetzungen, die zur Entdeckung des DNA-Modells durch Watson und Crick führen.[118]

Das Strukturmodell der DNS- Doppelhelix und das Nukleinsäureparadigma des Lebens

In den 40er Jahren erfolgt dann der »Übergang vom bisher vorherrschenden Protein- zum Nukleinsäureparadigma des Lebens« (Rheinberger 1998, S. 60). Die bis dato gültige Vorstellung, dass die Proteine die ausschlaggebenden Moleküle im Erbgeschehen seien, wurde aufgegeben. Die Aufmerksamkeit richtet sich stattdessen auf die Nucleinsäure als Kandidaten für die molekulare Basis der Vererbung. 1953 identifizieren dann J. D. Watson und Francis Crick die im Zellkern lokalisierte Desoxyribonukleinsäure, kurz die DNS, als Träger der genetischen Information. Watson und Crick stellen die DNS in ihrem Strukturmodell als Doppelstrang vor, wobei die beiden Polynucleotidfäden antiparallel angeordnet sind. Die beiden Stränge sind dem Modell zufolge etwa um eine

---

116 vgl. zum Übergang zur Molekularbiologie SCHEICH 1993, S. 228ff.
117 vgl. zur Generierung des Gens zum Grundbaustein des Lebens FOX-KELLER 1998, S. 26ff.
118 vgl. zur Begründung der physikalischen Methoden bei der Analyse der Genstruktur SCHEICH 1993, S. 229.

halbe Windung versetzt, schraubig um eine gemeinsame Achse gedreht. Watson und Crick gehen davon aus, dass es durch Ausbildung von Wasserstoffbrückenbindungen zwischen den vier, sich gegenüberliegenden Basen der beiden DNS-Stränge zur Basenpaarung kommt. Nach ihren Vorstellungen paart sich jeweils eine Base auf dem einen Strang mit der Base, die ihr auf dem anderen Strang gegenüberliegt. Aus räumlichen und energetischen Gründen können dabei ihnen zufolge nur spezifische Kombinationen vorkommen. Gemäß ihrer Strukturhypothese bestimmt dann die Basensequenz des einen Stranges zwangsläufig die Basenfolge des anderen Stranges. Die Stränge werden als einander komplementär dargestellt. Aus der Struktur der DNS schließen die beiden Forscher, dass die Basensequenz als Code für die Bildung der Aminosäure dient, woraus die Proteine aufgebaut sind. In der Basensequenz liegt ihrer Ansicht nach der Mechanismus der Informationsspeicherung. Dabei wird die genetische Botschaft in nicht-überlappenden Gruppen von je drei Basen gelesen. Eine solche Gruppe bezeichnen sie als Codon. Den genetischen Code vergleichen sie hierbei in seiner Funktion mit einem kleinen Wörterbuch, das zeigt, wie man die Vier-Buchstaben-Sprache der Nucleinsäure mit der zwanzig Buchstaben-Sprache der Proteine in Beziehung zueinander setzen muß. Die Beziehung gestaltet sich dabei in der Art, dass die Basensequenz die Proteinstruktur bestimmt. Zudem implizieren Watson und Crick in ihrer Strukturhypothese, die die informationellen Bestandteile einer gedachten Basensequenz von Nucleotiden entlang den beiden paarigen Polynucleotidsträngen unterbringt, zugleich eine Hypothese über den Funktionsmechanismus der auto- und heterokatalytischen Vermehrung der DNS.[119] Als Träger der genetischen Information muss nach ihren Vorstellungen die DNS vor jeder Zell- bzw. Kernteilung identisch verdoppelt werden. Dabei teilt sich zunächst der Doppelstrang in der Mitte in zwei Hälften und dient dann als Art Kopiervorlage für einen neuen Partnerstrang. Auf diese Weise kann dann an jedem Einzelstrang ein neuer Strang aufgebaut werden. Die komplementäre Basenpaarung gewährleistet dabei laut den beiden Forschern eine genaue Kopie der Ausgangs-DNS. Denn Watson und Crick zufolge müssen die Basen für den neuen Strang so ausgewählt werden, dass sie den Paarungsregeln entsprechen. Dadurch entstehen zwei Doppelhelices von denen jede hinsichtlich der Basensequenz identisch mit derjenigen ist, von der bei der Replikation ausgegangen wurde. Der beschriebene Mechanismus zeigt, dass Watson und Crick über die Raumstruktur der DNS auch einen bestimmten Mechanismus der Informationsübergabe vorgeben. Entsprechend charakterisiert die Biologin Regine Kollek das Strukturmodell der DNS auch als ein »Konzept« (Kollek 1996, S. 138), das von vornherein eine »Verbindung zwischen den replikativen und der instruktiven

---

[119] vgl. LEISEWITZ 1982, S. 280.

Eigenschaft der DNS herstellt« (Kollek 1996, S. 138). Dabei wird der Vorgang der Replikation durch seine Ausweisung als sog. »Selbstreplikation« als besondere Fähigkeit allein der DNS zugeschrieben obwohl der Vorgang auch von den biochemischen Prozessen der Zelle abhängig ist. Mit der Bezeichnung als »Selbstreplikation« wird der DNS neben einer Autonomie auch eine generative Kraft zugeschrieben.[120] Somit wird die Vorrangstellung, die in der Genetik den Genen zugeschrieben wurde, im Übergang zur Molekulargenetik auf die DNS als Träger der sog. genetischen Information übertragen. Der Begriff der Information impliziert die Erwartung, dass die genetische Information im Laufe der Entwicklung nicht zunimmt, sondern bereits vollständig im Genom enthalten ist.[121] In dieser Erwartung spiegelt sich die von August Weismann entwickelte These von der Kontinuität des Keimplasmas in modifizierter Form wieder. Die von Weismann mit der Kontinuität verbundene Vorstellung, dass die Erbsubstanz die Entwicklung bestimmt, wird auch in dem Verständnis von Information deutlich, das Watson und Crick in ihrer Theorie entwickeln. Bei den beiden Forschern beinhaltet der Begriff Information die Aspekte Programm und Anweisung. Diese beiden Aspekte fallen zusammen, wenn die DNS dann, wie in den folgenden Jahren, zur zentralen Steuerinstanz des Organismus generiert wird. Wenn in diesem Kontext der genetische Code als Botschaft dargestellt wird, handelt es sich eher um einen Befehl.[122]

Das zentrale Dogma der Molekularbiologie und die Verankerung des Gendeterminismus

Die Fähigkeit, Befehle zu erteilen, die der DNS zugeschrieben wird, liegt dabei dem Anspruch des sog. zentralen Dogmas der Molekulargenetik zugrunde, das Crick 1958 formuliert. Ihm zufolge beschreibt es die genetische Steuerung biologischer Prozesse. Hierbei setzt sich Crick mit dem Problem auseinander, wie die in der Basensequenz der DNS lokalisierte Information dem Zellplasma außerhalb des Zellkerns zugänglich gemacht wird. Demnach wird die genetische Information[123] von der DNS zunächst auf einen Boten übertragen. Dieser Bote transportiert dann die Information aus dem Kern in das Zellplasma. Im Zellplasma werden laut Crick die Proteine aus Aminosäuren entsprechend den Anweisungen zusammengebaut. Die Proteine sieht der Forscher dann als Zeichen für ein Merkmal an, das einer bestimmten Basensequenz, einem Gen

---

120 vgl. Kollek 1994, S. 11.
121 vgl. Fox-Keller 1998, S. 38.
122 vgl. Fox-Keller 1998, S. 122.
123 Crick versteht in diesem Zusammenhang unter »Information« ausschließlich die in der Basensequenz verschlüsselte genetische Information (vgl. Graumann 2000a, S. 93).

zugeschrieben wird. Die Botenfunktion schreibt Francis Crick der Ribonucleinsäue (RNS) zu, die wie die DNS zu den Nucleinsäuren in der Zelle gehört. Das beschriebene zentrale Dogma der Molekulargenetik kann wie folgt zusammengefasst werden: Die DNS macht die RNS, und die RNS macht ein Polypeptid. Francis Crick geht davon aus, dass diese Vermittlung genetischer Information in allen Zellen gleich abläuft. Zudem sieht er die Verschlüsselung für ein Protein auf der DNS als universell an. Daraus schließen die Molekulargenetiker, dass ein gegebenes Stück DNS in jeder lebenden Umgebung zum identischen Produkt führt. Bis heute ist das zentrale Dogma eines der grundlegenden Paradigmen der Molekulargenetik. Mit seiner Etablierung setzt sich auch eine molekulare Definition des Gens durch: »Als Gen bezeichnen wir einen DNA-Abschnitt, der die Information zur Herstellung eines Proteins trägt. Die Gesamtzahl der Gene eines Organismus nennen wir Genom.« (Knippers 1997, S. 29) Kritiker des zentralen Dogmas der Molekulargenetik charakterisieren das Dogma von seinem Wesen her als hierarchisch. Sie weisen daraufhin, dass die genetische Stabilität auf einem Informationsfluss beruht, der nur in eine Richtung verläuft und keine Umordnung zulässt, die von der Zelle, dem Organismus oder von der Umwelt ausgelöst wird. Der Code kontrolliert die verkörperte Struktur und Funktion und niemals umgekehrt. Die Möglichkeit einer nachhaltigen Einwirkung der Umwelt auf die Gene wird im Kontext des Zentraldogmas zurückgewiesen. Meiner Ansicht nach implementiert Crick über die hierarchische und eindimensionale Ausgestaltung des Informationsflusses in letzter Konsequenz auch eine Hierarchie zwischen dem Genotyp und dem Phänotyp. Demzufolge erscheint der Phänotyp als Realisierung der im Genotyp gespeicherten Information. Die damit verbundene Vorstellung, dass die Ontogenese und alle physiologischen Prozesse die Ausführung genetisch verschlüsselter Anweisungen sind, begründen einen genetischen Determinismus. Nach dem verallgemeinerten Verständnis von Crick wären dann »alle Eigenschaften, Veranlagungen und Wesensmerkmale eines Menschen in seinem Genom angelegt und würden durch Umwelteinflüsse höchstens in ihrer Ausprägung variiert« (Graumann 2000a, S. 93). Francis Crick identifiziert den Menschen letztendlich mit seiner DNA-Sequenz.

Gendeterminismus und Gentherapie

Die Übertragung des gendeterministischen Erklärungsrahmens des zentralen genetischen Dogmas in den medizinischen und humangenetischen Anwendungsbereich prägen fortan den Begriff von Krankheit. Stellen Wissenschaftler in diesen Bereichen nun eine statistische Korrelation zwischen einem bestimmten Gen und einem bestimmten Merkmal wie z.B. einer bestimmten

Krankheit fest, schließen sie auf eine linear-kausale Verknüpfung. Als Anfang der 50er Jahre des 20. Jahrhunderts die genetische Disposition für Sichelzellanämie als erste biochemische Krankheit definiert wird, heißt es: Ein (fehlerhaftes) Gen -» ein (fehlerhaftes) Enzym -» eine Krankheit. Dieser linear-kausale Wirkungszusammenhang bildet den Ausgangspunkt für das molekulargenetische Krankheitsverständnis und ist auch »heute noch das Dogma der medizinischen Genetik« (von Schwerin 2000, S. 6). Die Musterbeispiele der Humangenetik sind entsprechend Krankheiten, die durch ein einfaches Merkmal charakterisierbar sind – am besten durch ein Merkmal auf biochemischer Ebene. Seine Ursache wird in einer Genmutation gesehen. Entsprechend kann einem »krankhaften« Merkmal immer genau eine Mutation in einem Gen zugeordnet werden. Die Medizin ist inzwischen so weit molekularisiert, dass Wissenschaftler Krankheiten nach Gengruppen oder genetischen Merkmalen einordnen.[124] Mit diesem Krankheitsverständnis korrespondiert auch die ursprüngliche Vorstellung der Genkorrektur. Danach kann genetisches Material insbesondere einzelne Gene aus biologischem Material isoliert, charakterisiert und in eine andere Zelle oder einen anderen Organismus übertragen werden. Demnach versuchen die Forscher ein für eine Krankheit verantwortlich gezeichnetes »defektes« Gen durch eine »intakte« Version zu ersetzen, um auf diese Weise eine kausale, spezifische Therapie zu bewirken. Die Biologin Sigrid Graumann weist in diesem Zusammenhang darauf hin, dass nicht nur das Ziel der Korrektur genetisch bedingter Erkrankungen, sondern auch das allgemeine Ziel der genetischen Behandlung von Krankheiten auf die Gültigkeit des zentralen genetischen Dogmas angewiesen ist. Denn nur wenn durch eine gentherapeutische Veränderung bestimmter Zellen planbar ist, dass das therapeutische Genprodukt linear-kausal wirkend in physiologische Prozesse eingreift, ist eine therapeutische Wirkung mit ausreichender Sicherheit vorhersagbar. Demnach baut das Konzept der Gentherapie insgesamt auf dem zentralen genetischen Dogma auf.[125] In Hinblick auf die Untersuchungsfrage, ob gentechnische Anwendungen eugenische Tendenzen aufzeigen, ist der Hinweis von Neumann-Held von besonderer Bedeutung, nach dem der gendeterministische Erklärungsrahmen des zentralen genetischen Dogmas mit normativen Hintergrundannahmen und Heilsvorstellungen verbunden ist. Die kulturelle Vorstellungen darüber, was »normal« und »gesund« ist, scheint in der Auffassung, nach der in den Genen die Ursache des »Normalen« und »Gesunden« liegt, ihr scheinbar wissenschaftliches Gegenstück gefunden haben.[126] Gemäß dem zentralen genetischen Dogma kann anhand der DNS-Sequenz ermittelt werden, ob der Organismus den kulturellen Zielvorstellungen von Normalität

---

124 vgl. von Schwerin 2000, S. 6.
125 vgl. Graumann 2000a, S. 94.
126 vgl. Neumann Held 1998, S. 262.

und Gesundheit entspricht oder nicht. Allein die genetische Konstitution kann hier als Anlass zur Diskriminierung von Individuen dienen und mit Handlungsanweisungen verbunden werden, wie das »Normale« und »Gesunde« hergestellt werden kann. In der humangenetischen Praxis ist diese genetische Diskriminierung letztendlich oft mit der Frage verbunden, ob ein Leben mit einer bestimmten DNS-Sequenz sinnvoll sein kann oder nicht, und ob es Mittel gibt, die abweichende DNS-Sequenz zu verändern. In Hinblick auf diese möglichen Konsequenzen gendiagnostische Anwendungen komme ich zu dem Schluss, dass der hinter der gentherapeutischen Forschung stehende, gendeterministische Erklärungsrahmen des zentralen genetischen Dogmas eugenisches Potential birgt. Folglich können auch gendiagnostische und gentherapeutische Anwendungen mit eugenischen Konsequenzen verbunden sein.

3 Molekulargenetisches Know-How in gegenwärtigen Evolutionstheorien: Auslese auf molekularer Ebene

Synthetische Evolutionstheorie: Gene als Ansatzpunkt der Selektion

Albert Weismann entwickelt im Rahmen seiner Keimplasmatheorie die Vorstellung, dass nur die Keimzellen, die durch die Generationen weitergereicht werden, die Ursache aller Veränderungen sein können. Demzufolge können strukturelle Veränderungen nur dann in der Evolution eine Rolle spielen, wenn sie in den Keimzellen stattfinden. Die Evolutionstheoretiker lenken in Anlehnung an Weismanns Vorstellungen seitdem ihr besonderes Augenmerk auf die Weitergabe der Keimzellen. Die Wiederentdeckung der Mendelschen Gesetze und die ab 1900 einsetzende Entwicklung der Genetik beeinflusst auch die Entwicklung der Evolutionstheorie stark.[127] So schließt die Interpretation der Verschlüsselung und Weitergabe genetischer Information, die im DNS-Strukturmodell implementiert ist, an das Verständnis von Konstanz und Wandel im Rahmen von Evolutionstheorien an. Der genetische Code, der als universell angesehen wird, und die Informationsvermittlung über ihn erscheinen hierbei als Konstante im ständigen evolutiven Wandel. Dass jede Spezies gleich ob Bakterium oder Mensch scheinbar über ihr arteigenes Informationsprogramm verfügt und dass der Übertragungsmechanismus dieses Programms auf die Nachkommen stets der gleiche zu sein scheint, wird im Kontext der Evolutionstheorien schließlich als Beweis für die Verwandtschaft aller Lebewesen interpretiert. Bei der Interpretation des evolutiven Wandels beziehen sich die Evolutionsbiologen ebenfalls auf genetische Wissensformationen. Hierbei wer-

---

127 vgl. WIESER 1994b S. 18.

den zwei Formationen zur Erläuterung erblicher Variation herangezogen: Zum einen die Mutation und zum anderen die bereits von Gregor Mendel entwickelte Annahme, dass sich im Prozess der Fortpflanzung die elterlichen genetischen Anlagen neu mischen. Nach Meinung vieler Evolutionsbiologen liefern diese beiden Phänomene, das »Rohmaterial der Evolution« (Wuketits 1988, S. 61). Vor diesem Hintergrund wurde die vom Begriff der Selektion geprägte Theorie Darwins Schritt um Schritt durch eine auf den Genbegriff aufbauende Theorie ergänzt. Diese neue Synthese wird als synthetische Evolutionstheorie bezeichnet.[128] Nach dem Evolutionsverständnis der sog. synthetischen Theorie sichert nicht jede Genänderung dem betreffenden Organismus die gleichen Lebenschancen. Stattdessen werden bestimmte Varianten zurückgedrängt und scheinbar geeignetere Genkombinationen begünstigt. Durch diese Auslese kommt es nach Ansicht ihrer Vertreter zu einer Veränderung der Genfrequenz in einer Population im Laufe der Generationenfolge. Die Brücke zwischen Genetik und Evolution im Rahmen der Synthetischen Theorie wird schließlich durch die Präzisierung des Artbegriffs in Anlehnung an die Molekulargenetik geschlagen.[129] Danach wird die Art nun durch die Basensequenz der DNS festgelegt.[130] In Anlehnung an die Molekulargenetik wird jeder Art ein Genpool erblicher Varianten zugesprochen. Entsprechend besitzt jedes Individuum seine genetische Ausstattung aus diesem und trägt durch seine Nachkommenschaft zu dessen Weiterbestehen bei. Dabei begünstigt die Selektion wie bereits ausgeführt nach diesem Verständnis einige Genkombinationen und drängt andere zurück. Auf diese Weise bewirkt die Selektion aufgrund der unterschiedlichen Fähigkeit ihrer Funktionsträger, in der nächsten Generation vertreten zu sein, eine Veränderung der relativen Häufigkeit der Genotypen in einer Population. In Anlehnung an Darwin gehen die Vertreter der synthetischen Evolutionstheorie davon aus, dass sich die Population unter dem Druck der Selektion im Anpassungsgleichgewicht hält.[131] Mit der Entdeckung der Gene als einer neuen Kategorie kombinierbarer und variabler Einheiten begannen die Forscher in Frage zu stellen, dass ausschließlich der individuelle Organismus Zielscheibe der Evolution ist. Die synthetische Theorie führt schließlich eine neue Ebene der Selektion ein: Neben Individuen kommen auch Gene als Angriffspunkte der Selektion in Frage.[132] Der Evolutionstheoretiker Richard Dawkins (*1941) geht unter dem Einfluss genetischer Wissensformationen sogar davon aus, dass das Gen als die einzig relevante Einheit der Selektion zu betrachten ist.

---

128 In diesem Zusammenhang wird auch häufig von »Neo-Darwinismus« gesprochen.
129 Neben molekulargenetischen Wissensformationen fließen in die synthetische Evolutionstheorie insbesondere die mathematischen Methoden der Populationsgenetik ein.
130 vgl. SCHEICH 1993, S. 232.
131 Dabei gehen Vertreter der Synthetischen Theorie davon aus, dass Organismen ihnen von der Umwelt gestellte Probleme lösen müssen. (vgl. WUKETITS 1988, S. 73).
132 vgl. WIESER 1994, S. 20.

4 Richard Dawkins: Züchtung optimierter Gene

Der Evolutionsbiologe Richard Dawkins (*1941) rezipiert in seiner Theorie Wissensformationen der Darwinischen Theorie, modifiziert sie und verbindet sie mit Wissensformationen der Genetik. Dabei hebt er insbesondere auf das molekularbiologische Zentraldogma ab.[133]

Daseinskampf der Moleküle

Richard Dawkins knüpft explizit an die Darwinsche Lehre von der Evolution durch natürliche Auslese an. Den Prozess der biologischen Evolution untergliedert er hierbei in zwei Stufen. Er geht davon aus, dass vor der Entstehung des Lebens auf der Erde eine »rudimentäre Evolution von Molekülen« (Dawkins 1996a, S.42) durch physikalische und chemische Prozesse stattfand. Im Anschluss setzt dann die eigentliche biologische Evolution ein. Er beschreibt, wie das Leben im Verlaufe der rudimentären Evolution aus einer sog. Ursuppe, die sich aus einfachen chemischen Verbindungen zusammensetzt, entsteht. Diese Verbindungen lagern sich zu größeren organischen Molekülen zusammen. Durch Zufall bildet sich schließlich ein besonderes Molekül, das sich durch die Fähigkeit auszeichnet, Kopien seiner selbst herstellen zu können. Dieses Molekül bezeichnet Dawkins dann als Replikator. Er stellt sich vor, dass das Replikatormolekül aus einer komplexen Kette verschiedener Arten von Bausteinmolekülen besteht. Die Bausteine schwimmen zunächst in der Ursuppe. Wenn sie in die Nähe eines Replikatormoleküls geraten, für das sie eine Affinität besitzen, bleiben sie daran hängen. Die sich anheftenden Bausteine werden dort dann automatisch in einer Reihenfolge angeordnet, die diejenige des Replikators nachahmt. So bilden sich stabile Ketten. Die Ketten können sich wieder trennen und auf die beschriebene Art und Weise weitere Kopien ihrer selbst herstellen. Die Entstehung und Vermehrung der Replikatoren erinnert an den Vorgang der »Selbstreplikation«, die in molekulargenetischen Wissensformationen der DNA als Fähigkeit zugeschrieben wird. Dieser Eindruck wird dadurch noch verstärkt, dass alle Replikatoren Dawkins zufolge von einer Bausteingruppe, nämlich von Purinen und Pyrimidinen abstammen, aus denen laut molekulargenetischen Formationen auch die DNA aufgebaut ist. Entsprechend charakterisiert Richard Dawkins die DNA-Moleküle als die modernen Äquivalente des ersten Replikators. Die molekularen Prozesse bei der Replikatorbildung unterstellt er den Gesetzen des Daseinskampfes. Dabei geht er implizit von der Vorstellung einer sich im homöostatischen Gleichgewicht

---

[133] In der nachfolgenden Analyse beziehe ich mich auf folgende Bücher von Dawkins: »The Extended Phenotype« in der neu-editierten Auflage von 1999 und »Das egoistische Gen« (1996).

befindenden Natur aus. Denn nach ihm fügen sich die Bausteine in der Ursuppe zunächst zu stabilen Gestalten zusammen und verbreiten danach rasch ihre Kopien »über alle Meere« (Dawkins 1996a, S. 46). Es bildet sich ein Gleichgewicht dieser stabilen Replikatorstrukturen aus, das sich dadurch auszeichnet, dass instabile Formen eliminiert und durch neue ersetzt werden. Vergleichbar mit den Überlegungen des Evolutionstheoretikers Darwin geht auch er in seiner Theorie davon aus, dass die dem System zur Verfügung stehenden Ressourcen begrenzt sind. Er folgert daraus, dass die Bildung von Replikatoren dem zur Verfügung stehenden Vorrat an Molekülen in der Ursuppe angepasst werden muss. Die Anpassung erfolgt über einen Konkurrenzkampf der Replikatoren untereinander um die begrenzten Bausteine. Dabei konkurrieren nicht nur gleichartige, sondern auch von der biochemischen Struktur her unterschiedliche Replikatoren untereinander. Vor dem Hintergrund des Daseinskampfes klassifiziert er schließlich die verschiedenen Replikatorvarianten in Hinblick auf ihre Fähigkeit, Mitkonkurrenten zu verdrängen. Eine erfolgreiche Variante charakterisiert Dawkins durch folgende drei Eigenschaften: Durch Langlebigkeit, durch Reproduktionsgeschwindigkeit und durch Kopiergenauigkeit. Diese Eigenschaften werden positiv selektiert. Die Replikatorvarianten, die diese Eigenschaften aufweisen, bewertet Dawkins nun als stabile Gebilde. Instabile Formen werden ihm zufolge verworfen. Auf diese Weise wird die zu hohe Zahl der Replikatoren, die um die immer seltener werdenden Bausteine in der Ursuppe konkurrieren, kompensiert. Diesen Verdrängungsprozess bezeichnet der Evolutionstheoretiker als früheste Form der natürlichen Auslese. Die Auslese führt letztendlich dazu, dass die Ursuppe zunehmend von stabilen Molekülvarianten bevölkert wird. Bei Dawkins erscheint der Daseinskampf für die Existenz dieses Gleichgewichtsystems unabdingbar. Denn Dawkins geht von vornherein von einer Knappheit der zur Verfügung stehenden Bausteine aus. Durch die schnelle Zunahme der Replikatoren kommt es dann zu einer Verknappung der Ressourcen. Die sich daraus ergebende Mangelsituation droht das System der Ursuppe in seiner Existenz zu gefährden. Das System der Ursuppe bildet aber in seiner Vorstellung die Basis für die Entstehung des Lebens. Die Sicherung seiner Existenz bedingt also von vornherein die Notwendigkeit, den Replikatorüberschuss zu kompensieren. Somit implementiert Dawkins hier bereits in der Anlage seines Systems der Ursuppe einen Normalisierungsbedarf. Wie auch Darwin bietet er als Möglichkeit zur Normalisierung ausschließlich die Reduktion der Anzahl von Elementen, hier von Replikatoren, durch Selektion an. Die Selektion wird ebenfalls über den Kampf ums Dasein reguliert. Der ständige Daseinskampf sichert in diesem Kontext nicht nur die Existenz des Systems, sondern gewährt zudem eine ständige Weiterentwicklung der in Konkurrenz stehenden Replikatoren. Laut Dawkins werden nämlich die Methoden der einzelnen Replikatorvarianten, ihre eigene Stabilität zu schützen, immer komplexer. So beginnen die Replikatoren zunächst damit, Schutzhüllen für sich zu entwickeln, bis sie letztlich Behälter um sich herum bauten, um ihr Fortbestehen zu sichern. Die Replikatoren konstruieren zu diesem Zweck nach Dawkins »Überlebensmaschinen« (Dawkins 1996a, S. 51). Diesen Konkurrenzkampf, der zunächst in die Entstehung von lebenden Zellen und dann in die Entwicklung von Organismen als komplexe Überlebensmaschinen mündet, beschreibt er wie folgt: »Die Methode zur Steigerung der eigenen Stabilität und Verminderung der Stabilität der Rivalen wurde komplizierter und wirkungsvoller. Einige der Replikatoren mögen sogar »entdeckt« haben, wie sie die Moleküle rivalisierender Varianten chemisch aufspalten und die auf diese Weise freigesetzten Bausteine zur Herstellung ihrer eigenen Kopien benutzen konnten. Diese Protofleischfresser erhielten damit Nahrung und beseitigten zugleich Konkurrenten. Andere Replikatoren entdeckten vielleicht, wie sie sich schützen konnten, entweder chemisch oder indem sie eine Proteinwand um sich herum aufbauten. Auf diese Weise mögen die ersten lebenden Zellen entstanden sein. Die Replikatoren fingen an, nicht mehr einfach zu existieren, sondern für sich selbst Behälter zu konstruieren, Vehikel für ihr fortbestehen. Es überlebten diejenigen Replikatoren, die um sich herum Überlebensmaschinen bauten.« (Dawkins 1996a, S. 50 f.).

Die Bedrohung ihrer Existenz ist demnach für die Replikatoren der Anlass, sich ständig weiter zu entwickeln. Dieser Prozess mündet dann schließlich in die Entwicklung lebender Strukturen. Letztendlich führt Dawkins hier die Entstehung lebender Organismen auf eine schöpferische Funktion der Selektion zurück.

Der Mensch als »Überlebensmaschine« seiner Gene

Mit der Entwicklung der ersten Behälter ist die rudimentäre Evolution, die zur Entstehung des Lebens geführt hat, Dawkins zufolge abgeschlossen. Die entstandenen Überlebensmaschinen unterwirft er einen im Sinne einer Entwicklung gestalteten Evolutionsprozess, dessen Steuerungsinstanz wiederum der Kampf ums Dasein ist. Dabei gibt er der Entwicklungsdynamik eine Vorwärts-Richtung vor, indem er den Evolutionsprozess auf der Ebene der Replikatoren und auf der Ebene der Vehikel bzw. Überlebensmaschinen als kumulativ und progressiv charakterisiert. Dabei beschreibt er die Entwicklungsprozesse der Evolution aus einer anderen Perspektive als Darwin. Denn Zielscheibe der Selektion ist seiner Ansicht nach nicht der Organismus als Überlebensmaschine, sondern der Replikator. Die Replikatoren entwickeln sich dahingehend weiter, dass sie in der Lage sind, immer überlebensfähigere Vehikel zu konstruieren. Die Fähigkeit eines Replikators, erfolgreiche Vehikel zu entwickeln, ist in der biologischen Evolution nach Dawkins nun das entscheidende Selektionskriterium. Vorläufiges Ergebnis der biologischen Evolution sind dann in Hinblick auf die Weiterentwicklung der Replikatoren die Gene und in Bezug auf ihre Vehikel die Menschen. Die Beziehung zwischen den Replikatoren und Vehikeln ist bei Dawkins hierarchisch strukturiert. So steuern ihm zufolge die Gene das Verhalten ihrer Vehikel. Die Steuerung vergleicht Dawkins mit der Steuerung eines Computerprogramms. Danach entwickeln die Gene ein Programm, das die Vehikel im Idealfall in die Lage versetzt, sich all den Gefahren zu widersetzen, die ihrem Überleben und damit der potentiellen Weitergabe der Replikatoren an die nächste Generation entgegengesetzt sind. Dabei zielt das Programm auf eine ständige Kosten-Nutzen-Abwägung der Vehikel: Welches Verhalten bzw. welches Merkmal nutzt der Weitergabe der Replikatoren, welches nicht? Die Schätzungen von Kosten und Nutzen beruhen auf vorangegangenen Erfahrungen, die die Gene in einem früheren Vehikel gemacht haben und die nun an die aktuell existierende Vehikelgeneration in Form von Programmanweisungen weitergegeben werden. Er spricht in diesem Fall von »Generfahrungen«. Die Gene müssen die Vehikel durch ihre Programmanweisungen gut ausstatten, denn nach Abschluss der Programmierung und mit Beginn des individuellen Lebens sind die Vehikelkörper sich selbst überlassen. Er geht hierbei davon aus, dass wenn sich die Bedingungen nicht allzu drastisch ändern, die Überlebensmaschinen im Durchschnitt »die richtigen Entscheidungen« (Dawkins 1996a, S. 115) treffen. Die Gene, die in dieser Hinsicht erfolgreiche Programme entwickeln, werden dann nach Ansicht Dawkins positiv selektiert. Vor diesem Hintergrund vergleicht er den Menschen als Überlebensmaschine mit einem »Roboter – blind programmiert zur Erhaltung der selbstsüchtigen Moleküle, die Gene genannt werden« (Dawkins 1996a, S. 18). Mit dem Bild des Menschen als ein von seinen Genen gesteuerter Roboter entwickelt Dawkins ein zentrales Kollektivsymbol des genetisch-informationellen Dispositivs. Demnach scheinen Menschen von Entwicklungsprogrammen gesteuert, die darauf ausgerichtet sind, die Weitergabe der Gene zu sichern. Generell überleben die Vehikel Kraft der Wirkungen, die die Gene auf die Entwicklung ihrer Körper haben. Diese Auswirkungen bezeichnet der Evolutionstheoretiker Dawkins als die phänotypischen Effekte der Gene.

Genwirkung auf Körper und Umwelt

Dabei versteht Dawkins unter den phänotypischen Effekten eines Gens alle Auswirkungen, die dieses Gen auf den Körper hat. Bei dieser Begriffsdefinition geht er von der Gültigkeit des zentralen genetischen Dogmas aus und implementiert entsprechend eine lineare und kausale Beziehung zwischen den

Genen und den ihnen zugeordneten Merkmalen. Im Anschluss an seine Beobachtungen von symbiontischen und parasitären Beziehungen zwischen Organismen sowie zwischen Organismen und unbelebter Umwelt erweitert er die Definition von Phänotyp. Unter den phänotypischen Wirkungen eines Gens versteht er nun *alle* Auswirkungen, die dieses Gen auf die Welt hat. Dawkins überschreitet mit dieser Erweiterung des Begriffsverständnisses die bis dahin gegebene Begrenzung eines Körpers. Die Auswirkungen eines Gens beschreibt er dabei auf drei Ebenen:
1. Auswirkungen auf den individuellen Körper, in dem das betreffende Gen sitzt.
2. Auswirkungen auf »andere« lebendige Körper.
3. Auswirkungen auf unbelebte Objekte wie beispielsweise Steine.

Auf diese Weise fasst Dawkins Teile der Umwelt und bei Partner-Organismen auch Organismen als Teile des Phänotyps.[134]

Er generiert dabei das Replikator-Gen in Form eines strategischen Gebildes, dessen Grenzlinien flexibel gestaltet sind. Denn die Grenzlinien des Replikators hängen von seiner jeweiligen Strategie ab, sich unter den gegebenen Umständen so oft wie möglich zu kopieren und zu verbreiten. Dabei kann das Gen über den individuellen Körper hinaus wirken, um andere Phänotypen in anderen Körpern zu beeinflussen. Dawkins stellt sich die phänotypischen Effekte wie ein Netz vor, dessen Verbindungen sich strahlenförmig ausbreiten und in dessen Zentrum das Gen als Replikator steht. Der einzelne Körper erscheint hier als ein Knotenpunkt innerhalb des Netzes, in dem die replicator power partiell gebündelt wird. In diesem Bild von einem Netz der replicator power hebt er nicht nur die Grenzlinien des Replikators, sondern auch die der sie transportierenden Vehikelkörper auf. Denn in einem Körper wirken Dawkins zufolge nicht nur die in ihm eingebundenen Gene, sondern auch die phänotypischen Expressionen körperfremder Gene. Mit dieser Vorstellung hebt er dann letztendlich die Idee eines eigenen Körpers auf:

»Als wir über Saugwürmer und Schnecken sprachen, gewöhnten wir uns an die Vorstellung, daß die Gene eines Parasiten auf genau dieselbe Weise phänotypische Auswirkungen auf die Körper des Wirtes haben könnten, wie die Gene irgendeines Tieres phänotypische Auswirkungen auf dessen »eigenen« Körper haben. Wir zeigten, daß schon die Idee eines »eigenen« Körpers falsch ist.« (Dawkins 1996a, S. 396).

Die Grenzen der Körper sind somit nicht festgelegt, sondern hängen von der Strategie der jeweiligen Replikatoren ab, die darüber den Umfang und den Ausbau ihrer Netze bestimmen. Das Erscheinungsbild des menschlichen Körpers beruht bei Dawkins auf der Kooperation einer Vielzahl von Genen.

---

134 vgl. hierzu auch LEWONTIN, ROSE, KAMIN 1988, S. 225.

Die Kooperation ist zweckgebunden. Die menschlichen Gene müssen kooperieren, da ihre Verbreitung an die sexuelle Fortpflanzung ihrer Vehikelkörper gebunden ist.

»Unsere eigenen Gene arbeiten nicht zusammen, weil sie *unsere* Gene sind, sondern weil sie denselben Ausgang in die Zukunft – Spermium oder Ei – haben« (Dawkins 1996a, S. 388).

Die sexuelle Fortpflanzung als Replikationsstrategie beeinflusst bei Dawkins die Weite des Netzes der replicator power. Auch wenn die Grenzlinien des Gens als strategisches Gebilde nicht fest umrissen sind, dient das Replikatorfragment als Einheit der Selektion. Die natürliche Auslese der Selektion begünstigt dabei Gene wegen ihrer phänotypischen Auswirkungen auf die Vehikelkörper, wenn diese deren Überleben sichern. Denn durch das Überleben der Vehikelköper erhöht sich die Wahrscheinlichkeit, dass die Gene über die sexuelle Fortpflanzung dieser Körper an die nächste Generation weitergegeben werden. Die phänotypischen Effekte fungieren im Daseinskampf nach Dawkins als Waffen. Zudem geht Dawkins davon aus, dass die Effekte eines Gens unabhängig von der Wechselwirkung mit anderen Genen fixiert und jedem Gen ein positiver oder negativer Selektionswert zugewiesen werden kann. Die Zuordnung eines Selektionswertes ist bei Dawkins an einen Funktionszusammenhang zwischen den Genen und einen ihnen zuordbaren Körper gebunden. Den Zusammenhang stellt er über die als Zwangslage dargestellte Notwendigkeit der Gene her, sich über die sexuelle Fortpflanzung der Vehikelkörper zu verbreiten. Die Klassifizierung der Gene erfolgt dann indirekt über die Merkmale des sie einschließenden Körpers, die wiederum in Hinblick auf ihren Fortpflanzungserfolg bewertet werden. Hierbei legt Dawkins einen linear-kausalen Zusammenhang zwischen Genen, Entwicklung und Erscheinungsbild des Körpers zugrunde. Entsprechend versteht er unter erfolgreichen Genen nun solche, die in der von allen anderen Genen in einem gemeinsamen Embryo beeinflußten Umgebung einen günstigen Einfluß auf diesen Embryo haben. »Günstig bedeutet, sie machen es wahrscheinlich, daß sich der Embryo zu einem erfolgreichen Erwachsenen entwickelt, zu einem Erwachsenen, der sich aller Wahrscheinlichkeit nach fortpflanzt und eben diese Gene an zukünftige Generationen weitergibt.« (Dawkins 1996a S. 372).

Der menschliche Körper wird entbehrlich

Das Verständnis von Genen und ihren Wirkungen welches Dawkins hier entwickelt, erinnert an das, das im Rahmen des zentralen Dogmas der Molekularbiologie entwickelt wurde. »Der Organismus erscheint, ganz wie Dawkins es beschreibt, als Produkt seiner Gene, eine in der Zeit erfolgende Abarbeitung eines vorher festgelegten Programms, welches nur mehr oder weniger geringfügige Variationen in Abhängigkeit von Umweltbedingungen erlaubt.« (Neumann-Held 1998, S. 266). Explizit entwickelt Dawkins in seiner Theorie dann den Begriff von sog. evolutionären Genen. Darunter versteht er Abschnitte der DNA, die als eine Einheit über mehrere Generationen hinweg vererbt werden können und nicht durch Rekombinationsereignisse getrennt worden sind. Über diese Begriffsdefinition vermittelt er den Eindruck, dass ein Kontinuum von DNA-Abschnitten über mehrere Generationen hinweg entsteht. Als einen weiteren Bedeutungsinhalt des Genbegriffs führt er an, dass die DNA-Abschnitte Unterschiede im Phänotyp verursachen, die aufgrund der herrschenden selektiven Bedingungen zu einer Verschiebung der Frequenzen innerhalb der Population führen.[135] Dawkins operiert also in seinen Ausführungen mit zwei unterschiedlichen Genbegriffen.[136] Er erklärt einerseits, Gene können »Körper machen«, um andererseits festzustellen, Gene sind die Ursachen für die Unterschiede in den Phänotypen. Diese Unstimmigkeit spiegelt sich auch in seiner Sicht von »Erfolg« wieder, den er Genen im Evolutionsgeschehen zuschreibt. Einmal sind Gene erfolgreich, wenn sie erfolgreiche, d.h. sich fortpflanzende Erwachsene produzieren; ein anderes Mal sind die Gene erfolgreich, die zu einer Verschiebung der Frequenzen von Phänotypvariationen führen. Dawkins nutzt diese begriffliche Unschärfe für seine gendeterministische Argumentation. Dawkins kann Gene – im klassisch-molekularen Sinne – als »die Einheiten einführen, welche alle relevanten Informationen über den Aufbau eines Organismus enthalten, um dann den Eindruck entstehen zu lassen, daß alle phänotypischen Veränderungen auf genetischen Variationen – und damit mehr oder weniger auf evolutionären Genen beruhen müssen!« (Neumann-Held 1998, S. 269). Die Vermischung zweier Genbegriffe ermöglicht es Dawkins, die Gene mit kausalen Kräften auszustatten, die sonst klassisch-molekularen Genen zugeschrieben werden.[137] Dawkins stattet die Gene metaphorisch als »Schöpfer der Welt« (Neumann-Held 1998, S. 269) aus. In einem weiteren Schritt löst Dawkins die Schöpfungsmacht der Replikatorgene aus dem bis dahin gesetzten Funktionszusammenhang zwischen Replikatorgenen und Vehikelkörper. Um die damit verbundene Autonomie der Gene zu erreichen, ist es notwendig, dass die Gene die Verbreitung über die sexuelle Fortpflanzung überwinden. Dawkins prognostiziert, dass wenn Gene einen Weg finden, sich auszubreiten, der nicht über die Keimzelle führt, werden sie ihn beschreiten. Als Indiz, dass ein anderer Verbreitungsweg potentiell möglich ist, führt er die Entstehung der Viren an, die er auf eine Ansammlung von ausgebrochenen Genen zurückführt.

---

135 vgl. NEUMANN-HELD 1998, S. 268.
136 Neumann-Held unterscheidet bei Dawkins zwischen einem impliziten und einem expliziten Genkonzept (vgl. NEUMANN-HELD 1998, S. 268.).
137 vgl. NEUMANN HELD 1998, S. 269.

Das Beispiel zeigt, dass Gene, die sich von ihrem Träger gelöst haben, wieder lebende Systeme aufbauen können und auch wieder die Fähigkeit zur identischen Reduplikation entwickeln.[138] Demnach hält Dawkins es für möglich, die Replikation der Gene von der sexuellen Fortpflanzung ihrer Trägerstrukturen abzulösen. Auf diese Weise könnten Gene für ein bestimmtes Verhalten auch unabhängig vom Erhalt eines Körpers maximiert werden. Dawkins geht noch einen Schritt weiter: Der die Gene umschließende Organismus tendiert noch dazu, unabhängig davon, ob die Gene im eigenen Körper sitzen oder nicht, das Überleben von Genen für ein bestimmtes Verhalten zu maximieren. Dawkins ordnet in seinem zentralen Theorem des erweiterten Phänotyps meines Erachtens den Körper endgültig dem Erhalt, der Verbreitung und der Maximierung der Gene unter. In letzter Konsequenz geht er schließlich davon aus, dass der einzelne Körper nicht existieren muss, damit Leben entsteht. Für die Entstehung des Lebens ist lediglich die Existenz eines Replikators notwendig.

»Aber der einzelne Körper, der uns auf unserem Planeten so vertraut ist, braucht nicht zu existieren. Die einzige Einheit, die existieren muß, damit irgendwo im Universum Leben entsteht, ist der unsterbliche Replikator.« (Dawkins 1996a, S.419).

Kulturelle Evolution – Daseinskampf kultureller Überlieferungen

Richard Dawkins grenzt von der genselektierten biologischen Evolution eine kulturelle Evolution ab. Die kulturelle Evolution begründet ihm zufolge die Einzigartigkeit der menschlichen Spezies. Sie baut auf Entwicklungen der biologischen Evolution auf. So sind die Gehirnstrukturen, die sich im Laufe der biologischen Evolution des Menschen herausgebildet haben, die Voraussetzung dafür, dass kulturelle Überlieferungen aufgenommen und weitergegeben werden können. Die kulturellen Überlieferungen sind im Wesentlichen konservativ, können aber auch eine Form der Evolution hervorrufen.[139] Zunächst gibt Dawkins der kulturellen Evolution eine Vorwärts-Richtung der Entwicklung vor. Er generiert in diesem Zusammenhang Einheiten, die im Verlauf dieses Prozesses von Generation zu Generation über die Gehirnstrukturen weitergegeben werden können. Die Weitergabe bezeichnet er in Anlehnung an die genetische Vererbung als kulturelle Vererbung und deren Einheiten als sog. Meme. Den Memen als kulturelle Einheiten schreibt er die Eigenschaft zu, sich wie die DNA selbst kopieren zu können. Sie sind kulturelle Replikatoren. Als

---

138 Diese Fähigkeit entwickeln sie allerdings nur in Verbindung mit einer lebenden Zelle.
139 In diesem Zusammenhang nennt Dawkins neben der Sprache u. a. Brauchtum, Kunst und Technologie (DAWKINS 1996a, S. 306).

Beispiele dieser sich selbst kopierenden Gehirnstrukturen benennt Dawkins beispielsweise Melodien oder Schlagwörter. Die Verbreitung der einzelnen Meme im Mempool erfolgt dann durch Imitation mittels dem gesprochenen und dem geschriebenen Wort. Musik und Kunst unterstützen die Imitation. In der Vorstellung Dawkins springen die Meme bei ihrer Verbreitung von Gehirn zu Gehirn über. Meme materialisieren sich, indem sie im Nervensystem bestimmte Strukturen hinterlassen. Den Prozess der Weitergabe und Verbreitung der Meme im Mempool unterwirft Dawkins schließlich den Gesetzen des Daseinskampfes. So geht er davon aus, dass unter den Memen ebenfalls eine natürliche Auslese stattfindet. Demnach gibt es unter den Memen einige, die sich im Mempool erfolgreicher replizieren als andere. Meme konkurrieren dabei um die Aufmerksamkeit des menschlichen Gehirns. Dawkins geht davon aus, dass die Selektion Meme begünstigt, die ihre kulturelle Umwelt[140] zu ihrem eigenen Nutzen ausbeuten. In diesem Zusammenhang ordnet er der Idee Gottes im Daseinskampf der Meme einen hohen Überlebenswert zu. Das Gott-Mem wird weiter mit anderen speziellen Memen verknüpft, die dessen Überleben fördern. In diesem Sinne können wir Dawkins zufolge «eine organisierte Kirche mit ihrer Architektur, ihren Ritualen und Gesetzen, ihrer Musik und Kunst sowie ihrer geschriebenen Tradition als einen koadaptierten stabilen Satz sich gegenseitig stützender Meme betrachten» (Dawkins 1996a, S. 317). Als weiteres Glied des zur Religion gehörigen Memkomplexes fügt er den Glauben hinzu. Der ständige Verdrängungswettbewerb zwischen den Memen und Memkomplexen führt nach Dawkins schließlich dazu, dass der Mempool die charakteristischen Merkmale eines evolutionär stabilen Satzes annimmt, in den einzudringen neuen Memen schwer fällt. Diesen stabilen Satz bei Dawkins sehe ich analog zu einem Gleichgewichtssystem, dessen Stabilität über die ständige Konkurrenz und Verdrängung gesichert wird. In dieser Hinsicht ist dieses Gleichgewichtssystem mit dem vergleichbar, das sich bei Dawkins auch im Verlaufe der genetischen Evolution einstellt. Das Gleichgewicht wird in beiden Systemen über die Selektion von weniger erfolgreichen Replikatoren aufrechterhalten. Die Gene sind bei Dawkins die biologischen und die Meme die kulturellen Replikatoren. Den Menschen generiert er in diesem Zusammenhang als Vehikel, das zum einen die Gene und zum anderen die Meme von Generation zu Generation überträgt. Dawkins charakterisiert den Menschen entsprechend als Gen- und Memmaschine.[141] Ihm zufolge wird der Mensch als Genmaschine gebaut und als Memmaschine erzogen. Sein Da-

---

140 Nach Dawkins besteht die kulturelle Umwelt aus anderen Memen, die auch selektiert werden.
141 In dieser Charakterisierung des Menschen räumt Dawkins dem Menschen die Möglichkeit ein, sich als einziges Lebewesen auf der Erde gegen die Tyrannei der egoistischen Replikatoren auflehnen zu können. Er betont noch einmal, dass Gene ihm zufolge einen statistischen Einfluss auf menschliches Verhalten ausüben. Dabei räumt er ein, dass dieser Einfluss durch andere Einflüsse verändert werden kann. vgl. DAWKINS 1996a, S. 530.

sein wird also vollständig von den egoistischen Replikatoren bestimmt. Dabei verstärken sich Meme und Gene oft gegenseitig. Er weist aber auch daraufhin, dass diese unterschiedlichen Replikatoren gelegentlich in Konflikt geraten.

Inszenierung der Degeneration: Wohlfahrtsstaat und Geburtenrate

Die Entwicklung des Wohlfahrtsstaats, so wie Dawkins sie beschreibt, führt zu einem Konflikt zwischen biologischen und kulturellen Replikatoren.[142] Dawkins konstatiert, dass in der Zivilisation die Größe der Familie nicht mehr durch die begrenzten Mittel beschränkt ist, die die einzelnen Eltern aufbringen können. Denn der Staat greift ein, um die überzähligen Kinder am Leben und bei Gesundheit zu halten. Aus diesem Grund begreift er den Wohlfahrtsstaat als »eine sehr unnatürliche Sache« (Dawkins 1996a, S. 197). Dem Wohlfahrtsstaat stellt Dawkins dann in seinen Ausführungen »die Natur« konträr gegenüber. Denn ihm zufolge werden in der Natur Individuen, die mehr Kinder bekommen als sie versorgen können, bestraft. Es überleben nur wenige Kinder und ihre Gene werden entsprechend nicht an zukünftige Generationen vererbt. Dawkins begreift hier implizit die Natur als System, das sich durch den Selektionsprozess seiner Elemente erhält. Nach ihm beeinträchtigen nun die unterstützenden Maßnahmen des Wohlfahrtsstaates die Wirksamkeit der Selektion. Durch die Unterstützung des Staates überleben Kinder, die unter nicht-zivilisatorischen Bedingungen sterben würden. Da Dawkins davon ausgeht, dass die Gesamtmenge an Ressourcen begrenzt ist, bedroht der Nachkommensüberschuss das System. Die Bedrohung kann nur dadurch abgewendet werden, wenn selektierende Maßnahmen ergriffen werden. Dawkins schlägt eine Regulierung über Empfängnisverhütung vor. Diese sieht er eigentlich als »unnatürlich« an, aber ein unnatürlicher Wohlfahrtsstaat bedingt unnatürliche Regulierungsmaßnahmen. Über die Geburtenkontrolle kann dann die Zahl der Nachkommen reduziert und somit den zur Verfügung stehenden Ressourcen angepasst werden. Ohne diese Anpassung prognostiziert Dawkins, »wird das Endergebnis noch größeres Elend sein, als es in der Natur vorherrscht.« (Dawkins 1996a, S. 198) Mit diesem Bedrohungsszenario knüpft Dawkins an die Diskurse der Degeneration im Vorfeld der Eugenikbewegung an. Er suggeriert hier die Gefahr einer möglichen Denormalisierung – ein Diskurselement, das für eugenische Konzepte typisch ist. Demnach senken die Gegebenheiten der Zivilisation den Selektionsdruck auf das Individuum, wodurch dessen Überlebens- und Fortpflanzungschancen modifiziert werden. Auf diese Weise werden letztendlich andere genetische Komplexe gefördert als dies unter nicht-zivilisatorischen

---

142 Auf den Wohlfahrtsstaat kommt Richard Dawkins im Kontext der Familienplanung zu sprechen. Die Entwicklung der Meme als neue Replikatoren beschreibt er aber erst später in seiner Theorie.

Voraussetzungen der Fall ist. Bei Dawkins überleben Individuen mit Genen für hohe Nachkommenschaft. Die Veränderung der Frequenz von diesen Genen im Genpool interpretiert er im Vergleich zu der Zusammensetzung unter nichtzivilisatorischen Bedingungen als Verschlechterung. Um einen weiteren Abfall des Genpools zu verhindern plädiert Dawkins dafür, fehlende Selektion durch entsprechende Empfängnisverhütung zu kompensieren.

Selektion von sog. »Kümmerlingen«

Nachdem Dawkins die Familienplanung auf kollektiver Ebene analysiert hat, setzt er sich mit diesem Aspekt noch auf der Ebene des Individuums, insbesondere der mütterlichen auseinander. Dabei sieht er die Mutter als »eine Maschine, die so programmiert ist, daß sie alles in ihrer Macht stehende tut, um Kopien der in ihr eingeschlossenen Gene zu verbreiten« (Dawkins 1996a, S. 206). Die Verbreitung der Gene ist nach Dawkins an die sexuelle Fortpflanzung und an die Aufzucht der Nachkommen gebunden. Der Erfolg der Mutter bezüglich der Verbreitung ihrer Gene verspricht dann am größten zu sein, wenn sie in die größte Zahl von Kindern, die sie bis zu dem Alter aufziehen kann, in dem diese selber Kinder bekommen, gleichmäßig investiert. Ihr Einsatz besteht in dem von ihr erbrachten Elternaufwand, worunter er »jede beliebige Investition des Elternteils in einen einzelnen Nachkommen, die dessen Chancen zu überleben (und damit auch sich fortzupflanzen) auf Kosten der Fähigkeit des Elternteils in andere Nachkommen zu investieren, vergrößert« versteht. (Dawkins 1996a, S. 207). In seinem Begriffsverständnis legt Dawkins eine Konkurrenz zwischen den Nachkommen um die Aufmerksamkeit der Eltern an. Die Konkurrenz mildert er ab, indem die Nachkommen ihm zufolge so programmiert sind, dass sie es als ihr Interesse wahrnehmen, wenn die Mutter einen Teil ihrer Mittel in die Geschwister investiert. Darin kommt die Perspektive Dawkins zum Tragen, dass die Individuen im Evolutionsgeschehen als Träger ihrer Gene fungieren. Ihre Aufgabe ist es, die Gene zu verbreiten. Und die Geschwister tragen die Hälfte der Anlagen, die sie auch tragen. Entsprechend erscheint es aus der Sicht der Gene sinnvoll auch andere Geschwister an dem Elternaufwand der Mutter partizipieren zu lassen. Die Bereitschaft einer Mutter, in ein Kind zu investieren, wird Dawkins zufolge durch dessen Alter beeinflusst. Ab einem bestimmten Alter des Kindes zahlt es sich seiner Ansicht nach für die Mutter aus, ihr Anlagekapital von diesem Kind abzuziehen und zukünftigen Kindern zuzuwenden. Denn die Wahrscheinlichkeit ist groß genug, dass es auch ohne ihre Unterstützung überlebt. Der Fall liegt laut Dawkins anders, wenn ein Kind aufgrund besonderer Einschränkungen mehr als seinen gerechten Anteil des Elternaufwands bedarf. Dawkins spricht hier von einem sog. Kümmerling. Der

Kümmerling trägt zwar ebenso viele Gene seiner Mutter wie die anderen Nachkommen, seine Lebenserwartung ist aber geringer. Trotz höheren Verbrauchs an Elternaufwand ist die Wahrscheinlichkeit geringer, dass er die Gene an die nachfolgende Generation weitergibt. In den Augen Dawkins kann es sich für die Mutter lohnen ihre Unterstützung abzuziehen und in andere Kinder zu investieren.[143] Der Entzug des Elternaufwands ist in den meisten Fällen mit der Auslese des Kümmerlings gleichzusetzen. D.h. die Selektion in diesem Prozess erfolgt über eine Umverteilung des Elternaufwands. Der Elternaufwand erscheint hier als eine Art Anlagekapital. Vor diesem Hintergrund lässt sich dann der Verlust eines Kindes nach dem bis dahin verbrauchten Elternaufwand berechnen. Bei Dawkins bestimmt der Bedarf an Elternaufwand die Grenzzone einer von ihm unterstellten Normalität. Benötigt nun der Organismus mehr als seinen sog. gerechten Anteil, wird er von Dawkins als nicht effizient klassifiziert und damit in dem Bereich der Anormalität verortet. Der Lebenswert der Nachkommen wird zum einen nach den Einheiten des zu verbrauchenden Elternaufwands und zum anderen nach dem Nutzen, den diese aus dem verbrauchten Elternaufwand ziehen, bestimmt. Dabei wird der Nutzen in Bezug auf die Wahrscheinlichkeit bestimmt, mit der der Organismus sich fortpflanzt und damit die Gene als dessen Träger er fungiert verbreitet. Insofern hängt bei Dawkins der Lebenswert eines Organismus von dessen Potential ab, Gene »erfolgreich« an die nächste Generation weiterzugeben. Die mögliche Nicht-Weitergabe der Gene konstituiert er als Risiko, das es ihm zufolge im Rahmen der Familienplanung zu bewerten gilt. Vor diesem Hintergrund schildert Dawkins die Entscheidung, den Kümmerling nicht mehr zu versorgen, als Investition ins Leben. Denn der dadurch »eingesparte« Elternaufwand wird in die Versorgung der übrigen Nachkommen investiert. Dadurch wird insgesamt die Wahrscheinlichkeit gesteigert, dass die Gene der Mutter an die nächste Generation weitergegeben werden. In diesem Sinne ordnet er der Auslese des Kümmerlings eine produktive Funktion zu. Richard Dawkins entwickelt hier einen Begründungszusammenhang, der auch in der Diskussion über die Abtreibung von als krank definierten Embryonen eine zentrale Rolle spielt.

Züchtung von Genen losgelöst vom Körper

Dawkins verlagert den Evolutionsprozess auf die Ebene molekularer Strukturen. Der Daseinskampf findet jetzt zwischen molekularen Replikatoren statt. Es bildet sich ein Gleichgewicht dieser molekularen Strukturen heraus, für des-

---

[143] Dawkins expliziert diesen Fall zunächst am Beispiel eines, im Vergleich zu seinen anderen Geschwistern im Wurf eher klein geratenen, verkümmerten Junges. Dabei spezifiziert er die Tierart nicht näher. Seine späteren Ausführungen beziehen sich explizit auf den Menschen.

sen Erhalt die Auslese unabdingbar ist. Dabei werden die unterschiedlichen Replikatorvarianten in Hinblick auf ihre Fähigkeit, ihre Mitkonkurrenten zu verdrängen, klassifiziert. Ziel dieses Prozesses ist die Verbreitung der am besten geeigneten Replikatoren. Den molekularen Evolutionsprozess schildert Dawkins dabei als einen Entwicklungsprozess, in dessen Verlauf die Komplexität der Moleküle zunimmt. Vorläufiges Ergebnis dieses Prozesses ist die DNA. Sie erscheint als Höhepunkt der Entwicklung. Der menschliche Organismus erscheint quasi als Nebenprodukt, das neben der Entwicklung der molekularen Strukturen bis zur DNA entsteht und das von vornherein im Dienste der DNA steht. Dawkins instrumentalisiert den Organismus zum einen als Schutzhülle im Konkurrenzkampf und zum anderen als Transportvehikel der Replikatoren. Der menschliche Organismus hat sich bezüglich dieser Funktionen als am besten geeignet erwiesen. Dawkins instrumentalisiert also den Menschen bereits in seiner Entstehung als »Überlebensmaschine« der Gene. Er verändert an diesem Punkt den Fokus in der Evolutionsforschung. Ansatzpunkt der Evolution ist bei ihm nicht mehr der individuelle Organismus, sondern dessen Gene. Der Prozess zielt nicht primär auf die Entwicklung der Spezies Mensch, sondern auf die Ausbildung und ständige Verbesserung eines Pools kooperierender Gene. Der Genpool erstreckt sich dabei über mehrere Generationen und ist hierbei weder an ein bestimmtes Individuum noch an eine Population gebunden. Dawkins löst hier die Gegenüberstellung von Individuum und Kollektiv auf und führt eine übergeordnete Kategorie ein, den Genpool. Weiterhin begründet er die ontologische Vorrangstellung der Gene gegenüber der Spezies und gegenüber dem Individuum. Über diese Vorrangstellung implementiert Dawkins zugleich eine im Evolutionsprozess begründete Hierarchie zwischen Genen und Organismus. In diesem Kontext knüpft er an das im molekularbiologischen Diskurs entwickelte Bild der DNA als zentrale Steuerinstanz des Organismus an. Die Gene steuern demnach den Organismus über ein Programm, vergleichbar mit einem Computerprogramm. Das Computerprogramm ist auf den Erhalt und die Verbreitung der Gene hin ausgerichtet. Diese völlige Determination basiert auf der Gültigkeit des zentralen Dogmas der Molekularbiologie, das eine linear-kausale Verknüpfung zwischen einem bestimmten Gen und einem bestimmten Merkmal annimmt. Später relativiert Dawkins in seinen Ausführungen die umfassende Determination des Menschen durch seine Gene, indem er ihm im Gegensatz zu anderen tierischen Organismen einen »freien Willen« zubilligt. Der freie Wille befähigt demnach den Menschen, gegen das Diktat der Replikatoren anzugehen. Diese Befähigung hebt die Determination nicht auf. Aber sie bietet die Möglichkeit, den Menschen bei Bedarf als Subjekt generieren zu können, statt ihn ausschließlich als Objekt seiner Gene erscheinen zu lassen. Dass dem Menschen unter bestimmten Umständen der Subjektstatus zuerkannt werden kann, ist meinem

Dafürhalten nach die Voraussetzung, um im Rahmen der humangenetischen Beratung an das Paradigma der (Patienten-) Autonomie anzuknüpfen zu können. Dawkins erweitert zudem den im Determinismus festgelegten Wirkungszusammenhang zwischen bestimmten Genen und bestimmten Merkmalen eines Organismus. Ihm zufolge ist die Wirkung der einzelnen Gene nicht mehr auf das Erscheinungsbild des biologischen Körpers begrenzt. Die Gene wirken über die Grenzen der körperlichen Erscheinung hinaus auf weitere Organismen und auf die unbelebte Natur. Dawkins schlägt hier eine Brücke zwischen den Bereichen des Belebten und des Unbelebten. Die besonderen Eigenschaften des Lebendigen, wie sie die Biologie bislang definierte, hinterfragt er damit. Den Wirkungszusammenhang zwischen den Genen schildert er als eine Art Netzwerk, dass auf Erhalt und Optimierung von Genen ausgerichtet ist. Dieser Zielsetzung ordnet Dawkins dann den Erhalt des einzelnen Körpers unter. Die Beziehungsstruktur zwischen Genen und den Elementen, auf die sie einwirken, ist dabei weiterhin hierarchisch. Die Gene bestimmten die Strukturen. Das Erscheinungsbild und der Erhalt des Körpers hängen Dawkins zufolge von der Kooperation der Gene ab. Die Gene sind gezwungen untereinander zu kooperieren, um eine möglichst weite Verbreitung über Generationen hinweg zu erreichen. Dabei sind sie von der sexuellen Fortpflanzung ihrer Vehikelköper abhängig und damit von deren Erhalt. In diesem Sinne schildert Dawkins das Erscheinungsbild des biologischen Körpers als einen Effekt der Kooperation der Gene. Indem er eine Möglichkeit aufzeigt, wie sich Gene außerhalb eines Organismus vermehren, stellt er die Notwendigkeit, den biologischen Körper zur Verbreitung der Gene zu erhalten in Frage. Damit legt Dawkins nahe, dass langfristig die sexuelle Fortpflanzung obsolet werden könnte. Denn bestimmte Gene, die mit einem bestimmten, als wünschenswert eingeordneten Verhalten assoziiert werden, könnten unabhängig vom Erhalt des sie ursprünglich umschließenden Körpers maximiert werden. Auf diese Weise könnten Gene für ein bestimmtes Verhalten isoliert und gezüchtet werden. Da Dawkins ausführt, dass einzelne Replikatoren wieder Leben entstehen lassen können, kann meines Erachtens davon ausgegangen werden, dass seiner Logik nach auch aus einzelnen Genen wieder Körper oder andere lebende Strukturen gebildet werden könnten. Denn Dawkins schreibt den Genen schöpferische Kräfte zu. Über die Züchtung einzelner Gene ließen sich dann hypothetisch auch in Bezug auf ein Verhalten oder ein Merkmal optimierte bzw. maximierte Körper herstellen. Denn schließlich geht Dawkins davon aus, dass die Gene Körper produzieren. Wenn Dawkins die Weitergabe der Gene vom Erhalt des Körpers ablöst, erscheint es möglich, den Erfolg der Gene unabhängig von der Erhaltung des individuellen Körpers zu bemessen. Somit kann einem Gen losgelöst vom körperlichen Erscheinungsbild ein Selektionswert zugeordnet werden. Mit dem Wegfallen der sexuellen Fortpflanzung würde aber auch der effektivste Selektionsmechanismus der biologischen Evolution ausfallen. Um den Evolutionsprozess weiter am Laufen zu halten, müsste der Selektionsmechanismus der sexuellen Auslese ersetzt werden. Denn nach Dawkins hängt die Existenz des Systems generell von einer Auslese ab. An diesem Punkt greifen nun die von ihm differenzierte biologische und kulturelle Evolution ineinander. Denn es liegt nahe, dass die sexuelle Auslese durch eine kulturelle Auslese ersetzt wird. In diesem Kontext würde sich dann meines Erachtens eine Auslese anbieten, bei der die Gene mit Hilfe von Gentechnik selektiert würden. Die Gentechnik wäre in diesem Zusammenhang als kulturelle Errungenschaft zu verstehen, die sich im Laufe der kulturellen Evolution im Daseinskampf kultureller Replikatoren durchgesetzt hat. Auch die Kriterien der Genselektion würden im kulturellen Bereich entwickelt und wären im Sinne Dawkins ebenfalls das Ergebnis eines Ausleseprozesses. Dawkins beschreibt die Notwendigkeit, die sexuelle Auslese durch eine Form der kulturellen Auslese zu kompensieren, explizit in seinen Ausführungen zur Familienplanung im Wohlfahrtsstaat. Denn aufgrund der unselektierten Möglichkeit zur Fortpflanzung charakterisiert er den Wohlfahrtsstaat als unnatürlich. Um über eine Normalisierung der Geburtenrate die Balance des Systems wieder herzustellen, schlägt er eine gezielte Empfängnisverhütung vor. Dawkins suggeriert hier einen Normalisierungsbedarf, an dem leicht eugenische Formationen anknüpfen können. Über die von ihm entwickelte Kategorie des Elternaufwands implementiert er im Kontext der individuellen Familienplanung ein Kosten-Nutzen-Kalkül bezüglich der Beschaffenheit der Nachkommenschaft. Dieses legt im Fall von Krankheit und Behinderung die Selektion des betreffenden Nachwuchses nahe. Im Bereich der pränatalen Diagnostik werden meiner Ansicht nach nun Methoden entwickelt, die dieses Kosten-Nutzen-Kalkül in Form von Wahrscheinlichkeitsrechnungen umsetzen. Eine Methode sind beispielsweise die Gentests. Diese Tests zeigen an, mit welcher Wahrscheinlichkeit ein Gen für eine bestimmte Krankheitsdisposition weitergegeben wird. Dieser so ermittelte Risikowert bildet die Grundlage, auf der der zu erwartende Elternaufwand kalkuliert werden kann. Der Embryo wird zum Objekt dieses Kosten-Nutzen-Kalküls. Dawkins legt in seinem Ansatz die theoretische Grundlage für eine Eugenik, die auf molekularer Ebene z. T. losgelöst vom individuellen Körper vollzogen wird. Der Molekularbiologe Joshua Lederberg entwickelt bereits 1962 die Vision einer möglichen Korrektur schadhafter Gene. Diese Euphänik soll mittels molekularer Techniken die Methodologie der Eugenik ersetzten. Lederberg erhoffte sich darüber eine Steigerung der Evolution. Nun verknüpft Dawkins in seinem Konzept systematisch molekurgenetisches und evolutionsbiologisches Wissen.

5 Diskurstragende Formationen gegenwärtiger eugenischer Konzepte

Die Vorgänge der Evolution werden zunehmend auf der Ebene molekularer Strukturen nachvollzogen. Forscher wie der Evolutionstheoretiker Richard Dawkins reduzieren die Evolution ausschließlich auf ihre genetischen Komponenten. Sie führen den evolutiven Wandel auf Genmutationen bzw. Änderungen in Struktur und Anzahl der Chromosomen zurück. Dabei ordnen sie jedem Gen bzw. jeder Genkombination einen bestimmten Selektionswert zu. Diese Zuordnung basiert zum einen auf der Vorstellung einer dichotomen Ordnung des Lebens, die sich in der Beschaffenheit der Gene spiegelt und zum anderen in der Annahme eines definierten Wirkungszusammenhangs zwischen bestimmten Genen und bestimmten Merkmalen. Diese Vorstellungen greifen insofern ineinander, als dass demnach gute, normale Gene zu Merkmalen beitragen, die die Tüchtigkeit eines Individuums erhöhen, während weniger angepasste oder anormale Gene zu Merkmalen führen, die die Tüchtigkeit des Individuums beeinträchtigen und auf diese Weise dazu beitragen, das es selektiert wird. Zudem suggeriert der im zentralen Dogma der Molekularbiologie festgelegte eindimensionale Wirkungszusammenhang, dass die Forscher nicht nur in der Lage sind, die Evolution auf molekularer Ebene nachzuvollziehen, sondern diese auch gezielt zu verändern. Peter Schuster beschreibt in diesem Zusammenhang die Hinwendung der anwendungsorientierten Forschung zu einer »evolutionären Biotechnologie« (Schuster 1994, S. 49), »welche die Prinzipien der Darwinschen Evolution aus der Natur entleiht und zur »Züchtung« von Biomolekülen mit vorgebbaren Eigenschaften im Reagenzglas anwendet.« (Schuster 1994, S. 49) Bei Experimenten mit der DNA oder RNA wird der Vermehrungsprozess aus seinem komplexen zellulären Umfeld herausgelöst. Anschließend kann der Prozess im Reagenzglas den Prinzipien der Darwinschen Evolution unterstellt werden. Die Forscher zielen darauf ab, Moleküle mit vorgebbaren Eigenschaften zu züchten. Dabei unterstellen sie die Reagenzglasversuche einer evolutionären Optimierung im Darwinschen Sinne. Mit einer evolutionären Biotechnologie rücken die Selbstschaffung der Genealogie und die Konstruierbarkeit der Evolution in greifbare Nähe. Dass diese Gestaltungsmöglichkeiten die Vorstellung einer dichotomen Ordnung des Lebens in normal und anormal eher noch verschärfen wird, zeigen die Ausführungen des Molekularbiologen Lee M. Silver in seinem Buch «Das geklonte Paradies«. Er beschreibt eine soziale Trennungslinie, die nach genetischen Anlagen verlaufen wird. Seiner Vision zufolge teilt sich die Gesellschaft in zwei Klassen auf:

»Alle Menschen gehören nunmehr einer von zwei Klassen an. Die Menschen der einen Klasse werden als *die Naturbelassenen* bezeichnet, die der zweiten als die *Gen-Angereicherten* oder einfach als *die GenReichen*.« (Silver 1998, S.14)

Dabei wurde das Erbgut der Genreichen verbessert.

Die Notwendigkeit zur Gestaltung der Evolution wird in der beschrieben Argumentation häufig noch mit der Furcht vor einer degenerativen Entwicklung moderner Zivilisationen begründet. So befürchtet auch Richard Dawkins, dass es durch mangelnde Selektion bei der Fortpflanzung dazu kommt, dass sich Individuen mit unerwünschten Genen zu stark vermehren. Da die Individuen mit ihren Genen zur Struktur des übergeordneten Genpools beitragen, verschlechtern Individuen mit unerwünschten Genen die Zusammensetzung des Pools. Dawkins knüpft hier an eine typische Formation eugenischer Konzepte an, die besagt, dass die Zivilisation durch eine Verschiebung der Selektionsfaktoren zu einer Verschlechterung der genetischen Struktur einer Population führt.[144] Dawkins löst dabei die Gegenüberstellung von Individuen und Population durch den übergeordneten Pool egoistischer Gene auf. Die Entwicklung einer molekularen Interventionsebene der Eugenik ist ein zentrales Element der sich verändernden Macht-Wissens-Beziehungen, die mit der Transformation des Sexualitätsdispositivs zum genetisch-informationellen Dispositiv einhergeht. Die Fortpflanzung kann auf molekularer Ebene unabhängig vom Körper als verletzliche kontingente Individualität gestaltet werden, was für die Akzeptanz eugenischer Interventionen im Rahmen pränataler Diagnostik von entscheidender Bedeutung ist.

---

144 vgl. zur Degeneration als typisches eugenisches Argumentationsmuster SIEFERLE 1989, S. 103f.

VIII Transfer der für die Generierung eugenischer Konzepte konstitutiven Wissensformationen in den Alltagsdiskurs

Die Wissensformationen, die für die Eugenik konstitutiv sind, zirkulieren aus dem Spezialdiskurs heraus über den Interdiskurs in den Alltagsdiskurs der Individuen. Im Verlauf dieses Transferprozesses implementieren diese spezifischen Formationen in ihren jeweiligen sozialen Praktiken ein Feld der Abweichungen und der Normalität, in dem Prozesse der Abgrenzung und der Normalisierung stattfinden. In diesem Transformations- und Transferprozess kann dem Humangenomprojekt eine zentrale Funktion zugeordnet werden. Denn in dessen Verlauf wird erstens interdisziplinäres Wissen produziert, das direkt in die Entwicklung reprogenetischer Verfahren mündet, und zweitens wird dieses Wissen im Rahmen der intensiven Öffentlichkeitsarbeit mittels Medien über den Interdiskurs in den Alltagsdiskurs einer breiten Bevölkerung eingespeist.

1 Das Humangenomprojekt – Eine Sequenz des »Normalen«

Das Humangenomprojekt (HGP) wurde 1985 in den USA initiiert. Es umfasst Programme zur systematischen Erforschung des menschlichen Genoms[145]. Erster wissenschaftlicher Koordinator wurde James D. Watson, der zusammen mit Francis Crick die Struktur der DNS-Doppelhelix entdeckt hatte. Nach den Vereinigten Staaten beschlossen auch England, Frankreich und Japan sich in der Genomforschung zu engagieren. Die mit staatlichen Forschungsmitteln finanzierten Forschungsprogramme zur Genomforschung werden inzwischen in einer Vielzahl von Ländern insbesondere in den USA und den Mitgliedsstaaten der Europäischen Gemeinschaft entwickelt. Seit 1996 wird in Deutschland, unterstützt vom Bundesforschungsministerium, im Deutschen Humangenomprojekt (DHGP) geforscht. Neben den einzelnen Ländern beteiligen sich weiterhin die UNESCO und die Weltgesundheitsorganisation (WHO) an diesem internationalen Forschungsprojekt. Die Human Genom Organisation (HUGO) koordiniert die einzelnen nationalen Programme international. Das Ziel des Genomprojektes ist die Ermittlung und Entschlüsselung der gesamten,

---

145 Unter Genom ist die Gesamtheit der genetischen Information entweder eines bestimmten Menschen oder der Spezies Mensch zu verstehen (vgl. SCHMIDTKE 1997, S. 253).

aus drei Milliarden Nukleotiden[146] bestehenden DNS-Sequenz des Menschen. Die Wissenschaftler wollen das Genom bis zum Jahr 2005 entschlüsselt haben. Am 6. April 2000 gibt der US-Forscher Craig Venter bekannt, dass seine Firma Celera das menschliche Genom zu 99 % entschlüsselt habe. Am 8. Mai 2000 stellt dann das internationale Humangenomprojekt eine Arbeitsversion des menschlichen Genoms zur Verfügung. Nach der Sequenzierung des menschlichen Genoms werden nun im Rahmen des Humangenomprojektes vor allem Forschungsarbeiten zur Funktionsanalyse von Genen, Arbeiten mit Modellorganismen sowie der Transfer der Erkenntnisse in die medizinische Forschung entwickelt. Es vollzieht sich ein »Übergang von der strukturalen zur funktionalen Genomik, d.h. zur systematischen und großangelegten Funktionsaufklärung des Genoms« (Abels 2000, S. 67).

Das Humangenomprojekt im Dienste der »Gesundheitsförderung«

Von Anfang an wird der »bedeutsamste und unmittelbarste Gewinn« (Schmidtke 1997, S. 258) der DNS-Entschlüsselung von Experten im medizinischen Bereich erwartet. Renato Dulbecco, Wissenschaftler vom Salk Forschungszentrum im kalifornischen San Diego setzt sich für das Humangenomprojekt ein, um *die* genetischen Veränderungen aufzudecken, die seiner Ansicht nach zu Krebserkrankungen führen würden. Auch James D. Watson sieht das Genomprojekt als «unsere beste Chance im Kampf gegen Krankheiten« (Watson, zitiert nach Fox-Keller 1995, S. 298). Beide Wissenschaftler, Dulbecco und Watson, koppeln in ihrer Argumentation die Genomanalyse funktional direkt an den Wissensbereich der Humanmedizin. Die Entschlüsselung der genetischen Information wird in diesem Zusammenhang als Aufklärung über die generellen Ursachen von Krankheiten dargestellt. Hierbei werden Krankheiten im Sinne einer Fehlinformation verstanden, die durch Herausschneiden bzw. Einfügen bestimmter Informationen umcodiert und darüber schließlich kontrolliert werden könnten. Mit dieser Darstellung geht die Imagination der genetischen Interventionen als Heilung einher. Die Gestaltung des Humangenomprojektes als Bereich der Gesundheitsförderung setzt eine Verschiebung des Begriffs »Krankheit« voraus. Der Wissenschaftshistoriker Edward Yoxen beschreibt wie Ärzte den Begriff der Krankheit mehr und mehr unter genetischen Vorzeichen verstehen.[147] Unter dem Begriff »genetische Krankheit« grenzen sie bestimmte Phänomene ab, bezeichnen sie als Krankheit und führen sie auf genetische Ursachen zurück. Bereits in der ersten Hälfte des Jahrhunderts sind die Genetiker teilweise da-

---

146 Elemente, aus denen sich die DNS zusammensetzt. Bestehen aus je einem Zucker und einem Phosphorsäurerest mit einer Base.
147 vgl. hierzu: FOX KELLER 1995, S. 295 ff.

von ausgegangen, dass die Gene die menschliche Gesundheit bestimmen. Sie haben diesen Zusammenhang aber nicht als eigenständige Form der Krankheit gefasst. Die Verschiebung bei der Begriffsbestimmung von »Krankheit« führt zur Entwicklung einer neuen Kategorie der »genetischen Krankheiten«. Diese Kategorie ist aus dem Macht-Wissens-Komplex der Genomforschung als neue, »wahre« Gruppe von Krankheiten hervorgebracht worden. So beschreibt der Humangenetiker Jörg Schmidtke in seinem humangenetischen Ratgeber, dass Krankheit entsteht, »wenn ein bestimmter Schwellenwert an genetischer Prädisposition überschritten wird« (Schmidtke 1997, S. 62). Dabei schließt die Rubrik der genetische Krankheiten nicht nur genetische Abweichungen ein, die mit einem Krankheitszustand mehr oder weniger kausal verbunden werden können, sondern auch Verhaltensmerkmale oder soziale Dispositionen.[148] Dies führt letztendlich zu einer generellen Verschiebung und Neudefinition des Krankheitsbegriffs.[149] In den aktuellen *Richtlinien der Bundesärztekammer zur pränatalen Diagnostik von Krankheiten und Krankheitsdispositionen* wird diese Erweiterung des Krankheitsbegriffs um den der Disposition bereits im Titel deutlich. Der Begriff genetische Krankheit beinhaltet neben einer spezifisch medizinischen nun auch eine soziale Dimension des Gendeterminismus.

Zudem bedeutet die Koppelung zwischen Genomanalyse und Medizin im Kontext des Humangenomprojektes eine Aufhebung zwischen Grundlagenforschung und Anwendung – zwischen zwei Bereichen die bis dato in der naturwissenschaftlichen Forschung strikt getrennt wurden. Das Projekt ist Sinnbild und Institution dieser Grenzüberschreitung. Zur neuen Basis dieser Medizin wird die Molekulargenetik. Inzwischen hat sich in deren Gefolge die medizinische Genetik als neues Wissensfeld etabliert. Die Genomforschung ist deren Instrument und zentrales Aufgabengebiet zugleich. Insbesondere in dieser Verbindung von Grundlagenforschung und Anwendung sehen Experten den hohen Stellenwert des Humangenomprojektes für die Entwicklung der Lebenswissenschaften begründet.

Die Konstituierung einer vorbildlichen DNA-Sequenz als Normalisierungslandschaft

Im Rahmen des Humangenomprojektes werden systematisch Instrumente und Techniken entwickelt, durch die unbekannte Gene identifiziert werden können. Es soll möglich werden, jederzeit ein bestimmtes Einzelglied der drei Milliarden Nukleotide langen Kette aufzusuchen.

Erste Instrumente bei dieser Suche sind Genkarten. Genomkartierungen

---

148 vgl. Fox-Keller 1995, S. 295 f..
149 vgl. hierzu auch Alexander von Schwerin 2000, S. 3ff..

erfolgen genetisch und physikalisch. Genetische Karten sind »Darstellungen von Krankheitsmerkmalen, physiologischen Merkmalen oder zufälligen Polymorphismen, die bestimmten Chromosomen zugeordnet und im Verhältnis zueinander erfasst werden können indem man die Übertragung wechselnder Formen dieser Merkmale in Familien verfolgt« (Gilbert 1995, S. 98). Dabei werden Distanzen eines als krankheitsauslösend klassifizierten Gens zu einem bereits bekannten DNS-Abschnitt bestimmt. Bei sog. physikalischen Karten werden räumliche, also »physikalische« Distanzen angegeben. Die Konzeption genetischer Karten zeigt, wie sich die Suche nach Genen an genetischen Abweichungen orientiert. Ziel dieser Suche ist es, ein individuelles menschliches Genom danach beurteilen zu können, ob ein bestimmtes Nukleotid »unverändert an seinem richtigen Platz sitzt oder ob es verändert ist und zu einer Krankheit führen kann« (Schmidtke 1997, S. 257). Die Bestimmung einer Abweichung setzt als Bezugsgröße die Definition einer Norm voraus, die dann als Normalität gesetzt wird. Der Zustand der als »Normalität« verstanden wird, wird hier an ein bestimmtes, definiertes Genom gekoppelt. Dabei wird nicht die DNS-Sequenz eines einzelnen Individuums etabliert, sondern aus vielen Einzelindividuen eine »kanonische Sequenz« (Schmidtke 1997, S. 252) zusammengestellt, die die gemeinsame genetische Ausstattung der Menschen darstellen soll. Um einen Standard für die Genomanalyse zu gewinnen, wird hierbei die genetische Vielfalt des Menschen auf eine Vorbildsequenz eingeschränkt. Diese vorbildliche Sequenz ermöglicht nun eine Bestimmung von genetischen Unterschieden zwischen den Menschen.[150] Brisant in Hinblick auf den Vergleich von einzelnen Genomen ist, dass die kanonische Sequenz keinen allgemeinen statistischen Mittelwert der Weltbevölkerung darstellt, sondern sich aus der Durchschnittssammlung von Sequenzen ergibt, die bei Angehörigen der Industrienationen vorkommen, die im Verbund am Genom forschen, ergibt.[151] Dieses »Konsensgenom«[152] wird demnach auf der Basis von bestimmten Machtverhältnissen als idealtypischer Normalwert konstituiert, an dem die DNS-Sequenz der einzelnen Individuen klassifiziert wird. Somit verbindet das »Konsensgenom« die Dimension des »empirisch Normalen« und des »normativ Normalen«. Es übernimmt bei der Klassifizierung menschlicher Genome sowohl Orientierungs- als auch Kontrollfunktion. In diesem Sinne begreife ich das Konsensgenom als symbolische Normalisierungslandschaft im Sinne Jürgen Links. Die Genome einzelner Individuen werden über einen Abgleich der Nukleotidsequenzen in dieser Normalisierungslandschaft verortet. Dabei wird die jeweilige Distanz zu dem »normalen« menschlichen Genom – zu dem »Konsensgenom« bestimmt. Je größer die Diskrepanz, desto schneller wird ein

---

150 vgl. HENNEN, PETERMANN, SAUTER 2000, S. 25.
151 vgl. FEYERABEND 2001, S. 14.
152 FLOWER, M. J.; HEATH, D. 1993, S. 38.

bestimmter Schwellenwert an genetischer Disposition überschritten, ab dem die Humangenetiker dann von einer Krankheit sprechen. Befürworter und Mitarbeiter des Humangenomprojektes geben an, mit der Entschlüsselung der genetischen Information die Identität des Menschen bestimmen zu können. Der Nobelpreisträger Walter Gilbert, der als Erfinder einer Methode zur Sequenzierung der DNS reges Interesse an dem Humangenomprojekt zeigte, bezeichnete dies beispielsweise als endgültige Antwort auf das Gebot »Erkenne dich selbst. In dieser Analogie formiert der Wissenschaftler die Individualität des Menschen in Form eines genetischen Codes. Über die Klassifizierung der Nukleotidsequenz als krank/gesund bzw. normal/anormal werden dann letztendlich auch die jeweiligen Individuen klassifiziert. Sie werden anhand ihrer genetischen Dispositionen in Normalitätsklassen eingeteilt. In dieser Perspektive erscheinen die Individuen als austauschbare Elemente, deren Platz über den jeweiligen Abstand zum Referenzgenom bestimmt wird. In dieser, im hierarchischen Vergleichssystem implementierten Austauschbarkeit liegt meines Dafürhaltens das Potential für eine eugenische Selektion nach genetischen Dispositionen. Die Ausrichtung des Vergleichssystems auf einen idealtypischen Normalwert zeigt insofern eine weitere Dimension von Eugenik, als dass damit implizit die materielle Verbesserung des menschlichen Genpools angelegt ist. Als Orientierungspunkt für diese Verbesserung dient das ermittelte »Konsensgenom«. Es wird zur Norm, die *die* genetische Normalität der Gattung Mensch bestimmt. Mit Hilfe gentechnischer Methoden sollen »kranke« Gene identifiziert und ersetzt werden. Auf diese Weise – so wird suggeriert – könne das Individuum ein Genom erhalten, das dem Konsensgenom entspricht und somit Normalität und Gesundheit garantiert. Befürworter dieser gentechnischen Interventionen sprechen in diesem Zusammenhang von einer »Eugenik des Normalen«, die sie positiv von einer früheren Eugenik absetzen.[153] Dieser »neuen« Eugenik ginge es nicht um eine Optimierung des einzelnen Individuums, sondern darum, dass »jeder Mensch wenigstens einen Grundstock an normalen Genen hat« (Office of Technology Assessment zitiert nach Fox Keller 1995, S. 298). Somit bildet das Konsensgenom als symbolische Normalisierungslandschaft den Bezugspunkt dieser sog. »neuen« eugenischen Konzepte. Die Entscheidung über die gentechnischen Interventionen wird dem Individuum übertragen. Als Entscheidungsgrundlage wird ihnen u.a. das Instrumentarium der genetischen Testverfahren zur Bestimmung ihres Normalitätsgrades angeboten. Ob und in welchem Umfang dieses Instrumentarium genutzt wird, hängt entscheidend davon ab, inwieweit die beschriebenen Vorstellungen genetischer Normierung über den Spezialdiskurs hinaus in der Gesellschaft diskursive Positionen definieren, die dann von sozialen Trägern der Kultur eingenommen werden können. Diese

---

153 Weitere Adjektive mit denen diese eugenischen Konzepte charakterisiert werden sind z.B. neu und liberal. vgl. hierzu: Kapitel II: Die Frage der Eugenik in der Debatte um die moderne Humangenetik.

produzieren anschließend in Form von Wir / Sie- Zuschreibungen individuelle und kollektive Subjektivitäten, »die in konkreten Zusammenhängen pragmatisch appliziert werden können« (Schulte-Holtey 1998, S. 67). Jürgen Link zufolge kann ein wesentlicher Bestandteil von Subjektivität als verinnerlichte Symbolkonstellation begriffen werden. In der Rede über das Humangenomprojekt und dessen Forschungsgegenstand werden subjektivierende und subjektformierende Symbole und Narrationen verwendet.

Das Symbolsystem rund um die DNA legt Eingriff des Menschen nah

Forscher, Journalisten, Politiker, Befürworter wie Kritiker sprechen von der DNS als »Rechtschreibung des Lebens« (FAZ) oder von der Sprache, in der Gott das Leben erschaffen hat (Clinton). In diesen Redeweisen generieren sie die DNS zu einem Symbol für das Leben. Symbolische Verfahren beschränken sich nicht auf die Vermittlung vom wissenschaftlichen Spezialdiskurs zu populären Vorstellungen. Sie betreffen bereits den Prozess wissenschaftlicher Modellbildung.[154] Modelle geben bestimmte Interpretationsrahmen vor, wie Wirklichkeit in einer Gesellschaft gedeutet werden soll. Weiter fließen in die Modellentwicklung bestimmte Interpretationsmuster des in der Gesellschaft akzeptierten elementaren Wissens ein. Vor diesem Hintergrund möchte ich die mit dem Modell der DNS-Doppelhelix verbunden Assoziationen näher betrachten.

Das Modell der DNS-Doppelhelix geht davon aus, dass die DNS immer als Doppelstrang auftritt und aus vier verschiedenen Basen aufgebaut ist, die durch Wasserstoffbrücken verbunden sind. Durch diese chemischen Verbindungen wird nach Watson und Crick der Doppelstrang zu einer Spirale aufgerollt. Diese Struktur lässt eine reißverschlussartige Teilung und Wiederverbindung der DNS während ihrer identischen Replikation plausibel erscheinen.[155] Demnach könnten die Wasserstoffbrücken zwischen den Basen aufgelöst und an jedem Einzelstrang ein neuer Strang aufgebaut werden. Damit die Erbanlagen von Zellgeneration zu Zellgeneration weitergegeben werden können, muss nach derzeitigem Wissensstand eine genaue Kopierung der genetischen Information erfolgen. Watson und Crick behaupten, dass die Basensequenz der Nukleinsäurestränge *der* Code ist, der *die* genetische Information trägt. Nach den beiden Forschern gewährleistet die spezifische Basenpaarung, dass bei der DNS- Replikation stets die genaue Basensequenz weitergegeben wird. Watson und Crick geben also über die Raumstruktur der DNS auch einen

---

154 vgl. zur Beteiligung von symbolischen Verfahren bei der Bildung wissenschaftlicher Modelle Schulte-Holtey 1998, S. 70.
155 vgl. Pörksen 2001, S. 66.

bestimmten Mechanismus der Vererbung vor. Die Biologin Regine Kollek charakterisiert das Modell der Doppelhelix als »Konzept« (Kollek 1996, S. 138), das eine »Verbindung zwischen der replikativen und der instruktiven Eigenschaft der DNS herstellt« (Kollek 1996, S. 138). Mit ihrer Behauptung, die »genetische Information« sei in den Nukleinsäuresequenzen der DNS niedergelegt, vermitteln Watson und Crick zudem eine Vorstellung von Information als Anweisung. Diese genetische Information lokalisieren sie ausschließlich in der DNS. Aufgrund dessen wird der DNS die entscheidende Rolle bei der Reproduktion der Lebensprozesse zugeschrieben. Demnach werden die Prozesse des Lebens von der DNS programmiert und vorangetrieben. Diese Vorstellung gehört inzwischen zum gültigen Wissen in der modernen okzidentalen Gesellschaft. Weizenbaum beschreibt nun, welche Implikationen, die Informationsmetapher der Vererbungsprozesse für das Verständnis des lebendigen Organismus hat. Das von Watson und Crick entwickelte Modell fällt auf einen Boden der durch das vage Verständnis vorbereitet war, das die Öffentlichkeit von Computern und von Computerschaltungen (wobei die Betonung auf dem Vorgang des Kodierens und Entschlüsselns lag) hatte und natürlich auch von deren etwas besserem Verständnis der Mendelschen Erblehre. »So war es für die Öffentlichkeit auch nicht schwer, im Knacken des genetischen Codes die Enträtselung eines Computerprogramms zu sehen und die Entdeckung der Doppel-Helix- Struktur des DNS-Moleküls als die Erläuterung des einem Computer zugrunde liegenden Verdrahtungsplanes aufzufassen.« (Weizenbaum 1978, S. 209). Die Entwicklung des Strukturmodells der DNA als Doppelhelix veranschaulicht, wie im Laufe eines Erkenntnisprozesses ein theoretischer Gegenstand – in diesem Fall die Erbinformation – in eine Serie von Bilddaten transformiert werden kann, die dann eine neue Form visueller Objekt-Präsens erzeugen. Von dieser neuen Präsens der Doppelhelix gehen starke Realitätseffekte aus. Obwohl nicht bekannt ist, in welcher Konformation das Erbmaterial in der Zelle vorliegt, wird heute allgemein von der Realität der Doppelhelix ausgegangen. Die Doppelhelix hat demnach einen »eindrucksvollen Stufenweg von den ersten vorsichtigen, unsicheren Skizzen zum stabilen öffentlichen Modell oder gar sakralen Idol zurückgelegt« (Pörksen 2001, S. 72). Jürgen Link fasst Bildlichkeiten, die derart weit in einer Kultur verbreitet sind als Kollektivsymbole. Ihm zufolge enthalten Kollektivsymbole in symbolischer verdichteter Form das gültige elementare Wissen einer Gesellschaft. Demzufolge lässt sich das Modell der Doppelhelix als Kollektivsymbol im Sinne Links charakterisieren. Über seine Symbolwirkung implementiert es Elemente des molekulargenetischen Diskurses in den in der Gesellschaft gültigen Wissensbestand. Über die Symbolwirkung des DNS-Modells wird die Konstituierung der DNS als Zentralinstanz und ein bestimmter Mechanismus der Vererbung als gültiges Wissen implementiert. Im Folgenden beschreibe ich, wie in dem molekulargenetischen Diskurs rund um die DNS mit Hilfe von Symbolen bestimmte Körpervorstellungen als Applikationsvorgaben für die Subjektbildung entwickelt werden. Dabei werde ich neben Jürgen Links Theorie der Kollektivsymbolik noch Aspekte einbeziehen, die die Biologin Donna Haraway in ihren Arbeiten entwickelt hat. Haraway und Link gehen davon aus, dass Körper in ihrer gegenwärtigen Wahrnehmungsgestalt nicht präexistente, sondern gesellschaftlich-kulturelle Gegenstände sind. Haraway charakterisiert Körper dabei als »materiell-semiotische Erzeugungsknoten« (Haraway 1995c, S. 171). Sie beschreibt wie verschiedene biologische Körper an einem Schnittpunkt entstehen, »wo sich biologisches Forschen, Schreiben und Veröffentlichen, medizinische und andere kommerzielle Praktiken, eine Vielfalt kultureller Produktionen – einschließlich der verfügbaren Metaphern und Erzählungen – überlagern«. (Haraway 1995c, S. 171) Und Jürgen Link spricht davon, dass ein seit dem 19. Jahrhundert dominanter modern-medizinischer Körper einen interdiskursiven Komplex verarbeitet, der modernes industriell-technologisches, biologisches und klinisch-medizinisches Wissen integriert. Für diese Körpervorstellungen sind ihm zufolge die Katachresen des medizinischen Körpers mit symbolischen Serien technischer Vehikel sowie mit den symbolischen Kommunikationsnetzen bestimmend. Link spricht von einem »technisch- medizinischen- Vehikelkörper«. In Anlehnung an Jürgen Link verorte ich die Symbolik, die rund um die DNS verwendet wird, in diesem Symbolsystem des technisch-medizinischen Vehikelkörpers. Mit dem Bild der DNS als Steuerprogramm gehen meines Erachtens allerdings spezifische Modifizierungen des Symbolsystems und der damit verbundenen Körpervorstellungen einher. Metaphern wie »Handbuch des Menschen« (Davies 2001, S. 55) und »Code aller Codes« zeigen, dass der klassischen Maschine »die programmierbare »transklassische« Maschine, sprich der Computer« (Trallori 1996b, S. 8) folgt. In diesem Zusammenhang werden biologische Körper als kodierte Texte konstituiert, »dessen Geheimnisse lediglich angemessenen Lesekonventionen unterliegen« (Haraway 1995c, S. 168). Die Konstituierung basiert auf der zugrunde gelegten Gültigkeit des zentralen genetischen Dogmas. Das Projekt zur Sequenzierung des menschlichen Genoms kann dann als eine praktische Antwort auf die Konstituierung biologischer Körper als kodierte Texte angesehen werden.[156] Die Idee der Genkorrektur, die für die Entwicklung und Anwendung gentherapeutischer Verfahren konstitutiv ist, rezitiert ebenfalls das Bild des biologischen Körpers als kodierten Text. Sie geht davon aus, dass ein für eine Krankheit verantwortlich gemachtes sog. defektes Gen durch seine intakte Version ersetzt werden kann, um damit eine spezifische Therapie zu entwickeln. Die mögliche therapeutische Wirkung gentechnischer Verfahren

---

156 vgl. HARAWAY 1995c, S. 179.

ist eine der wichtigsten Botschaften rund um die Entschlüsselung der DNS, die in eine breite Öffentlichkeit transportiert werden soll. Die Forscher knüpfen hierzu an etablierte literarische Schemata an.

2 Die Gralssage – Anbindung des Genomprojektes an den kulturellen Wissensbestand

Walter Gilbert, Molekularbiologe und Nobelpreisträger, bezeichnet auf einer Konferenz im März 1986 in New Mexico (USA) die Sequenzierung der DNS als den »Gral der Humangenetik«. Er fügt hinzu, die vollständige Sequenz des menschlichen Genoms sei die letzte Antwort auf das Gebot der griechischen Tempelinschrift: »Erkenne dich selbst«.[157] Er stellt die Sequenzierung des Genoms in einem symbolischen Sinnzusammenhang mit der Gralssage. Und durch die Bezugnahme auf die Tempelinschrift verstärkt er die Anbindung der Genomforschung an Mythen noch. Mythen, wie die Suche nach dem heiligen Gral, gehören als elementare Geschichten – Narrationen – zum Wissensbestand einer Kultur. Als Bestandteil des Kollektivsymbolsystems sind Mythen »wichtige gesellschaftliche Integrations- und Transformationsmedien von Wissen« (Gerhard 1984, S. 226). Der Molekularbiologe Gilbert kann daher in seiner Mythisierung der Genomforschung über das Kollektivsymbolsystem, das in allen Diskursen auftritt, auf interdiskursive Elemente zurückgreifen. Expertenwissen wird symbolisch kodiert und auf diese Weise an den Interdiskurs gekoppelt. Dieses Wissen speist somit das elementare Wissen über das Leben, über Gene und Vererbung und wird umgekehrt selbst wieder aus diesem elementaren, kulturellen Wissensbestand gespeist. Dieser Koppelungszusammenhang ermöglicht es Gilbert, die Genomforschung durch die Applikation etablierter religiöser, transzendentaler Schemata in einen traditionellen Sinnkontext einzuordnen und diesen zu funktionalisieren.

Die Gralssage und ihre gendeterministischen Effekte

Der Gral steht im Mittelalter als sakraler Gegenstand im Zentrum zahlreicher Sagen. Am Anfang der deutschen Gralsdichtung steht Wolfram von Eschenbachs Parzival. Der wundertätige Gral wird in einer Burg von Gralkönig und Gralrittern bewacht. Der junge Held der Tafelrunde um König Arthus wird für die Suche nach dem heiligen Gral auserwählt. Auf seinem Weg muss der junge Parzival große Gefahren und Prüfungen bestehen. Nach einer Reihe von Abenteuern begegnet er dann einem Fischerkönig, der an seinen Geschlechtsteilen

157 vgl. KEVLES 1995, S. 30.

verletzt ist und weder ein Kind zeugen noch sterben kann. Der König lädt den jungen Parzival ein, eine Nacht auf seiner Burg zu verbringen. Dort erscheint ihm der Gral. Am anderen Morgen verlässt jedoch Parzival die Burg ohne sich nach dem Daseinsgrund und der Herkunft des Grals zu erkundigen. Der leidende König, der durch die Kraft des Grals wider Willen am Leben gehalten wird, hätte aber nur durch diese Nachfrage erlöst werden können. Durch sein Unterlassen wird Parzival ungewollt schuldig. Nun beginnt seine einsame Irrfahrt. Der Gral, der für die Menschheit ein Hort von Glück ist, wird für den Helden zunächst zu seinem persönlichen Leid. Erst nach langen inneren Ringen wird Parzival von Gott begnadigt. Seine Gnade besteht in der Möglichkeit, den König durch rituelles Fragen nach der Herkunft des Grals zu erlösen. Der alte Gralskönig kann nun sterben und Parzival tritt seine Nachfolge an. Der unerfahrene Jüngling entwickelt sich zu einem Erlöser. In allen Sagen hat die Gralssuche etwas mit dem Erleben von Grenzsituationen menschlicher Existenz zu tun: Unglück, Trennung und Krankheit konfrontiert mit eigenen Ängsten und Schwächen, die überwunden werden müssen. Die Suche erscheint in diesem Sinne als Art Initiationsritus[158]. Am Ende der erfolgreichen Suche erwartet die Gralsritter und die Menschen des Sagenreichs die Erlösung. Der Gral verspricht Glückseligkeit, ewige Jugend, Heilung von Krankheit. Es werden unterschiedliche Quellen der Gralssage wie christliche und keltische vermutet. Sie lebte dann in der gnostischen Überlieferung weiter. Die Motive der überlieferten Sagen sind keineswegs einheitlich, haben aber eine gemeinsame innere Logik. Diese innere Leitlinie erklärt, warum und wie die Koppelung zwischen Gralssuche und Genomforschung funktioniert.

Ich differenziere diese Leitlinie unter Berücksichtigung folgender Perspektiven:
1. Wie wird das Humangenomprojekt bzw. genetisches Wissen durch die Analogie zur Gralssuche konnotiert?
2. Welche Subjektpositionen werden vermittelt?
3. Wie wird das Erbgut als Gegenstand des Wissens codiert?

Zu 1) Die Genomforschung als Heilslehre oder Sakrilegium
Durch ihren Zugriff auf den Gralsmythos koppeln die Forscher die Genomentschlüsselung an die Lehre der Gnosis. Damit setzen sie die Genomforschung mit einem systematisch gefassten Wissen um göttliche Geheimnisse in Beziehung. Die weiteren Quellenüberlieferungen der Gralssage verstärken die konnotierte Anbindung der Humangenomforschung an ein magisches, transzendentales Wissen. Die Gnosis wurde im Sinne eines umfassenden Heils des Menschen verstanden. Die Bezugnahme auf die Gralssage assoziiert somit die

---

158 vgl. NEUMANN-HELD 1996, S. 138.

Genomforschung mit einer Heilswissenschaft und implementiert eine Analogie zwischen der Suche des Menschen nach dem Verständnis seiner Selbst und der Sequenzierung des Genoms. Ein Verzicht auf die Genomforschung könnte in Übereinstimmung mit dem Versäumnis der Gralsritter nach der Herkunft des Grals zu forschen, als Unterlassungssünde interpretiert werden. Die zusätzliche Anbindung an die griechische Tempelinschrift: »Erkenne Dich selbst« verstärkt die Analogie zwischen Selbstfindung und Sequenzierung.

Zu 2) Die Experten als auserwählte Helden
Dem gnostischen Wissenssystem wird nachgesagt, dass es nur wenigen Menschen als a priori Vermögen gegeben sei. Demnach würde das Wissen von ausgewählten Menschen selbst hervorgebracht und stamme nicht aus einer Offenbarung. Experten, die über genetisches Wissen verfügen, haben somit aus sich selbst heraus quasi göttliches Wissen entwickelt. Wie die Gralssucher durchlaufen sie während der Suche einen Selbstfindungsprozess, der sich durch innerliches Ringen um Ehre auszeichnet. Der Erkenntnisprozess wird somit auch zu einem persönlichen Entwicklungsprozess der Forschenden.

Zu 3) Das Genom als Gralsgefäß
Das Genom wird durch seine Einbindung in die Mythen mit einem sakralen Gegenstand analogisiert. Über diese Anbindung können Eigenschaften und Fähigkeiten, die ursprünglich dem Gral zugeschrieben werden, auf die DNS übertragen werden. Durch diese Analogie können abstrakte Bedeutungsinhalte des molekulargenetischen Diskurses, die im Zusammenhang mit der DNS stehen, in einen tradierten Sinnkontext eingebracht und darüber dann in den Alltagsdiskurs eingebunden werden. Beispielsweise ist mit dem Begriff der Selbstreplikation der DNS ein komplexer Kopiervorgang verbunden. Die Mythisierung mithilfe der Gralssage ermöglicht es nun, dass der DNS auch im Alltagsverständnis eine autonome Teilungs- und Vermehrungsfunktion, eine generative Kraft zugeschrieben werden kann, ohne dass die biochemischen Prozesse nachvollzogen werden müssen. Regine Kollek fasst die Funktion dieser Mythisierung weiter. Sie geht davon aus, dass die generative Kraft – der Gral – nun nicht mehr in der weiblichen Fruchtbarkeit und im geschlechtlichen Zeugungsakt verortet wird, sondern auf die Doppelhelix und den darin manifestierten genetischen Code und somit in letzter Konsequenz in die Reagenzgläser der Molekularbiologen übertragen wird.[159] Mit dieser Übertragung der generativen Kraft in die Gestalt der Doppelhelix werde »nicht nur die Zyklizität von Lebensprozessen überwunden, sondern es deutet sich darüber hinaus auch eine Überwindung der Gebundenheit an die Materie an« (Kollek 1994,

---

159 vgl. Kollek 1996, S. 145.

S. 11). Diese würde es ermöglichen, »unbelebte und belebte Materie egalitär zu behandeln, ebenso wie die Zeichen unabhängig von ihren Bedeutungen« (Trallori 1996b, S. 12).

Durch die Verknüpfung der Genomforschung mit der Gralssuche wird auf symbolischer Ebene um das Genom ein neuer Schöpfungsmythos hervorgebracht, der sowohl in den wissenschaftlichen als auch in den alltäglichen Diskurs über die Gene und Vererbung einfließt. Den auserwählten Experten, denen das scheinbar göttliche Wissen um Vererbung und Gene zu teil wurde und die einen inneren Selbstfindungsprozess durchlaufen haben, scheinen jetzt verantwortlich für die Schöpfung, für das Heil des Menschen, das in seinen Genen manifestiert wird. Die innere Logik der Sage lässt jedoch offen, ob das göttliche Wissen bewahrt oder ob es erforscht werden soll. Sie bietet sowohl die autorisierte Sprecherposition der Gralsritter an, die eine Entschlüsselung der Geheimnisse anstreben, als auch die der Gralswächter an, die die göttlichen Geheimnisse als solche bewahren und vor dem Zugriff der Gralsschänder schützen wollen. Somit können sich interessanterweise Befürworter wie Gegner des Humangenomprojektes und der Genomforschung in ihrer Argumentation auf den Mythos der Gralssuche beziehen. Durch ihre jeweiligen Vergleiche mit dem heiligen Gral implementieren beide Parteien in ihren entgegengesetzten Positionen das Genom als »eine höhere, quasi göttliche Macht, die das menschliche Schicksal leitet« (Kollek 1994, S. 13).

Beide Seiten, Befürworter wie Kritiker gehen davon aus, dass die Gene weitgehend die Identität des Menschen bestimmen und begründen somit ein gendeterministisches Menschenbild.

3 Die Genomentschlüsselung in den Printmedien

Die Anbindung des Genomprojektes an die Gralssage trug gerade bei der Initiierung und in der Anfangsphase des Projektes erheblich zu dessen Akzeptanz in der Öffentlichkeit bei. Mit der Entschlüsselung ist ein gesetztes Ziel des Projektes inzwischen erreicht. Die folgende Artikelserie dokumentiert eine Diskussion über die forschungs- und gesellschaftspolitischen Konsequenzen der Genomentschlüsselung. Im Mittelpunkt dieser Diskussion steht die Frage, ob die Erkenntnisse des Projektes zur Entwicklung einer sog. neuen Eugenik beitragen. Ich untersuche exemplarisch, welche Argumentationslinien die Printmedien der breiten Öffentlichkeit in Hinblick auf diese Fragestellung vorgeben. Dabei frage ich, auf welche Wissensformationen der Genetik und Evolutionstheorie die Autoren in diesem Zusammenhang rekurrieren und wie sie dann dieses spezialisierte Wissen für eine breite Öffentlichkeit aufbereiten.

Genomentschlüsselung und der biopolitische Diskurs im Jahr 2000

James D. Watson nimmt die vollständige Entschlüsselung des menschlichen Genoms zum Anlass, in einem in der Frankfurter Allgemeinen veröffentlichten Artikel »Ethik des Genoms« eine neue Eugenik anzukündigen. Sein Artikel löst eine kontroverse Diskussion über eugenische Tendenzen in der gegenwärtigen Embryonenforschung und in der modernen Humangenetik aus. In der Diskussion werden neben der Genomentschlüsselung noch weitere Themenbereiche wie die Entwicklung und die Forschung mit embryonalen Stammzellen[160] und die Präimplantationsdiagnostik[161] angesprochen. Die zentrale Frage in dieser kontrovers geführten Diskussion ist die Frage nach der Menschenwürde des Embryos und damit einhergehend nach den Menschenrechten des Embryos.

Ereignisse rund um die Genomentschlüsselung im Jahr 2000
Die Umweltschutzorganisation Greenpeace macht im Februar 2000 darauf aufmerksam, dass ein der Schottischen Universität von Edinburgh erteiltes und am 8.12.1999 im Patentblatt des europäischen Patentamts veröffentlichtes Patent die Genmanipulation von menschlichen Stammzellen und Embryonen mit einschließen kann. Das Patent bezieht sich auf ein Verfahren zur Isolierung, Selektion und Vermehrung pluripotenter und embryonaler Stammzellen[162]. Verfahren zur Veränderung der genetischen Keimbahn und die Verwendung von menschlichen Embryonen zu industriellen oder kommerziellen Zwecken sind aber nach der Biopatentrichtlinie ausgeschlossen. Anfang März veröffentlicht die Bundesärztekammer im Deutschen Ärzteblatt einen Diskussionsentwurf einer Richtlinie zur Durchführung der Präimplantationsdiagnostik, der von ihrem wissenschaftlichen Beirat erarbeitet worden war. Der Entwurf befürwortet die Präimplantationsdiagnostik in Grenzen. Demnach soll die PID für wenige Einzelfälle, geprüft durch eine zentrale Ethikkommission zugelassen werden. Dieser Vorschlag löste in der Öffentlichkeit und innerhalb der Ärzteschaft Kritik aus. Ende März beschließt dann der Bundestag einstimmig, eine Enquete-Kommission einzusetzen, die sich mit rechtlichen und ethischen Fragen in der Medizin befassen wird. Das Gremium soll die Grenzbereiche der modernen Medizin ausloten und das Parlament bei Gesetzesvorhaben unter-

---

160 Mit der embryonalen Stammzellforschung sollen neue Therapien für bislang unzureichend behandelbare Krankheiten entwickelt werden. Dabei bezeichnet man als »embryonale Stammzellen« undifferenzierte Zellen, die aus frühen menschlichen Embryonen gewonnen werden. Nach der Vorstellung der Forscher könnte man mit diesen Zellen alle verschiedenen Zelltypen des menschlichen Organismus im Labor züchten, um damit krankhaft geschädigte oder zerstörte Gewebe von schwer kranken Menschen zu ersetzen.
161 Das Ziel der Präimplantationsdiagnostik ist, im Labor gezeugte Embryonen vor der Überführung in die Gebärmutter der Frau genetisch zu testen.
162 In der Beschreibung der Erfindung wird der Begriff »tierische Zellen« dahin gehend definiert, dass er alle tierischen Zellen, insbesondere Säugerzellen, einschließlich menschlicher Zellen umfasst.

stützen. Weiter gibt J. Craig Venter, Präsident der Firma Celera Genomics, am 6. April vor dem Energieausschuss des amerikanischen Kongresses die Entzifferung des ersten menschlichen Genoms bekannt. Venters spricht von einer vollständigen Erkenntnis der Lebensprozesse, die es ermöglichen soll »endlich Krankheiten direkt an der Wurzel behandeln und heilen zu können.« (Venter 2000) Sein Ziel ist es, aus menschlichen Genen neue medizinisch wichtige neue Gene zu entwickeln, die von pharmazeutischen und biotechnologischen Unternehmen verwendet werden. Patentiert werden sollen 100-300 erstmals isolierte Gene, die zur Behandlung von Krankheiten wichtig sind. Wer Patente auf Gene hält, kann entsprechende genetische Testverfahren auf den Markt bringen. In Anbetracht dieser Möglichkeit warnt Jeremy Rifkin in der Frankfurter Allgemeinen Zeitung vom 11.04.00 davor, dass es im einundzwanzigsten Jahrhundert zu Genkriegen kommen wird.[163] Im Zuge der Entschlüsselung von Gensequenzen kündigt am 28. April die Bundesforschungsministerin Edelgard Buhlmann ein Gesetz zum Umgang mit Genom-Daten an, mit dem sie das Recht am eigenen Erbgut sichern will. Zwangstests auf Wunsch des Arbeitgebers oder von Versicherungen sollen verhindert werden. Schließlich legt die Universität Edinburgh dem europäischen Patentamt am 3. Mai eine geänderte Version des umstrittenen Patents zur Isolierung und Züchtung von Stammzellen (EP 0695351) vor. Die Universität schließt fortan die genetische Manipulation menschlicher Keimzellen aus und beansprucht ausschließlich die Züchtung von »nicht-menschlichen Tieren«. Anfang Mai wird dann das Chromosom 21 von einem deutsch-japanischen Konsortium fast vollständig entschlüsselt. Dabei identifizieren die Forscher Gene, denen Krankheiten wie Trisomie 21, Formen von Alzheimer, Leukämie, Epilepsie oder Autoimmunkrankheiten zugeschrieben werden. In diesem Monat macht zudem Greenpeace einen Gesetzentwurf des Bundesjustizministeriums öffentlich, nach dem unter bestimmten Voraussetzungen auch Patente auf Teile des menschlichen Körpers und menschlichen Erbguts zulässig sein sollen. Die gentechnischen Möglichkeiten, die mit der Entschlüsselung des Genoms verbunden werden, führen wiederholt zu einer kontroversen Diskussion über die Notwendigkeit und die Wege, die Menschenrechte zu schützen. Vor diesem Hintergrund fordert der Deutsche Ärztetag am 12. Mai die Bundesregierung auf, die Menschenrechtskonvention zur Biomedizin des Europarates von 1997 zu unterzeichnen. Denn nach Ansicht des Deutschen Ärztetages können nur durch die Unterzeichnung der umstritten Bioethik-Konvention die gezielten Eingriffe in die Keimbahn des Menschen und die Patentierung des menschlichen Genoms verboten und Gentests an Gesundheitsbezogene Zwecke gebunden werden. Im Gegensatz zu der Ansicht des deutschen Ärztetages hatten damals gerade die Regelungen der Konventi-

---

163 vgl. Rifkin, Jeremy: Wir werden Kriege um Gene führen, FRANKFURTER ALLGEMEINE ZEITUNG, Nr. 86 vom 11.04.2000.

on zum Umgang mit genetischen Tests breite öffentliche Kritik ausgelöst.[164] [165] Die Schutzfunktion, die der Bundesärztetag der Bioethikkonvention im Kontext der Genomentschlüsselung zuschreibt, ist somit äußerst umstritten. Ende Mai führt dann das Gesundheitsministerium ein dreitägiges Symposion über »Fortpflanzungsmedizin in Deutschland« in Berlin durch, an dem neben Experten auch kritische Gruppen teilnehmen. Zentrale Themen sind die Präimplantationsdiagnostik und das deutsche Embryonenschutzgesetzes. Im Mittepunkt der kontroversen Diskussion steht die Frage: Wann beginnt menschliches Leben? Die Gesundheitsministerin Andrea Fischer kündigt eine Verabschiedung eines Fortpflanzungsmedizingesetzes noch in dieser Legislaturperiode an. Ebenfalls im Mai wird zusätzlich zu dem von Ministerin Fischer neu besetzen Ethikbeirat des Bundesministeriums für Gesundheit noch die Enquete-Kommission »Recht und Ethik der modernen Medizin« des Deutschen Bundestages eingesetzt. Im Juni wird nun bekannt, dass die Deutsche Forschungsgemeinschaft im Rahmen eines Schwerpunktprogramms embryonale Stammzellen aus den USA importieren. Als Wissenschaftler des öffentlich geförderten Human Genomprojekts in diesem Monat ebenfalls bekannt geben, dass 97% der Basenpaare des menschlichen Genoms sequenziert sind, intensiviert sich noch einmal die Diskussion um die Methode und den Zeitpunkt der Entschlüsselung des Genoms. In den Medien wird die Entschlüsselung zu einem Wettlauf zwischen staatlichen und privaten Forschungsgruppen stilisiert. Ein zentraler Streitpunkt in der Diskussion ist die Frage nach möglichen Genpatenten. Handelt es sich bei einer Gensequenz und deren Entschlüsselung um einer Erfindung, die prinzipiell patentfähig ist oder nur um eine nicht patentfähige Entdeckung? Jens Reich, Molekularbiologe und Sprecher des deutschen Human-Genom-Projekts sieht in dem Streit um Genpatente einen stellvertretenden Kriegsschauplatz. Nach ihm geht es eigentlich »um die weltanschauliche Frage, wie weit die Menschheit die technische Inbetriebnahme der Natur betreiben will, die das Erfolgsrezept ihres Aufstiegs aus der Savanne Afrikas zum Beherrscher und Gestalter der Biosphäre war.« (Reich 2000) Weitere namhafte Wissenschaftler oder Politiker werden in den Medien zur Entschlüsselung des Genoms interviewt. Gesundheitsministerin Andrea Fischer mahnt in der Frankfurter Allgemeinen Zeitung vom 28. Juni 2000 zu einem verantwortungsbewussten Umgang: »Man darf den Patienten, die an Krebs, Parkinson oder Alzheimer leiden nicht versprechen, dass sie morgen geheilt

---

164 Gemäß der Konvention können Arbeitgeber und Versicherungen zu eigenen Zwecken über Gentestergebnisse verfügen, sie müssen nur von anderer Seite erhoben worden sein. Darüber hinaus sind Möglichkeiten offen gelassen worden, die es Arbeitgebern ermöglichen, prospektive Arbeitskräfte vor der Einstellung einem genetischen Test zu unterziehen.
165 vgl. Äußerungen der Bioethik-Konvention zu Gentests und Embryonenforschung BRAUN 2000, S. 234ff.

sein werden.« (Fischer zitiert nach Illies, Florian; Kaube, Jürgen 2000) Andererseits kann man ihrer Ansicht nach auch nicht einfach für einen Verzicht postulieren. »Das muss scheitern, weil die Heilungsversprechen groß sind.« (Fischer zitiert nach Illies, Florian; Kaube, Jürgen 2000) Sie prognostiziert, dass die Debatte anlässlich der Entschlüsselung des Genoms etwas über die moralischen Wertevorstellungen der Mehrheit unserer Gesellschaft verrät, was bislang verschüttet war. In der gleichen Ausgabe der Zeitung wird bereits über eine neue Eugenik debattiert. Der Molekularbiologe James D. Watson pariert auf die Frage nach der Salonfähigkeit einer neuen Eugenik damit, »dass Individuen das Recht haben sollten, ihre Zukunft oder diejenige ihrer Kinder zu perfektionieren.« (Watson 28.06.2000) Zudem plädiert er dafür, die Evolution zu verbessern, »sofern wir damit gesündere und klügere Wesen schaffen.« (Watson 28.06.2000) Watson verkündet also bereits zu einem früheren Zeitpunkt ohne merkliche Resonanz die Grundzüge seiner Ethik, die einige Monate später zu einem umstrittenen Medienereignis wird. Am 4. Juli kündigt der Parlamentarische Staatssekretär im Bundesforschungsministerium Wolf-Michael Catenhusen an, dass die Biomedizin mit zusätzlichen 54 Mill. Mark gefördert werden soll, um der deutschen Genom Forschung einen Schub nach vorne zu geben. Im August zeigen australische Wissenschaftler mit Experimenten an Mäusen, dass beliebige Körperzellen im Labor geklont und die daraus gewonnenen embryonalen Stammzellen zu transplantierbaren Geweben herangezüchtet werden können. Wenige Wochen nach der Entschlüsselung des Genoms tauchen dann in den Medien schließlich Watsons philosophische Reflexionen darüber auf, welche Konsequenzen aus der Sequenzierung gezogen werden sollten. Der Nobelpreisträger setzt sich in seinem in der Frankfurter Allgemeinen Zeitung veröffentlichten Artikel »Ethik des Genoms« (Watson 26.09.2000) für die Selektion erbgeschädigter Embryonen ein. James D. Watson argumentiert, wir dürfen die Evolution nicht Gott überlassen, sondern müssen sie selbst in die Hand nehmen. Er löst damit eine breite Diskussion über die Möglichkeit einer sog. neuen Eugenik und über deren ethischen und sozialen Folgen aus. Anfang November erlaubt die britische Regierung den Versicherungen des Landes die Benutzung von Gentest. Ebenfalls im November wird berichtet, dass in Estland im Rahmen eines Forschungsprojekts eine genetische Datenbank mit dem Erbgut der gesamten Bevölkerung erstellt werden soll. In Deutschland fordert dann am 22. November 2000 der Parlamentarische Staatssekretär im Bundesforschungsministerium Wolf-Michael Catenhusen ein Gentest-Gesetz. Die kontroverse Diskussion über die Möglichkeiten der Gentechnik und Reproduktionstechnologie spitzt sich zum Jahresende hin noch einmal zu als im Dezember Großbritannien das therapeutische Klonen erlaubt und die Forschung mit embryonalen Stammzellen zulässt. Erstmals schaltet sich der Bundeskanzler Gerhard Schröder in die Kontroverse ein. In einem in der Zeitung der Woche publizierten Grundsatzbeitrag wendet er sich »gegen ideologische Scheuklappen und grundsätzliche Verbote« (Schröder zitiert nach FAZ 21.12.00) in der Debatte über die Möglichkeiten der Gentechnik. Er plädiert dafür, das Embryonenschutzgesetz im Lichte der rasanten gentechnischen und medizinischen Entwicklung zu überprüfen. Zudem müsse darüber diskutiert werden, die in vielen EU-Ländern praktizierte Präimplantationsdiagnostik zuzulassen. Unterstützt wird der Bundeskanzler von dem designierten Staatsminister für Kultur, dem Philosophen Julian Nida-Rümelin. Er spricht in einem Artikel, der in der Berliner Zeitung veröffentlicht wird, Embryonen die »Fähigkeit zur Selbstachtung« und damit die Menschenwürde ab.

Exemplarische Analyse:
Watsons Plädoyer für eine Selektion sog. erbgeschädigter Embryonen

Die Redaktion der FAZ kündigt Watsons Plädoyer für eine Abtreibung erbkranker Föten auf der Titelseite links oben in der Ecke neben dem »Aufmacher« dieser Ausgabe an. Seine zentralen Aussagen fasst sie in Form einer Meldung zusammen. Dabei reduziert die Redaktion Forderungen des Molekularbiologen im Wesentlichen auf »ein Recht auf gesunde Kinder«. Die Redakteure formieren in ihrem »Eckenbrüller« (FAZ 1998, S. 15), wie die Spitzenmeldung genannt wird, explizit einen Rechtsanspruch auf gesunde Kinder. Diesen Anspruch formuliert der Nobelpreisträger in seinem Artikel in dieser Form nicht. Er spricht lediglich von einem Recht auf Abtreibung. Der Artikel, der die Entschlüsselung des menschlichen Genoms zum Anlass nimmt, erscheint dann in einer deutschen Übersetzung als »Aufmacher« auf der Aufschlagseite des Feuilletons. Die Einordnung des dreispaltigen Textes in diesem Ressort erscheint auf den ersten Blick ungewöhnlich. Denn schließlich ist der Autor des Textes ein Nobelpreisträger für Molekularbiologie und naturwissenschaftliche Forschungsergebnisse erscheinen sonst oft in der Beilage der Zeitung »Natur und Wissenschaft«. Im Feuilleton dagegen »soll Persönliches, Erlebnishaftes, Angeschautes« (FAZ 1998, S. 68) mitsprechen. In diesem Ressort verschaffte die FAZ ihrer Selbstdarstellung zufolge ihren Lesern bereits einige Male die Möglichkeit, an einer »Debatte über die kulturellen Grundwerte teilzunehmen.« (FAZ 1998, S. 66) Die Überschrift »Die Ethik des Genoms« macht dann aber deutlich, dass es dem Autor weniger um die Vermittlung neuer naturwissenschaftlicher Erkenntnisse als vielmehr um die Auseinandersetzung mit gesellschaftlichen Werten geht. In dieser Hinsicht steht Watsons Artikel für einen neuen Trend im FAZ-Feuilleton: In diesem Ressort wird im Jahr 2000 die Auseinandersetzung um gesellschaftliche Grundwerte naturwissen-

26. Sept. 00

Frankfurter Allgemeine Zeitung

Die Ethik des Genoms

Warum wir Gott nicht mehr die Zukunft des Menschen überlassen dürfen / Von James D. Watson

Der Erfolg der Entschlüsselung des menschlichen Erbguts wird unsere Gesellschaft mit völlig neuen ethischen Fragestellungen konfrontieren.

Für mich hat die Genom-Kartierung zwei wesentliche Ziele. Das erste besteht eindeutig darin, daß die Medizin nun sehr viel schneller in der Lage sein wird, krankheitserzeugende Gene zu identifizieren. Die meisten erblich bedingten Krankheiten beschränken sich nicht auf seltene Fälle, die nur wenige Familien betreffen, sondern umfassen ein breites Spektrum von verbreiteten Krankheiten wie Diabetes, Arteriosklerose, Alzheimer und viele Krebserkrankungen.

Die zweite wichtige Bedeutung der Genom-Kartierung liegt in der Tatsache begründet, daß das Genom als der grundlegende Bauplan unseres Lebens Instruktionen für die normale Entwicklung und Funktionsweise des menschlichen Körpers bereitstellt. Wir verdanken es nämlich nicht unserer Umwelt, sondern unserer Natur, also unseren Genen, daß wir Menschen und keine Schimpansen sind. Dies bedeutet keinesfalls, daß zwischen unserer genetischen Ausstattung und der von Affen gravierende Unterschiede bestehen. Tatsächlich führen die jeweils 100 000 Gene von Affen und Menschen ungefähr die gleichen biochemischen Aufgaben aus. Aber die fünf Millionen Jahre Evolution, die uns von Schimpansen trennen, haben zu einschneidenden Abweichungen von unseren Affenvorfahren geführt, und diese Abweichungen betreffen sowohl die genaue Zeit, zu der manche menschlichen Gene wirken, als auch die Häufigkeit, mit der sie ihre jeweiligen Proteinprodukte erstellen.

Allmähliche Veränderungen bestimmter Schlüsselgene haben dazu geführt, daß der erwachsene menschliche Organismus viele Eigenschaften des jungen Schimpansen beibehält. So ähnelt zum Beispiel die Form eines ausgewachsenen menschlichen Hirns der eines Schimpansen-Babys, und unser Mangel an Körperbehaarung erinnert ebenfalls an den Zustand eines Schimpansen-Jungen. Wenn das Humangenomprojekt abgeschlossen sein wird, wird es in unserer Macht liegen, die grundlegenden genetischen Eigenschaften zu erkennen, die uns zu Menschen machen. Einen zentralen,

„Wenn das Humangenomprojekt abgeschlossen sein wird, wird es in unserer Macht stehen, die grundlegenden genetischen Eigenschaften zu erkennen, die uns zu Menschen machen."

Feuil

die Verantwortung auferlegen, sich über ihre genetische Verfassung zu informieren, bevor sie sich fortpflanzen? Wird es in Zukunft als unmoralisch gelten, die Geburt von Kindern mit gravierenden genetischen Defekten zuzulassen? Und können diese Kinder später rechtlich gegen ihre Eltern vorgehen, weil diese nicht verhindert haben, daß ihre Kinder mit nur einer kleinen Chance auf ein Leben ohne physisches und seelisches Leiden auf die Welt kamen?

Denjenigen, die diese Positionen vertreten, muß folgendes entgegengehalten werden: Wenn wir versuchen, das genetische Schicksal unserer Kinder zu bestimmen, handeln wir wie Eugeniker, die auf den

„Kann man Menschen zum Beispiel die Verantwortung auferlegen, sich über ihre genetische Verfassung zu informieren, bevor sie sich fortpflanzen? Wird es in Zukunft als unmoralisch gelten, die Geburt von Kindern mit gravierenden genetischen Defekten zuzulassen? Und können diese Kinder später rechtlich gegen ihre Eltern vorgehen, weil diese nicht verhindert haben, daß ihre Kinder mit nur einer kleinen Chance auf ein Leben ohne physisches und seelisches Leiden auf die Welt kamen?"

schrecklichen Spuren der Nazis wandelten, die ebenfalls genetische Argumente anführten, um in Gaskammern errichteten, um 250 000 bereits sterilisierte Insassen aus den psychiatrischen Institutionen der Zeit vor dem Zweiten Weltkrieg umzubringen. Während die Eugenik im frühen zwanzigsten Jahrhundert fast als zukunftsträchtige Bewegung galt und von vielen prominenten Amerikanern unterstützt wurde, lehren uns die schrecklichen späteren Praktiken der Nazis, daß eugenische Argumente in Zukunft eingesetzt werden könnten, um die Vernichtung vorgeblich nichtswürdiger politischer Philosophien oder ethnischer Gruppen zu propagieren.

Solche Befürchtungen werden nicht nur von Minderheiten geäußert, die um ihre Zukunft fürchten, sondern auch von vielen Deutschen, deren Empörung über ihre eigene Geschichte dazu führt, daß sie die Gentechnik in jeder Hinsicht ablehnen, weil sie glauben, daß die neuen genetischen Technologien einen Nährboden für die Wieder-

zubrechen, weil sie hoffen, daß ihr nächstes Kind gesund sein wird.

Läßt man im Namen Gottes unnötige persönliche Tragödien geschehen, so wird dies sowohl diejenigen aufbringen, die nach weniger dogmatischen Regeln leben, als auch viele Anhänger von religiösen Gruppierungen, deren Führer die absolute Unantastbarkeit allen menschlichen Lebens verkünden. Letztere werden sich nämlich fragen, ob die Worte Gottes, so wie sie hier ausgelegt werden, tatsächlich wichtiger sind als die Gesundheit ihrer Kinder oder der Kinder ihrer Freunde.

Auf lange Sicht ist es unvermeidbar, daß jene Instanzen, die von ihren Anhängern verlangen, sich im Namen Gottes Leid zuzumuten, sich mit ihren immer hohler klingenden moralischen Verkündigungen isolieren, bis man sie schließlich ignorieren wird.

Und trotzdem sollte es uns nicht überraschen, wenn es zu immer stärkerem Widerstand gegen das Humangenomprojekt kommt. Denn dieses Projekt gilt als das exponierteste Symbol einer evolutionsbiologischen und genetischen Auffassung der menschlichen Existenz. Da aber die medizinischen Anliegen des Genomprojekts kaum von der Hand zu weisen sind, werden die Kritiker betonen, daß das reduktionistische Menschenbild des Projekts der spirituellen Dimension unserer Existenz nicht gerecht wird. Diese Dimension, so werden die Gegner hervorheben, habe weit größeren Einfluß darauf, ob wir in unserem Leben Erfolg haben oder versagen, als unsere Gene. Mit diesem Argument wird man fordern, daß wir unser Geld besser ausgeben sollten, um unsere ökonomischen und moralischen Lebensbedingungen zu verbessern, anstatt nach Genen zu suchen, die, nach Meinung dieser Kritiker, keinen großen Einfluß auf unsere Gesundheit und unser Sozialverhalten haben.

Aber allmählich müssen wir uns der Erkenntnis stellen, daß all die Mittel, die für die obengenannten Zwecke verwendet werden, nichts an den erschütternden Tragödien ändern werden, die Erbkrankheiten im Leben vieler Menschen anrichten. Aus diesem Grund wird es während der nächsten Jahrzehnte einen immer stärkeren Konsens darüber geben, daß Menschen das Recht haben, dem Leben erbgeschädigter Föten ein Ende zu setzen.

Es bleibt allerdings die Frage bestehen, wem die Entscheidung über den Abbruch einer Schwangerschaft überlassen werden sollte. Diese Wahl sollte unter keinen Umständen dem Staat gewährt werden, da selbst in unserer recht homogenen Kultur keine Einigkeit darüber herrscht, welche künftigen Lebensformen gefördert werden sollten. Die Entscheidung ist einzig Sache

Abbildung 3

"Einen zentralen Meilenstein bildet die Gruppe von Instruktionen, die zur Entwicklung jener Eigenschaften unseres Gehirns geführt haben, denen wir es verdanken, daß wir lesen und schreiben können."

wenn auch noch längst nicht erreichten Meilenstein auf diesem Weg bildet die Gruppe von Instruktionen, die zur Entwicklung jener Eigenschaften unseres Gehirns geführt haben, denen wir es verdanken, daß wir lesen und schreiben können.

Der Widerstand gegen die Kartierung des Genoms speist sich aus Ängsten, die die ethischen, rechtlichen und sozialen Folgen der neuen Erkenntnisse betreffen. Befürchtet wird vor allem, es könnten neue Formen der Diskriminierung entstehen, durch die Menschen mit einer genetischen Disposition für schwere Krankheiten auf dem Arbeitsmarkt und im Versicherungsfall benachteiligt würden.

Die Frage, wie genetisches Datenmaterial vor Mißbrauch geschützt werden kann, spielt für diese Befürchtungen eine entscheidende Rolle. Darüber hinaus sorgen sich Kritiker aber auch darum, ob wir als Menschen mit dem immer umfassenderen Wissen über unsere Gene überhaupt umgehen können. Und wann werden wir in der Lage sein, jedem Bürger das genetische Wissen zu vermitteln, das er benötigen wird, wenn er in der Lage sein soll, in aufgeklärter Weise mit den neuen Informationen und ihren Folgen umzugehen?

Um diese Probleme in Angriff zu nehmen, haben wir zu Beginn des Humangenomprojekts in den Vereinigten Staaten ein spezielles neues Programm auf den Weg gebracht, das sich mit den ethischen, rechtlichen und sozialen Implikationen des Genomprojekts auseinandersetzen sollte („Elsi"). Als dieses Programm 1989 initiiert wurde, haben wir drei Prozent der Mittel für die Genomforschung für Initiativen wie diese verwandt; heute fließen fünf Prozent der Forschungsgelder in Programme dieser Art.

Die Anliegen des Elsi-Programms werden dadurch kompliziert, daß unterschiedliche Erbkrankheiten – dies wird immer deutlicher – ganz unterschiedliche ethische, rechtliche und soziale Probleme aufwerfen. Wir müssen mit den Schwierigkeiten von Patienten, die an zystischer Fibrose leiden und dreißig Jahre oder sogar älter werden können, ganz anders umgehen als mit den Opfern der Tay-Sachs-Krankheit, die unter schrecklichen Bedingungen höchstens das zweite Lebensjahr erreichen. Bisher hat nur der Staat Kalifornien eine Gesetzgebung geschaffen, die darauf abzielt, die auf genetischem Wissen basierende Diskriminierung von Versicherungskunden zu unterbinden, während es noch keine Regulierungen oder Gesetze gibt, die individuelles genetisches Datenmaterial schützen.

Selbst wenn ein ausreichendes Regel- und Gesetzeswerk existierte, gäbe es noch viele Problemfälle, denen man mit diesen Instrumenten nur schwer gerecht werden könnte. Kann man Menschen zum Beispiel lebung rassistischer eugenischer Maßnahmen bieten.

Ähnlich starker Widerstand gegen Programme zur Verhinderung der Geburt schwer genetisch behinderter Kinder kommt von Menschen, die glauben, daß alles menschliche Leben die Existenz Gottes widerspiegelt und daher mit allen Möglichkeiten, die uns zur Verfügung stehen, versorgt und unterstützt werden sollte.

Diese Menschen glauben auch, daß erblich behinderte Föten die gleichen existentiellen Rechte haben wie jene, denen ein gesundes und produktives Leben gegeben ist. Solche Argumente sind allerdings nicht überzeugend für all jene von uns, denen die religiös motivierte Behauptung der Unantastbarkeit des Lebens nicht einleuchtet und die statt dessen glauben, daß menschliches und anderes Leben nicht von Gott geschaffen wurde, sondern durch einen evolutionären Prozeß entsteht, der den Darwinschen Prinzipien der natürlichen Auslese folgt.

Dies bedeutet indes keineswegs, daß Menschen keine Rechte hätten. Natürlich haben sie solche, aber diese Rechte sind nicht auf eine göttliche Schöpfung zurückzuführen, sondern auf soziale Verträge, die Menschen untereinander abschließen, weil sie erkannt haben, daß menschliche Gesellschaften ihre Existenz nur durch Regeln sichern können, die Stabilität und Vorhersagbarkeit garantieren. Eine der wichtigsten dieser Regeln ist das in praktisch allen Gesellschaften gültige Verbot der Tötung von Mitmenschen, wenn nicht notwendige Selbstverteidigung geboten ist. Ohne diese Regel wäre die Überlebensfähigkeit einer

„Ich sehe nur unnötiges Leid durch Gesetze entstehen, die auf der Grundlage der Macht willkürlicher religiöser Eingebungen die Geburt erblich behinderter Kinder erzwingen, obwohl die Eltern es vorziehen würden, solche Schwangerschaften abzubrechen, weil sie hoffen, daß ihr nächstes Kind gesund sein wird."

menschlichen Gesellschaft entscheidend eingeschränkt und niemand könnte sicher sein, daß ihm all jene erhalten bleiben, die er liebt und von denen er abhängig ist.

Andererseits würde die Abtreibung eines genetisch behinderten Fötus nicht das Leben derjenigen einschränken, in deren Welt dieses Kind sonst hineingeboren worden wäre. In einem solchen Fall sollte tatsächlich vielmehr die Erleichterung darüber im Vordergrund stehen, daß niemand gezwungen wurde, ein Kind zu lieben und aufzuziehen, dessen Leben niemals Anlaß zur Hoffnung auf Erfolge gegeben hätte.

Ich sehe daher nur unnötiges Leid durch Gesetze entstehen, die auf der Grundlage der Macht willkürlicher religiöser Eingebungen die Geburt erblich behinderter Kinder erzwingen, obwohl die Eltern es vorziehen würden, solche Schwangerschaften ab- sollten. Die Entscheidung ist einzig Sache der künftigen Mutter und des Vaters (sofern er sich seiner elterlichen Verantwortung stellt).

Eine solche nichtregulierte Entscheidungsfreiheit eröffnet natürlich die Möglichkeit unverantwortlicher Entscheidungen, die allen Beteiligten nur Leid zufügen können. Aber wir sollten von komplizierten

„Wir sollten von komplizierten genetischen Entscheidungssituationen nicht erwarten, daß sie besser gelöst werden als so viele andere Probleme unseres Lebens. Und wir haben Grund zu der Hoffnung, daß wir bessere Entscheidungen treffen werden, sobald wir mehr über die Folgen des genetischen Würfelwurfs wissen. Wenn wir dieses Wissen erlangen wollen, müssen wir der Genetik eine wesentlich wichtigere Rolle in unseren Lehrplänen beimessen."

genetischen Entscheidungssituationen nicht erwarten, daß sie besser gelöst werden als so viele andere Probleme unseres Lebens. Und wir haben Grund zu der Hoffnung, daß wir bessere Entscheidungen treffen werden, sobald wir mehr über die Folgen des genetischen Würfelwurfs wissen.

Wenn wir dieses Wissen erlangen wollen, müssen wir der Genetik eine wesentlich wichtigere Rolle in unseren Lehrplänen beimessen. Genauso wichtig ist, daß die angemessenen genetischen Vorsorgeuntersuchungen allen Bürgern unabhängig von ihrem ökonomischen und sozialen Status zugänglich sind.

Gleichzeitig müssen wir begreifen, daß die menschliche Gesellschaft nur zögerlich zu einer genetischen Zukunft vorstoßen wird. Selbst die stärksten Befürworter genetischer Forschung werden von Zeit zu Zeit befürchten, wir könnten zu schnell in jene Rolle hineinwachsen, die wir in der Vergangenheit den Göttern zugedacht haben. Damals konnten nur die Götter die Zukunft vorhersagen und unserem künftigen Schicksal eine gute oder schlechte Wendung geben. Heute liegt dies zum Teil in unseren eigenen Händen.

Diese Situation macht vielen Menschen angst, denn sie fürchten, daß wir unsere Macht dazu mißbrauchen könnten, statische und genetisch segregierte Gesellschaften zu erschaffen, in denen nicht allen Bürgern die Aussicht auf Hoffnung und Menschenwürde gegeben wäre.

Wenn wir also mit Hilfe der Genetik in eine bessere Zukunft vorstoßen wollen, müssen wir diesen Weg mit Vorsicht und viel Demut beschreiten.

Der Autor ist Molekularbiologe am Cold Spring Harbor Laboratory in New York. Zusammen mit Francis Crick entdeckte er die Doppelhelixstruktur des Erbguts, für die er 1962 den Nobelpreis erhielt.

Aus dem amerikanischen Englisch von Julika Griem.

schaftlich gewendet. In einem Interview mit dem Spiegel äußert sich Frank Schirrmacher, Mitherausgeber der »FAZ«, über diese Trendwende. Er spricht von der Entstehung einer sog. »dritten Kultur«, die eine Umstrukturierung des Ressorts notwendig macht. Dabei beschreibt er diese »dritte Kultur« als Synthese aus menschlicher und künstlicher Intelligenz und charakterisiert sie durch die Unsterblichkeit von Menschmaschinen. Die Feuilletonisten sieht er als »Dolmetscher dieser aufregenden Prozesse der so genannten third culture.« (Schirrmacher zitiert nach Der Spiegel, 24 / 2000) In diesem Sinne erscheinen im FAZ-Feuilleton umfangreiche Artikel über Gentechnik, Robotik und Nanotechnologie. In dieser Ausgabe präsentiert die Redaktion Watsons »genetische Weltsicht« unkommentiert. In jeder Textspalte hebt sie die Passagen hervor, die sie für zentral hält. Dabei wiederholt sie den Text und trennt diesen graphisch als Block vom übrigen Text ab. So vermittelt die Redaktion ihren Lesern die zentral erscheinenden Botschaften auf einen Blick. Die Textblöcke behandeln die drei Themenbereiche des Artikels, mit denen sich James D. Watson in seinem Artikel auseinandersetzt:

I. Die Bedeutung des Humangenomprojektes: Das Humangenomprojekt und die Generierung von Wahrheiten
II. Der Umgang mit Embryonen mit genetischen Defekten: Plädoyer für die Abtreibung genetisch behinderter Embryonen
III. Die Entscheidungssituation zukünftiger Eltern: Die freie, informierte Entscheidung als Element der elterlichen Verantwortung.

Eine Beschreibung der Textstruktur

Der Artikel lässt sich neben Einleitung und Schluss in drei Themenbereiche gliedern, die jeweils noch in kleinere Sinneinheiten untergliedert sind.[166] [167]

1-6: Einleitung: Neue ethische Herausforderungen
Gleich zu Beginn des Textes konfrontiert James D. Watson, Molekularbiologe und Mitinitiator des Humangenomprojektes seine Leserschaft mit seiner Schlussfolgerung, die er aus der Entschlüsselung des Genoms zieht: Die Gesellschaft muss sich mit neuen ethischen Fragestellungen auseinandersetzen. In den folgenden Abschnitten führt er Ziele und Erkenntnisse des Humangenomprojektes als Belege für die Notwendigkeit dieser Auseinandersetzung an. In seiner Darstellung der Projektergebnisse vermittelt er zentrale Formationen seiner evolutionsbiologischen und genetischen Wahrheiten:

---

[166] In meiner diskursanalytischen Untersuchung setze ich mich mit James D. Watson als einen Vertreter einer bestimmten Diskursposition auseinander.
[167] Transskript mit Zeilennummerierung ist im Anhang dieser Arbeit enthalten.

Themenbereich I:
Das Humangenomprojekt und die Generierung von Wahrheiten

7-18: Kranke Gene können alle haben
James D. Watson verankert die zentrale Bedeutung des Humangenomprojektes im Bereich der Medizin. Er generiert ein Szenario, demzufolge die Bedrohung durch genetische Veranlagung von seltenen Erbkrankheiten auf gängige Zivilisationskrankheiten wie Arteriosklerose ausgeweitet wird. Von diesen können all seine Leser einmal betroffen sein. Heilung und Therapie thematisiert er nicht.

19-62: Gene machen Menschen
In diesem Abschnitt entwickelt Watson ein Menschenbild, das gendeterministisch geprägt ist. Er führt die Entwicklung des Menschen sowohl auf phylogenetischer als auch auf ontogenetischer Ebene auf eine primär kausale Wirkung der Gene zurück. Die Offenbarung der genetischen Identität des Menschen setzt er mit einer erfolgreichen Entschlüsselung des menschlichen Genoms gleich.

63-118: Folgen von HUGO: Problem erkannt, Problem gebannt
Watson reduziert die rechtlichen und sozial-ethischen Folgen des Humangenomprojektes auf das Problem der genetischen Diskriminierung in den Bereichen Arbeitsmarkt und Versicherungsschutz. Dann erweitert er die Perspektive auf die Frage des generellen Umgangs mit genetischem Wissen. Schließlich verweist er auf ein Programm des Humangenomprojektes, das sich eben genau mit diesen Problemen auseinandersetzt. Sein Verweis auf »Elsi« vermittelt seinen Lesern den Eindruck, dass die Lösung dieser Probleme bereits im Projekt angelegt ist. Wenn das Projekt in naher Zukunft erfolgreich abgeschlossen sein wird, werden – so scheint es – auch diese Probleme gelöst sein.

99-117: Überleitung: Ganz so einfach ist es nicht
Der Autor verweist auf Gegebenheiten, die das Anliegen des Elsi-Programms komplizieren. Er bereitet seine Leser auf Problemfälle vor, die man mit den üblichen Instrumenten nicht lösen kann. Watson legt hier nahe, dass nun eine Auseinandersetzung mit neuen ethischen Fragestellungen folgt. Er wendet sich dem zentralen Thema seiner Ausführungen zu: dem Umgang mit Kindern mit genetischen Defekten.

Themenbereich II:
Plädoyer für die Abtreibung genetisch behinderter Föten

119-154: Abgrenzung von Eugenik: Lehren der Vergangenheit
Im ersten Schritt greift Watson eine Position in der Debatte um die gegenwärtige Embryonenforschung auf, nach der Behinderte ihre Eltern rechtlich wegen Unterlassung der Abtreibung belangen könnten, weil ihnen durch ihre Existenz unzumutbares Leid angetan wird. Diese umstrittene Position stellt er in Form scheinbar offener Fragen vor. Im zweiten Schritt konfrontiert er Personen, die diese Position vertreten, mit dem Vorwurf der Eugenik. Dabei stellt er nicht deren Position, sondern den generellen Anspruch, das genetische Schicksal der Kinder zu beeinflussen, in die Tradition einer NS-Eugenik, deren Bedrohungspotential er mit dem Bild der Gaskammern fasst. Die Kontinuität benennt er in der Verwendung genetischer Argumente. In Anschluss geht er weiter in die Vergangenheit zurück und hebt hervor, dass Eugenik im frühen zwanzigsten Jahrhundert als zukunftsträchtige Bewegung galt. Anschließend verweist er wieder auf die späteren Praktiken der Nazis, die ihm und seiner Leserschaft schließlich als Warnung dienen sollen, dass eugenische Argumente in der Zukunft wieder dazu eingesetzt werden könnten, Minderheiten zu vernichten. James D. Watson impliziert in seiner Zeitgeschichte des Eugenikbegriffs, dass eine ursprüngliche positiv besetzte Eugenik im Nationalsozialismus missbraucht wurde.

155-172: Überleitung: Absage an die Gentechnik – eine Form der deutschen Vergangenheitsbewältigung
In diesem Abschnitt stellt James D. Watson die generelle Ablehnung der Gentechnik als Ausdruck der Empörung vieler Deutschen über ihre eigene Vergangenheit dar. Die Intensität dieser Ablehnung vergleicht er mit der des Widerstands religiöser Gruppierungen gegen die Abtreibung. Dabei reduziert er den Widerstand gegen die Abtreibung ausschließlich auf religiöse Motive. Sowohl die generelle Ablehnung der Gentechnik als auch der Widerstand gegen die Abtreibung erscheinen irrational.

173-242: Das Recht auf Leben im Spannungsfeld zwischen religiösen Dogmen und aufgeklärter Naturwissenschaft
Im folgenden Abschnitt generiert James D. Watson das Recht auf Leben zum Gegenstand eines Glaubenskrieges. Er stellt dabei zwei Glaubensgruppen gegenüber: Anhänger des christlichen Glaubens, die er als dogmatisch charakterisiert und Vertreter eines naturwissenschaftlichen Weltbildes, die an die Evolution nach den Darwinschen Prinzipien der natürlichen Auslese glauben. In

der letzteren Gruppe verortet Watson über seine Verwendung der Personalpronomen sich selbst und seine Leser. Beiden Gruppen schreibt er zum einen eine jeweils spezifische Begründung und zum anderen eine bestimmte Auslegung des Lebensrechts zu. In diesen Zuschreibungen impliziert er seine Vorstellung von »lebenswerten« und »nicht-lebenswerten« Leben. Zudem prognostiziert er, dass die religiöse Glaubensgruppe ihren Einfluss verlieren wird. Er deutet hier einen künftigen ethischen Wandel an.

242-276: Abtreibung als ethischer Konsens der Zukunft
Watson nimmt einen stärkeren Widerstand gegen das Humangenomprojekt vorweg. Die Kritik sieht er in dem Vorwurf eines reduktionistischen Menschenbilds begründet. In Anbetracht der Tragödien, die er dem Vorkommen von Erbkrankheiten zuschreibt, sieht er diesen Vorwurf als nicht gerechtfertigt. Er verkündet dann das Recht auf Abtreibung erbgeschädiger Embryonen als zukünftigen gesellschaftlichen Konsens.

Themenbereich III: Die freie, informierte Entscheidung als Element der elterlichen Verantwortung

277–308: Entscheidungsfreiheit
Der Molekularbiologe Watson überantwortet hier die Entscheidung über eine Abtreibung dem Verantwortungsbereich der Eltern. In seiner bisherigen Argumentation hat er ausschließlich die Geburt behinderter Kinder mit Leid verbunden. Anschließend legt er nahe, dass über besseres genetisches Wissens bessere Entscheidungen getroffen werden. Als Instanzen der Entstehung und Vermittlung von Wissen führt er die Genetik und genetische Vorsorgeuntersuchungen an.

309-332: Schluss: Der Mensch nimmt seine Zukunft selbst in die Hand
James D. Watson erteilt der göttlichen Macht über das Schicksal der Menschen eine Absage und überantwortet die Zukunft des Menschen in dessen eigene Hände. Die Genetik formiert er dabei als *das* Instrument der Zukunftsgestaltung.

Übertragung von Wissensformationen

Im Folgenden frage ich, auf welche Wissensformationen des evolutionsbiologischen und genetischen Spezialdiskurses rekurriert James D. Watson in seinen Ausführungen und in welcher Form vermittelt er sie seinen Lesern. Dabei fällt auf, dass er in diesem Transformationsprozess bestimmte Wissensformationen mit bestimmten Subjektpositionen verbindet, die er seinen Lesern dann als Applikationsvorgabe offeriert.

Welche genetischen Wissensformationen vermittelt James D. Watson?

James D. Watson zeichnet in seinen Ausführungen das Bild des Genoms als Bauplan des Lebens. Aufbau und Funktion des Lebens ist seiner Vorstellung nach im Genom festgelegt. In seinem Begriffsverständnis von Genen verbindet er unterschiedliche Dimensionen. Zum einen geht er von einem Verständnis von Genen aus, das die Gültigkeit des zentralen Dogmas der Molekularbiologie voraussetzt. Hierbei erscheinen die Gene als bestimmte DNA-Segmente, die kartiert werden können. Ihm zufolge liegen in ihnen die Aminosäuresequenzen für die Polypeptide kodiert vor. So spricht er davon, dass die Gene ihre biochemischen Aufgaben ausführen und ihre jeweiligen Proteinprodukte erstellen. Dieses chemische Programm, das ihm zufolge in den Genen niedergeschrieben ist, bestimmt die Entwicklung des Organismus. Watson spricht explizit von Instruktionen für eine »normale« Entwicklung und Funktionsweise des Körpers. Der Organismus erscheint als Resultat eines vorher festgelegten Programms und Anomalien als Programmfehler. Im Kontext seiner genealogischen Betrachtungen kommt dann bei Watson ein eher relationales Verständnis von Genen zum Tragen. Gene erscheinen hier als Einheiten, die über mehrere Generationen hinweg vererbt werden. Im Laufe der Evolution entwickeln sich ihm zufolge aufgrund der herrschenden selektiven Bedingungen neue Gene. In diesem Prozess entstehen schließlich, so Watson, auch die menschlichen Gene. Aufgrund ihrer arteigenen Gene grenzt er dann die Menschen von ihren Affenvorfahren ab. Mit der Entwicklung dieser spezifisch menschlichen Gene wird laut James D. Watson in der Evolution die Grenze zum Menschsein überschritten. Dabei tritt der Mensch aufgrund der Wirkung dieser spezifischen Gene aus dem Tierischen heraus. Die Menschen haben es einer »Gruppe von Instruktionen« zu verdanken, dass sich bestimmte Gehirnstrukturen herausgebildet haben, die ihnen das Lesen und Schreiben ermöglichen. Durch das Vermischen dieser unterschiedlichen Dimensionen seines Genverständnisses kann Watson die Gene zunächst als Einheiten einführen, die das Programm für den Aufbau eines funktionsfähigen Organismus enthalten, um dann den Eindruck entstehen zu lassen, dass alle Entwicklungen und phänotypische Veränderungen im Laufe der Evolution auf genetische Variationen zurückgehen.[168]

---

168 Neumann-Held beschreibt, wie auch Richard Dawkins in seiner Evolutionstheorie unterschiedliche Genkonzepte verwendet, die die beiden Dimensionen, die James D. Watson hier entwickelt, umfassen. Durch die Vermischung der unterschiedlichen Konzepte erreicht Dawkins ähnliche Effekte: Die Gene erscheinen als »Schöpfer der Welt«. NEUMANN-HELD 1998, S. 269.

	Gene
Funktionsweise Gene	• Gene von Affen und Menschen führen biochemische Aufgaben aus (Z. 32-33) • Erstellen jeweilige Proteinprodukte (Z. 41-42) • Genetisches Würfelspiel (Z. 300)
Evolution	• Verdanken es den Genen, daß wir Menschen und keine Schimpansen sind (Z. 27-28) • Menschliche Gene (Z.40) • Schlüsselgene (Z. 44) • Grundlegende genetische Eigenschaften, die uns zu Menschen machen (Z. 54-56) • Gruppe von Instruktionen, die zur Entwicklung jener Eigenschaften unseres Gehirns geführt haben, denen wir es verdanken, daß wir lesen und schreiben können (Z. 58-62)
Krankheit	• Krankheitserzeugend (Z. 10-11) • Genetische Dispositionen für schwere Krankheiten (Z. 69-70) • Gravierende genetische Defekte (Z. 127-128) • Schwer genetisch behinderte Kinder (Z. 167) • Genetisch behinderte Föten (Z. 206) • Genetische Vorsorgeuntersuchungen allen Bürgern unabhängig von ihrem ökonomischen und sozialen Status zugänglich machen (Z. 305-308)
Weltbild Gesellschaftsverständnis	• Genetisches Datenmaterial (Z. 73-74) • Das genetische Wissen (Z. 81-82) • Genetische Schicksal (Z. 136-137) • Verantwortung sich über ihre genetische Verfassung zu informieren (Z. 123-124 • Neue genetische Technologien als Nährboden für Wiederbelebung rassistischer eugenischer Maßnahmen (Befürchtung, die Watson zufolge Kritiker haben) (Z. 161-164) • Komplizierte genetische Entscheidungssituation (Z. 293-294) • Genetische Auffassung der menschlichen Existenz (Z. 247-248) • Genetische Weltsicht (Z. 311) • Genetisch segregierte Gesellschaft (Befürchtung, die Watson zufolge Kritiker haben) (Z. 325-326
Forschung Lehre	

Tabelle 4: Semantische Felder molekulargenetischen Wissens, das Watson in seinem Artikel: »Die Ethik des Genoms« (FAZ 26.09.2000) vermittelt

Genom / Erbgut	Genetik als Fachdisziplin
• grundlegende Bauplan unseres Lebens (Z. 21-22) • Instruktionen für die normale Entwicklung und Funktionsweise des menschlichen Körpers (Z. 22-24)	
• Erblich bedingte Krankheiten (Z. 12) • Unterschiedliche Erbkrankheiten, die ganz unterschiedliche ethische, rechtliche und soziale Probleme aufwerfen (Z. 100-103) • Erblich behinderte Föten (Z. 173-174) • Geburt erblich behinderter Kinder (Z. 219) • Erbkrankheiten als Tragödien im Leben vieler Menschen (Z. 269-271)· • Leben erbgeschädiger Föten ein Ende setzen (Z. 275-276)	
• Ethik des Genoms (Z. 1)	• Mit Hilfe der Genetik in eine bessere Zukunft vorstoßen (Z. 329-330)
• Kartierung (Z. 7) • Genomprojekt (Z. 52 • Genomforschung (Z. 95) • Entschlüsselung menschlichen Erbguts (Z. 3-4)	• Wesentlich wichtigere Rolle in unseren Lehrplänen (Z. 302-303)

Auf diese Weise schreibt Watson meiner Ansicht nach den Genen nicht nur kausale Kräfte, sondern in letzter Konsequenz auch schöpferische Funktionen zu. Er vermittelt die Vorstellung, dass die Gene den Menschen zum Menschen machen. Die Suche nach dem Wesen des Menschen findet dann schließlich seinem Verständnis zufolge in einem erfolgreichen Abschluss des Humangenomprojekts sein Ende: »Wenn das Humangenomprojekt abgeschlossen sein wird, wird es in unserer Macht stehen, die grundlegenden Eigenschaften zu erkennen, die uns zu Menschen machen.«[169] Diese Vorstellung, alle Eigenschaften, Veranlagungen und Wesensmerkmale eines Menschen wären in seinem Genom angelegt, begründet einen genetischen Determinismus.[170] Im Anschluss an diese genealogischen Ausführungen geht Watson auf sein Schwerpunktthema ein, den Umgang mit Individuen, die einen genetischen Defekt haben. Schreibt man wie Watson den Genen die primäre kausale Rolle in der Ontogenese und in allen physiologischen Prozessen zu, so erscheint ein linearer Wirkungszusammenhang zwischen einem bestimmten Gen und einem bestimmten Merkmal wie z.B. einer bestimmten Krankheit konsequent. Entsprechend spricht James D. Watson in diesem Zusammenhang auch von genetisch behinderten Kindern bzw. Embryonen. Er charakterisiert die Kinder und Embryonen über ihre abweichende DNA-Sequenz. Hierbei geht er davon aus, dass die Normalität eines Organismus anhand seiner DNA-Sequenz festgestellt werden kann. Denn diese enthält, wie er selbst es ausdrückt, die Instruktionen für eine *normale* Entwicklung und Funktionsweise. Watson verbindet mit der Decodierung der genetischen Sequenz zugleich eine Klassifikation der Entwicklung des jeweiligen Organismus in normal und anormal. Weiter zieht er aus der Entschlüsselung des Genoms Schlussfolgerungen für das menschliche Handeln, die er explizit als Ethik formuliert. Dabei fragt er zunächst, wie mit Menschen oder werdenden Menschen mit abweichender DNA-Sequenz in der Gesellschaft umgegangen werden soll, und plädiert dann offen für eine Abtreibung »genetisch behinderter Föten«. Das beschriebene genetische Weltbild Watsons lässt sich zusammenfassend noch einmal anhand der semantischen Felder rund um die zentralen Begrifflichkeiten molekulargenetischen Wissens: Gene, Genom und Genetik verdeutlichen. Dabei gliedert sich Watsons gendeterministisches Erklärungsmodell, das er seinen Lesern vermittelt, in fünf semantische Felder, die jeweils die der DNA-Sequenz zugeschriebene kausale Wirkung hervorheben (vgl. Tabelle 4).

---

169 Originalzitate wurden nicht an die neue Rechtschreibreform adaptiert.
170 vgl. Zum Zusammenhang zwischen dem genetischen Dogma und dem genetischen Determinismus GRAUMANN 2000a, S. 92ff.

Welche evolutionstheoretischen Wissensformationen vermittelt James D. Watson?

James D. Watson kombiniert in seinen Ausführungen Wissenselemente der Genetik mit der Selektionstheorie Darwins. Er spricht davon, dass das Leben durch einen evolutionären Prozess entstanden ist, der den Darwinschen Prinzipien der natürlichen Auslese folgt. Demnach sieht er die Selektion als die richtende Instanz des Evolutionsprozesses an. Dabei versteht er die Selektion im Sinne einer natürlichen Auslese. Demnach bilden sich im Laufe der Evolution arteigene Gene aus, aufgrund deren Wirkung der Organismus jeweils artspezifische Fähigkeiten entwickelt. Später spricht Watson dann im Kontext der Vererbung von einem genetischen Würfelwurf. Aus der Kombination dieser Äußerungen schließe ich, dass er Evolution als einen Prozess versteht, der im Wesentlichen in zwei Schritten erfolgt: Zunächst werden durch genetische Veränderungen unterschiedliche Variationen erzeugt, wobei der Zufall die entscheidende Rolle spielt. Die Bedeutung des Zufalls symbolisiert Watson in seinem Bild vom Würfelwurf. Die eigentliche treibende und strukturierende Kraft der Evolution ist dann die Selektion. Diese charakterisiert Watson explizit als natürliche Auslese. Es ist daher nahe liegend, dass Watson davon ausgeht, dass die Auslese unter einer Vielzahl erblicher Varianten erfolgt, wobei jene bevorzugt werden, die für die jeweiligen Lebensbedingungen die größere Eignung aufweisen. In Textpassagen, in denen er sich mit der Bedeutung der Genomkartierung auseinandersetzt, bezieht sich Watson auf dieses Evolutionsverständnis bzw. fungiert dieses implizit als Hintergrundfolie. Die zentrale Bedeutung, die er dem Genomprojekt zuschreibt, führt er auf seine Annahme zurück, dass das Genom die Instruktionen für die normale Entwicklung und Funktionsweise des menschlichen Körpers beinhaltet. Die Decodierung des Genoms kommt somit der Identifizierung von Entwicklungsverläufen gleich. Diese Bedeutungszuweisung dient ihm im Folgenden als eine Art Hintergrundfolie für seine bioethische Deutung des Menschseins. Dabei versucht er die Frage nach dem Wesen des Menschen genealogisch zu beantworten. Er geht davon aus, dass der Mensch sich im Laufe der Evolution aus seinen Affenvorfahren heraus entwickelt hat. Nach Watson liegen zwischen dem Affen und dem Menschen fünf Millionen Jahre Evolution. In diesen Jahren entwickelten sich ihm zufolge spezifische menschliche Gene, die über die Herstellung ihrer jeweiligen Proteinprodukte zur Entwicklung charakteristischer menschlicher Fähigkeiten führen. Somit führt er das Heraustreten des Menschen aus dem Tierischen auf die Wirkung arteigener Gene zurück. Er schreibt, dass die Menschen es ihren Genen zu verdanken haben, »daß wir Menschen und keine Schimpansen sind.« Er verweist auf »die Gruppe von Instruktionen«, »die zur Entwicklung jener Eigenschaften unseres Gehirns geführt haben, denen wir es verdanken, daß wir lesen und schreiben können.«

Demnach sind die spezifischen Fähigkeiten des Menschen, mit denen letztendlich dessen Sonderstellung in der Natur begründet wird, eine Leistungen der Gene. Umwelteinflüsse schließt er in diesem Zusammenhang explizit aus. Zudem stellt Watson über die Gene, die Affen und Menschen gemeinsam haben sollen, eine Kontinuität zu den tierischen Vorfahren des Menschen her. Denn laut ihm bestehen zwischen der genetischen Ausstattung des Menschen und der des Affen keinesfalls gravierende Unterschiede. Vor dem Hintergrund einer gemeinsamen genetischen Basis gewinnen die spezifischen arteigenen Gene für die Grenzziehung zwischen dem Menschen und dem Noch-nicht-Menschen an Bedeutung. Denn sie erscheinen demnach für den Menschen wesensbestimmend. Wenn die Gene, Watson zufolge, nun den Menschen zum Menschen machen, erscheint auch seine Annahme, durch die Entschlüsselung des Genoms das Wesen des Menschen offen legen zu können, schlüssig. Denn die Decodierung der spezifisch menschlichen Gene macht dann den Entwicklungssprung zwischen Mensch und Tier sichtbar. James D. Watson knüpft mit seiner Genetifizierung der menschlichen Identität direkt an das Menschenbild an, das der Molekularbiologe Walter Gilbert in seiner Vorstellung des Humangenomprojekts 1986 auf einer Konferenz in New Mexiko implementierte.[171] Gilbert charakterisierte die Sequenz des menschlichen Genoms als die letzte Antwort auf die griechische Tempelinschrift »Erkenne dich selbst«. Auch Watson sieht die zentrale Bedeutung des Projektes in der Selbsterkenntnis begründet. Entsprechend macht er seinen Lesern die menschliche Identität in Form genetischer Strukturen und evolutionären Gesetzmäßigkeiten zugänglich. In seiner nächsten Bezugnahme auf die Evolutionstheorie Darwins problematisiert James D. Watson das Lebensrecht erblich behinderter Föten. Er geht davon aus, dass nur religiöse Menschen erblich behinderten Föten ebenso ein Recht auf Leben zusprechen, wie jenen, »denen ein gesundes und produktives Leben gegeben ist.« Die Personengruppe der gläubigen Christen grenzt er gegenüber jenen Menschen ab, die die religiös motivierte Behauptung der Unantastbarkeit des Lebens in Frage stellen und die auch daran glauben, dass Leben durch einen evolutionären Ausleseprozess entsteht. Watson generiert hier den Glauben an die Evolutionstheorie als eigene Glaubensrichtung quasi als Konfession der Moderne. In seiner polarisierenden Gegenüberstellung schreibt er den religiösen Christen Eigenschaften und Glaubensinhalte zu, die an Wissensformationen des 18. Jahrhunderts erinnern und den Evolutionsgläubigen Eigenschaften, die dem Wissen bis ins 20. Jahrhundert zugeschrieben werden. Auf diese Weise erscheint die christliche Position als überholt. Watson vermittelt zunächst sein Verständnis von Leben. Im Anschluss hinterfragt er dieses Recht auf Leben. Watson zufolge ist das Leben nicht unantastbar. Zudem grenzt er ein gesundes, produktives Leben gegen-

---

171 Diese Mythisierung habe ich in Kap. VIII meiner Arbeit diskursanalytisch untersucht.

über einem Leben ab, das er erblich behinderten Föten zuschreibt. Seine Verwendung der Adjektive drückt ein Verständnis von Leben aus, dem das Prinzip der Nützlichkeit eingeschrieben ist. In Verbindung mit der zur Glaubenslehre stilisierten Evolutionstheorie erscheint das Leben endgültig als Produkt eines auf Nützlichkeit ausgerichteten Selektionsprozesses. Da Watson seine Ausführungen explizit an den Darwinschen Prinzipien ausrichtet, kann davon ausgegangen werden, dass er hierbei die natürliche Auslese als Naturgesetz begreift. Nach seiner Begriffsbestimmung des Lebens setzt er sich nun mit dem Ursprung und den Grundlagen eines Rechts auf Leben auseinander. Dabei führt er die polarisierende Darstellung der beiden Glaubensgruppen implizit fort. Religiöse führen das Recht auf die göttliche Schöpfung zurück und gehen demzufolge generell von der Unantastbarkeit des Lebens aus. Er schildert sie in diesem Beharren als so dogmatisch, dass sie die Einhaltung dieser Regel über die Gesundheit ihrer Kinder stellen. Er schildert, dass sie in seinen Augen die betroffenen Eltern moralisch unter Druck setzen und dadurch zur Geburt eines behinderten Kindes zwingen. Die Geburt eines behinderten Kindes ordnet er als persönliche Tragödie und Leid ein. Dem Zwang und dem Leid setzt er die Erleichterung gegenüber, wenn niemand gezwungen wird, »ein Kind zu lieben und zu unterstützen, dessen Leben niemals Anlass zur Hoffnung auf Erfolge gegeben hätte.« Diese Befreiung führt er auf jene Gruppierung zurück, die er in Abgrenzung zu den religiösen Dogmatikern konstituiert. Diese Menschen führen seiner Charakterisierung zufolge Rechte auf soziale Verträge zurück. Sie erkennen das Tötungsverbot als eines der wichtigsten Regeln an, die die Überlebensfähigkeit der Gesellschaft sichern. Nach Watson setzen sie die Gültigkeit des Tötungsverbot aber nicht absolut: aus Gründen der Selbstverteidigung kann es aufgehoben werden. Watson suggeriert hier, dass diese sozialen Regeln im Gegensatz zu religiösen Dogmen nicht starr sind, sondern den Notwendigkeiten des sozialen Zusammenlebens angepasst werden können. Nachdem er das Tötungsverbot im Allgemeinen thematisiert hat, problematisiert er die Abtreibung genetisch behinderter Kinder. Er hebt die Erleichterung hervor, wenn niemand gezwungen wird, ein behindertes Kind zu lieben. Dabei koppelt er die Liebe der Eltern mit deren Hoffen auf ein erfolgreiches Leben ihrer Kinder. Den Zwang zur Geburt eines behinderten Kindes verbindet er dagegen mit Leiden, das er insofern als unnötig ansieht, als dass es durch eine mögliche Abtreibung hätte verhindert werden können. In diesem Sinne erscheint die Möglichkeit zur Abtreibung eines behinderten Föten als Akt der Selbstverteidigung. In seiner polarisierenden Darstellung der Glaubensrichtungen verbindet Watson mit den jeweiligen Glaubensgruppen bestimmte Zuschreibungen. Auf diese Weise erscheint die Gruppe, die daran glaubt, das Leben durch einen evolutionären Prozess entsteht, aufgeklärt. Entsprechend führt sie das Recht auf Leben auf soziale Verträge zurück. Watson assoziiert hier über das Aneinanderreihen dieser Zuschreibungen die

Frage nach dem Ursprung der Rechte mit einem Verständnis von Evolution, das Darwins Prinzipien der natürlichen Auslese folgt. Auf diese Weise rückt er in letzter Konsequenz die Auslese, die er als Naturgesetz fasst, in die Nähe von sozialen Regeln und Verträgen. Vor diesem Hintergrund erscheint die Abtreibung als Form einer natürlichen Auslese und damit als eine in die Natur eingeschriebene Gesetzeshaftigkeit. Es erscheint dann nur konsequent, durch ein Recht auf Abtreibung Naturgesetze und soziale Rechte zur Deckung zu bringen. Watson naturalisiert hier die Abtreibung erbgeschädigter Föten.

Welche Subjektpositionen bietet James D. Watson seiner Leserschaft in seinem Artikel an?

Die Spezies Mensch
James D. Watson spricht im ersten Teil seines Textes in Form der Pluralis majestatis von den Menschen als der Spezies Mensch. Durch seine Verwendung der Personalpronomen erweckt er den Eindruck, dass sein persönliches Plädoyer im Namen der gesamten Menschheit erfolgt. In deren Namen verkündet er eine neue Ethik als neue Handlungsanweisungen, die sich an alle Menschen richten. In diese Anweisungen fließen seine Ausführungen über die Evolution des Menschen, über Vererbung und Erbkrankheiten als allgemeingültige Wahrheiten ein. Weiter schafft er mit der Spezies Mensch eine kollektive Einheit, mit der sich alle seine Leser identifizieren können. Die Identifikation seiner Leserschaft wird durch die Abgrenzung des Menschen von den Affen, die zudem noch auf einer niedrigeren Entwicklungsstufe verortet werden, weiter verstärkt. Die Weseneigenschaften, die er der Spezies zuschreibt, wirken als Applikationsvorgabe für die Subjektbildung. Indem er diese Wesenseigenschaften auf die kausale Wirkung des Genoms zurückführt, erscheinen die Gene seinen Lesern als *die* Identitätsbildenden Einheiten. Im Laufe seines Textes differenziert Watson dann das alle umfassende Übersubjekt »Spezies Mensch« in folgende Subjektpositionen:

Genetisch Kranke und genetisch Gesunde
Anhand der genetische Sequenz klassifiziert Watson das biologische Kontinuum der »Spezies Mensch« in Menschen, die eine genetisch Disposition für eine Erbkrankheit haben und Menschen ohne diese Veranlagung. Diese Klassifizierung überträgt er dann auf das vorgeburtliche Leben, wenn er von erblich behinderten Föten spricht. Das Leben der Föten identifiziert er mit dessen Genen. Die Verantwortung für den Umgang mit den genetischen Dispositionen und damit für das Leben des Föten überträgt er den betroffenen Eltern.

Künftige Eltern

Die künftigen Eltern personalisiert James D. Watson überwiegend als Eltern behinderter Föten. Er schreibt ihnen den Wunsch zu, »solche Schwangerschaften« zu beenden, weil sie auf ein weiteres gesundes Kind hoffen. Weiter schildert er sie als Opfer dogmatisch, religiöser Gruppierungen. Denn diese setzen ihm zufolge die betroffenen Eltern moralisch unter Druck, um sie zur Geburt erblich behinderter Kinder zu zwingen.

Religiöse Fundamentalisten versus aufgeklärte Naturwissenschaftler

James D. Watson stellt die Diskussion über die Menschenwürde erbgeschädigter Föten als Glaubenskrieg dar, wobei er zwei Gruppierungen polarisierend gegenüberstellt: Menschen die an die Schöpfung Gottes und Menschen, die an Entstehung des Lebens durch Evolution glauben. Religiöse Menschen identifiziert Watson zunächst mit Abtreibungsgegnern. Dann stellt er sie in die Nähe fundamentalistischer Gruppierungen, die die Einhaltung von Glaubensregeln über die Gesundheit ihrer Kinder stellen und sich religiösen Führern unterordnen. Die Naturwissenschaftler assoziiert er dagegen mit der Entwicklung von sozialen Regeln und Verträgen.

Die Bürgerin / der Bürger

In Verbindung mit der Vermittlung genetischen Wissens und im Kontext genetischer Vorsorgeuntersuchungen spricht James D. Watson von Bürgern. Sie werden über die Einhaltung sozialer Regeln und Gesetze mit der Gruppe der Naturwissenschaftler assoziiert.

Eugeniker und Nazis

Den Wunsch, das genetische Schicksal der Kinder zu bestimmten, identifiziert Watson als Handlungsweise von Eugenikern, die er in die Tradition von Nazis stellt. Eugenik in der Tradition des Nationalsozialismus fasst er dabei als Massenvernichtung in Gaskammern.

Die Deutschen und ihre Kritik an der Gentechnik

Watson schreibt den Deutschen zu, dass sie aufgrund ihrer nationalsozialistischen Vergangenheit der Gentechnik gegenüber ablehnend eingestellt sind. Auf diese Weise erscheint ihre Kritik als eine Form der Auseinandersetzung mit der eigenen Geschichte. Diese charakterisiert er als Empörung und rückt sie damit in die Nähe einer emotionalen Vergangenheitsbewältigung.

Rhetorische Mittel

Die Analyse der angebotenen Subjektpositionen zeigt, dass James D. Watson über seine Verwendung von Personalpronomen die Spezies Mensch als eine Art »Übersubjekt« generiert, mit der sich alle seine Leser identifizieren können. In Bezug auf die Spezies spricht er ausschließlich in Wir-Form. Dieses Übersubjekt differenziert er in Hinblick auf den Umgang mit erbgeschädigten Embryonen in zwei polarisierende Gruppierungen: die gläubigen Christen und die gläubigen Naturwissenschaftler. Er selbst verortet sich hier wieder durch seinen Gebrauch der Personalpronomen in der Gruppe der Naturwissenschaftler. Über seine persönliche Standortbestimmung und seine Distanzierung von den Gläubigen bindet er die Identifikation seiner Leser von vornherein an die Position der gläubigen Naturwissenschaftler. Indem er die jeweiligen Gruppierungen mit wertenden Adjektiven beschreibt, verstärkt er diese Zuschreibungen. Die Gruppe der Gläubigen apostrophiert er als dogmatisch und rückständig. In seiner Beschreibung arbeitet er verstärkt mit Implikaten. Die Charakterisierung der Naturwissenschaftler ist dagegen kürzer und weniger wertend. Sie erfolgt in erster Linie in Abgrenzung zu den Gläubigen, deren Zuschreibungen hier dann als negative Hintergrundfolie wirken. Wenn er Gläubige als dogmatisch und irrational dargestellt, erscheinen die Naturwissenschaftler, die als deren Gegenpol generiert werden, als rational und offen. Insgesamt erscheinen dann die Menschen, die an Darwins Evolutionstheorie glauben, als aufgeklärte Bürger, denen man die Entscheidung über ein werdendes Leben anvertrauen kann. In Abgrenzung zu religiösen Dogmatikern, die ihre Glaubensgrundsätze über die Gesundheit ihrer Kinder stellen, scheinen die naturwissenschaftlich Aufgeklärten bereit, einen erbgeschädigten Embryo abzutreiben, um ihm unnötige Leiden zu ersparen. In der Bedeutungsbestimmung seiner zentralen Begrifflichkeiten und Kernaussagen arbeitet Watson ebenfalls mit Implikaten. So rekurriert er im Kontext der Subjektposition der naturwissenschaftlich Aufgeklärten auf die Darwinsche Evolutionstheorie, die er auf das Prinzip der natürlichen Auslese reduziert. Analog zu seinem Verständnis der Evolutionstheorie schreibt er auch seiner Vorstellung von Leben das Prinzip der Nützlichkeit ein. In diesem Sinne grenzt er erbgeschädigte Embryonen gegenüber denjenigen ab, denen er ein gesundes und produktives Leben zuschreibt. In dieser polarisierenden Gegenüberstellung erscheint das Leben erbgeschädigter Embryonen folglich als nicht produktiv. In Verbindung mit seiner Glaubenskritik scheint das Leben erbgeschädigter Embryonen als antastbar. Dieses semantische Feld erinnert von seiner Struktur her an die Vorstellung von lebensunwerten Leben. In diesem Kontext assoziiert er dann die Abtreibung erbgeschädigter Embryonen noch als eine Form der natürlichen Auslese. Durch seinen Hinweis auf die Notwendigkeit zur Selbstverteidigung erscheint diese mit dem Tötungsverbot der Gesellschaft vereinbar. Hinter dieser aufgezeigten Assoziationskette steht meines Erachtens ein Bild von der Gesellschaft als Körper, dessen Erhalt geschützt werden muss. Vor diesem Hintergrund bekommt dann auch die Rede von der Selbstverteidigung, als der einzig berechtigten Ausnahme des ansonsten gültigen Tötungsverbots einen Sinn. Demnach wird der Gesellschaftskörper vor einer Beeinträchtigung bzw. Zerstörung durch genetische Defekte geschützt. Watson verwendet in seiner Argumentation noch weitere Bilder. Er stilisiert das Humangenomprojekt selbst zu einem »Symbol einer evolutionsbiologischen und genetischen Auffassung der menschlichen Existenz«. Er knüpft hier direkt an die Symbolserie im Diskurs rund um das Humangenomprojekt an, die die Entschlüsselung des menschlichen Genoms mit der Selbsterkenntnis des Menschen gleichsetzt. In diesem Sinne verwendet er auch das Bild vom Genom als grundlegenden Bauplan menschlichen Lebens. In diesem Bild verdeutlicht James D. Watson seine gendeterministischen Vorstellungen. Das Genom scheint alle für den Bau und die Entwicklung des Organismus wichtigen Informationen zu enthalten. Die Struktur ist im Programm festgelegt. Später verwendet er im Kontext der Vererbung das Bild vom genetischen Würfelwurf. Im Gegensatz zu einem festen Programm betont dieses Bild nun die Rolle des Zufalls. Die Weitergabe von Genen von Generation zu Generation erscheint wie der Wurf des Würfels nicht zielgerichtet. Das Ergebnis scheint nicht vorhersehbar. Auf diese Weise suggeriert Watson, dass die Vererbung mit nicht kalkulierbaren Risiken einhergeht und somit einer gewissen Regulierung bedarf. Als Regulierungsinstanz legt er seinen Lesern die Selektion nahe. In seinen genealogischen Ausführungen benannte er bereits die natürliche Auslese als Regulierungsinstanz, die als ordnendes Prinzip die Entwicklung des Menschen gestaltet. Die Sonderstellung des Menschen führt Watson auf die primäre Rolle der Gene zurück. Somit erscheint eine Selektion nach Genen als natürlich. Die Regulierung des genetischen Würfelspiels in der Gegenwart überantwortet er den Menschen, denen er gegen Ende seines Artikels explizit die Gestaltung der Zukunft überträgt. Seine Argumentation bindet James D. Watson in einen Zeitverlauf: Vergangenheit – Gegenwart – Zukunft ein. Danach entwickeln sich gerade in der Gegenwart im Kontext der Genomentschlüsselung aufgrund der sich ergebenden humangenetischen Möglichkeiten neue ethische Fragestellungen. Für die Zukunft prophezeit er das Recht auf die Abtreibung erbgeschädiger Föten als neuen ethischen Konsens. Auf diese Weise suggeriert er den Lesern einen bevorstehenden ethischen Wandel. Die Möglichkeit der Eugenik thematisiert Watson zwar, verortet sie aber durch seine Zuordnung zum Nationalsozialismus in der Vergangenheit. Aus der Vergangenheit kann man ihm zufolge lernen und so einen Missbrauch von Eugenik in der Zukunft vermeiden. In diesem Zusammenhang ist sein historischer Rückblick auf die Zeit vor dem Nationalsozialismus, auf die Ursprünge der Eugenik bedeutsam. Demnach galt die Eugenik in den zwanziger Jahren bei prominenten Amerikanern »fast als zukunftsträchtige Bewegung.« Er impliziert hier, dass die Eugenik erst aufgrund des Missbrauchs durch die Nazis »schlecht« bzw. »böse« wurde. Den Schrecken dieses Missbrauchs fasst er in dem Bild der Gaskammern, die sinnbildlich für die Massenvernichtung von Menschen steht. Auffallend ist, dass er bei seiner Auseinandersetzung mit heutigen Missbrauchsmöglichkeiten vor der potentiellen Vernichtung ethnischer und politischer Gruppen warnt, jedoch kranke Menschen und Embryonen nicht benennt. Das ist in diesem Kontext insofern nicht erstaunlich, als dass er ja offen für die Abtreibung erbgeschädigter Föten plädiert. Watsons hebt in seinem kurzen historischen Rückblick die positive Einschätzung der Eugenikbewegung hervor. Damit hebt er indirekt auf die Möglichkeit einer positiven Entwicklung der Eugenik in der Zukunft ab – vorausgesetzt die Lehren aus der Vergangenheit werden berücksichtigt und es walten Vorsicht und Demut. In weiteren Publikationen spricht sich der Nobelpreisträger öffentlich für eine sog. »positive« Eugenik aus.

Stimmen in der Debatte: Frage nach dem Status des Embryos

Watsons Aufsatz »Die Ethik des Genoms. Warum wir Gott nicht die Zukunft des Menschen überlassen dürfen.« löst in der Bundesrepublik erneut eine kontroverse Diskussion über die gegenwärtige Embryonenforschung aus. Die FAZ, in der der Artikel am 26. 09.00 erschienen ist, publiziert in ihrem Feuilleton ausführlich die Reaktionen renommierter Wissenschaftler und Politiker auf die von Watson formulierte neue Ethik. Die Redaktion lässt dabei Natur- und Geisteswissenschafter, Befürworter wie Kritiker der humanen Gentechnik abwechselnd zu Wort kommen, so dass ihre Leserschaft den Eindruck gewinnt, an einer öffentlich geführten Debatte teilzunehmen. Zwei Tage nach dem Erscheinen des Artikels ist auf der Aufmacherseite zu lesen, dass der Präsident der deutschen Bundesärztekammer, Jörg Dietrich Hoppe, gesagt habe, Watson folge »der Logik der Nazis«. Nach Meinung Hobbes ersetze Watson den in der NS-Rassenhygiene geprägten Begriff »lebenswert« durch »gesund« und »produktiv«. Im Anschluss an diese Meldung erscheint dann in den folgenden Ausgaben eine Vielzahl von weiteren Expertenbeiträgen, die sich auf Watsons Plädoyer beziehen. Im Zentrum dieser Expertendebatte steht hierbei Watsons Forderung, erbgeschädigte Föten abzutreiben. Die Kritik richtet sich vor allem gegen seine Begründung eines Rechts auf Abtreibung. Denn Watson sieht die Berechtigung zur Abtreibung dadurch gegeben, dass er erbgeschädigten Föten die Möglichkeit abspricht, ein produktives Leben führen zu können. In Anbetracht der Tötung des Föten spricht er dann von der Erleichterung, »daß niemand gezwungen wurde, ein Kind zu lieben und zu unterstützen, dessen Leben niemals Anlaß zur Hoffnung auf Erfolg gegeben hätte.« (Watson 2000) Watsons Charakterisierung erbgeschädiger Föten wird von den meisten Experten, deren Beiträge in der FAZ publiziert werden, mit dem Begriff »lebensunwerten Lebens« assoziiert, der in der NS-Rassenhygiene von zentraler Bedeutung war. Diese Assoziation veranlasst auch den Präsidenten der Bundesärztekammer die Ausführungen Watsons in die Tradition einer »Nazi-Logik« zu stellen. Auch Henning Ritter spricht in seinem Artikel »Unethisches Angebot«, der am 29.09.2000 erschienen ist, davon, dass das Schreckgespenst einer institutionalisierten Tötung von »lebensunwertem Leben« in Watsons Plädoyer greifbare Gestalt annimmt. Der Genetiker Georg H. Fey und der Philosoph Carl Friedrich Gethmann räumen in ihrem Artikel: »Wir dürfen unsere Evolution nicht dem Zufall überlassen« (FAZ 30.01.01) ein, dass Watson in seiner Begründung des Rechts auf Abtreibung, die Bewertung der Lebensmöglichkeiten des Embryos, der einen genetischen Defekt aufweist, in die Nähe der Vorstellung vom »lebensunwerten Leben« rückt. Der Tübinger Theologe Dietmar Mieth geht am 16.11.2000 in seiner Kritik noch einen Schritt weiter. Er verbindet mit Watsons Ausrichtung des Lebens auf Erfolg eine verbessernde Zielsetzung. Ihm zufolge hat Watson damit »die Grenze zum »*enhancement*«, zur Aussicht auf Erfolg als Kriterium der assistierten Menschwerdung, bereits überschritten.« Dietmar Mieth legt Watsons hier eine eugenische Zielsetzung nahe. Die meisten Experten stimmen schließlich unabhängig davon, ob sie sonst die Embryonenforschung befürworten oder ablehnen, in ihren Beiträgen darin überein, dass die Nähe zu der Vorstellung »lebensunwerten Lebens«, die sie ausschließlich mit der NS-Rassenhygiene assoziieren, abzulehnen ist. Die mit dieser Vorstellung des Lebens verbundenen Konsequenzen, wie beispielsweise die Entscheidungssituation der Eltern im Rahmen der pränatalen Diagnostik und letztendlich die Möglichkeit zur Abtreibung erbgeschädigter Föten beurteilen sie dann dagegen sehr unterschiedlich. Nach Meinung des Präsidenten der Bundesärztekammer müssten genetische Untersuchungen in der Schwangerschaft ausschließlich das Ziel haben, die Eltern von ihren Ängsten zu befreien und die Möglichkeit der Behandlung zu klären. Für den Ethiker Hartmut Kress fordert Watson nichts grundlegend Neues, denn auch gegenwärtig würden heute nach einer pränatalen Diagnostik behinderte Föten abgetrieben. Der Ethiker befürchtet aber, dass durch Watsons öffentliches Engagement ein Automatismus gesetzt würde, der die betroffenen Eltern einem sozialen Druck aussetzen und letztendlich die Möglichkeit zur freien Entscheidung in Frage stellen würde[172]. Sein Tübinger Kollege Mieth spricht in diesem Zusammenhang von einer sehr subtilen Gleichschaltung personaler Entscheidungen, die zu einer »indirekten Eugenik« führen könnte. Mieth kritisiert in diesem Punkt

---

[172] vgl. FAZ, 28.09.2000

weiter, dass Watson die Gefahr ausschließlich in einer staatlichen Zwangseugenik, wie in der Zeit des Nationalsozialismus, sieht, die einer indirekten Eugenik aber nicht erkennt. Henning Ritter beurteilt Watson in seinem Artikel: »Unethisches Angebot« (FAZ; 29.09.2000) in diesem Punkt ähnlich. Dessen Beharren auf der Möglichkeit zur freien Entscheidung als Schutz vor Missbrauch und Ideologie ordnet er als naiv ein. Er weist darauf hin, dass die Entscheidung, dem Leben erbgeschädiger Föten ein Ende zu setzen, niemals eine private sein wird, da sie ohne die Assistenz von Ärzten und Juristen nicht möglich ist. Diesem Standpunkt widerspricht der Genetiker Benno Müller-Hill entschieden. Er beharrt darauf, dass die Entscheidung der Eltern im Rahmen der pränatalen Diagnostik eine private ist. Den Ärzten ordnet er nur insofern eine vermittelnde Funktion zu, als dass sie der schwangeren Frau die Details der Diagnose erklären sollen. Ihm zufolge entscheiden daraufhin die Frauen allein innerhalb des vorgegebenen rechtlichen Rahmens, ob sie die Schwangerschaft fortsetzen oder nicht. »Der Arzt hat ihre Entscheidung zu akzeptieren. So ist die Rechtslage.« (FAZ, 28.11.2000) Sein Bonner Kollege, der Humangenetiker Propping, sieht dagegen den Arzt in den Prozess der Entscheidungsfindung integriert. So sollte ihm zufolge der Arzt der Schwangeren helfen, »zu der für sie richtigen Entscheidungsfindung zu kommen.«(FAZ 04.10.00) Wie diese Hilfe dann aussehen soll, lässt Propping offen. In Hinblick auf eine mögliche Abtreibung hebt er explizit hervor, dass nach seinen Informationen entgegen der verbreiteten Befürchtungen die Zahl der Schwangerschaftsabbrüche zurückgegangen ist. Dabei bezieht er sich auf Zahlen von 1994. Abschließend konstatiert der Bonner Humangenetiker, dass sich die Entschlüsselung des menschlichen Genoms nicht durch die Perfektionierung der vorgeburtlichen Diagnostik rechtfertigen lässt. Im Gegensatz zu James D. Watson sieht er die zentrale Bedeutung des Humangenomprojektes in der Entwicklung neuer Präventions- und Behandlungsverfahren. Weniger Beachtung als Watsons Plädoyer für eine Abtreibung erbgeschädigter Föten findet seine Aufforderung, die Evolution nicht Gott zu überlassen. Auf diese Forderung gehen zum einen Dietmar Mieth und zum anderen der Genetiker Georg H. Fey und der Philosoph Carl Friedrich Gethmann in ihren Beiträgen ein. Der Theologe Mieth weist diese Forderung vor dem Hintergrund seiner Grundüberzeugungen der christlichen Religion entschieden zurück. Nach ihm ist der Mensch eben nicht Herr der Evolution, sondern den evolutiven Gesetzen selbst unterworfen. Mieth entwickelt hier ein Bild, das den Menschen in seiner Fehlerfähigkeit und in seiner Endlichkeit zeigt. Vor diesem Hintergrund bezweifelt er die Möglichkeit des Menschen zur Autoevolution. Er charakterisiert die Entwicklung der IVF als Reproduktionsleistung, bei der die naturalen Bedingungen unter denen Zeugung funktioniert nicht erfunden, sondern nachgeahmt werden. Die Endlichkeit und damit die Sterblichkeit des Menschen sieht er nicht als Begrenzung des Menschen an, die es zu überwinden gilt. Denn nach seinem christlichen Grundverständnis verleiht die Endlichkeit der menschlichen Existenz die Möglichkeit, die begrenzte Zeit bewusst zu leben. In dieser Grenzerfahrung liegt nach Mieth eine Freiheit begründet, die auch Befreiungscharakter hat. Der Genetiker Georg H. Fey und der Philosoph Carl Friedrich Gethmann stimmen dagegen Watsons Aufforderung zur Gestaltung der Evolution zu und nehmen sie in der Überschrift ihres Artikels auf: Wir dürfen unsere Evolution nicht dem Zufall überlassen.« (FAZ 30.01.2001). Dabei ersetzen die Autoren die Rolle Gottes in der Evolution durch die des Zufalls. Zunächst räumen sie ein, dass Watson so vom eugenischen Gedanken geprägt ist, »dass seine Gedanken immer wieder um die Möglichkeit kreisen, die Evolution durch Eingriffe in die menschliche DNA zu beeinflussen.« (FAZ 30.01.2001) Die entscheidende Frage ist dabei in ihren Augen die, »ob Menschen Ergebnisse des evolutionären Prozesses beeinflussen dürfen und dadurch den Prozeß der Evolution mitgestalten dürfen.« (FAZ 30.01.2001) Die Antwort auf ihre Frage geben sie bereits in der Überschrift ihres Artikels. Im Folgenden versuchen Fey und Gethmann dieser Intention eine lange Tradition nachzuweisen. Ihrer Ansicht nach hat der Mensch immer durch Lebensführung, Partnerwahl und Züchtung in die Evolution eingegriffen. Ihnen zufolge ist dabei zumindest im Züchtungskontext immer klar gewesen, dass durch diese Maßnahmen in den Zustand des Genpools eingegriffen wird. Der entscheidende Unterschied ist nun, dass der Mensch jetzt auf eine zweckgerichtete Weise in evolutive Prozesse eingreifen kann. Im Folgenden verbinden sie den Anspruch, die Evolution des Menschen optimierend mitzugestalten, mit einem Bild vom selbstbestimmten Menschen. »Der selbstbewusste und selbstbestimmte Mensch hat nicht nur die Berechtigung, sondern auch die Verpflichtung sein Schicksal eigenverantwortlich mitzugestalten, soweit es sein Wissen und seine Kräfte ermöglichen.« (FAZ 30.01.2001) Ihrer Ansicht nach beziehen sich die Versuche, evolutive Prozesse zu gestalten in letzter Konsequenz nicht auf das einzelne Individuum, sondern immer auf die Population. Genetische Maßnahmen, die darauf abzielen, die Verteilung der verschiedenen Genvarianten zu beeinflussen, definieren Fey und Gethmann als eugenisch. Die Erfolgsaussichten, die Evolution durch eugenische Maßnahmen zu beeinflussen, schätzen sie vor dem Hintergrund des derzeitigen Kenntnisstandes als sehr gering ein. Hier verweisen sie darauf, dass die meisten erblichen Defekte rezessiv vererbt werden und es demnach mehr »Träger dieser Defekten Allele« gibt als »wirkliche Kranke«. In Anbetracht der geringen Erfolgsaussichten und aufgrund ethischer Bedenken verweisen sie letztendlich auf andere Möglichkeiten, die selektiven Prozesse mitzugestalten. Die Schilderung dieser Möglichkeiten bleibt unkonkret. So nennen Fey und Gethmann neben geplanten Partnerwahlverhalten noch die Beeinflussung der natürlichen und sozialen Umwelt durch Erziehung und Ernährung. Neben der

Aufforderung die Evolution zu gestalten, wird auch die von James D. Watson herangezogene Abstammungslehre Darwins in der Debatte weiter rezitiert. So stellt der Biologe und Präsident der Max-Planck-Gesellschaft Hubert Markl ein Jahr später in einer Rede, die im Feuilleton der FAZ am 27.11.01 publiziert wird, einen Zusammenhang zwischen Darwins Lehre von der Abstammung des Menschen und der Diskussion über den Status des Föten in der Embryonenforschung her.[173] Bemerkenswert ist, dass Watson wie Markl in ihrem Rekurs auf Darwins Abstammungslehre den Versuch unternehmen, das Wesen des Menschen in seiner Genealogie zu begründen und sich dabei explizit auf den von Darwin geschilderten Übergang vom Affen zum Menschen beziehen. Zu Beginn seiner Ausführungen charakterisiert Hubert Markl die Wirkung der Darwinschen Evolutionstheorie auf das christlich geprägte Welt- und Menschenbild der damaligen Zeit als »philosophischen collateral damage« (FAZ, 27.11.01), der bis in die Gegenwart wirkt. Denn nach ihm hat Darwin durch den in seiner Theorie von der Abstammung des Menschen generierten kontinuierlichen Übergang vom Menschenaffen zum Menschen das Selbstbild des Menschen als von Gott geschaffenes Ebenbild zerstört. Die durch die Evolutionstheorie bewiesene »Kontinuität der Entwicklung von Erscheinungsformen des Lebens, die uns am Ende dieses Entwicklungsverlaufs dennoch als wesenhaft unterschiedlich entgegentreten« (FAZ, 27.11.01) hat Markl zufolge erkenntnistheoretische Konsequenzen für die Bestimmung des Menschseins bis heute. Er geht davon aus, dass das Selbstbild des Menschen von der Vorstellung geprägt wird, dass der Homo sapiens eine einzige von allen Tierarten getrennte Spezies ist. Dieses Selbstbild wird, so Hubert Markl, von Darwins Theorie in Frage gestellt. Denn diese beschreibt die Entwicklung des Menschen aus Tierprimaten Vorfahren heraus in kleinen Schritten genetischen Wandels und in kontinuierlicher Generationenfolge. In Anbetracht dieses kontinuierlichen Übergangs folgert Markl, dass die für das Menschenbild so wichtige Trennung zwischen Tier und Mensch »zum deszisionistischen Willkürakt von Taxonomen wird, die zum einen Fossilschädel noch Affe, zum nächsten, nur geringfügig davon unterschiedenen Bruder Mensch sagen.« Demnach wird die Unterscheidung zwischen Mensch und Tier zu einem theoretisch begründeten Benennungsakt. Im nächsten Schritt überträgt Markl diesen Benennungsakt dann von der phylogenetischen auf die ontogenetische Ebene. Auch dort konstatiert er eine ontogenetische Kontinuität und Emergenz des Individuums Mensch: Der Mensch entwickelt sich aus der Verschmelzung einer Ei- und einer Samenzelle hervorgehenden Zygote in ununterbrochener Entwicklungskontinuität bis zur Geburt. Demnach gibt es ihm zufolge auf die in der bioethischen Debatte häufig diskutierte Frage: »Wann beginnt das Leben des Men-

---

[173] Markl bezieht sich dabei nicht explizit auf das kontrovers diskutierte Plädoyer des Nobelpreisträgers.

schen?« zwei Antworten. Auf phylogenetischer Ebene beginnt das Leben des Menschen erst mit der Entstehung seiner Art aus der Tiervorgängerspezies. Auf ontogenetischer Ebene beginnt das Leben mit der Feststellung des Zeitpunktes, von wann an wir gewillt sind, dem embryonalen Vorläufer des geborenen Menschen die Bezeichnung »Mensch« zuzuteilen. Auf beiden Ebenen geht es um die Bestimmung eines Zeitpunktes, der das bestehende Entwicklungskontinuum differenziert und eine Grenzziehung zwischen Mensch und Noch-nicht-Mensch ermöglicht. Der Zeitpunkt ist somit nicht im Entwicklungsverlauf gesetzmäßig festgelegt, sondern wird vor einem bestimmten theoretischen Hintergrund benannt. Diese Benennung ist flexibel. Nach Markl erweist sich der in der Debatte um die Embryonenforschung gewählte Ausweg, den Embryo als potentiellen Menschen zu betrachten »als Scheinlösung, die der tatsächlichen Provokation der Emergenz des Menschen erfolglos ausweicht.« (FAZ, 27.11.01) So wie die Raupe noch kein Schmetterling, so ist ihm zufolge auch der potentielle Mensch noch kein wirklicher Mensch, auch wenn er es werden kann. In diesem Zusammenhang relativiert er auch die Einzigartigkeit des menschlichen Geistes, mit der häufig eine Sonderstellung des Menschen begründet wird. Er verweist explizit auf eine die Gedächtnis und Intelligenz betreffende ununterbrochene Evolutionsentwicklung vom Bakterium bis zum Nobelpreisträger. Mit seinem Verweis auf einen kontinuierlichen Entwicklungsverlauf hebt Markl die Grenze zwischen einem Menschen und einem Noch-nicht-Mensch auf. Dabei ordnet er durch seine Übertragung von der phylogenetischen Ebene auf die ontogenetische Ebene dem Menschenaffen und dem Embryo meines Dafürhaltens einen vergleichbaren Status zu. In Relation zur Bezugsnorm »Mensch« erscheinen die beiden Lebewesen als Noch-nicht-Menschen. Die Entscheidung, ab wann ein Embryo den Status Mensch und damit ein Recht auf Leben zuerkannt bekommt, ist damit zu einem flexiblen Benennungsakt geworden. Vor dem Hintergrund, dass in der Biologie gemeinhin davon ausgegangen wird, dass in der Ontogenese Stadien der Phylogenese wiederholt werden, scheint es zudem so, dass der Embryo bis zum Endpunkt seiner Entwicklung über seine Klassifizierung als noch-nicht-menschlich im Tierischen verhaftet bleibt. Der Embryo hat demzufolge die Grenze zum Menschen noch nicht überschritten. Huber Markl legt seinen Lesern nahe, dass Föten in ihrem Entwicklungsverlauf noch keinen Anspruch auf Menschenwürde und damit auch nicht auf Schutz ihres Lebens haben. Denn ihm zufolge sind Föten noch keine wirklichen Menschen, sondern Repräsentanten einer niedrigeren Entwicklungsstufe. Meines Erachtens lässt sich unter Bezug auf diesen Repräsentantenstatus in letzter Konsequenz ein prinzipielles Recht auf Abtreibung evolutionstheoretisch untermauern. In der von Watsons ethischen Reflexionen ausgelösten Debatte werden der Leserschaft somit Argumentationslinien vermittelt, die über Watsons Forderung, erbgeschädigte Föten abtreiben zu können, noch hinausgehen.

Zusammenfassung

»Monströs« – »Lebensunwert« – »Erbgeschädigt«: Der Embryo und die Grenzen des Menschseins

Die Diskussion über Watsons Artikel weist einige Argumentationslinien auf, die die Debatte um die moderne Humangenetik und Reproduktionsmedizin generell strukturiert. So beschäftigt die Möglichkeit einer gegenwärtigen Eugenik sowohl Watson in seinem Beitrag als auch die Experten, die über seine Forderungen diskutieren. Signifikant für die Struktur dieser Debatte ist, dass Watson in seinem Beitrag mögliche Gefahren der Eugenik über deren Verbindung mit Zwang, Vernichtung und Ideologie vorwiegend im Nationalsozialismus und damit in der Vergangenheit verortet und sich dann von dem Terror und der Vernichtung des NS-Regimes distanziert. Diese Distanzierung ist eine notwendige Voraussetzung, um seine Forderung, erbgeschädigte Föten abtreiben zu können, im Feld des Sagbaren zu entwickeln. In der anschließenden Diskussion nehmen einige seiner Kritiker ebenfalls Bezug auf die Vergangenheit. Indem sie Kontinuitäten von der NS-Rassenhygiene zu seinen Forderungen aufzeigen, ordnen sie diese als eugenisch ein und lehnen sie ab. Die Kontinuität sehen sie in seiner Bewertung der eingeschränkten Lebensmöglichkeiten, die Watson den erbgeschädigten Föten zuschreibt. Diese Bewertung stellen sie in die Nähe des NS-Begriffs vom lebensunwerten Leben. Auch Humangenetiker, die ansonsten reprogenetische Verfahren befürworten, räumen ein, dass Watsons Charakterisierung erbgeschädigter Föten der Vorstellung von lebensunwerten Leben nahe kommt, und dass daher seine Beschreibung in diesem Punkt abzulehnen ist. Die Distanzierung von diskreditierten Begrifflichkeiten wie »lebensunwert« verschafft im Diskurs die Möglichkeit, die damit verbundene Vorstellung einer dichotomen Ordnung des Lebens von diesen Begriffen abzutrennen, quasi zu entideologisieren. Dann kann sie davon unbelastet, scheinbar wissenschaftlich neutral weiterentwickelt werden. Die Transformation von Wissensformationen entsprechend des Sagbarkeitsfeldes des gesellschaftlichen Umfeldes ist für die Wirksamkeit eugenischer Konzepte von zentraler Bedeutung. Dabei ist meines Erachtens der Transformationsprozess wechselseitig. Das heißt, dass eine Transformation der Wissensformationen auch zu einer Veränderung des Sagbarkeitsfeldes führen kann. Die Diskussion um den vorliegenden Artikel zeigt meines Erachtens exemplarisch, wie spezifische Wissensformationen aus dem genetischen und evolutionsbiologischen Spezialdiskurs über die Medien in den Alltag transportiert werden. Entscheidend bei diesem Transformationsprozess ist, dass Wissensformationen dabei an bestimmte Subjektpositionen gebunden werden, die dann als Applikationsvorgabe für die Subjektbildung dienen. Über diese Verbindung werden Wissensformationen letztendlich zu Elementen des Selbstverständnisses des Individuums. In dem Artikel Watsons und in der sich anschließenden Debatte überwiegen zwei Subjektpositionen: die des »aufgeklärten« Subjekts, das an die Gültigkeit der Darwinschen Evolutionstheorie glaubt und die des gläubigen Christen. Ich hinterfrage die mit diesen Positionen verbundenen Applikationsvorgaben auf mögliche eugenische Effekte. Das »aufgeklärte« Subjekt sieht den Menschen als Höhepunkt eines durch Selektion gesteuerten und nach vorn gerichteten Entwicklungsprozesses. Hierbei geht es davon aus, dass die Entwicklung – die stammensgeschichtliche wie die des einzelnen Individuums – primär durch seine Gene gesteuert ist. Die Position des aufgeklärten Subjekts wird in der Debatte zudem noch an die Übernahme von Verantwortung gekoppelt. Der Verantwortungsbereich und der daran gebundene Handlungsspielraum leiten sich aus den als gültig anerkannten Wissensformationen ab. Dabei legen die in der Debatte vermittelten gendeterministischen Wissensformationen dem Individuum nahe, sich mit seinen genetischen Dispositionen zu identifizieren und seine Lebensführung nach seinen Veranlagungen auszurichten. An diesem Punkt wird deutlich, wie Wissensformationen, hier gendeterministische, mit den Selbsttechniken des Individuums verbunden werden. So wird dem Subjekt, wenn es sich denn als aufgeklärt begreifen will, in Bezug auf seine Fortpflanzung eine pränatal-diagnostische Beratung als verantwortungsbewusstes Handeln nahe gelegt. Weiter legen evolutionistische Wissensformationen, die in der Debatte rezitiert werden, denjenigen, die sich ihrem Selbstverständnis nach als aufgeklärtes Individuum begreifen, die Verpflichtung nahe, die Evolution des Menschen mitzugestalten. Der Rekurs auf Darwin weist hierbei die Selektion als *das* geeignete Gestaltungsinstrument aus. Verbinden sich die evolutionistischen und gendeterministischen Formationen dann in dem Selbstverständnis des Individuums als aufgeklärtes und verantwortungsbewusstes Subjekt, entsteht hier meines Erachtens ein enormes eugenisches Potential. James D. Watson nimmt in seinen Ausführungen diese Verbindung bereits vorweg und legt seinen Lesern explizit nahe, die Rolle der natürlichen Selektion auf den Bereich der pränatalen Diagnostik zu übertragen. Er fordert in diesem Sinne konsequent die Möglichkeit zur Selektion erbgeschädigter Embryonen. Weiter sprechen sich der Genetiker Georg H. Fey und der Philosoph Carl F. Gethmann in ihrem Artikel: »Wir dürfen unsere Evolution nicht dem Zufall überlassen.« dafür aus, über das einzelne Individuum indirekt den Genpool zu gestalten. Ich untersuche nun die Position des gläubigen Christen, die in der Debatte gemeinhin als dessen Gegenpol konstituiert wird. Während James D. Watson die Gläubigen in seinem Artikel als dogmatisch und rückständig apostrophiert, profilieren sich renommierte Kritiker wie der damalige Bundespräsident Johannes Rau und der Tübinger Theologe Dietmar Mieth explizit als gläubige Christen. Johannes Rau formiert in seiner Paderborner Rede, die in Auszügen unter dem Titel: »Wir brauchen mehr Transparenz durch Wissenschaftsjournalismus« am 21.10.2000 im Feuilleton der FAZ publiziert wurde, ein religiöses Selbstverständnis, das Glauben im Sinne von Gesellschaftskritik formiert. Ein zentrales Element dieser Kritik ist ihm zufolge die kritische Auseinandersetzung mit den modernen Wissenschaften, insbesondere mit der Gentechnik. Auch Dietmar Mieth entwickelt seine Kritik an Watsons Forderungen vor dem Hintergrund seines religiösen Selbstverständnisses. Meines Erachtens ist es problematisch, wenn die Kritik an reprogenetischen Verfahren derart eng an ein konfessionelles Glaubensverständnis gebunden und größtenteils aus diesem heraus begründet wird. Denn dadurch bieten viele Kritiker ihren Lesern ausschließlich die Rolle des gläubigen Christen als Applikationsvorgabe an. Diese Vorgabe scheint mit dem hegemonial verbreiteten Selbstverständnis eines modern aufgeklärten Individuums nur schwer vereinbar. Aus diesem Grund hat die Position des gläubigen Christen dem eugenischen Potential der Subjektposition des aufgeklärten Individuums nur begrenzt Widerstand entgegenzusetzen. In der beschriebenen Debatte richten sich die eugenischen Tendenzen der Subjektapplikationen in erster Linie auf den Umgang mit erbgeschädigten Föten in der gegenwärtigen Embryonenforschung. In Bezug auf die Entwicklung des Embryos rezitieren neben Watson auch weitere Autoren Darwins Abstammungslehre. Sie beziehen sich dabei insbesondere auf den von Darwin generierten Übergang vom Affen zum Menschen. Beispielsweise versuchen James D. Watson und Hubert Markl unter Bezugnahme auf diesen Übergang das Wesen des Menschen genealogisch zu begründen. In ihrem Rekurs generieren beide den Menschen als Produkt eines kontinuierlichen und nach vorn gerichteten Evolutionsprozesses. Die Lücke zwischen Menschenaffen und Menschen deuten sie jeweils im Sinne ihrer Argumentation. So führt Watson den Entwicklungssprung vom Affen zum Menschen auf die kausale Wirkung artspezifischer Gene zurück. Ihm zufolge machen dann die artspezifischen menschlichen Gene den Mensch zum Menschen. Über die Gene, die der Mensch mit den Affen gemeinsam hat, scheint der Homo sapiens tendenziell mit dem Tierischen verbunden zu bleiben. Vor dem Hintergrund dieser Geneaologie scheinen dann erbgeschädigte Embryonen, über die Gene, die von der »normalen« menschlichen DNA-Sequenz abweichen, im Tierhaften, d.h. auf einer in Relation zum »normalen« Menschen niedrigeren Entwicklungsstufe verhaftet zu bleiben. Durch die abweichende genetische Sequenz überschreiten die Embryonen die Grenze zum Menschen quasi rückwärts. In diesem Sinne deutet Watson dann auch erbgeschädigte Embryonen im Vergleich zu Gesunden, als minderwertiges Leben und relativiert in Hinblick auf sie ein generelles Recht auf Leben. Hubert Markl rezitiert dann in seinen Ausführungen über den Status des Embryos in der gegenwärtigen Embryonenforschung ebenfalls den von Darwin in seiner Abstammungslehre entwickelten Übergang vom Affen zum Menschen. Dabei generiert er ein Entwicklungskontinuum zwischen dem Menschenaffen als einer Form des Noch-nicht-menschlichen und dem Menschen. Dieses Kontinuum überträgt er dann von der phylogenetischen Entwicklung auf die ontogenetische Entwicklung des Menschen. Aus dieser Übertragung zieht er nun die erkenntnistheoretische Konsequenz, dass es sich bei dem Embryo auch um eine Form des Noch-nicht-menschlichen handelt. Der Status einer niederen Vorform des Menschen verbindet demnach den Embryo mit dem Menschenaffen. Beide Lebensformen haben Markl zufolge die Grenze zum Menschsein noch nicht überwunden. Aufgrund dessen spricht Markl dem Embryo die Menschenwürde und damit indirekt auch das Recht auf Schutz des Lebens ab. Durch seine Analogie zum Menschenaffen generiert Markl den Embryo als Repräsentanten einer niederen Entwicklungsstufe, die in Relation zum Menschen als minderwertiges Leben erscheint. Somit entwickeln der Molekularbiologe James D. Watson sowie der Präsident der Max-Planck-Gesellschaft Hubert Markl in ihren Ausführungen nach ein Verfahren genealogischen Wissens, bei dem eine Grenze zwischen noch-nicht-menschlichem und damit minderwertigem Leben und menschlichen, normalem Leben gezogen wird. Diese dichotomische Ordnung des Lebens ist eine zentrale Formation eugenischer Konzepte. Dieses genealogische Verfahren geht meines Dafürhaltens auf die von Charles Darwin im Rahmen seiner Abstammungslehre entwickelte Kategorie des Monströsen zurück. Darwin hat die Kategorie des Monströsen an dem von Watson und Markl rezitierten Übergang zwischen dem Menschen und seinem »nächsten Verwandten« dem Affen verortet. Seine Ausführungen über die Kategorie des Monströsen überprüfe ich auf mögliche Bezugspunkte, die sich in der aktuellen Debatte finden. Darwin ordnet Monstrositäten als Entwicklungshemmung und Rückschlag innerhalb einer natürlichen kontinuierlichen Entwicklung ein. Das Monströse ist nach ihm an der Grenze zum Menschsein gescheitert und verbleibt als niedere Form im Tierischen verhaftet. In Relation zum Menschen erscheint das noch-nicht-menschliche Leben als minderwertiges Leben. Hierbei projiziert Darwin das Monströse sowohl auf eine ontogenetische Frühstufe als auch in eine phylogenetische Prähistorie. Auch Hubert Markl entwickelt die Kategorie des Noch-nicht-menschlichen, »embryonalen Vorläufer des geborenen Menschen«, auf diesen beiden Ebenen. Dabei zieht Markl vom Menschen aus denkend rückwirkend eine Grenze des Humanen und verortet den Embryo als »embryonalen Vorläufer des geborenen Menschen« auf einer niederen Entwicklungsstufe. In dieser normativen Klassifizierung der Vorformen sehe ich eine konkrete Parallele zwischen dem Status des Embryos und der Kategorie des Monströsen bei Darwin. Danach repräsentieren sowohl der Embryo als auch das Monströse eine niedere Organisationsstufe, die in Relation zum »normalen« Menschen als minderwertig gedeutet wird. Diese Deutung des Embryos teilt nachweislich auch James D. Watson und fordert demnach die Möglichkeit zur Abtreibung erbgeschädiger Embryonen. Dass sich James D. Watson und Hubert Markl auf den von Darwin generierten Übergang vom Affen zum Menschen beziehen und daran in letzter Konsequenz eine dichotome Ordnung des Lebens – Noch-nicht-Mensch und Mensch – entwickeln, zeigt, dass Darwin mit seiner Kategorie des Monströsen eine bis heute im hegemonialen naturwissenschaftlichen Diskurs gültige Wahrheit geschaffen hat, die die gegenwärtige Erkenntnisgewinnung speist. Auch wenn inzwischen der Begriff des Monströsen obsolet geworden ist, sind die damit bezeichneten Bedeutungsinhalte noch erkenntnistheoretisch wirksam. Schließlich ist die an der Kategorie des Monströsen entwickelte Vorstellung von einem minderwertigem Leben meiner Ansicht nach genuin eugenisch und prägte sowohl die Vorstellung von lebensunwertem Leben im Nationalsozialismus als auch den Umgang mit erbgeschädigten Embryonen in der gegenwärtigen Embryonenforschung. Die Kontinuität zwischen der Vorstellung lebensunwerten Lebens in der NS-Rassenhygiene und der Rede vom erbgeschädigten Föten in der gegenwärtigen Embryonenforschung beruht also auf der Transformation der bei Darwin angelegten dichotomischen Ordnung des Lebens. Die Transformation dieser Vorstellung verdeutlicht beispielhaft den »Fluß von sozialen Wissensvorräten durch die Zeit« (Jäger 1999, S. 23). Für die Akzeptanz eugenischer Konzepte ist es schließlich von zentraler Bedeutung, dass diese dichotome Ordnung des Lebens von menschlich, nicht-menschlich und funktional und dysfunktional aus dem Spezialdiskurs heraus in den Alltagsdiskurs der Individuen transportiert wird. Bei der Übertragung von Wissensformationen aus dem Spezialdiskurs spielen die Medien als Mittler der Transformation und Integration von Wissen eine zentrale Rolle. Insbesondere die Zeitungsartikel von James D. Watson und Hubert Markl verdeutlichen wie gegenwärtig im hegemonialen naturwissenschaftlichen Diskurs auf die Vorstellung der Dichotomie des Lebens rekurriert wird und wie sie als naturwissenschaftlich begründetes, gesellschaftliches Erfahrungsschema in den Alltagsdiskurs der Individuen übertragen wird. In Form evolutionsbiologischer Wahrheiten wird diese Dichotomie in die Subjektbildung des aufgeklärten Individuums einbezogen. Die implizierte Vorstellung minderwertigen Lebens läßt die Notwendigkeit zur Abtreibung als naturwissenschaftlich untermauert erscheinen. In dieser Form kann sie mit dem Selbstverständnis des aufgeklärten Individuums vereinbart werden.

Genomentschlüsselung: Die Suche nach dem Wesen des Menschseins mündet in die Suche nach dessen Grenzen

Spezifische Wissensformationen der Genetik und Evolutionsbiologie werden für eine breite Öffentlichkeit aufbereitet und profilieren in deren Alltagsdiskurs. Eine zentrale Formation, die sowohl über die Grassage als auch über die Medienberichterstattung vermittelt wird, ist, dass die Gene wesensbestimmend für den Menschen sind. Nachdem Craig Venters im April 2000 verkündete, die menschliche DNA zu 99 % decodiert zu haben, vermitteln die Experten, dass die Suche nach dem Wesen des Menschen, die in der Gralssage symbolisiert wurde, nun mit der Entschlüsselung ihr Ende erreicht hat. Der Mitinitiator des Genomprojektes James D. Watson konstatiert: »wenn das Humangenomprojekt abgeschlossen sein wird, wird es in unserer Macht stehen, die grundlegenden Eigenschaften zu erkennen, die uns zu Menschen machen.« Watson differenziert menschliches Leben anhand der wesensbestimmenden Einheiten, den Genen, in normal und anormal. Die Decodierung der Sequenz hat diesbezüglich dann eine normative Funktion. Watson rekurriert dabei auf das im Humangenomprojekt generierte Konsensgenom als Maßstab für Normalität. Die Grenzziehung zwischen normal und anormal stellt er als eine Konsequenz dar, die sich aus der Entschlüsselung der menschlichen DNA heraus ergeben. Die Regelung des Umgangs mit Anormalen proklamiert er daher als neue ethische Herausforderung. Hierbei begrenzt er dieses Problem auf den Umgang mit sog. erbgeschädigten Embryonen. Auffallend ist, dass Watson in diesem Zusammenhang nicht auf Heilung oder Therapie eingeht. Stattdessen plädiert er für die Möglichkeit, erbgeschädigte Embryonen abtreiben zu können. Die Abtreibung figuriert er für betroffene Eltern, die sich ein gesundes Kind gewünscht haben, als Erlösung. Die Fragen nach dem Status des Embryos und nach dem Beginn menschlichen Lebens bestimmen fortan die bioethische Debatte in den deutschen Printmedien. Dabei werden beide Fragen in Hinblick auf die Entwicklung einer sog. neuen Eugenik als Frage nach den Grenzen des Menschseins gestellt. Den Individuen wird vermittelt, dass die Suche nach dem Wesen des Menschen nach dem erfolgreichen Abschluss des Humangenomprojektes in die Suche nach den Grenzen des Menschseins mündet. Nachdem das Individuum sich und das Wesen des Menschseins als durch die Gene bestimmt begriffen hat, lernt es nun, dass die Gefährdung dieses Menschsein eben auch in seinen eigenen Genen begründet ist. Um sich seines Menschseins und seiner Normalität zu versichern, muss sich das Individuum auf die »Suche« nach seiner individuellen Gensequenz machen. Der Konsum gendiagnostischer Verfahren ist hier als Weg der rationalen Erkenntnis angelegt. Vor diesem Hintergrund erscheinen die Verfahren der Gendiagnostik als Instrumente der Selbstfindung und als Möglichkeit, sich und seine Familie im Bereich des Normalen zu verorten. Durch diese Darstellung wird bei den Individuen ein Bedarf an humangenetischer Beratung und an gendiagnostischen Verfahren geweckt.

IX Anbindung der für die Generierung eugenischer Konzepte konstitutiven Wissensformationen an die Selbsttechniken

1 Humangenetische Beratung: Genetische Prävention durch Kommunikation

Die Humangenetik hat als einziges Fachgebiet im medizinischen Bereich die Beratung zum zentralen Bestandteil der Arzt-Patienten-Interaktion gemacht. Daher kommt der Definition und der Aufgabenbeschreibung der genetischen Beratung in der innerdisziplinären Diskussion und in den Darstellungen des Faches in der Öffentlichkeit eine große Bedeutung zu.[174] Denn die Humangenetiker grenzen sich in der Diskussion über eine eugenische Orientierung ihrer Fachdisziplin mit dem Hinweis, dass in der heutigen Humangenetik nichtdirektiv beraten werde, von einer Eugenik ab. Die genetische Beratung wird unterschiedlich definiert. Ein Ad hoc committee on genetic counselling der Weltgesundheitsorganisation beschreibt genetische Beratung folgendermaßen:

»Genetische Beratung ist ein Kommunikationsprozess, der sich mit den menschlichen Problemen befasst, die mit dem Auftreten oder dem Risiko des Auftretens einer genetischen Erkrankung in einer Familie verknüpft sind. In diesem Prozess wird versucht, dem Individuum oder der Familie zu helfen

1. die medizinischen Fakten einschließlich der Diagnose, des mutmaßlichen Verlaufs und der zur Verfügung stehenden Behandlung zu erfassen,
2. den erblichen Anteil der Erkrankung und das Wiederholungsrisiko für bestimmte Verwandte zu begreifen,
3. die verschiedenen Möglichkeiten zu erkennen, mit dem Wiederholungsrisiko umzugehen,
4. eine Entscheidung zu treffen, die ihrem Risiko, ihren familiären Zielen, ihren ethischen und religiösen Wertvorstellungen entspricht und in Übereinstimmungen mit dieser Entscheidung zu handeln und
5. sich so gut wie möglich auf die Behinderung des betroffenen Familienmitgliedes einzustellen.« (zitiert nach Schmidtke 1997, S.18)

Diese Definition basiert auf dem Begriff der genetischen Erkrankung. Demzufolge geht das Komitee von einem kausalen Zusammenhang zwischen Genen

---

[174] vgl. WOLFF 1998, S. 171.

und Gesundheit aus. Bestimmte genetische Risiken bedingen einen Handlungsbedarf, der zunächst in einem Beratungsgespräch mündet. Zudem wird hier die humangenetische Beratung als Teil einer »sprechenden Medizin« (Schmidtke 1997, S. 17) charakterisiert. Das Zentrum der Beratung ist ein Gespräch zwischen den Beratern und den Rat suchenden in dem die elementaren Grundlagen der Vererbungslehre erklärt und die individuellen Risikofaktoren für Erkrankungen aufgearbeitet werden, die auf genetische Ursachen zurückgeführt werden. Hierbei werden alle relevanten anamnestischen Daten erhoben und der Stammbaum der Familie über mindestens drei Generationen analysiert. Neben dem Gespräch werden auch körperliche Untersuchungen vorgenommen, sowie Laboruntersuchungen, Chromosomenanalysen und Gentests durchgeführt. Meistens wird genetisch beraten, wenn bei bestehender oder geplanter Schwangerschaft aufgrund familiärer Vorgeschichte und Alter eine sog. genetische Krankheit befürchtet wird. Erklärtes Ziel der genetischen Beratung ist es, »[...] den Rat suchenden [zu] helfen, auf der Basis der erforderlichen Informationen zu einer eigenen und für sie tragbaren Entscheidung (in der Regel bei der Familienplanung) zu gelangen.« (Berufsverband Medizinische Genetik 1990, S.4) Diese Zieldefinition fordert von den Beratern die Wissensvermittlung und von den Rat suchenden die Entscheidungsfindung ein. Die Konzeption der Beratung als nichtdirektiv soll die Einhaltung dieser Prämissen sicherstellen.

Das Prinzip der Nichtdirektivität – eine »Verteidigungslinie« in der Frage der Eugenik

Im Laufe der letzten dreißig Jahre hat sich ein Verständniswandel in der genetischen Beratung vollzogen: die nichtdirektive Beratung löste die klassisch-medizinische direktive Beratung ab. Charakteristisch für eine direktive Beratung ist, dass die Berater das Problem der Patienten definieren und aktiv Vorschläge zur weiteren Klärung oder Behebung von Schwierigkeiten machen. Die Beanspruchung eines derartigen Handlungsspielraums geht mit einer Verantwortung für die Entscheidung ihrer Patienten und den damit verbundenen Folgen einher. Das Modell der Nichtdirektivität hat sich aus dem psychotherapeutischen Kontext heraus entwickelt. Aus Patienten sind dem Anspruch nach Klienten geworden, die aus einem Verantwortungsbewusstsein für ihre Gesundheit und die Gesundheit ihrer Nachkommen die Beratungsangebote in Anspruch nehmen sollen. Die Klienten sollen ihre Probleme eigenständig definieren. Die Beratung wird als Hilfestellung für die Lebensgestaltung und Entscheidungsfindung angesehen. Entsprechend werden die Klienten mit der Feststellung konfrontiert, dass sie letztlich die Entscheidung treffen und verantworten müssen. Die Berater sind zwar in den Entscheidungsprozeß involviert, übernehmen aber für ihre Beteiligung keine Verantwortung.[175] Das Modell der Nichtdirektivität knüpft an diesem Punkt an das Postulat der Autonomie als Basisprinzip der medizinischen Ethik an. Die Generierung dieses Modells und seine zentrale Bedeutung in der Humangenetik führt die Philosophin Hille Haker auf Entwicklungen nach dem II. Weltkrieg zurück, die darauf zielten, die Humangenetik von *der* Eugenik abzugrenzen.[176] In der ersten Hälfte des 20. Jahrhunderts und auch noch nach dem II. Weltkrieg wurde in der humangenetischen Disziplin noch für die Verbesserung des individuellen Genbestandes bzw. die Verhinderung der Weitergabe von Erbkrankheiten eingetreten. Diese Zielsetzung wurde offen als »eugenisch« proklamiert. Unmittelbar nach 1945 traten die Argumentationen, die sich für eine Verbesserung des Genpools einer bestimmten Rasse und für eine mit Zwang durchgesetzte Verhinderung der Fortpflanzung einsetzen, mit Blick auf die Erfahrungen der NS-Rassenhygiene in den Hintergrund. In den 60er Jahren wurde dann die Zielsetzung der medizinischen Prävention von Krankheiten vertreten. Der Präventionsbegriff beinhaltet unterschiedliche Bedeutungsinhalte. Nach Schäfer lässt der Begriff »sowohl eine auf das Individuum bezogene (Verringerung der Last des Einzelnen) als auch eine auf die Allgemeinheit bezogene Interpretation (Verringerung der Last für die Gesellschaft) zu.« (Schäfer 1998, S. 192) Diese doppelte Interpretationsmöglichkeit erweist sich im Kontext der genetischen Beratung als problematisch. Denn die genetische Prävention gestaltet sich hier als Verhinderung genetisch bedingter Erkrankungen, die bezogen auf die Familienplanung und Pränatale Diagnostik eine Selektion nach genetischen Kriterien beinhaltet.[177] Die Selektion nach genetischen Kriterien weist eugenische Tendenzen auf. In diesem Zusammenhang arbeitet Jennifer Hartog heraus, dass im traditionellen direktiven Arzt-Patienten-Modell, das in der Entwicklungsphase nach 1945 bis in die 70er Jahre praktiziert wurde, die beratenden Experten davon ausgingen, dass die Patienten Prävention im Bewusstsein einer Verantwortung für die Gesellschaft begreifen und entsprechend eine Verminderung der kollektiven Belastung anstreben würden. Die Patienten sollten die »sick role« übernehmen und sich compliant im Rahmen eugenischer Zielsetzungen verhalten. Damalige Untersuchungen zeigten aber, dass sich die Patienten wenig an die Belehrungen hielten. Diese Erfahrungen trugen dazu bei, dass in den folgenden Jahren in der Beratung direktive Elemente in den Hintergrund treten und vermehrt psychosoziale Gesichtspunkte berücksichtigt werden sollten.[178] In den 70er Jahren setzte sich dann das Ziel der Nichtdirektivität durch. Vertreter der human-

---

175 vgl. zur Begriffsdefinition von Direktivität und Nichtdirektivität insbesondere WOLFF 1998, S. 178 ff.
176 vgl. HAKER 1998a, S. 241ff..
177 vgl. WOLFF 1998, S. 176.
178 vgl. HARTOG 1996, S. 16.

genetischen Disziplin charakterisieren ihren Ansatz der nichtdirektiven Beratung als Individuumszentrierte Unterstützung in komplexen Entscheidungssituationen. Wolff beschreibt wie die Berufung auf die Nichtdirektivität in der Fachdisziplin als eine Art »Verteidigungslinie gegen den ausgesprochenen oder unausgesprochenen Vorwurf von Direktivität oder eugenischer Orientierung« (Wolff 1998, S. 177) fungiert:

»Wer nichtdirektiv berät (was immer das bedeutet), kann seinen Patienten/Klienten nicht schaden oder moralisch verwerfliche Ziele verfolgen.« (Wolff 1998, S. 178)

Diese »Verteidigungslinie« basiert auf einem Begriffsverständnis von Eugenik, das diese ausschließlich mit Zwang verbindet. Diese Verbindung legt nahe, dass eine Distanzierung von Zwangsmaßnahmen generell auch ein Abrücken von eugenischen Zielvorstellungen beinhalten würde. Dieser Effekt wird dadurch noch verstärkt, dass es explizit Bestandteil des Modells der nichtdirektiven Beratung ist, kein konkretes Ziel zu definieren. Wer keine eugenischen Zielvorstellungen formuliert, dem können im Sinne dieser paradigmatischen Reihe im Allgemeinen auch keine moralisch verwerflichen Ziele vorgeworfen werden. Die Verbindung von Autonomie und Nichtdirektivität erscheint hier als die Lösung, um die Humangenetik und insbesondere die Beratung von jeglichen eugenischen Orientierungen abzugrenzen. Entsprechend sind sich die genetischen Berater in dem Punkt einig, dass Beratung nichtdirektiv sein sollte.[179] Der bestehende Konsens, dass Beratung nichtdirektiv sein sollte, trägt nicht dazu bei, das Modell der Nichtdirektivität zu operationalisieren.[180] Die mangelnde Ausgestaltung spiegelt die unterschiedlichen Vorstellungen der Experten wieder, wie dieses Modell inhaltlich zu füllen sei. Ein zentrales Problem ist hier die Verhältnisbestimmung zwischen dem Anspruch, bei individuellen Entscheidungsfindung zu helfen und dem Ziel der Prävention. Auch in der Diskussion über die gesellschaftlichen Folgen der Humangenetik und der Beratung wird häufig auf einen möglichen Konflikt zwischen gesellschaftlichem Interesse an der Prävention und der Verpflichtung gegenüber der individuellen Autonomie der Klienten in der Beratungssituation hingewiesen. So kritisiert Hille Haker die Fachdisziplin dahingehend, dass dieser Konflikt lange verdrängt wurde.[181] Auch Wolff spricht davon, dass das Modell der Nichtdirektivität eher die Formulierung dieses Grundkonflikts sei als dessen Lösung. Meiner Ansicht nach bietet das Modell der Nichtdirektivität aber insofern eine Lösung, als dass es selbst ein entscheidendes Instrument ist, um die Selbsterfahrungsprogramme

---

179 In ihrer internationalen Umfrage unter medizinischen Genetikern stellten Dorothy C. Wertz und John C. Fletcher fest, dass in mehr als 75% der Länder in denen die Daten erhoben wurden mehr als 75 % der medizinischen Genetiker das Prinzip der Nichtdirektivität befürworteten. (WOLFF 1998, S. 174)
180 vgl. WOLFF 1998, S. 174.
181 vgl. HAKER 1998a, S. 242.

des Individuums dahingehend zu initiieren, die kollektiven euphänischen Normalisierungsgebote als eigne Bedürfnisse an sich selbst zu exerzieren und als Verwirklichung von Autonomie in das eigene Selbstbild zu implementieren. Dadurch dass das Modell der Nichtdirektivität dem Individuum explizit eine »Autonomie« zuordnet, sich selbst auf gesundes Erbgut zu normalisieren, werden die Bemühungen der Individuen im Bereich Prävention positiv verstärkt. Die Selbstnormalisierenden Kräfte des Individuums entwickeln sich insbesondere im Kommunikationsprozess der genetischen Beratung.

Eine diskursanalytische Betrachtung von Beratungsgesprächen: Handlungsanleitung über die Aufbereitung von Wissen

Die humangenetische Beratung ist ein institutionalisiertes Gespräch.[182] Dabei geht es im Gespräch selten um eindeutige Diagnosen, sondern um die Einschätzung von Risiken.[183] Die beratenden Experten stellen das individuellspezifische Risiko an einer genetisch bedingten Krankheit selbst zu erkranken bzw. die entsprechenden Dispositionen an die Nachkommen weiterzugeben einem sog. »Basisrisiko« für angeborene Erkrankungen gegenüber. Auf diese Weise wird der individuell spezifische Risikozuwachs ermittelt. In das Risikokalkül werden auch Risiken von bestimmten pränatalen Untersuchungen wie beispielsweise der Amniozentese einbezogen. Die Aussagen der Berater beruhen auf der Wahrscheinlichkeit eines Risikos. Eine eindeutige Aussage können sie i.d.R. nicht machen. Die bestehende Diskrepanz zwischen Diagnostik und Therapiemöglichkeiten bedingt, dass die Berater keinen konkreten Therapievorschlag machen können, sondern den Rat suchenden Individuen bestimmte Handlungsoptionen zur Entscheidungsfindung anbieten. Der mit Hilfe der Wahrscheinlichkeitsrechnung ermittelte Risikowert wird hierbei dem Individuen als Entscheidungsgrundlage präsentiert. Die Berater betten diese Ziffer im Gespräch zum einen in einen breiteren Kontext genetischen Wissens ein, zum anderen wird diese Ziffer in Beziehung zu der individuellen Lebens- und Familienplanung der Rat suchenden gestellt. Auf diese Weise wird über die Risikowerte eine Verbindung zwischen dem Individuum und den allgemeinen Vererbungsregeln hergestellt. Bei ihren Entscheidungen greifen die Rat suchenden auf ihr vorhandenes Wissen zurück, in das sie genetisches Wissen integrieren. Hierfür werden Elemente des genetischen Spezialdiskurses in das Alltagswissen der Klienten transformiert. Der Transformationsprozess geht über eine

---

182 Bei meiner diskursanalytischen Untersuchung beziehe ich mich auf Gesprächsprotokolle, die Jennifer Hartog in ihrer Untersuchung: »Das genetische Beratungsgespräch« transkribiert und analysiert hat. (HARTOG 1996)
183 vgl. HARTOG 1996, S. 62 ff. .

einfache »Übersetzung« des spezialdiskursiven Wissens, die die Informationen auf ein für die Rat suchenden adäquates Komplexitätsniveaus bringt, hinaus. Er umfasst vielmehr eine Subjektivierung dieses Wissen. Hartes quantitatives Wissen wird in weiches, affektiv tingiertes Orientierungswissen übersetzt.[184] Die Generierung dieses Orientierungswissen zielt darauf ab, dass die Individuen sich mittels präventiver Maßnahmen immer wieder in die gesicherte Mittelzone einordnen. Die Subjektivierung dieses genetischen Wissens erfolgt mittels modifizierter Geständnispraktiken.[185] Diese Praktiken hat Foucault sowohl als objektivierende wie subjektivierende Machttechniken im Rahmen des Sexualitätsdispositivs beschrieben. Inzwischen haben sich gerade auf dem Feld der Biomedizin jenseits der Sexualität modifizierte Geständnispraktiken entwickelt.[186] Die Familienanamnese ist ein wesentliches Element dieses modifizierten Geständnisrituals. Die Berater und die Rat suchenden Individuen rekonstruieren beim »Durch-die Familie-Fragen« (Hartog 1996, S. 172) die Lebensgeschichte der Familie über mehrere Generationen im Hinblick auf genetische Abnormalitäten. Dabei verbinden sie das »Familienwissen« mit genetischem Fachwissen. Die »Familiengeschichte« wird nun unter der Perspektive der Vererbung strukturiert und in einem Stammbaum mithilfe einer »Symbolsprache« aufgezeichnet. Der folgende Gesprächsausschnitt zeigt, wie die Klienten und ihre Angehörigen mit den aufgezeichneten Symbolen identifiziert und im Erbgang verortet werden. Die vertraute Familienstruktur wird in eine institutionelle Struktur übersetzt.[187]

Berater:

»Ich glaube, daß man jetzt auch mal darüber sprechen müßte, was da äh überhaupt los ist mit der Vererbung, was das bedeutet. Ja? Ich glaub, daß ich Ihnen jetzt mal erklär äh womit das / zu er / zu erklären versuch, womit das jetzt zusammenhängt. Ja? Daß das wieder vorkommen kann und so weiter und so fort. Da brauch ich was zum Zeichnen dazu. Wir fangen am besten mal damit an, daß wir jetzt die tatsächliche äh Familie mal aufzeichnen. Das machen wir mit so ne Symbolsprache, wobei Viereck immer für einen Mann steht und ein Kreis immer für eine Frau. Fangen wir bei Ihnen beiden an. Das sind also Sie und das sind Sie. Und sie hatten bis jetzt zwei Schwangerschaften. Und das sind die beiden Mädchen, ja? Die ältere ist die Clara und die kleine ist die Elvira. Jetzt machen wir bei Ihnen erst mal weiter. Haben Sie Geschwister?«[188]

---

184 vgl. GERHARD, LINK, SCHULTE-HOLTEY 2001, S. 10.
185 Anne Waldschmidt vergleicht in ihrer diskursanalytischen Untersuchung humangenetischer Beratungskonzepte ebenfalls das Beratungsgespräch mit der von Foucault analysierten Geständnistechnik. (WALDSCHMIDT 1996)
186 vgl. BRAUN 2000, S. 29.
187 vgl. zur Aufzeichnung eines Stammbaums im Rahmen einer Familienanamnese HARTOG 1996, S. 169ff.
188 Gesprächsprotokoll – Wachstumsstörung bei der Tochter der Klienten, HARTOG 1996, S. 168f..

Bis zur ersten Frage der Familienanamnese, der Frage nach den Geschwistern, hat der Berater etabliert, dass es fortan um einen bestimmten Typ von Wissen geht, nämlich um Wissen über Erbkrankheiten in der Familie. Die betroffenen Eltern verfügen über dieses Wissen. Dadurch, dass der Berater einen starken Bezug zur Familienstruktur hergestellt hat, ist es den Eltern möglich, ihr Familienwissen abzurufen, das der Berater daraufhin bewerten kann, ob es für die genetische Beratung wichtig ist. Die Berater filtern somit die Erzählungen der Klienten nach für die Normalisierung relevantem Wissen. Dabei werden auch Bereiche tabuisierten Wissens der betroffenen Familien angesprochen und auf diese Weise einer professionellen Kategorisierung durch humangenetische Experten zugänglich gemacht. Foucault beschreibt wie in Geständnisritualen das verborgene Wissen quasi von einem »inneren Imperativ diktiert« hervorgebracht und den Experten, der nicht einfach Gesprächspartner, sondern Instanz sind, offenbart wird. Die zuhörenden Experten codieren das im Verborgenen gehaltene Familienwissen mittels wissenschaftlicher Dokumentationstechniken in medizinische Daten, die der Berechnung von Erkrankungswahrscheinlichkeiten dienen. Sie konstituieren über das Geständnis des Rat suchenden Individuums hindurch einen Diskurs genetischer Wahrheiten, die insbesondere bezogen auf das jeweilige Individuum und seine Verwandtschaft Gültigkeit haben. Vor dem Hintergrund ihres professionellen Wissens und als Vertreter einer Institution operieren sie mit diesem ihnen anvertrauten Familienwissen. Im Gespräch mit den Rat suchenden über ihre familiären Erkrankungen konstruieren sie Generationen übergreifend eine Folge von Abnormitäten, in dessen Abfolge dann das betroffene Individuum eingeordnet wird. Als Teil der Anamnese wird diese Geständnisprozedur anschließend in ein Feld wissenschaftlich akzeptabler Beobachtungen eingegliedert. Das Familienwissen wird somit in ein medizinisches Normierungssystem eingebunden, dessen Technologien individuell wie gesamtgesellschaftlich auf genetische »Normalität« abzielen. Darüber hinaus fungieren diese Selbstberichte der Rat suchenden Individuen wie eine »Selbstprüfung«. Diese Selbstprüfung legt unter den vielen flüchtigen Familienepisoden grundlegende Gewissheiten über Anomalien frei, die die Individuen nun in ihre persönliche Biographie einordnen müssen. Die Gespräche mit den Experten über das teilweise tabuisierte Familienwissen können bereits eine innere Veränderung der verunsicherten Rat suchenden bewirken. Zunächst kann es befreiend sein über die Ängste, nicht normal zu sein, mit Experten zu sprechen. Eine Krankheit oder ihr Verlauf kann auf die Vererbungsgesetze zurückgeführt werden. Diese »Ursachenfindung« kann das Individuum von seinen Schuldgefühlen befreien. »Erbe« kann als Schicksal oder biologische Ungerechtigkeit gedeutet werden. Diese Deutungsmöglichkeit entkoppelt die Ursachen in gewisser Weise von den Personen und befreit so die Betroffenen von einer imaginierten Schuld. Weiterhin erhoffen sich die

Rat suchenden mit Blick auf die in der Öffentlichkeit oft diskutierten Therapiemöglichkeiten Heilung. Die Denormalisierungsängste in Kombination mit den Hoffnungen auf Heilung lassen nun das Individuum von sich aus nach weiteren Untersuchungen nachfragen, die die im Gesprächsverlauf konstituierte Gefährdung scheinbar präzisieren. Insgesamt wirkt die Familienanamnese im Rahmen der humangenetischen Beratung überwiegend individualisierend. Im späteren Verlauf der Beratung fällt das sprechende Subjekt dann endgültig mit dem Objekt der Erzählungen zusammen. Die Ergebnisse der Familienanamnese werden mittels spezifischer Untersuchungen beispielsweise durch Gentests oder Verfahren der pränatalen Diagnostik überprüft. Dieser Teil der Beratung wirkt überwiegend objektivierend. Die Untersuchungen korrelieren die familiäre »Krankengeschichte« mit den jeweiligen Abnormitäten zugeordneten genetischen Dispositionen des betreffenden Individuums und leiten aus dieser Korrelation Wahrscheinlichkeitswerte für das Eintreten dieser Krankheiten ab. Diese Zahlenwerte quantifizieren das Erkrankungsrisiko für das Individuum. Das in der Familienerzählung konstituierte Risiko wird auf diese Weise in scheinbar rationale Zahlenwerte transformiert. Diese Zahlenwerte ermöglichen zum einen den Zugriff von disziplinierenden und regulierenden Machttechniken auf die Lebens- und Familienplanung des Individuums und zum anderen indirekt auch einen Zugriff auf den Körper des Individuums. Denn mit den Ergebnissen beispielsweise genetischer Testverfahren begründen die Experten weitere teilweise invasive Untersuchungen. Mittels der ermittelten Risikowerte können sowohl die Experten als auch das betreffende Individuum sich selbst und seine Familienangehörigen in Normalitätsklassen verorten. Auf der Basis dieser Kategorisierung werden im weiteren Verlauf des humangenetischen Beratungsgesprächs Entscheidungen getroffen, die die Lebens- und Familienplanung und die Gesunderhaltung des Körpers an den ermittelten Risikowerten ausrichten. Weiterhin gehen die mittels der Tests und der Gespräche gewonnenen Daten in Bevölkerungsstatistiken ein, die wiederum als Legitimationsgrundlage für gesundheitliche Regelungen wie beispielsweise die Bestimmung einer Altersgrenze für die Altersindikation zur Pränataldiagnostik herangezogen werden. Außerdem wird im Rahmen der humangenetischen Beratung die Fallgeschichte des Rat suchenden Individuums und seiner Angehörigen in einen breiteren Kontext fachlichen Wissens eingebettet. Das Individuum wird über Gene, Chromosomen und Erbgänge informiert. Jennifer Hartog zeigt in ihrer Analyse, dass die Experten häufig Metaphern verwenden. Beispielsweise wird das Erbgut als »Informationszentrum« oder im Hinblick auf seine »Reparaturmöglichkeiten« als »Maschine« beschrieben.[189] Sie versuchen eine Vorstellung davon zu vermitteln, wie ihrer Ansicht nach die Biologie

189 vgl. HARTOG 1996, S. 221 und S. 219.

mit Auswirkungen von Strahlung auf das menschliche Erbgut umgeht. »Das hcißt, es gibt eben Reparatursysteme / Reparaturmechanismen, die diese gesetzten Strahlenschäden wieder reparieren können. so daß es letztendlich net um die Frage geht, ist das Erbgut. damals verändert worden, sondern es geht um die Frage, äh ist das, was verändert wurde, wieder repariert worden, ja.« (Gesprächsprotokoll, Hartog 1996, S. 219)

Diese Ausführungen sind typisch für eine normalistische Verwendung der Kollektivsymbolik wie Jürgen Link sie beschreibt. Ein Subjekt-Komplex, der hier durch das Reparatursystem des Erbguts repräsentiert wird, steht in Opposition zu einem subjektlosen Risiko, das in diesem Beispiel durch die Belastung der Umgebungsstrahlung dargestellt wird. Übersteigt nun die Strahlendosis einen gewissen Grenzwert, ist die Schädigung zu groß, um repariert werden zu können. Die Grenze zur Anormalität wird damit überschritten und die Gesamtnormalität des Systems bedroht. Dysfunktionen erscheinen in der Biologie als nicht mehr normalisierbar. Es wird ein Handlungsbedarf imaginiert, der auf eine Schadensbegrenzung zielt. Diese Möglichkeiten zur Schadensbegrenzung sollen dann in der genetischen Beratung erarbeitet werden. Diese Begrenzung besteht in diesem Fall darin, die Extremerfahrung der genetischen Mutation zu kompensieren. Theoretisch stehen für diese Kompensation die Möglichkeiten der Gentherapie zur Verfügung. Inwieweit diese dann zur Anwendung kommen können bzw. sollen wird im weiteren Gesprächsverlauf mit den genetischen Experten geklärt. Dieses Fallbeispiel verdeutlicht anschaulich, wie die Experten mit Hilfe der Symbole eine Verbindung zwischen dem Individuum als spezifischen Fall und dem breiteren Kontext der Vererbungslehre hergestellen. Das Individuum kann sich nun erstens eine Vorstellung von der Funktion »seiner« DNA machen und zweitens die Ursachen von möglichen Fehlfunktionen nachvollziehen und sich drittens mit den Möglichkeiten der Schadensbegrenzung auf persönlicher Ebene auseinandersetzen. Auf diese Weise wird das spezialdiskursiv erarbeitete Professionswissen mit Hilfe der Kollektivsymbole subjektiviert. Genetisches Wissen wird auf das jeweilige individuelle Leben bezogen und mündet in konkreten Handlungsoptionen. Die gesamte Struktur des Beratungsgesprächs ist letztlich auf die Präsentation des Risikos hin ausgerichtet. Das Wissen wird dabei nach der Wahrscheinlichkeit des Auftretens geordnet. Durch die Strukturierung und Auswahl von Wissenselementen konstituieren die Berater jeweils spezifische genetische Wahrheiten, mit denen sie dann auf dem Wissen der Klienten operieren. Für die Klienten ist es schwierig diese neuen Wissenselemente, die schließlich in einem abstrakten statistischen Risikowert gebündelt werden, in ihr eigenes Wissen zu integrieren. In ihrer Analyse genetischer Beratungsgespräche stellte Jennifer Hartog fest, dass die Rat suchenden Individuen enttäuscht sind, wenn sie nur eine statistische Risikozahl genannt bekommen, da sie »eine sichere Aussage darüber bekommen möchten, ob *ihr* (geplantes) Kind gesund wird oder nicht.« (Hartog 1996, S. 249) Die Rat suchenden messen der Präsentation des Risikos große Bedeutung bei, wobei sie aber nicht auf die eigentliche Risikozahl, sondern auf eine Prognose über mögliche Konsequenzen, die mit dieser Ziffer verbunden werden, fokussiert sind. Um die Konsequenzen einer statistischen Risikozahl für ihren Alltag einschätzen zu können, brauchen die Individuen eine prognostische Übersetzung der Ziffer – eine Bewertung der Risikozahl.[190] Die Risikozahl wird zur Grundlage der Entscheidungsfindung generiert, auf die der gesamte Kommunikationsprozess der genetischen Beratung zielt. Zahlen ohne Zusammenhang und Interpretation nützen den Klienten in ihrem Entscheidungsdilemma wenig. Demnach sieht Hartog in einer Risikointerpretation die eigentliche Leistung der Experten als Agenten der Institution. Sie zeigt, wie die Berater die Klienten an einem spezifisch inszenierten Risikokalkül partizipieren lassen, dass dann letztendlich die »richtige« Interpretation herüberbringt. Das folgende Beratungsbeispiel verdeutlicht, wie in die Präsentation des Risikos eine Handlungsoption eingeführt wird: »weil das eben ein relativ geringes Risiko ist, also jetzt mal aus unserer Sicht. Entscheiden müssen Sie das natürlich, ob das für sie ein hohes Risiko ist, nich? Aber äh haben Sie schon einmal davon gehört, daß man vorgeburtlich / eine vorgeburtliche Untersuchung machen kann? Eine Fruchtwasseruntersuchung, bei dem das / hm der Chromosomenbefund äh des Kindes erhoben werden kann.« (Gesprächsprotokoll – Freie Trisomie 21, Hartog 1996, S. 254f.)

In diesem Beratungsgespräch geht es um ein Klientenpaar, welches ein Kind mit einer nicht-erblichen Form der Trisomie 21 bekommen hat. Die Beraterin bringt nach einer expliziten Bewertung des Risikos die Möglichkeit der Amniozentese als weiters Argument für eine Schwangerschaft ein. Die Information wird hier nicht mit professioneller Neutralität vermittelt, sondern enthält eine Bewertung.[191] In humangenetischen Beratungsgesprächen werden bestimmte genetische Wahrheiten sprich Risiken produziert, die der subjektiven Einschätzung der Individuen zugänglich gemacht werden. Dabei sind die erarbeiteten Risikowerte für die Formierung entsprechender Subjektivitäten konstitutiv. Das Individuum verortet sich in die Generationen übergreifende Abfolge genetischer Normalitäten und Abnormalitäten. Auf diese Weise werden in der Präsentation des Risikos die individualisierenden und die objektivierenden Aspekte der Beratung zusammengeführt. Das Individuum generiert sich selbst als »Risikoperson.« Diese Subjektkonstitution macht eine direktive Handlungsempfehlung in der humangenetischen Beratung meist überflüssig. Vor diesem Hintergrund verstehe ich die humangenetische Beratung insgesamt als Kernstück eines Therapieprogramms wie es Jürgen Link in seinem normali-

---

190 vgl. HARTOG 1996, S. 265.
191 vgl. HARTOG 1998, S. 265.

sierungstheoretischen Ansatz beschrieben hat. Dieses Therapieprogramm zielt auf die Einschätzung von genetischen Denormalisierungsrisiken ab. Es gehört zu einem Komplex diskursiver Verschränkungen, den ich als genetisch-informationelles Dispositiv charakterisiert habe. Nach einem Durchlaufen dieses Therapieprogramms ist das Individuum nun in der Lage, seine persönlichen Lebensdaten mit einer imaginierten Norm der genetischen Normalität und der damit assoziierten Gesundheit abzugleichen. Auf der Basis dieser Gegenüberstellung kann es seine eigene Abweichung von der Norm ermitteln. Da die Konstruktion der Idealnorm so angelegt ist, dass jedes Individuum mehr oder weniger davon abweicht, ist es nun die Aufgabe des Selbsterfahrungsprogramms im Gespräch mit den humangenetischen Beratern eine Grenze des sich selbst zumutbaren Risikos festzulegen. Auf diese Grenzziehung läuft die Beratung hinaus. Die Festlegung der Selbstzumutungspole zwischen Risiko null und maximalen Risiko ist allerdings nicht völlig flexibel. So werden in der humangenetischen Disziplin Schwellenwerte definiert, nach denen das Risiko überdurchschnittlich ansteigt. Diese Schwellengrenzen regulieren zunächst den Zugang zur Gendiagnostik und bestimmen dann die Grenze zwischen »unauffälligem« und »auffälligem« Befund, der als genetische Erkrankung klassifiziert wird und medizinische Interventionen nach sich zieht. Sie können bei der pränatalen Diagnostik auch die Tötung eines Embryos einschließen. Bei der Festlegung dieser Schwellenwerte dienen empirisch ermittelte Durchschnittswerte aus der Bevölkerung als Bezugsgröße. Zwischen den individuellen und kollektiven genetischen Dispositionen wird auf diesem Weg eine Beziehung biologischen Typs konstituiert. Diese Beziehung gestaltet sich in der Weise, dass je mehr Menschen mit sog. genetischen Erkrankungen das Bevölkerungskollektiv einschließt, desto schlechter werden dessen Durchschnittswerte. Eine Reduzierung der Häufigkeit genetischer Abweichungen würde dagegen zu einer Verbesserung der Durchschnittswerte führen. Der genetische Berater Dieter Schäfer führt an, dass eine Abnahme der Häufigkeit schwerer genetischer Erkrankungen in der Bevölkerung »durchaus eine indirekte Konsequenz genetischer Beratung und der sich daraus ergebenden Optionen sein« kann (Schäfer 1998, S. 207). Die hier angedeuteten Optionen können indirekt zu einer Optimierung der Bevölkerung führen.

X Wirken der für die Generierung eugenischer Konzepte konstitutiven Wissensformationen in reprogenetischen Praktiken

In der Pränatal Diagnostik wird die Möglichkeit zur Selektion bereits in die Konzeption der Verfahren eingebunden. Dadurch sind die Verfahren von vornherein auf eine Normalisierung durch Selbstauslese ausgelegt.

1 Gentests – Normalisierung durch Risikoabschätzung

Gesund oder krank? – Ermittlung von Risikowahrscheinlichkeiten und Bildung von Normalitätsklassen

Gentests beinhalten die Möglichkeit, »Krankheiten« und Anlagen für solche schon vor ihrem Ausbruch festzustellen. Diese Tests werden dann als prädiktiv bezeichnet. Die Genetiker unterscheiden dabei grundsätzlich zwischen zwei Diagnoseverfahren: Den direkten und den indirekten Gentests. Bei einem direkten Gentest wird nach einer Veränderung in einem Gen, nach einer Genmutation gesucht, die mit einer Erkrankung in Verbindung gebracht wird.[192] Wenn dies nicht möglich ist, kann ein indirekter Gentest erfolgen. Bei diesem Testverfahren werden nicht die Mutationen, sondern sog. genetische Marker innerhalb oder in der Nachbarschaft der betreffenden Gene untersucht. Die Ergebnisse von genetischen Tests erlauben es, Wahrscheinlichkeitsaussagen über einen möglichen Krankheitseintritt zu machen. Ob die betreffende Krankheit tatsächlich auftreten wird oder nicht, lässt sich gemäß der Deutschen Forschungsgemeinschaft durch den Test nicht sicher entscheiden. Auch der Zeitpunkt des späteren Auftretens lässt sich nicht genau aus dem Befund ableiten. Zwischen Testergebnis und möglichen ersten Krankheitszeichen können unter Umständen viele Jahre sogar Jahrzehnte vergehen. »Unter Umständen tritt die Krankheit trotz eines auffälligen Testergebnisses überhaupt nicht auf.« (DFG 1999a, S. 13).

Was bedeutet vor diesem Hintergrund nun beispielsweise bei einem Gentest für Brustkrebs[193] ein Positives, was ein negatives Ergebnis? Der Arzt stellt

---

192 Nur 2-3 % aller Krankheiten sind auf ein Gen zurückzuführen. Krankheiten wie beispielsweise Diabetes, Herz-Kreislauferkrankungen und auch viele Krebsarten sind multifaktorielle Erkrankungen, die insbesondere von Umwelt-, Ernährungs- oder anderen Faktoren abhängen.
193 Die Analyse der BrCa-Gene wird seit 1996 in den USA kommerziell angeboten. Sie wird auch in

im günstigsten Fall keines der beiden bekannten Gene, die mit Brustkrebs assoziiert werden fest. Damit hat die Patientin aber keine Sicherheit, dass sie im Verlauf ihres Lebens nicht doch an Brustkrebs erkranken wird. Denn nur drei bis fünf Prozent alle Brustkrebserkrankungen sind auf die Gene BrCa1 und BrCa2 zurückzuführen. Stellt der Arzt dagegen eines der BrCa-Gene fest, kann er seiner Patientin nur sagen, dass sie vielleicht in einigen Jahren an Brustkrebs erkranken wird. Denn Studien belegen, dass nicht alle Frauen, die eines der beiden Gene tragen, erkranken.[194] Aufgrund dieser Testergebnisse werden die Frauen zu Risikopersonen mit einem Profil von Wahrscheinlichkeiten konstituiert, eventuell an Brustkrebs zu erkranken. Sie werden dann in ein Netz engmaschiger Vorsorgeuntersuchungen eingebunden. In der Fachliteratur werden inzwischen Bedenken gegenüber sämtlichen Präventions- und Interventionsstrategien, die im Umfeld der BrCa-Diagnostik derzeit praktiziert werden, geäußert. Demnach ist die Früherkennung mittels Mammographie aufgrund der Strahlenbelastung für die Brustkrebsentwicklung risikoerhöhend und bei jungen Frauen ist zudem der Erkennungswert äußerst umstritten. Die Chemoprävention geht mit starken Nebenwirkungen einher. Die Wirksamkeit in Hinblick auf eine Verringerung genetischer Brustkrebsrisiken einer prophylaktischen Mastektomie, einer vorsorglichen Entfernung beider Brüste, ist keineswegs gesichert.[195] Die BrCa-Tests treffen somit auf »kein hinreichend evaluiertes Angebot an wirksamer Prävention und prophylaktischer Therapie« (Kollek, Feuerstein 1999, S. 10). Der Zustand »Krankheit« wird somit in den Bereich der genetischen Normabweichung vorverlagert. Aus »Gesunden« werden »Noch-nicht-Kranke« (Kollek, Feuerstein 1999, S. 10). Experten gehen davon aus, dass eine Vielzahl der Individuen eine vom »idealen« Genom« abweichende Gensequenz aufweisen wird. Demzufolge sind alle Individuen mehr oder weniger anormal, je nachdem wie weit ihre DNA von der festgelegten genetischen »Normalität« abweicht. Eine kontinuierliche Gradation von genetisch differenzierten Normalitätsklassen flexibilisiert somit die bisher starren Grenzen zwischen »normal« und »anormal«. Die einzelnen Klassen unterscheiden sich durch unterschiedlich hohe Risikoziffern, die den jeweiligen Grad der genetischen Abweichung und die damit verbundene Wahrscheinlichkeit ausdrücken, möglicherweise aufgrund dieser zu erkranken. Dass es keine Wesensgrenze mehr zwischen normal und anormal gibt, löst bei den Individuen enorme Angst aus, anormal zu sein oder zu werden. Sie wollen sich ihrer Zugehörigkeit zu der Gruppe der Normalen versichern. Daher werden sie oft selbst aktiv

---

Deutschland durchgeführt. Neben dem Nachweis der Brustkrebs verursachenden Mutationen in den BrCa-Genen wird die Assoziation von sog. ApoE-Varianten mit einem Erkrankungsrisiko für Alzheimer als real genutzte Testmöglichkeiten thematisiert (Hennen, Petermann, Sauter 2000, S. 36).
194 vgl. Riewenherm 2000, S. 27ff..
195 vgl. Kollek, Feuerstein 1999, S. 10.

und fragen entsprechende Testverfahren von sich aus nach, mit denen sie dann den Experten gegenüber ihre genetischen Dispositionen offen legen. Anhand der Testergebnisse können sie sich auch selbst in dem Kontinuum der Normalitätsklassen verorten. Die Möglichkeit und die Durchführung von Gentests vermitteln den Individuen dabei insofern eine gewisse Sicherheit als dass sie das genetische Risiko scheinbar quantifizieren. Auf diese Weise produzieren sie bei den Individuen das sichere Gefühl, »Gewissheit über den gesundheitlichen Status« (Uhlemann 1999, S. 139) zu erhalten und zudem die Hoffnung, durch die »Minimierung von Risiken« (Uhlemann 1999, S. 139) in eine Klasse aufsteigen zu können, die näher an der definierten »Normalität« liegt. Die Sicherung eines ermittelten Normalitätsgrades ist an präventive Maßnahmen gekoppelt und der Übergang von einer niedrigeren in eine höhere Normalitätsklasse ist an therapeutische Optimierungen gebunden. Demnach wird das betreffende Individuum bereits bei der Durchführung genetischer Tests zwangsläufig zum medizinischen Fall. Die Durchführung eines Gentests bei einem Familienmitglied betrifft immer weitere Verwandte mit. Denn durch den Nachweis einer Keimbahnmutation werden gesunde Verwandte wie beispielsweise Kinder und Geschwister gemäß den zugrunde gelegten Vererbungsgesetzen automatisch als Personen mit erhöhtem Risiko identifiziert.[196] Die Testperson und ihre Verwandten werden zu medizinischen Fällen – auch Generationen übergreifend. Individuen bei denen eine als erblich klassifizierte Krebserkrankung nachgewiesen wurde, sollten ihre Verwandten auf die Möglichkeit der genetischen Beratung hinweisen.[197] Zudem können die Verwandten in gezielte Früherkennungsmaßnahmen und Vorsorgeprogramme miteinbezogen werden.[198] Auf diese Weise wird über die Normalitätsklassen »letztlich zumindest partiell planerisch verfügt« (Link 1997, S. 432). Regine Kollek und Günter Feuerstein sprechen in diesem Zusammenhang von einem »therapeutischen Regime« (Kollek, Feuerstein 1999, S. 10). Die auf Prävention ausgerichtete »soziale«

---

196 vgl. BUNDESÄRZTEKAMMER 1998a, Richtlinien zur Diagnostik der genetischen Disposition für Krebserkrankungen, in: DEUTSCHES ÄRZTEBLATT 95, Heft 22, 29. Mai 1998, S. 1397/1398.

197 Der Arzt kann sich an die Verwandten seines Patienten wenden, wenn der Patient seine Angehörigen nicht informiert und die Verwandten vom gleichen Arzt mitbehandelt werden, wobei laut Richtlinien zur Diagnostik der genetischen Disposition für Krebserkrankungen »die Fürsorgepflicht gegen die ansonsten bestehende Schweigepflicht abzuwägen ist« (BUNDESÄRZTEKAMMER 1998a, Richtlinien zur Diagnostik der genetischen Disposition für Krebserkrankungen, in: DEUTSCHES ÄRZTEBLATT 95, Heft 22, 29. Mai 1998, S. 1398).

198 Nach den Richtlinien der Bundesärztekammer zur Diagnostik der genetischen Disposition für Krebserkrankungen ist die Voraussetzung für eine prädiktive Diagnostik bei gesunden Verwandten »die Identifikation der Keimbahnmutation bei einem Patienten oder seine Teilnahme an einer Familienuntersuchung (indirekte Genotypdiagnostik). Eine Ausnahme können solche Krankheitsdispositionen darstellen, bei denen es nur ein begrenztes Mutationsspektrum (zum Beispiel MEN 2) gibt; hierbei könnte eine Mutationsuntersuchung allein bei Personen mit erhöhtem Krebsrisiko in Betracht kommen.« (BUNDESÄRZTEKAMMER 1998a, Richtlinien zur Diagnostik der genetischen Disposition für Krebserkrankungen, in: DEUTSCHES ÄRZTEBLATT 95, Heft 22, 29. Mai 1998, S.1398).

Medizin[199] ist dann besonders effektiv, wenn die Individuen um ihrer selbst willen mit ihren genetischen Dispositionen eigenverantwortlich umgehen. Hierzu, werden disziplinäre Prüfungsverfahren, regulative Sicherheitstechniken und Geständnisrituale miteinander verschränkt. In die Normalisierungstechniken der Gendiagnostik sind somit die Selbsttechniken der Individuen von vornherein strategisch implementiert.[200] Ich spreche in Anschluss an Jürgen Link von der Entwicklung einer »Therapiekultur« (Link 1997, S. 153). Die Selbstnormalisierung ist dabei in ein wechselseitiges Zusammenspiel juridischer, disziplinierender und regulierender Praktiken eingebettet, wodurch die Effektivität dieses Prozesses verstärkt wird. So sind beispielsweise private Krankenversicherer und Lebensversicherer schon jetzt sehr an den Ergebnissen von Gentests interessiert.[201] Denn für die Prämieneinstufung wird eine Abschätzung des Risikos von Antragsstellern vorgenommen. Die Versicherungen erhoffen sich das Risiko mit Hilfe von Gentests quantifizieren und auf diese Weise kalkulieren zu können. Mit dem Verweis auf eine erhöhte Beitragsgerechtigkeit soll das Risiko des Einzelnen individuell tarifiert werden. Weiter weist der Versicherungswissenschaftler Oliver Schöffski darauf hin, dass Gendaten nicht nur für Kranken- und Lebensversicherungen, sondern auch für die Sozialversicherung interessant sein können. Im Sozialgesetzbuch ist eine »Mitwirkungspflicht der Versicherten zu ihrer eigenen Gesunderhaltung« (Schöffski 2000, S. 10) kodifiziert. Diese Mitwirkungspflicht könnte in Zukunft einmal die Pflicht zum Gentest einschließen oder spezielle Präventionsmaßnahmen vorschreiben.

Gendiagnostik und gesetzliche Regelungen

In der Bundesrepublik Deutschland hat der Gesetzgeber bisher den Einsatz der Gendiagnostik nicht geregelt.[202] Seit einer Änderung des Grundgesetzes im Jahr

---

199 Die Humangenetik und die sog. Reproduktionsmedizin fasse ich in diesem Kontext in Anlehnung an Foucault als Teilbereiche einer »sozialen« Medizin, die eine bestimmte Technik des sozialen Körpers ist. vgl. zur Begriffsbestimmung der »sozialen« Medizin bei Foucault: LEMKE 1997, S. 234ff..
200 Im Anschluss an Link verstehe ich unter Strategie keinen »monosubjektiv-teleologischen Handlungsblock«, der auf die Intention einzelner Subjekte oder Institutionen zurückzuführen ist, sondern »ein Ensemble verschiedener Konzepte, deren objektiver Konvergenzpunkt darin liegt, systematisch auf Sackgassen und das spontane »Umkippen« diskursiver Tendenzen (...) zu reagieren« (LINK 1997, S. 276).
201 Der Ethik-Beirat des Bundesgesundheitsministeriums (BMG) hat sich in seinen Empfehlungen für den Einsatz sog. prädiktiver Gentests dafür ausgesprochen, dass Lebens- und Krankenversicherungen auch künftig keine Gentests von ihren potentiellen Kunden verlangen dürfen. Wenn allerdings ein Versicherungsnehmer bereits einen Gentest gemacht hat und eine ungewöhnlich hohe Lebensversicherung abschließen möchte, soll er verpflichtet werden, der Versicherungsgesellschaft auf Nachfrage das Testergebnis offen zu legen (vgl. BUNDESÄRZTEKAMMER 2001, S. 11).
202 Das 1990 verabschiedete und 1993 teilweise novellierte Gentechnik-Gesetz regelt die Nutzung gentechnischer Verfahren in Forschung und Industrie. Die Anwendung gentechnischer Verfahren am Menschen ist in diesem Gesetz nicht geregelt. Der humangenetische Teil wird nur zum Teil vom Embryonenschutzgesetz abgedeckt, das 1991 in Kraft getreten ist.

1994 hat der Gesetzgeber gemäß Artikel 74 Abs. 1 Nr. 26 GG die Möglichkeit, die Anwendung genetischer Diagnostik gesetzlich zu regeln. Zurzeit wird an einer gesetzlichen Regelung gearbeitet. Das Büro für Technikfolgenabschätzung beim Deutschen Bundestag (TAB) entwickelte in Anlehnung an den Schweizer Entwurf für ein Gendiagnostikgesetz und die Regelungen zur Gendiagnostik im österreichischen Gentechnikgesetz einige »Orientierungspunkte« (Hennen, Petermann, Sauter 2000, S. 151) für die Entscheidungsfindung hinsichtlich der Ziele und Inhalte eines deutschen Gendiagnostikgesetzes. Demnach sollen genetische Tests nur zu medizinischen Zwecken, unter Arztvorbehalt und unter der Voraussetzung einer am Prinzip der Nichtdirektivität ausgerichteten humangenetischen Beratung vorgenommen werden. Der Einsatz und die Nutzung von genetischen Daten durch Arbeitgeber und Versicherungen sollen verboten werden. Mögliche Ausnahmen werden aber offen gehalten.[203]

Auf der europäischer Ebene kommt der Regelung des Umgangs mit genetischen Testergebnissen der Bioethik-Konvention, die 1997 nach jahrelanger internationaler Diskussion verabschiedet wurde, besondere Bedeutung zu. Artikel 12 der Konvention schreibt vor, dass prädiktive genetische Tests »nur für Gesundheitszwecke oder für Gesundheitsbezogene wissenschaftliche Forschung und nur unter der Voraussetzung einer angemessenen genetischen Beratung vorgenommen werden« (Europarat zitiert nach Bundesministerium der Justiz 1998, S. 36) dürfen. Die Konvention lässt die Möglichkeit offen, prospektive Arbeitskräfte vor der Einstellung genetischen Tests zu unterziehen. In den Erläuterungen zur Konvention heißt es, dass »wenn das Arbeitsumfeld wegen einer genetischen Disposition negative Auswirkungen auf ihre Gesundheit haben könnte, dürfen in Einzelfällen prädiktive genetische Tests im Arbeitsbereich angeboten werden« (Europarat zitiert nach Bundesministerium der Justiz 1998, 25). Die Politikwissenschaftlerin Kathrin Braun arbeitet heraus, dass demzufolge genetische Diskriminierung durchaus erlaubt wird, »sie muß nur der Gesundheit dienen – was immer darunter verstanden werden mag« (Braun 2000, S. 236). Diese wird auch nicht von dem in Artikel 11 formulierten Verbot genetischer Diskriminierung verhindert. Kathrin Braun weist darauf hin, dass hier nicht von der Diskriminierung eines »Menschen«, sondern von der Diskriminierung einer »Person« die Rede ist.[204] In dem utilitaristischen bioethischen Ansatz Peter Singers ist der Personenbegriff »offen für selektierende und hierarchisierende Interpretationen« (Braun 2000, S. 237). Im Konventionstext wird in weiteren Passagen zudem zwischen »human

---

203 Es werden weitere Orientierungspunkte genannt: Um die Qualität von Diagnose und Beratung zu sichern, soll die Durchführung genetischer Untersuchungen von staatlich zugelassenen gendiagnostischen Institutionen durchgeführt werden. Weiterhin soll eine behördliche Zulassung der Test erforderlich sein. Die Zulassung soll von einer zentralen Kommission kontrolliert werden, in der Experten verschiedener Disziplinen und Organisationen vertreten sind.
204 vgl. BRAUN 2000, S. 237.

beings« und »everyone« unterschieden. Dabei wird in diesen Formulierungen nur denjenigen, die nach einzelstaatlichem Recht unter »everyone« gefasst werden, neben Würde und Identität auch Rechte und Freiheiten zuerkannt, die respektiert werden müssen. Unter den Mitgliedstaaten besteht kein faktischer Konsens darüber, dass Würde im Sinne des Kantischen Instrumentalisierungsverbots zu interpretieren ist. Es gibt Interpretationen, nach welchen die Instrumentalisierung von Menschen für Forschungszwecke, denen die Betroffenen nicht zugestimmt haben und die ihnen nicht selbst zugute kommen, als mit der Menschenwürde vereinbar angesehen werden.[205] Vor diesem Hintergrund vermutet Braun, dass der Personenbegriff im Nichtdiskriminierungsgebot u. a. verhindern soll, »daß Abtreibungen oder die präimplantive Selektion von Embryonen aufgrund genetischer Eigenschaften mit einem Verbot belegt werden« (Braun 2000, S. 237). In diesem Zusammenhang weist der Erläuterungstext daraufhin, dass der Artikel zu prädiktiven Gentests keine Einschränkung gentechnischer, diagnostischer Eingriffe am Embryo beinhaltet. Damit wird auch die Präimplantationsdiagnostik zugelassen.

Die pränatale Diagnostik im Rahmen der Schwangerschaftsvorsorge, die darauf zielt, genetisch bedingte Erkrankungen des Embryos festzustellen, macht inzwischen den größten Teil genetischer Diagnostik aus.

2 Pränatale Diagnostik: Ermittlung des Risikos für die Geburt eines behinderten Kindes

Die Pränataldiagnostik (PD)[206] ist inzwischen das größte Anwendungsfeld genetischer Diagnostik. Sie umfasst Untersuchungen in der Schwangerschaft, die darauf abzielen, Abweichungen des Schwangerschaftsverlaufs von der Norm, Veränderungen des heranwachsenden Kindes oder auch Anlagen für die Entwicklung einer möglicherweise erst in einem späteren Lebensabschnitt beginnende Erkrankung zu erfassen. Mit der Ausweitung der pränatalen Diagnostik auf genetische Tests verbinden sich Reproduktionstechnologie und Gentechnologie.

In den 60er Jahren wurden die ersten Versuche unternommen, den Embryo oder Fötus in utero mit Hilfe des Ultraschalls sichtbar zu machen. Regine

---

205 vgl. BRAUN 2000, S. 220.
206 Die pränatale Diagnostik ist ein wesentlicher Bestandteil der Pränatalmedizin. Eine Reduktion der Pränatalmedizin auf die Pränataldiagnostik wird der Disziplin nicht gerecht. Die Fetal therapeutischen Anwendungen, die z. T. auch durch verschiedene Methoden der Pränataldiagnostik möglich geworden sind, betreffen nicht nur sog. genetische Erkrankungen. Als intrauterine Erkrankungen und Therapien – nach und mit begleitender Diagnostik – führt die Fachärztin für Frauenheilkunde Barbara Maier beispielsweise folgende an: «Bei Rhesusinkompatibilität (Diagnostik: Antikörpersuchtest, Titerverlaufskontrollen) kann der Fetus durch intravaskuläre Bluttransfusionen in die Nabelschnurgefäße vor schwerer Anämie und deren Folgewirkungen bewahrt werden." (MAIER 1998, S. 151)

Kollek beschreibt wie diese inzwischen schon in sehr frühen Entwicklungsstadien mögliche Visualisierung des ungeborenen Lebens fundamentale Konsequenzen für die individuelle und kulturelle Wahrnehmung des Ungeborenen und der Schwangerschaft gehabt hat. »Aus der Schwangerschaft wurde das ungeborene, unsichtbare Kind und daraus in wenigen Jahren ein »Fötus«. Die schwangere Frau wurde zum »uterinen Versorgungssystem« und das sonographische Babyfernsehen zur Routine in jeder Schwangerschaft. Das Ungeborene bekam dadurch eine zunehmend eigenständige Realität und entfernte sich in Begrifflichkeit und Darstellung immer weiter vom weiblichen Körper.« (Kollek 2000, S. 17) Heute erscheint der Embryo tendenziell unabhängig von der schwangeren Frau. In den von der Bundesärztekammer veröffentlichten »Richtlinien zur pränatalen Diagnostik von Krankheiten und Krankheitsdispositionen« ist vom Fetus als bildlich dokumentierbares Individuum die Rede, das im Krankheitsfall zum Patienten wird.[207] Die meisten der im Folgenden dargestellten Eingriffe erfolgen aber über den Körper der schwangeren Frau.

Verfahren der Pränatalen Diagnostik: Normalistische Verortung des Embryos

Es werden hier zwei Vorgehensweisen der pränatalen Diagnostik unterschieden: Invasive und nicht-invasive Verfahren. Bei den nicht-invasiven Verfahren verschafft man sich durch bildgebende oder indirekte Methoden wie Blutuntersuchungen der Schwangeren Aufschluss über den Entwicklungszustand des Kindes. Bei den invasiven Verfahren wird durch einen körperlichen Eingriff Gewebe fetalen Ursprungs gewonnen. Damit sind Risiken verbunden, die insbesondere im Auslösen einer Fehlgeburt bestehen. Es sind in der Hauptsache zwei Verfahren, die für den Gewinn von fetalen Zellen herangezogen werden: die Amniozentese und die Chorionzottenbiopsie.

Der Triple-Test

Für den Triple-Test ist eine Blutentnahme der Schwangeren erforderlich. Der Test gründet auf der Beobachtung, dass bestimmte Eiweiße im Blut der Schwangeren mit Feten, die eine Chromosomenanomalie wie z.B. für Trisomie 21 aufweisen, im Vergleich zu Schwangeren mit Feten ohne Anomalien, Abweichungen zeigen. Unter Bezug auf statistische Erhebungen wird dann eine Risikoziffer für eine eventuell vorliegende Trisomie 21 beim Fötus errechnet, wobei das Alter der Schwangeren berücksichtigt wird.[208] Der Test liefert also keine konkrete Diagnose, sondern eine persönliche Risikoberechnung. Die

---

207 vgl. BUNDESÄRZTEKAMMER 1998b, S. 3236.
208 vgl. HENNEN, PETERMANN, SAUTER 2000 S. 71.

Verteilung der Messwerte ist nach der Beschreibung des Humangenetikers Schmidtke dabei kontinuierlich. Es gibt keine harte Grenze zwischen »normalen« und »pathologischen« Befunden. Die Grenze, ab welcher ein genetisches Risiko angenommen wird, wurde per Definition »pragmatisch« (Schmidtke 1997, S. 121) festgelegt. Als Grundlage gilt das durchschnittliche Down-Syndrom-Risiko einer 35jährigen Schwangeren (1:370). In der Praxis, so erklärt Schmidtke, bedeutet ein positiver Test für Frauen unter 35 Jahren, dass eine ungünstige Konstellation der Serummarker zu einem Risiko von zirka ein Prozent führt, ein Kind mit Down-Syndrom zu bekommen. Ein und derselbe Wahrscheinlichkeitswert kann dann von den jeweiligen humangenetischen Beratern auf unterschiedliche Weise präsentiert werden. Anne Waldschmidt beschreibt wie beispielsweise das Risiko für ein Down-Syndrom bei einer 35jährigen Schwangeren in acht verschiedenen Formulierungen ausgedrückt werden kann:
1. »Ihr Risiko beträgt 1 : 370.«
2. »In 1 von 370 Fällen kommt ein Kind mit Down- Syndrom zur Welt.«
3. »Etwa 3 Kinder von 1000 haben bei der Geburt ein Down-Syndrom.«
4. »Zu 0,27 % ist das Kind am Down – Syndrom erkrankt.«
5. »Zu 99,7% ist es gesund, nur in ca. 0,3 % der Fälle ist es erkrankt.«
6. »In ca. 0,3 % der Fälle ist das Kind an Down Syndrom erkrankt, aber zu 99,7 % ist es gesund.«
7. »Ihr Risiko liegt noch weiter unter 1 %.«
8. »Gegenüber einer Frau mit 27 Jahren, die ein Risiko von 0,1 % hat, ist ihr Risiko um das 2,7 fache erhöht.«« (Scholz zitiert nach Waldschmidt 2001, S. 196)

Waldschmidt zeigt auf, das diese Wahrscheinlichkeitsannahme für die betroffene Frau die Konsequenz hat, »daß sie sich einer invasiven Diagnostik unterziehen muß, um den Verdacht verifizieren zu lassen.« (Waldschmidt 2001, S. 198) Je nachdem welche Formulierung die Experten wählen erscheinen weitere Untersuchungen mehr oder weniger dringlich. Weiterhin weisen die Autoren des Sachstandsberichts »Stand und Perspektiven der genetischen Diagnostik« des Büros für Technikfolgenabschätzung beim Deutschen Bundestag darauf hin, daß es aus Sicht von Humangenetikern aufgrund der hohen Zahl »falsch positiver« Ergebnisse des Triple-Tests zu einer unbegründeten Zunahme der Inanspruchnahme der invasiven Pränataldiagnostik gekommen ist.[209] Mit Hilfe des Triple-Tests werden nun vermehrt jüngere Schwangere

---

[209] Der Humangenetiker Schmidtke weist darauf hin, »daß sowohl unter Frauen, die sich dem Test unterziehen, als auch unter Testanbietern vielfach Unklarheit über die Komplexität des Triple Tests und seine Interpretationen herrscht. Dazu hat insbesondere die Entscheidung beigetragen, von »positivem« oder »negativem« Testausgang zu sprechen, obwohl der Test gar keine klare Aussage über das Vorliegen einer Störung liefern kann.«« (SCHMIDTKE 1997, S. 121)

in die vorgeburtliche Diagnostik einbezogen, »die sich einer invasiven PD zunächst nicht unterziehen wollten, sich aber von dem Test eine Entlastung hinsichtlich der Sorgen um die Gesundheit des Kindes versprechen.« (Hennen, Petermann, Sauter 2000, S. 72) Hennen, Petermann und Sauter gehen davon aus, dass eine durch den Test induzierte Risikozunahme unabhängig von der tatsächlichen Risikohöhe Ängste erzeugt, die auch wenn verhältnismäßig geringe Risiken ermittelt wurden zur Fruchtwasseruntersuchung führen können.[210]

Die Amniozentese

Das gängigste und am längsten etablierte Verfahren der invasiven Pränataldiagnostik ist die Fruchtwasserentnahme, die Amniozentese.[211] Bei dem Verfahren wird unter Ultraschallkontrolle eine spezielle Punktionsnadel durch die Bauchdecke der Schwangeren in die Fruchtblase (das Amnion) gestochen und Fruchtwasser entnommen. Das Eingriffsbedingte Risiko liegt zwischen 0,5 bis 1 %.[212] Die im Fruchtwasser befindlichen kindlichen Zellen können mit unterschiedlichen Analysemethoden genauer untersucht werden. Die Aussagekraft der Amniozentese ist meist sehr genau, allerdings müssen die Zellen für diese Untersuchungen kultiviert und vermehrt werden. Früher wurde dabei meist nach Abweichungen vom »normalen« Chromosomenbild[213] gesucht. Seit Ende der 80er Jahre ist es darüber hinaus möglich, mit Hilfe von Gentests Veränderungen auf der Ebene des Erbmaterials nachzuweisen. Mit Hilfe der Fruchtwasserpunktion können das Geschlecht, Chromosomenanomalien, Neuralrohrdefekte, Muskel- und Stoffwechselkrankheiten wie beispielsweise Mukoviszidose sowie seltene Erbkrankheiten festgestellt werden. Nach der Punktion können bis zu drei Wochen vergehen bis die Ergebnisse vorliegen. In der Regel erfolgt die Fruchtwasserpunktion in der 14. bis 18. Schwangerschaftswoche. Daher ist oft schon der 5. Schwangerschaftsmonat angebrochen ehe sich die Schwangere und ihr Partner mit dem Befund auseinandersetzen können. Würde sich das Paar dann bei einem nachteiligen Befund zu einem Schwangerschaftsabbruch entschließen, würde diese im 5. oder 6. Monat und manchmal noch später durchgeführt werden.[214]

---

210 vgl. HENNEN, PETERMANN, SAUTER 2000, S. 72.
211 Das Verfahren der Amniozentese wurde in den 60er Jahren entwickelt und 1968 zum ersten Mal klinisch eingesetzt. (vgl. hierzu, KOLLEK 2000, S. 18)
212 Kritiker geben höhere Prozentzahlen an. Das Gen-ethische Netzwerk gibt ein Fehlgeburtsrisiko zwischen 0,3 und 2,4 % an. (MATERIALSAMMLUNG, REPRODUKTIONSTECHNOLOGIEN, Juni 1999)
213 Menschen haben 23 Chromosomenpaare, somit insgesamt dann 46 Chromosomen. Zwei der Chromosomen sind Geschlechtschromosomen. Frauen haben zwei X-, Männer ein X- und ein Y- Chromosom. (vgl. KOLLEK 2000, S. 18)
214 Kann ein Schwangerschaftsabbruch nach der Fruchtwasseruntersuchung erst im zweiten Drittel der Schwangerschaft durchgeführt werden muß eine künstliche Geburt eingeleitet werden.

Die Chorionbiopsie

Um eine frühere Untersuchung des embryonalen Erbmaterials zu ermöglichen wurde in den 80er Jahren die Chorionzottenbiopsie entwickelt. Die Methode hat den Vorteil, daß sie bereits in der 8. oder 9. Schwangerschaftswoche durchgeführt werden kann. Die Ergebnisse liegen dann i. d. R. vor Beendigung des 3. Schwangerschaftsmonats vor. Die zeitlichen Vorteile resultieren u. a. auch aus der Kurzzeitkultur bzw. der Direktgewinnung von DNA zur molekulargenetischen Untersuchung. Mittels eines chirurgischen Instruments wird unter Ultraschallkontrolle entweder durch die Scheide und den Muttermund oder durch die Bauchdecke aus dem Zotten (Chorion), d.h. aus der Plazenta Gewebe entnommen. Die Chorionzottenbiopsie hat im Vergleich zur Amniozentese den Nachteil einer höheren Fehlgeburtsrate. Sie liegt bei 2-4%.

Die Indikation der PD: Schwangerschaft als Denormalisierungsrisiko

Als mögliche Gründe für eine gezielte pränatale Diagnostik werden in den »Richtlinien zur pränatalen Diagnostik von Krankheiten und Krankheitsdispositionen« u. a. auffällige Serummarker, verdächtige sonographische Befunde, pränatal diagnostizierbare Erkrankungen in der Familie, strukturelle oder numerische chromosomale Aberrationen bei einem Elternteil und erhöhtes Alter der Schwangeren genannt.[215] Eine weitere Indikationsstellung ergibt sich aus den Ängsten, die viele Frauen haben, ein Kind mit einer Chromosomenveränderung oder genetischen Abweichung zu bekommen. Daher wird inzwischen die pränatale Diagnostik auch von einigen Experten als ein Mittel zur Beruhigung von Schwangeren angesehen, durch das die Wahrnehmung und das Erleben von Schwangerschaft verbessert werden. Irmgard Nippert stellte in diesem Zusammenhang fest, daß im Beratungsgespräch vor der Entscheidung, die PD in Anspruch zu nehmen immer wieder leitmotivartig »Erwartungen nach Sicherheit, Ruhe, Gewissheit über die Gesundheit des Kindes« auftauchen (Nippert 1998, S. 165). So äußert sich eine 31-jährige Frau, bei der ein Risiko für Morbus Down von 1: 630 festgestellt wurde wie folgt:
»Irgendwie hat mich die Umgebung so kribbelig gemacht, daß ich ganz unruhig geworden bin. ... *Ich brauche Ruhe.* ...Weil ich die Schwangerschaft in Ruhe erleben will, möchte ich die Fruchtwasseruntersuchung machen lassen.« (Studentin, 31 Jahre, zitiert nach Nippert, 1998, S. 165)
Eine PD trägt jedoch nicht immer zur Beruhigung bei, auch wenn der Befund keine der befürchteten genetischen Abweichungen zeigt. Frauen, die sich einer invasiven Untersuchung unterzogen haben, bestätigen die Erfahrung,

---

215 vgl. Bundesärztekammer 1998b, S. 3239.

dass die PD die Schwangerschaft in die Phase vor dem Befund und in die Zeit der Schwangerschaft danach einteilt. Die potentielle Disposition, die mit der PD angelegt ist, bringt eine Bereitschaft zur Distanz zur Schwangerschaft mit sich, bis die Frage eines möglichen Defekts geklärt ist. Die Fortsetzung der Schwangerschaft wird vom Untersuchungsergebnis abhängig gemacht. Nippert spricht von einer »Schwangerschaft auf Probe« (Nippert 1998, S.169). Die meisten der pränatal diagnostizierbaren Erkrankungen sind bisher in der medizinischen Praxis nicht therapierbar. Einer Schwangeren stehen daher nach Erhalt eines positiven Befundes in der Regel zwei Optionen offen: »Die Schwangerschaft fortzusetzen und das Kind mit der jeweiligen Behinderung anzunehmen, oder die Schwangerschaft abzubrechen.« (Nippert 1998, S. 154) Wenn eine Therapie beim Fötus nicht möglich ist, wird der Frau der Schwangerschaftsabbruch als »Therapie« angeboten. Vor allem im französischen und englischen Sprachgebrauch wird explizit von einem »therapeutischem Schwangerschaftsabbruch« gesprochen (Baumann-Hölzle, Kind 1998, S. 132).

Die routinemäßige Anwendung pränataler Untersuchungen konstituiert zunächst jede Schwangerschaft als eine »Risikoschwangerschaft«. Ältere Frauen sind inzwischen per se »Risikoschwangere«. Bei der Altersindikation wird ein gegenüber jüngeren Frauen erhöhtes Risiko für Chromosomenaberrationen angenommen. Die Altersgrenze von 35 Jahren legte die Fachdisziplin per Definition fest. Das erhöhte Risiko ist rein statistischer Natur und nicht aus der eigenen Lebensgeschichte heraus entstanden.[216] In der Praxis scheint die Begrenzung des Angebots durch die Altersindikation »mehr und mehr ignoriert zu werden.« (Hennen, Petermann, Sauter 2000, S. 70). In den Richtlinien der Bundesärztekammer wird festgestellt, dass die strenge Einhaltung einer unteren Altersgrenze der Schwangeren als definierte medizinische Indikation zur invasiven pränatalen Diagnostik inzwischen verlassen wurde.[217] Die Tendenz entwickelt sich zu einer individualisierten Freigabe der pränatalen Diagnostik. Nach dem Genetiker Jürgen Schmidtke gibt es demnach »keine medizinisch begründbare Kontraindikation für die Anwendung nicht invasiver Testverfahren bei jeder Schwangerschaft.« (Schmidtke 1995, S. 50) Auch bei der Anwendung invasiver Verfahren lässt sich gemäß Schmidtke »keine tragfähige Begründung dafür finden, einer Schwangeren die Pränataldiagnostik zu verweigern, und zwar unabhängig von Alter, Eigen- und Familienanamnese.«(Schmidtke 1995, S. 50) Allein das Interesse der Schwangeren an weiteren Untersuchungen ist somit eine ausreichend medizinisch begründbare Indikation. Damit erhebt der Humangenetiker den Wunsch der Schwangeren zum obersten Entscheidungsprinzip und löst die PD aus dem medizinischen

---

216 vgl. BAUMANN-HÖLZLE, KIND 1998, S. 153.
217 vgl. BUNDESÄRZTEKAMMER 1998b, S. 3236.

Kontext.[218] Zudem verweist Schmidtke in diesem Zusammenhang auf ein allgemeines genetisches Risiko in der Bevölkerung, das eine generelle Indikation der PD nahe legt: »Da das genetische Risiko niemals gleich null ist, ist eine Pränataldiagnostik eben auch niemals »medizinisch unnötig« (Schmidtke 1995, S. 50). Durch die Konstitution eines allgemeinen genetischen Risikos als Indikationsstellung macht er indirekt alle Frauen zu Betroffenen »und als solche in neuer Art und Weise verantwortlich für die Gesundheit ihres Nachwuchses.« (Baumann-Hölzle, Kind 1998, S. 135) Der Humangenetiker implementiert hier indirekt eine Verantwortlichkeit der Frau für die Gesundheit der Bevölkerung, die über eine »Qualitätskontrolle« der Nachkommen mit Hilfe der PD reguliert wird. Diese Verantwortlichkeit der Frau beinhaltet positiv eugenische Denkmuster. Auch Ruth Baumann-Hölzle und Christian Kind charakterisieren die von Schmidtke implizierte Verantwortlichkeit aufgrund eines allgemeinen genetischen Risikos, die er den Frauen zuschreibt, als eugenisch: »Schon der Gedanke, daß das genetische Grundrisiko einer Bevölkerung die pränatale Diagnostik für alle Schwangeren rechtfertige, impliziert ja, daß die genetische Basis dieser Bevölkerung für die einzelne Frau ein inakzeptables Risiko beinhalte und entstammt im Grunde positiv eugenischen Überlegungen.« (Baumann-Hölzle, Kind 1998, S. 136) In der Möglichkeit der Wunschindikation sehen sie einen »Weg zur positiven Eugenik« (Baumann-Hölzle, Kind 1998, S. 136). Würden sich die elterlichen Bedürfnisse auf die Merkmale des Kindes beziehen, würden sie letztlich als »Kriterium zur Selektion des Nachwuchses« (Baumann-Hölzle, Kind 1998, S. 136) verwendet. Demnach könne die pränatale Diagnostik »auf der individuellen Ebene positiv eugenischen Zwecken und damit der Zuchtwahl dienen.« (Baumann-Hölzle, Kind 1998, S.136) Eine Befragung unter schwangeren Frauen an der Universität Münster belegt, dass bereits Bedingungen an die »Qualität« ungeborener Kinder gestellt werden: «Rund 19 Prozent der befragten Frauen antworten auf die Frage, was sie bei einem positiven Ergebnis eines »fiktiven« Test auf genetische Veranlagung des Kindes zu Fettleibigkeit tun würden, sie würden vermutlich einer Abtreibung zustimmen.« (Hennen, Schmitt 1995, S. 56) Umfragen zur pränatalen Diagnostik zeigen weiterhin, dass in der Situation möglicherweise ein Kind mit Normabweichungen zu gebären, der von Jürgen Link beschriebene flexibel-normalistische Imperativ greift. So werten in einer Umfrage 71,8 % der befragten Frauen ihre Entscheidung die pränatale Diagnostik in Anspruch zu nehmen als verantwortungsbewusste Entscheidung. Sie stimmen folgender Aussage zu: »Ich habe mich für die vorgeburtliche Untersuchung entschieden, weil ich es nicht für verantwortlich halte, ein behindertes Kind zur Welt zu bringen.« (Nippert 1998, S. 160) Di-

---

218 vgl. BAUMANN-HÖLZLE, KIND 1998, S. 134.

ese Interviewpassagen zeigen, dass sich ihr Verantwortungsbewusstsein auf unterschiedliche Beziehungsebenen bezieht: Zunächst empfinden die Frauen Verantwortung gegenüber ihren Familien, deren »normaler« Alltag nicht durch ein Leben mit einem behinderten Kind beeinträchtigt werden soll. Eine 34-jährige Frau äußert in diesem Sinne: »Anderen Kindern kann man ein behindertes Kind nicht zumuten. Das ist nicht tragbar für den Rest der Familie.« (34-jährige Frau zitiert nach Nippert 1998, S. 158) Weiterhin soll auch das soziale Umfeld nicht belastet werden: »Wenn das Kind 20 Jahre alt ist und andere Leute belasten muß, das ist ein bedauerlicher Zustand.« (37-jährige Frau, zitiert nach Nippert 1998, S. 159.) Zudem drückt das Verantwortungsbewusstsein der Frauen, die sich zu einer PD entschlossen haben, antizipiertes Mitleid mit einem abstrakt vorgestellten behinderten Kind aus. Durch die Inanspruchnahme der pränatalen Diagnostik erhoffen sie sich, diese besondere Belastungserfahrung sich selbst und ihrer Familie ersparen zu können. Gleichzeitig wird über ihr Verantwortungsgefühl gegenüber dem sozialen Kollektiv, dessen Gesamtnormalität gewahrt. Die Normalisierungstendenzen erstrecken sich im reproduktiven Bereich von selbst auf die genetische Normalität der nächsten Generation. Die pränatalen Diagnosemöglichkeiten werden immer weiter entwickelt. Dabei soll der Zeitpunkt der Untersuchung so weit wie möglich nach vorn verlagert werden. Die Präimplantationsdiagnostik (PID) erweitert die bisher bestehenden genetischen Diagnosemöglichkeiten gerade in dieser Hinsicht erheblich. Die Untersuchung auf genetische Abweichungen findet noch vor einer Schwangerschaft der Frau nach erfolgter IVF an Embryonen in Kultur statt.

3 Die Präimplantationsdiagnostik: Selektion von Embryonen

Die Präimplantationsdiagnostik, kurz PID oder auch PGD (Preimplantation Genetic Diagnosis) ist ein Verfahren der genetischen Untersuchung des frühen Embryos.[219] Aufgrund der Ergebnisse genetischer Testverfahren wird entschieden, ob ein Embryo über einen Embryonentransfer in die weibliche Gebärmutter implantiert wird oder nicht. Für den Embryotransfer werden nur Embryonen verwendet, die unbelastet sind von einer genetischen Abweichung. Damit schlägt die Präimplantationsdiagnostik eine Brücke von der Fortpflanzungsmedizin zur genetischen Diagnostik.

---

219 Die Biologin Sigrid Graumann weist daraufhin, dass mit dem Begriff »preimplantation genetics« die Präimplantationsdiagnostik (PID) und die Keimbahntherapie wie selbstverständlich in einen bedeutungsvollen Zusammenhang gestellt werden. (GRAUMANN 1998, S. 383 ff.).

Selektion ex vivo

Eine Präimplantationsdiagnostik kann an der Eizelle mittels einer Polkörperdiagnose oder in unterschiedlichen Stadien der Embryonalentwicklung auf dem Wege der Embryobiopsie durchgeführt werden. Bei einer Polkörperdiagnose wird die Untersuchung am sog. Polkörper[220] einer unbefruchteten Eizelle vorgenommen, bevor die Eizelle künstlich befruchtet und in die Gebärmutter transferiert wird. Hierbei wird nur das von der Mutter stammende Erbmaterial, nicht aber das des Vaters untersucht. Deshalb können die mit dem väterlichen X-Chromosom in Verbindung gebrachten Krankheiten wie beispielsweise die Bluterkrankheit (Hämophilie A) nicht erkannt werden. Bei Paaren, die aufgrund eines indizierten Risikos für eine monogen bedingte Erkrankung des Kindes wie z.B. Mukoviszidose, eine PID durchführen lassen, wird eine Embryobiopsie angewendet. Zunächst wird eine In-vitro-Fertilisation durchgeführt. Dafür wird eine gleichzeitige Reifung von mehreren Eizellen hormonell stimuliert. Die Embryonen werden bis zum 4-10 Zellstadium kultiviert. Dann wird eine oder zwei Zellen entnommen, an denen genetische Tests durchgeführt werden. Dabei lässt sich feststellen, ob es sich bei dem jeweiligen Embryo um einen männlichen oder weiblichen handelt, ob ein sog. »normales« Chromosomenbild vorliegt, oder ob bestimmte genetische Devianzen auf molekularer Ebene vorliegen, die mit den sog. genetischen Erkrankungen korreliert werden. Embryonen, die von der im vornherein bestimmten genetischen Abweichung nicht betroffen sind, werden anschließend in die Gebärmutter der Frau implantiert. Die Entscheidung, welcher Embryo ausgetragen werden soll, wird bei dem Verfahren der Präimplantationsdiagnostik also vor der Schwangerschaft getroffen. Die Einheit zwischen der schwangeren Frau und dem Embryo ist aufgelöst. Es wird nicht nur über *einen* Embryo im Uterus der Frau entschieden, sondern es existieren ex vivo *mehrere* Embryonen. Es wird quasi aus einer zur Verfügung stehenden genetischen Variationsbreite ausgewählt. Dabei erfolgt die Auswahl anhand genetischer Dispositionen. Orientierungspunkt dieses Selektionsprozesses ist das im Rahmen des Humangenomprojektes definierte Konsensgenom.

Gendeterminismus als Theoriebasis der PID

Theoretische Grundlage dieses Selektionsprozesses der Präimplantationsdiagnostik ist ein strenger genetischer Determinismus. Die theoretischen Vor-

---

220 Polkörper entstehen, wenn die Keimdrüsenzelle, die noch einen doppelten Chromosomenbestand hat, die sog. Reduktion – oder Reifeteilung (Meiose) durchlaufen hat, um sich in vier Zellen mit je einem einfachen Chromosomenbestand zu teilen. Drei Zellen verkümmern und werden zu Polkörpern, die vierte Zelle reift zur Eizelle heran. Die Polkörper enthalten eine Negativkopie des von der Mutter an den späteren Embryo weitergegebenen Erbmaterials (vgl. zur Polkörperbiopsie KOLLEK 2000, S. 31 ff.).

annahmen der PID gehen von der Vorstellung aus, dass eine Veränderung im Genotyp direkt mit einer Veränderung im Phänotyp korreliert. Demzufolge nehmen die Forscher an, dass von einer Mutation, die gendiagnostisch nachgewiesen wird, sicher auf eine spezifische phänotypische Veränderung geschlossen werden kann. Daraus schließen sie, dass das genetische Einfügen einer DNA-Sequenz zu einem voraussagbaren Effekt im Phänotyp führe. Die gendeterministische Ausrichtung der theoretischen Grundannahmen der PID lässt sich nach Graumann auf eine einseitige Orientierung der klassischen Molekularbiologie am molekulargenetischen Zentraldogma zurückführen. Dieses besagt, dass die Gene alle Lebensprozesse einschließlich der Entwicklung eines Lebewesens kontrollieren. Das molekulargenetische Dogma wird inzwischen nicht mehr von allen Genetikern so akzeptiert, da neuere Forschungserkenntnisse in der Genetik nach Ansicht einiger Kritiker den theoretischen Vorannahmen widersprechen. Das molekulargenetische Dogma beschreibt die Entwicklung eines Organismus als strenge Abfolge von Entwicklungsschritten, die im genetischen Programm festgelegt sind. Kritiker weisen daraufhin, dass die hierfür notwendige Koordination der einzelnen Entwicklungsschritte nicht ausreichend erklärt werden kann. Die Biologin Sigrid Graumann kritisiert zudem das dem zentralen genetischen Dogma zu Grunde liegende Genverständnis:

1. Ein Gen besteht nicht nur aus kodierenden Bereichen, die die Information zum Bau eines Proteins enthalten (Exons), sondern auch aus nicht kodierenden Bereichen (Introns), deren Funktion nicht geklärt ist.
2. Zum Informationsgehalt eines Gens gehören nicht nur die Basensequenz, sondern auch regulatorische Elemente.
3. Einzelne regulatorische Elemente können mehrere Gene koordiniert regulieren.
4. Es sind Phänomene von überlappenden Genen und Genen innerhalb von anderen Genen bekannt.

Es kann somit nicht genau gesagt werden, welche DNA-Elemente eine Informationseinheit bei der Übermittlung zwischen DNA und Protein umfasst. »Wenn aber nicht eindeutig gesagt werden kann, was ein Gen substanziell ist, wie können dann Gene kloniert, charakterisiert und vor allem transferiert werden?« (Graumann 1998, S. 394). Zudem müssten dem molekulargenetischen Dogma zufolge alle Regulationsprozesse auf der Ebene der DNA ablaufen. Inzwischen wurden der DNA-Ebene vorgelagerte Regulationsprozesse entdeckt. Die von Graumann und anderen Kritikern angeführten Forschungserkenntnisse spielen bislang im hegemonialen Diskurs der Molekulargenetik eine untergeordnete Rolle. Die klassische Molekulargenetik orientiert sich weiter an der Gendefinition des zentralen genetischen Dogmas, das die Forschungsvorhaben und die Praxisfelder bestimmt. In diesem Kontext wird der von Foucault aufgezeigte

Zusammenhang von Wissen und Macht sichtbar. Molekulargenetisches Wissen wird aufgrund bestimmter Machtwirkungen hervorgebracht und in konkreten Anwendungen umgesetzt. So wird auch in den Anwendungsbereichen der genetischen Frühdiagnostik gemäß dem Zentraldogma von einer direkten genetischen Determination von Merkmalen und Krankheiten ausgegangen. Dabei wird auch für multifaktorielle Krankheiten wie z.b. Herz-Kreislauferkrankungen im Allgemeinen an einer direkten Genotyp-Phänotyp-Beziehung festgehalten.

Präimplantationsdiagnostik und Embryonenschutzgesetz

Bisher ist die Präimplantationsdiagnostik in Deutschland durch das Embryonenschutzgesetz verboten. In anderen Ländern wie in Belgien und Großbritannien wird sie bereits legal durchgeführt. Die Präimplantationsdiagnostik wird zur Zeit bei Vorliegen eines indizierten Risikos für monogene genetische Krankheiten, zur prädiktiven Diagnostik von später im Leben auftretenden Erbkrankheiten, nach intrazytoplasmatischer Spermainjektion sowie zum Screening von Embryonen nach künstlicher Befruchtung eingesetzt.[221] Ein Risiko für das Auftreten einer monogenen Erkrankung lag auch bei einem Paar vor, dessen Nachfrage nach einer Präimplantationsdiagnostik die Diskussion um dieses Verfahren in der Bundesrepublik initiierte. In diesem Fall sind beide Eltern Träger einer Mukoviszidose Mutation. Ein bereits geborenes Kind ist an Mukoviszidose erkrankt und zwei Feten wurden nach pränataler Diagnostik in der Schwangerschaft abgetrieben. Die Frau hatte von der Möglichkeit der PID gehört und um die Durchführung einer entsprechenden Behandlung gebeten. Prof. Dr. K. Diedrich und Prof. Dr. Schwinger aus Lübeck haben dann gemeinsam ein Projekt zur PID entwickelt und der dortigen Ethik-Kommission zur ethischen und arztrechtlichen Prüfung vorgelegt. Daraufhin hat die Ethik-Kommission Lübeck am 19.06.1996 entschieden, »daß es keine grundsätzlichen ethischen Bedenken gegen die Vorwegnahme im vorgesehen Fall bestünden, daß aber aus arztrechtlichen Gründen derzeit nicht zugestimmt werden kann, weil das Embryonenschutz-Gesetz (EschG) ein Verwerfen von betroffenen Embryonen nicht zulässt« (Ethik-Kommission Lübeck zitiert nach Schroeder-Kurth 1997, S. 155). Mit dem Embryonenschutzgesetz zielte der Gesetzgeber in Deutschland darauf ab, den Schutzanspruch des Embryos in der biomedizinischen Forschung und Praxis mit strafrechtlichen Mitteln zu gewährleisten. Zum Zeitpunkt des Gesetzerlasses wurde die PID noch nicht wissenschaftlich diskutiert. Nun wird dieses Verfahren zum Anlass genommen, die Regelungen des Embryonenschutzgesetzes wieder zur Diskussion zu stel-

---

221 vgl. zu den Anwendungsgebieten der PID: KOLLEK 2000, S. 75 ff..

len. Eine Zulassung der Präimplantationsdiagnostik würde nach Regine Kollek folgende Regelungen des ESchG direkt oder indirekt betreffen:
»1. Mißbräuchliche Anwendung von Fortpflanzungstechniken (§ 1): (Abschnitt 6.1.1).
2. Mißbräuchliche Verwendung menschlicher Embryonen (§ 2): (Abschnitt 6.1.2).
3. Klonen (§ 6) (Abschnitt 6.1.3.).« (Kollek 2000, S 192).

Die Befruchtung von Eizellen, die nicht für die Herbeiführung einer Schwangerschaft bei der Frau bestimmt sind, von der die Eizelle stammt, ist nach § 1 des ESchG verboten. Demnach ist die Befruchtung von Eizellen zum Zwecke der Forschung ausgeschlossen – ebenso die Gewinnung von Embryonen, die nicht in den Körper einer Frau implantiert werden. An dieser Stelle könnte eine beabsichtigte PID mit dem Embryonenschutzgesetz konfligieren. Denn in dem Verfahren werden Embryonen erzeugt, deren spätere Implantation von vornherein ausgeschlossen wird. Nach § 2 des ESchG ist die Abgabe von Embryonen zu einem anderen als zu ihrer Erhaltung dienlichen Zweck nicht zulässig. Als Embryo angesehen wird »bereits die befruchtete, entwicklungsfähige menschliche Eizelle vom Zeitpunkt der Kernverschmelzung an, ferner jede einem Embryo entnommene totipotente Zelle, die sich bei Vorliegen der dafür erforderlichen Voraussetzung zu teilen und zu einem Individuum zu entwickeln vermag« (§ 8 ESchG (1)).

Eine Präimplantationsdiagnostik unter Verwendung totipotenter Zellen ist damit ausgeschlossen. Denn es würde eine Zelle vernichtet werden, die im Sinne dieses Gesetzes einem Embryo gleichgesetzt wäre. Leonhard Hennen, wissenschaftlicher Mitarbeiter beim Büro für Technikfolgenabschätzung des Bundestages, weist in diesem Zusammenhang darauf hin, dass es aber mittlerweile möglich sei, eine genetische Untersuchung von Embryonen im 12-Zellstadium des Embryos durchzuführen, d.h. zu einem Zeitpunkt, zu dem die Zellen nicht mehr »totipotent« sind. Er konstatiert: »Damit wäre die im Embryonenschutzgesetz festgelegte Barriere – das Verbot der Untersuchung an totipotenten (d.h. jeweils zu einem Fötus entwicklungsfähige Zellen) – unterlaufen.« (Hennen 1999, S. 7). Wenn die Präimplantationsdiagnostik in späteren Entwicklungsstadien durchgeführt werden würde, müsste laut Regine Kollek allerdings § 1, Absatz 1, Nr.5 berücksichtigt werden, der unter Strafe stellt, wenn mehr Eizellen einer Frau befruchtet werden, als ihr innerhalb eines Zyklus übertragen werden sollen. Hierzu merkt sie kritisch an, dass es praktisch unvermeidlich sei, mehr Embryonen zu erzeugen, als die Frau innerhalb eines Zyklus übertragen werden dürfen, um bei vorliegender familiärer Erbkrankheit oder auch beim Verdacht auf Chromosomenzahlveränderungen ausreichend viele Embryonen zur Auswahl zu haben. »Beispielsweise müßten den Mendelschen Regeln zufolge im Fall des Vorliegens einer dominanten Erbkrankheit aufgrund der 50 : 50 Verteilung dieses Merkmals sechs Embryonen erzeugt werden um sicherzustellen, daß etwa drei von der Veränderung nicht betroffene Keime entstehen.« (Kollek 2000, S. 198). Zudem könnten Embryonen durch die Biopsie geschädigt werden oder Ergebnisse der genetischen Untersuchung könnten uneindeutig sein. Entsprechend beschreiben verschiedene wissenschaftliche Publikationen, dass pro Übertragung ca. 12 Embryonen untersucht werden. In Anschluss an Regine Kollek kann somit gefolgert werden, dass die meisten Embryonen erzeugt werden, um sie zu testen und zu selektieren. Embryonen werden vernichtet, wenn sie die vorgegebenen Kriterien nicht erfüllt haben. Kollek wertet diese Vernichtung als einen Verstoß gegen § 2 Absatz 1 ESchG. Das Klonieren von Embryonen durch »embryo splitting« ist nach § 6 des ESchG verboten. Wird einem Embryo eine totipotente Zelle entnommen, würde ein zweiter Embryo mit dem gleichen Erbmaterial entstehen wie ein bereits existierender. Damit wäre der Tatbestand des Klonens erfüllt. Zusammenfassend kann festgestellt werden, dass das Embryonenschutzgesetz eindeutig die Entnahme, Verwendung und Untersuchung von totipotenten Zellen verbietet, da dies der Vernichtung eines Embryos gleichkommt. Umstritten ist die Entnahme von Zellen im 12-Zellstadium des Embryos. Die Polkörperdiagnostik an Eizellen ist derzeit die einzige Form der Präimplantationsdiagnostik die eindeutig mit dem Embryonenschutzgesetz zu vereinbaren ist. Einige Organisationen setzen sich für die Durchsetzung der PID ein. So plädiert die Bundesärztekammer in einem Entwurf zu einer Richtlinie zur PID für deren Zulassung unter bestimmten Bedingungen.[222] Danach sollen totipotente Zellen, die im Sinne von §8 des Embryonenschutzgesetzes als Embryo gelten, nicht für die Diagnostik verwendet werden. Die Indikation für eine PID soll «nur bei solchen Paaren gestellt werden, für deren Nachkommen ein hohes Risiko für eine bekannte und schwerwiegende, genetisch bedingte Erkrankung besteht« (Bundesärztekammer, 2000). Dabei darf »nur auf diejenigen Veränderungen des Erbmaterials untersucht werden, die zu der in Frage stehenden schweren genetischen Erkrankung führt, für das Paar ein hohes genetisches Risiko hat« (Bundesärztekammer, 2000). Der Anwendungsbereich wird auf monogen bedingte Erkrankungen und auf Chromosomenstörungen beschränkt. Die Überwachung der Durchführung wäre Aufgabe der Bundesärztekammer. Die Diskussion um das Pro und Contra einer Zulassung der PID in Deutschland bildet den Hintergrund für die Planung des Bundesministeriums für Gesundheit ein Fortpflanzungsmedizingesetz zu erarbeiten, welches das Embryonenschutzgesetz ersetzen und dessen Reichweite erweitern soll.

---

222 Dieser Entwurf kann nicht in Anspruch nehmen, den gesamten Ärztestand zu vertreten. Der Ärztetag im Jahr 2002 hat sich mit knapper Mehrheit für ein Verbot der PID ausgesprochen. Demnach soll sich die Bundesärztekammer im Vorfeld der anstehenden gesetzlichen Regelungen für ein PID-Verbot einsetzen (vgl. ÄRZTE-ZEITUNG, 03.06.2002).

Das Screening von Embryonen: Einteilung in Normalitätsklassen

Gegenstand des Disputs über die Anwendung der Präimplantationsdiagnostik ist insbesondere das Embryonenscreening. Der französische Reproduktionsmediziner Jacques Testard demonstriert an einem fiktiven Beispiel wie das Screening der Embryonen während der Präimplantationsdiagnostik in der Praxis aussehen könnte. Er geht dabei von 14 Embryonen aus, die aus einem IVF-Versuch hervorgegangen sind. Dies kommt bei jüngeren Frauen nicht selten vor. Testard unterscheidet vier Klassen von Embryonen. Seine detaillierten Ausführungen über die Embryonen fasse ich in einer Tabelle zusammen.[223] Die von Testard unterschiedenen Klassen werde ich im Folgenden in Anlehnung an Jürgen Link als Normalitätsklassen charakterisieren. Die einzelnen Klassen von Embryonen bezeichnen jeweils einen unterschiedlichen genetischen Status, der wiederum die Nähe bzw. Distanz zum definierten Normalgenom ausdrückt:

Normalitätsklasse	Kennzeichen	Anzahl der Embryonen	Vorgehen
»normal« embryos		3	Übertragen in den weiblichen Uterus Auswahl zwischen XX und XY
Second grade embryos	Embryonen mit mittlerer Krankheitsanfälligkeit	2	Erhalten durch Einfrieren
»risky« embryos	Embryonen mit genetischen Anfälligkeiten für verbreitete multifaktorielle Krankheiten oder Träger eines abnormalen rezessiven Gens	5	Verwerfen, wenn »bessere« Embryonen vorhanden
abnormal embryos	Embryonen mit Chromosomenveränderungen oder zwei abnormalen rezessiven Genen	4	Verwerfen

Tabelle 5: Zusammenfassung eines Embryonenscreenings.

Das im Rahmen des Humangenomprojektes definierte Konsensgenom ist Orientierungspunkt für die Bestimmung der Normalität, an der sich dieses Klassifikationsschema ausrichtet.[224] Embryonen, deren Sequenz mit der des Konsensgenoms annähernd übereinstimmt, werden als normale und damit

---
223 vgl. hierzu auch KOLLEK, 2000, S. 156.
224 Testard definiert nicht explizit, was er als Normalität zugrunde legt.

als übertragungsmögliche Embryonen klassifiziert. Aber auch zwischen diesen normalen Embryonen besteht die Möglichkeit zur Auswahl. Es können Embryonen männlichen oder weiblichen Geschlechts in die Gebärmutter der Frau retransferiert werden. Testard spricht in diesem Fall von einer positiven Eugenik. Embryonen mit Anfälligkeiten oder therapierbaren Erkrankungen gehören zur »zweiten« Wahl. Sie werden folglich nur dann übertragen, wenn der Transfer von drei normalen Embryonen nicht zu einer Schwangerschaft oder Geburt geführt haben sollte. Bis dahin werden sie eingefroren. Wird im Laufe des Verfahrens dann ein gesundes Kind geboren, können die Embryonen zweiter Wahl verworfen werden. Testard bezeichnet dies als eine verzögerte Eugenik (»delayed eugenics«). Embryonen mit Genvarianten, die beispielsweise mit Diabetes oder Herzkreislauferkrankungen korreliert werden, können als sog. »riskante Embryonen« zum Selektionsgegenstand werden. Denn für die Übertragung stehen immer genügend »gesündere« Embryonen zur Verfügung. Testard weist daraufhin, dass viele zurzeit lebende Menschen solche Genvarianten in ihrem Erbgut haben. Dennoch würde das Leben dieser Embryonen verhindert, da das Risiko vermieden werden soll, auf diesem Wege möglicherweise Erkrankungen an die zukünftige Generation weiterzugeben. Aus diesem Grund können diese Embryonen verworfen werden, obwohl sie sich zu einem gesunden Kind entwickeln würden, wenn sie weiterleben könnten. Aber das Kind wäre dann Träger für mögliche Krankheitsdispositionen. Schließlich werden Embryonen die für rezessive Krankheiten homozygot sind von vornherein vom Transfer ausgeschlossen. Die letzten beiden Fälle charakterisiert Testard als negative Eugenik.[225] Bei den Embryonen, die verworfen werden handelt es sich, wie Linus Geisler explizit betont, «nicht um ein abstraktes Kollektiv irgendwelcher Embryonen, sondern um die potentiellen Geschwister eben jenes Embryos, der wegen seiner zunächst eben nur fiktiven, genetischen Gesundheit den »Zuschlag« bekommen hat« (Geisler 2001, S. 173).

---

[225] Kritiker werfen Testard vor, dass er die Präimplantationsdiagnostik als Instrument der öffentlichen Gesundheitsfürsorge zu sehr in den Vordergrund stellen und die positiven Effekte für das individuelle Wohlbefinden des Paares vernachlässigen würde (vgl. KOLLEK 2000, S. 158).

Der Wunsch nach einem genetisch »gesunden« Kind versus Lebensrecht

In der Diskussion über die sozial-ethischen Konsequenzen der Präimplantationsdiagnostik werden die Selbstbestimmungsrechte der Frau bzw. der zukünftigen Eltern und die Schutzwürdigkeit der Embryonen gegeneinander abgewogen. Bei dieser Güterabwägung spielt das Prinzip der Autonomie eine zentrale Rolle. Auch hier wird Autonomie im Sinne einer Entscheidungsfreiheit interpretiert. Dabei beziehen sich die Entscheidungen auf zwei Ebenen. Zum einen wird die Entscheidungsfreiheit als die Autonomie der Patienten verstanden, über die Inanspruchnahme und die Durchführung einer bestimmten medizinisch-therapeutischen Behandlung selbst zu entscheiden. Dabei bezieht sich die Patientenautonomie nicht nur auf Behandlungen, die die eigene Person betreffen, sondern schließt u.U. auch die Behandlung des Partners und die des zukünftigen Kindes mit ein. Die zweite Ebene auf die die Entscheidungsfreiheit zielt, ist die freie Planung eines Kindes – die individuelle Familienplanung. Diese Freiheit wird als reproduktive Autonomie bezeichnet. Bei der näheren Bedeutungsbestimmung dieser beiden Begriffe wird sich dabei meist verkürzt auf das Selbstbestimmungsrecht der Frau bezogen. Bei diesem Bezug wird, wie Sigrid Graumann ausführt, explizit an eine Argumentation angeknüpft, die Vertreterinnen der Frauenbewegung in der Auseinandersetzung um die rechtliche Regulierung des Schwangerschaftsabbruches entwickelt haben. Diese Frauen erhoben damals den Anspruch, dass Frauen generell über ihren Lebensweg frei entscheiden können sollen. Die geforderte Entscheidungsfreiheit beinhaltete, dass Frauen sich entschließen können, mit oder ohne Kinder leben zu können. Die Feministinnen proklamierten im Falle einer unerwünschten Schwangerschaft seitens der Frau für die Möglichkeit eines Schwangerschaftsabbruchs. Eine fremdbestimmte Entscheidung über Fortsetzung oder Abbruch einer Schwangerschaft würde ihrer Argumentation zufolge die körperliche Integrität der Frau verletzen. Demzufolge forderten die Feministinnen im Falle eines Schwangerschaftskonfliktes das alleinige Entscheidungsrecht für die Frau, das u. U. auch gegen den Wunsch des Partners durchzusetzen sei. Gegenwärtig wird auch in anderen Bereichen der Fortpflanzung wie bei der künstlichen Befruchtung, oder eben bei der Präimplantationsdiagnostik, mit dem Selbstbestimmungsrecht der Frau argumentiert. Dabei wird dieses Recht oft auf eine reproduktive Autonomie des Paares ausgeweitet. Es geht nicht um eine unerwünschte Schwangerschaft. Ausgangspunkt ist hier vielmehr der Wunsch des Paares nach einem ihnen genetisch verwandten und im Fall der PID nach einem genetisch gesunden Kind. Es besteht keine körperliche Verbundenheit zwischen der Frau und dem Embryo, die die Frau veranlasst, das Lebensrecht des Embryos in eine Güterabwägung einzubeziehen. Es besteht entsprechend auch kein Konflikt zwischen dem Lebensentwurf der werdenden

Mutter und dem sich in ihr entwickelnden Embryo. Die Frau ist schließlich noch nicht schwanger – sie wünscht sich lediglich ein Kind. Von daher ist meiner Ansicht nach der Bezug auf das Selbstbestimmungsrecht der Frau im Kontext der Fortpflanzungsmedizin problematisch.[226] Es geht vielmehr darum, ein positives Recht auf Erfüllung des Kinderwunsches mit medizinisch-technischer Hilfe gegenüber der Gesellschaft zu begründen. Dieser Anspruch verbindet sich mit dem Begriff der reproduktiven Autonomie. In dieser Argumentation wird der Kinderwunsch zudem häufig als ein natürlicher konstruiert. Der Wunsch erhält dadurch »den Status eines absoluten Wertes« (Haker 2001a, S. 143). Auf diese Weise entzieht sich der Kinderwunsch einer »eigenständigen Beurteilung, die die psychologischen und sozialen Hintergründe berücksichtigen müßte« (Haker 2001a, S. 143). Haker weist darauf hin, dass in der Ethik wie in der internationalen Politik ein Recht auf Fortpflanzung anerkannt wird. Dieses Recht werde im Sinne eines Abwehrrechtes verstanden, also als Pflicht des Staates, Menschen nicht daran zu hindern, sich fortzupflanzen. In Deutschland wird die Erfüllung des Kinderwunsches inzwischen als medizinisch-therapeutische Behandlung angesehen, die von den Krankenkassen finanziert wird. Der Kinderwunsch wird damit in der gängigen Praxis als positives Recht anerkannt. Bei der PID könnte sich dieser Anspruch noch weiter spezifizieren. Es geht nicht mehr um den allgemeinen Wunsch nach einem Kind, sondern um den Wunsch nach einem »gesunden« Kind. Der Kinderwunsch kann in diesem Fall aber mit dem Lebensrecht, das das Bundesverfassungsgericht dem Embryo ab dem Zeitpunkt der Nidation[227] zuerkennt, kollidieren. Denn bei der PID werden Embryonen von vornherein mit Selektionsabsicht erzeugt. Wie verhält sich aber die Selektionsabsicht in diesem Kontext zu der rechtlich verankerten Fürsorgepflicht der Eltern? Eltern wird das Recht zugesprochen, stellvertretend für ihre Embryonen diagnostische und therapeutische Entscheidungen zu treffen. Sie müssten somit über die Inanspruchnahme einer Pränataldiagnostik im vorausgesetzten Einverständnis ihrer Embryonen und ihres zukünftigen Kindes entscheiden.[228] Befürworter der PID gestalten die Fürsorgepflicht in der Art aus, dass einem abstrakt vorgestellten behinderten Kind eine »leidvolle Existenz« erspart werden soll. In dieser Argumentation spielt der von Philip Kitcher entwickelte Begriff der »Lebensqualität«[229] eine zentrale Rolle. Unter

---

226 Die Biologin Sigrid Graumann, wissenschaftliche Mitarbeiterin im »European Network for Biomedical Ethics« spricht in diesem Zusammenhang von einer Instrumentalisierung des Schwangerschaftsabbruchs. Ihrer Ansicht nach »kann der fast zynisch zu nennende Gedanke entstehen, daß die Möglichkeit und das Recht, eine ungewollte Schwangerschaft beenden zu können, das sich die Frauen in langen gesellschaftlichen Auseinandersetzungen mühsam erkämpft haben, zur Legitimation einer verbrauchenden Embryonenforschung herangezogen werden kann« (GRAUMANN 1999, S. 133).
227 Der Begriff der Nidation bezeichnet die Einnistung in die Gebärmutterschleimhaut.
228 vgl. GRAUMANN 1998, S. 409.
229 Weitere Ausführungen zu diesem Begriff s. Einleitung.

Bezug auf Kitchers Begriffsbestimmung von Lebensqualität ist es möglich, die Selektion des Embryos mit genetischen Abweichungen im Sinne einer Fürsorgepflicht der Eltern zu interpretieren. Kitcher zeigt auf, dass aufgrund einer Erkrankung, die auf genetische Ursachen zurückgeführt wird, die zu erwartende Lebensqualität des betroffenen Embryos als gering bewertet wird. In diesem Fall sei es möglich, dass durch die mit der Erkrankung in Verbindung gebrachten Einschränkungen auch die Lebensqualität der Eltern, Geschwister und des sozialen Umfeldes vermindert wird. Vor diesem utilitaristischen Background wird der Vernichtung eines betroffenen Embryos heilende Wirkung zum einen für ihn selbst und zum anderen für sein Umfeld zugeschrieben. Wobei die Heilung für den Embryo letztendlich die Vernichtung seiner Existenz bedeutet. Diese demnach »therapeutische« Selektion[230] setzt die »Fürsorgepflicht« im Sinne Kitchers in die Tat um. Die Vernichtung von Embryonen im Rahmen der PID wirft die Frage auf, welchen moralischen Status Embryonen in der gegenwärtigen Lebenswelt einnehmen und worin ihre Schutzwürdigkeit begründet liegt. Die Frage nach deren Schutzwürdigkeit ist eine der umstrittensten Punkte in der Diskussion um die Präimplantationsdiagnostik. In dieser Diskussion können zwei Extrempositionen unterschieden werden.[231] Die eine Position geht von der unveräußerlichen Würde des Menschen und damit von einem Lebensschutz vom Zeitpunkt der Befruchtung an aus. Diese Position enzieht den Embryo jeglichen utilitären Nützlichkeitsüberlegungen. Die andere Position spricht die Menschenwürde lediglich personalen menschlichen Wesen zu und knüpft sie entsprechend an Bedingungen wie Rationalität und Selbstbewusstsein. Demnach wäre sowohl die Präimplantationsdiagnostik als auch die verbrauchende Embryonenforschung erlaubt, da dem Embryo kein Personenstatus zuerkannt wird. Zwischen diesen beiden Positionen ist eine gradualistische Position zu verorten. Sie koppelt den Status der menschlichen Würde und damit die Schutzwürdigkeit des Embryos an dessen Entwicklungsstadium. Mit der Entwicklung des Embryos nimmt dessen Schutzwürdigkeit kontinuierlich und graduell zu. Eine derartige Flexibilisierung des Lebensschutzes ist die Voraussetzung für die neuesten reprogenetischen Entwicklungen. Jürgen Link beschreibt die Entscheidungen im Zusammenhang mit der Präimplantationsdiagnostik als normalistisch (Link, FAZ 01.08.2001). Denn sie folgen statistischen Wahrscheinlichkeitskalkülen und bleiben stets flexibel. Entsprechend sind auch die Grenzen flexibel: die Grenze, ab der dem Embryo als Lebewesen eine Schutzwürdigkeit zuerkannt wird und die Grenze zu anormalen Eigenschaften. In diesem Kalkül wird das Gezeugtwerden als »Risikoereignis« (Geisler 2001, S. 178) konstituiert. Dabei müssen sich die Eltern jeweils

---

230 Kitcher spricht in seinen Ausführungen auch von »therapeutischer« Abtreibung (vgl. KITCHER 1998, S. 248).
231 vgl. hierzu insbesondere: DÜWELL 1998, S. 34ff.; GRAUMANN 2000b, S. 15; KOLLEK 2000, S. 204 ff..

zwischen den Selbstzumutungspolen von Risiko Null und maximalem Risiko verorten.[232] Konkret geht es daher bei der Präimplantationsdiagnostik um die »Annahme eines Kindes sub conditione« (Haker 2001, S. 181). Embryonen werden entsprechend mit Selektionsabsicht erzeugt. Der französische Reproduktionsmediziner Jacques Testard wies noch auf eine neue Dimension der Embryonenselektion durch die Präimplantationsdiagnostik[233] hin. Während alte eugenische Praktiken tendenziell mit dem Wunsch nach einem eigenen Kind in Konflikt standen, sei die PID die einzige Methode der genetischen Fortpflanzungskontrolle bei der dies nicht der Fall sei. Vielmehr verspreche sie den Eltern nicht nur Embryonen, sondern »the best embryos amongst those growing in our test tubes, as they are too numerous to be transformed into children« (Testard, Sele 1995, S. 3086). Die Wahlmöglichkeit unter den Embryonen in vitro erweitert die eugenischen Aspekte um die Möglichkeit der Optimierung: Für den Retransfer werden die »besten« Embryonen ausgesucht. Bei der PID handelt es sich also um eine »Optimierungsmethode« (Geisler 2001, S. 178). Geisler charakterisiert die Präimplantationsdiagnostik quasi als »In-vitro-Fertilisations-Tuning« (Geisler 2001, S. 178). Die Festlegung der entsprechenden Qualitätsmerkmale erfolgt hierbei als »Lebens- oder Todesurteil« (Haker 2001, S. 182). Orientierungspunkt dieser tödlichen Meßlatte ist die im Rahmen des Genomprojektes erstellte Normalisierungslandschaft des Konsensgenoms. Die nun bei der PID zur Verfügung stehende genetische Variabilität innerhalb der Embryonenpopulation eines Paares könnte zu einer immer restriktiver werdenden Interpretation von Normalität und Gesundheit führen. Nach Embryobiopsie und genetischen Tests würde man Embryonen, die in ihren Genen eine Veranlagung für diese Listenmerkmale aufweisen, vom Transfer in die mütterliche Gebärmutter ausschließen. Die PID in Kombination mit genetischen Tests vereinigt somit Elemente der negativen und der positiven Eugenik. Es werden Embryonen sowohl wegen schlechter Eigenschaften verworfen, als auch wegen »normaler« Eigenschaften für eine Weiterentwicklung ausgewählt. Die Selektionsentscheidung wird in den Verantwortungsbereich der Eltern, insbesondere in den der Frauen übertragen. Testard geht davon aus, dass die Selektion unerwünschter Embryonen zum einen durch eine geringere emotionale Bedeutung, die Embryonen in vitro beigemessen wird, und zum anderen durch ihre Verfügbarkeit außerhalb des mütterlichen Körpers erleichtert wird. Daraus folgert er, dass Eugenik im Kontext dieser reprogenetischen Verfahren als soziales Projekt wieder aufleben kann: »It is due to recent technical advances that eugenics can reemerge as a social project.« (Testard, Sele 1995, S. 3086). Auf das Argument, die PID auf ganz wenige Einzelfälle zu

---

232 vgl. zur Bestimmung von Selbstzumutungspolen LINK 1997, S. 338.
233 vgl. zur Technik der Präimplantationsdiagnostik: u.a. KOLLEK (2000).

begrenzen, entgegnet die Münsteraner Gesundheitsmedizinerin Irmgard Nippert, dass die Erfahrungen mit der pränatalen Diagnostik zeigen, dass es fast unmöglich ist, diagnostische Verfahren auf wenige Fälle zu begrenzen. Denn die Technik selbst habe die Neigung, auf andere Bereiche zu expandieren und sich von einer Ausnahmediagnostik zu einem Screening-Verfahren auszuweiten.[234] Gendiagnostische Untersuchungen von Embryonen ex utero, die vor dem Beginn einer Schwangerschaft durchgeführt werden, würden auf diesem Weg zur gynäkologischen Routineversorgung im Rahmen der Familienplanung werden.

234 vgl. BAURETHEL, 2001, S.2

XI Fazit: Euphänisches Selbstmanagement genetischer Risiken

1 Wissensformationen eugenischer Konzepte: Kontinuität durch Transformation

In der bisherigen bioethischen Debatte wird zu wenig nach möglichen eugenischen Praktiken gefragt, die nicht mit Repressionen verbunden sind. Die Bedeutungsinhalte von Eugenik werden an ein Verständnis von Macht gebunden, nach dem diese die Individuen unterdrückt oder manipuliert. Vor diesem Hintergrund verengt sich die Frage nach möglichen eugenischen Tendenzen auf die Suche nach reprogenetischen Zugriffsmöglichkeiten, die als Verletzung oder Vernichtung eines Individuums auftreten und mit dessen Fremdbestimmung einhergehen. In Anlehnung an die Machtanalytik des französischen Philosophen Michel Foucault erweitere ich die bisherige Forschungsperspektive und richte meinen Blick auf eine Form der Machtausübung, die weniger als repressiver Zwang als vielmehr über die Produktion von Wissen operiert. Es zeigt sich, dass Individuen nicht unterworfen, sondern durch die Produktion von Wissen angeleitet werden. Dieses Wissen normalisiert und diszipliniert die Individuen indem es Normen definiert, die eine Scheidung in normal und anormal erlauben und die in sozialen und institutionellen Praktiken operieren. In meiner Arbeit rekonstruiere ich Wissensformationen, die die Individuen in Bezug auf den Erhalt bzw. die Optimierung ihres Erbguts disziplinieren und normalisieren. Bei meiner Rekonstruktion gehe ich von den Disziplinen aus, die als Basiswissenschaften der Eugenik angesehen werden: von der Evolutionstheorie und der Genetik. Ich zeige auf, wie spezifische Wissensformationen aus der Evolutionstheorie und der Genetik als historisch kontingente Wahrheiten in die theoretischen Konzeptionen und in die praktischen Anwendungen der modernen Reprogenetik einfließen, und wie diese dann als Teilgebiete der modernen Medizin generiert wird. In diesem Beziehungsgefüge fungieren die Wissensformationen als Wahrheitsprogramme d.h. sie produzieren über Begriffe und Gegenstände, die als kulturelle Selbstverständlichkeiten gelten, eine bestimmte Repräsentation von Individuum und Gesellschaft, Natur und Kultur. Ihre Machtwirkungen knüpfen sowohl an Formen sozialer Regulation als auch an die Regulierungs- und Selbsttechniken der Individuen an. Diese Machtwirkungen sind letztendlich mit eugenischen Konsequenzen verbunden, die insbesondere im Bereich der pränatalen Diagnostik zum Tragen kommen. Im Kontext der Evolutionstheorien haben sich folgende Wissensformationen entwickelt, die für die Generierung eugenischer Konzepte konstitutiv sind:[235]

Charles Darwin (*1809-†1882) entwickelt in seiner Evolutionstheorie die Vorstellung von der Natur als Gleichgewicht. In seinen Ausführungen über die Entwicklung der Organismen beschreibt er dabei die Entstehung abweichender Organismen innerhalb einer biologischen Integrität als natürlich. Die abweichenden Organismen bezeichnet er als Monstrositäten. Diese verortet er bezogen auf die menschliche Entwicklung auf dem Wege vom Tier zum Menschen. Somit verdeutlicht die Kategorie des Monströsen die Grenze zwischen dem Menschen und dem Noch-nicht-Menschlichem. Verschiedene Monstrositäten führt Darwin auf Entwicklungshemmungen zurück, die ihm zufolge auch vererbt werden. Er assoziiert in diesem Zusammenhang die Entwicklung des Organismus mit materialisierten Erbträgern, die von Generation zu Generation weitergegeben werden. Das Monströse verbleibt bei Darwin über seine Abweichung im Tierischen verhaftet. Es ist quasi an der Grenze zum Menschsein gescheitert. Darwin deutet das Abweichende als noch-nicht-menschliches Leben in Relation zum »normalen« Menschen als minderwertiges Leben. Das Monströse gestaltet sich bei Darwin nicht allein für den individuellen Körper als Hemmnis, sondern vor dem Hintergrund der Vererbung des Monströsen droht die gesamte gesellschaftliche Entwicklung beeinträchtigt zu werden. Über die Einbettung der Abweichung in den natürlichen Entwicklungsprozess implementiert Darwin systemimmanent einen Regulierungsbedarf. Das Gleichgewicht der Natur wird dadurch erhalten, dass abweichendes Leben selektiert und eine Möglichkeit für die Entstehung neuen Lebens eröffnet wird. Vor dem Hintergrund seiner Vererbungsvorstellungen richtet sich der von ihm initiierte Regulierungsbedarf auf die Gestaltung des Erbgangs. Insgesamt fungiert Darwins Regulierungsmodell bei der Generierung eugenischer Konzepte als interdiskursives Orientierungsmodell. Es wird nachweislich in nachfolgenden darwinistischen Theorien aber auch in Teilbereichen der Genetik bis in die Gegenwart rezipiert. Der Evolutionstheoretiker Richard Dawkins (*1941) überträgt die Vorstellung der Natur als reguliertes Gleichgewicht auf die Ebene der Moleküle. Er installiert ein Gleichgewicht von Genen. Dessen Existenz hängt vom Daseinskampf der molekularen Strukturen ab. Sein Ansatzpunkt für eine Regulierung durch Selektion sind im Unterschied zu Darwin nicht mehr die Individuen, sondern die Gene. Sie sind dem Selektionsdruck äußerer

---

235 Der Fokus meiner Analyse liegt auf der Rekonstruktion von Wissensformationen und den damit einher gehenden Machtverhältnissen, die für die Generierung eugenischer Konzepte konstitutiv sind. Es ist wahrscheinlich, dass innerhalb der spezialisierten Diskurse der Evolutionstheorie und Genetik weitere Wissensformationen produziert wurden und werden, die sich in anschließenden Theorien weiterentwickelt und transformiert haben, die aber im Rahmen eugenischer Konzepte nicht wirksam werden. Diese Formationen berücksichtige ich in meiner Arbeit nicht weiter.

Bedingungen unterworfen, um sich möglichst gut anzupassen. Die Individuen werden als Träger ihrer Gene generiert. Ihre »fitness« ist insofern relevant, als dass sie der Verbreitung der Gene über die Generationen hinweg zuträglich ist. Individuen, die diese Verbreitung zu beeinträchtigen drohen, werden als minderwertig gedeutet. In diesem Zusammenhang verweist Dawkins auf die vorbildliche Selektion von »Kümmerlingen« in der Natur und kritisiert den heutigen Wohlfahrtsstaat insbesondere in Hinblick auf die Geburtenregulierung als »unnatürlich«. Aufgrund dessen ordnet er den Wohlfahrtsstaat als potentiell degenerativ ein. Im Anschluss prognostiziert er dann, dass die Gene einen Weg finden werden, sich unabhängig von der sexuellen Fortpflanzung ihrer Trägerkörper zu verbreiten und sich im Daseinskampf zu optimieren. Diese Option einer von ihren Trägern unabhängigen Entwicklung der Gene, bietet die Möglichkeit, diesen Prozess ins Labor zu verlagern, zu erforschen und optimierend zu gestalten. Dawkins entwickelt damit ein theoretisches Grundgerüst für eine Eugenik, die auf einer neuen Interventionsebene operiert: auf der Ebene der Moleküle. Diese Euphänik könnte die Methodologie der Eugenik durch ein Arsenal molekulargenetischer Techniken ergänzen, mit denen »genotypische Fehlanpassungen« ausgelesen werden. Ich komme zu dem Schluss, dass es unter Bezug auf einzelne Wissensformationen der Evolutionstheorien möglich ist, die Selektion von Individuen und von molekularen Strukturen zu rationalisieren. Diese Formationen bezeichne ich in Anlehnung an Michel Foucault als evolutionistisch. Dabei verstehe ich unter Evolutionismus eine Art rationales Programm, das Wissensformationen hervorbringt, die die Art und Weise, eine dichotome Ordnung des Lebens, die Beziehung der Ausgrenzung und die Phänomene der Anormalität zu denken, jeweils historisch spezifisch initiieren. Diese Denkweise wird unter Bezugnahme auf die sog. »Objektivität« der Wissenschaft rationalisiert. Die Rationalisierung ist eine wesentliche Voraussetzung, um die Selektion als integeres Verfahren in konkrete Machtpraktiken der gegenwärtigen gesellschaftlichen Praxis integrieren zu können. Ein weiteres Instrument, um den evolutionistisch begründeten Normalisierungsbedarf zu rationalisieren, ist die statistische Dokumentation, mit deren Hilfe eine gesellschaftliche Entwicklung als defizitär dargestellt werden kann. In diesem Kontext entwickelt Francis Galton (*1822-†1911), der als Begründer der Eugenik gilt, ein empiristisches Modell, das geistige, moralische und körperliche Eigenschaften einer bio-semiologischen Datenerhebung unterwirft. Dabei verknüpft er seine Vorstellung von Vererbung mit einem »phrenologisch-physiognomischen Konzept« (Schmidt 1999, S. 330). Dieses Konzept codiert scheinbar vererbbare Charaktereigenschaften und kognitive Fähigkeiten in empirisch erfassbare Körpermerkmale, die anschließend wieder zu einem Bild von einem bestimmten Typus zusammenfügt werden können. Diese Kodifizierung zielt auf der Basis von statistischen Datenerhebungen darauf ab, die Individuen anhand von Merkmalen, die jeweils mit dem Erbgut assoziiert werden, in Normalitätstypen einzuteilen. Galton entwickelt mathematische Gesetzmäßigkeiten, die es ihm ermöglichen, die Verteilung dieser verschiedenen Normalitätstypen in den Generationenfolgen zu bestimmen. In Hinblick auf ihre Verteilung prognostiziert er dann eine degenerative Entwicklung. Mit seiner Vorausschau begründet er dann die Notwendigkeit, Menschen mit bestimmten Eigenschaften und Fähigkeiten zu züchten. Francis Galton entwickelt hier die statistisch-mathematischen Grundlagen einer prädiktiven Medizin. Sein Konzept ruft dabei zur »Beobachtung und Selbstbeobachtung auf, zur kontrollierten Ausschau nach signifikanten Zeichen, die etwas über die biologische Ausstattung aussagen sollen.« (Schmidt 1999, S. 331) Dabei verbindet er sein prädiktives Verständnis der Medizin von vornherein mit einer Normalisierung des Erbgutes. Die Klassifizierung von Individuen in vergleichende Normalitätsfelder mit Hilfe von Wahrscheinlichkeitswerten wird letztendlich auch heute in genetischen Testverfahren insbesondere für multifaktorielle Krankheiten angewendet. Allerdings ist es für jede Form genetischer Diagnostik multifaktorieller Krankheiten charakteristisch, dass nur ein erhöhtes Risiko für eine Erkrankung nicht aber eine sichere Prognose möglich ist. Neben den evolutionistischen Wissensformationen sind spezifische Wissensformationen der Genetik bei der Ausrichtung des Normalisierungsbedarfs auf eine Gestaltung der Gene von zentraler Bedeutung. Der Zoologe August Weismann (*1834-†1914) entwickelt in seinen Ausführungen über die Vererbung Formationen, die die theoretischen Grundlagen der Genetik, die Konzeption von Forschungsvorhaben und die Entwicklung von praktischen Verfahren bis heute bestimmen. Diese Formationen dienen als Theoriebasis gendeterministischen Denkens, das wiederum für die Generierung eugenischer Konzepte konstitutiv ist. Weismann entwickelt die Vorstellung, dass diskrete, sich selbst reproduzierende Elemente im Keimplasma existieren, die intakt von einer Generation auf die nächste Generation übertragen werden und die die Eigenschaften eines Organismus bestimmen. Diese Elemente nennt er bezeichnenderweise »Determinanten«. Ihm zufolge geht das Körperplasma aus dem Keimplasma hervor und kann in keiner Weise auf dieses einwirken. Damit schließt Weismann eine Umwelteinwirkung auf die Gene und die Vererbung erworbener Eigenschaften aus. Der Rassenhygieniker Alfred Ploetz (*1860-†1940) generiert auf der Grundlage der von Weismann beschriebenen Kontinuität eine Theorie der Auslese, die an den Keimen respektive an den Genen ansetzt. Mangels der zu seiner Zeit gegebenen technischen Möglichkeiten gestaltet er die Keimesauslese indirekt über eine Kontrolle der Fortpflanzung. Dabei generiert er die Keimzelle als das eigentliche Medium der Vervollkommnung. Die Vorstellung von Vererbung, die in der Wissenschaftsforschung auch als Weismann-Doktrin bezeichnet wird, findet ihre aktuelle Entsprechung im zentralen Dogma der Molekularbiologie.[236] Die theoretischen Vorannahmen des zentralen Dogmas formuliert Francis Crick in seiner persönlichen Schilderung der klassischen Molekulargenetik von der Entdeckung der DNA-Doppelhelixstruktur 1953 bis zur Entschlüsselung des genetischen Codes im Jahre 1966.[237] Demnach beschreibt das Dogma einen gerichteten Informationsfluss von der DNA über die RNA zu den Proteinen. Es lässt auch keine Umorientierung oder Umprogrammierung zu, die von der Zelle, dem Organismus oder von der Umwelt ausgelöst werden könnte. Die DNA wird somit als die »zentrale Steuerzentrale« generiert. Entscheidend ist, dass mit der Fliessrichtung analog zur Weismann Doktrin ein linearer Wirkungszusammenhang festgelegt wird. Auf der Basis dieses Wirkungszusammenhangs entwickelt sich dann die gendeterministische Vorstellung, dass alle physiologischen Prozesse eines Organismus, und auch die Ontogenese, direkt von seinen Genen gesteuert und kontrolliert werden. Die Struktur und die Fähigkeiten, die Weismann seinen beständigen »Determinanten« im 19. Jahrhundert zugeschrieben hatte, sind sowohl in die heutige Vorstellung was Gene sind, als auch in die ihnen zugeschriebenen Funktionen integriert worden. Entsprechend beschreibt die molekulare Gendefinition, die sich mit der Etablierung des zentralen Dogmas durchsetzt, das Gen als definierten DNA-Abschnitt, der die Information zur Herstellung eines Proteins trägt. Es zeigt sich, dass der im zentralen Dogma der Molekularbiologie und im molekularen Genbegriff angelegte eindimensionale Wirkungszusammenhang zwischen Genen und Merkmalen des Organismus, der als charakteristisch für den Gendeterminismus einordnet werden kann, die materielle Voraussetzung für die Vorstellung bildet, Krankheiten durch die Auslese von abweichenden Genen auslöschen zu können. Dieses bei Weismann angelegte und im Zentraldogma transformierte gendeterministische Denken bildet auch die theoretische Grundlage vieler gendiagnostischer Verfahren. Dabei wird der von Foucault aufgezeigte Zusammenhang zwischen Wissen und Macht im Bereich der Pränatal Diagnostik (PD) besonders deutlich. So zeigen Umfragen unter schwangeren Frauen, dass sich gendeterministische Wissensformationen im Alltag der PD bis in die individuellen Entscheidungsprozesse hinein verfestigt haben. Die Klienten gehen sowohl bei Krankheiten als auch bei Verhaltens- und Persönlichkeitsmerkmalen oft von direkt-kausalen Genotyp-Phänotyp-Beziehungen aus, wonach die Gene diese Merkmale des Individuums bestimmen. So antworten bei einer Befragung unter schwangeren Frauen der Universität Münster rund 19 % der Frauen, dass die bei einem positiven Ergebnis eines fiktiven Tests auf genetische Veranlagung des Kindes zur Fettleibigkeit vermutlich einer Abtreibung zustimmen würden.[238] Dies ver-

---

[236] vgl. hierzu auch WUKETITS 1988, S. 78.
[237] vgl. hierzu auch GRAUMANN 2000a, S. 92.
[238] Vgl. HENNEN, SCHMITT 1995, S. 56.

deutlicht, wie die im Zentraldogma formulierten gendeterministischen Vorstellungen, dass die Gene die Entwicklung des Individuums bestimmen, in letzter Konsequenz zu einer Selektion nach genetischen Merkmalen führen können. Ich ziehe daraus den Rückschluss, dass für eugenische Konzepte, die Verbindung evolutionistischer und gendeterministischer Formationen charakteristisch ist. Die Wissensformationen werden hierbei über eine am Erbgut orientierte Selektion miteinander verzahnt. Grundlage dieser Verzahnung ist die Vorstellung einer dichotomen Ordnung des Lebens, die an der Beschaffenheit des Erbguts festgemacht wird, und Leben diesbezüglich in normal und anormal klassifiziert. Diese Vorstellung von Leben legt Darwin bereits in seiner Kategorie des Monströsen an, die er im Kontext seiner Abstammungslehre entwickelt, und die eine Grenze zwischen menschlichem und noch-nicht-menschlichem Leben zieht. Diese Grenzziehung ist von vornherein eine normative. Denn das Monströse stellt Darwin zufolge aufgrund der ihm zugeschriebenen Nähe zu tierischen Entwicklungsstufen eine nicht mehr angepasste und dadurch eine geschwächte Lebensform dar. In diesem Sinne implementiert Darwin hier eine Deutung von Leben als minderwertig, die für die Generierung eugenischer Konzepte bis in die Gegenwart konstitutiv ist. Die Fortpflanzung des Monströsen wird in Anbetracht der damit verbundenen Schwächung des Erbguts als »innerer Zersetzungsprozeß« (Oldenburg 1996, S. 41) generiert. Diese drohende Degeneration der Gesellschaft verlangt geradezu nach selektierender Intervention. Diese Bedrohung wird auch in aktuellen Texten beispielsweise von Dawkins rezipiert. Die diskursgeschichtliche Rekonstruktion zeigt, wie sich für Eugenik konstitutive Wissensformationen in Flüssen sozialer Wissensvorräten durch die Zeit bewegen; wie sie sich im Diskurs transformieren. Dadurch, dass neue wissenschaftliche Erkenntnisse insbesondere aus dem Bereich der Molekularbiologie in Entwicklung eugenischer Konzepte einbezogen werden, transformieren sich diese.[239] Durch die Transformation einzelner Wissensformationen geraten eugenische Konzepte als variable Interdependenzgeflechte insgesamt in Bewegung. Diskurstragende Kategorien wie beispielsweise die Vorstellung einer dichotomen Ordnung des Lebens bewegen sich in Form historisch kontingenter Wahrheiten durch die Zeit. Die unmittelbare Bezugnahme auf Darwins Evolutionstheorie in der öffentlichen Kontroverse um die gegenwärtige Embryonenforschung verdeutlicht schließlich diesen Wissensfluss exemplarisch. Einige Wissenschaftler, wie beispielsweise der Leiter des Max-Planck-Instituts Hubert Markl, greifen explizit auf die von Darwin beschriebene Entwicklung vom Affen zum Menschen zurück, um die herausragende Stellung des Menschen zu unterstreichen. Im Anschluss fragen sie dann

---

239 Umgekehrt konnte ich in meiner diskursgeschichtlichen Analyse auch zeigen, wie sich eugenische Ideen und Ziele auf die Entwicklung in der Molekularbiologie auswirken. Das Verhältnis ist wechselseitig.

in Hinblick auf den Embryo nach den Grenzen eben dieses Menschseins.[240] In einer utilitaristisch geprägten Argumentationslinie wird dann der Status Mensch an Personalität konstituierende Eigenschaften wie eine Vorstellung von sich selbst usw. gebunden, die bei Embryonen entfallen. Die Konsequenz, die Schutzwürdigkeit des Embryos generell in Frage zu stellen, beruht darauf, dass dem Embryo aufgrund der fehlenden Fähigkeiten ein in Relation zum Menschen niedrigerer Entwicklungsstand zugeordnet wird. Diese Zuordnung basiert auf der Vorstellung einer dichotomen Ordnung des Lebens. Embryonen mit abweichenden genetischen Dispositionen können in dieser Relation gar als minderwertig erscheinen. Es wird deutlich, dass die Vorstellung einer dichotomen Ordnung des Lebens die Rede vom Monströsen bei Darwin, die Rede von »lebensunwerten Leben« in der NS-Rassenhygiene und die Rede von sog. »erbgeschädigten Embryonen« in der gegenwärtigen Embryonenforschung verbindet. Die NS-Rassenhygiene und die gegenwärtige Embryonenforschung sind durch einen Fluss von Wissensformationen miteinander verbunden, deren spezifische Struktur den Sinn des Ausschlusses minderwertigen Lebens ergibt – wobei die Minderwertigkeit im Erbgut bzw. genetischen Dispositionen begründet liegt. Dieser Fluss des Wissens entspringt historisch vor der NS-Rassenhygiene, fließt durch diese Zeit und über sie hinaus. Vor diesem Hintergrund verstehe ich die NS-Rassenhygiene und die Verfahren der modernen Reprogenetik als jeweils historisch spezifische Konzeptionen einer länger angelegten Eugenik. Dies steht im Widerspruch zur These eines generellen Bruchs der Humangenetik mit der NS-Rassenhygiene nach dem zweiten Weltkrieg. Die Rede vom Bruch mit der NS-Rassenhygiene war vielmehr notwendig, um die Humangenetik als neutrale Wissenschaft konstituieren zu können. Die Konstituierung als Wissenschaft ist wiederum eine der zentralen Akzeptabilitätsbedingungen in der gegenwärtigen Gesellschaft und unabdingbare Voraussetzung dafür, dass Begriffe und Modelle, die für die Generierung eugenischer Konzepte konstitutiv sein können, wie beispielsweise der molekulare Genbegriff, als wahr anerkannt und dann nicht weiter hinterfragt werden. So wird in der gegenwärtigen Humangenetik immer noch von abweichenden Gensequenzen gesprochen, selbst wenn, wie die Molekularbiologin Sigrid Graumann kritisch bemerkt, »nicht eindeutig gesagt werden kann, was ein Gen substanziell ist« (Graumann 1998, S. 394). Dass Embryonen dennoch anhand dieser nicht genau zu bestimmenden Gene in verschiedene Normalitätsklassen verortet und gegebenenfalls selektiert werden, verdeutlicht inwieweit im hegemonialen Diskurs Menschen als durch ihre Gene bestimmt begriffen werden. Vor diesem Hintergrund stellt sich die Frage, inwieweit und auf welche Weise

---

240 Ich beziehe mich hier insbesondere auf seinen Aufsatz »Eine Raupe ist noch lange kein Schmetterling«, den Markl am 27.11.2001 im Feuilleton der FAZ veröffentlichte. Auf seine Argumentation gehe ich im folgenden Abschnitt näher ein.

diese gendeterministischen und evolutionistischen Wahrheiten als Applikationsvorgabe für Subjektbildung dienen und in welchen Rahmen diese spezifische Subjektbildung dann erfolgt.

2 Genetifizierung des Bewusstseins und reproduktive Selbstauslese

Entscheidend für die unmittelbare Wirksamkeit dieser beschriebenen Macht-Wissens-Beziehungen ist meines Erachtens, dass sich spezifische Wissensformationen bis in die individuellen Entscheidungsprozesse, ja bis in die Identität des Individuums hinein verfestigt haben. Hierfür wird das abstrakt-theoretische Wissen in »affektiv tingiertes Orientierungswissen« übersetzt, um es dann mit den Selbsttechniken des Individuums verbinden zu können (Gerhard, Link, Schulte-Holtey 2001, S. 10). Den Medien fällt hierbei die Aufgabe zu, das Wissen aus den Spezialdiskursen der Humangenetik und Evolutionstheorie in die Alltagswelt der Bevölkerung zu transportieren und mit Applikationsvorgaben für die Subjektbildung zu verbinden. Dem Humangenomprojekt, das die Sequenzierung und Kartierung des gesamten menschlichen Genoms anstrebt, kommt in Hinblick auf die Subjektivierung dieses spezialisierten Wissens eine strategische Funktion zu. Dabei ist für die Subjektivierung genetischen Wissens die Symbolbildung im Kontext des Humangenomprojektes von zentraler Bedeutung. Im Strukturmodell der DNA-Doppelhelix wird ein bestimmter Mechanismus der Vererbung und die darin zugrunde gelegte Schlüsselfunktion der DNA symbolisch codiert. Durch die starke graphische Präsenz dieses Modells in den Informationsmaterialien, die im Projektzusammenhang heraus gegeben werden, werden diese Formationen über den Interdiskurs an den Alltagsdiskurs gekoppelt und vermitteln dort schließlich die entsprechenden gendeterministischen Vorstellungen. Diese gehen dann letztendlich als Vorgabe für Subjektpositionen in die Subjektbildung ein. Die Medien fungieren in diesem Prozess als »Mittler« (Jäger, Jäger, Ruth et al. 1997, S. 20), die das spezialisierte Wissen an ein Massenpublikum weitergeben. Weiterhin wird gleich zu Beginn des Projektes die Entschlüsselung des Genoms mit Mythen und Sagen in Verbindung gebracht. Foscher, die im Rahmen des Projektes arbeiten, vergleichen die Genomentschlüsselung mit der Suche nach dem heiligen Gral. Im gleichen Kontext beziehen sie sich auf die griechische Tempelinschrift »Erkenne Dich selbst«. Die Analogie zwischen Genomsuche und Gralssage und die Bezugnahme auf die Tempelinschrift legen nahe, die Genomentschlüsselung als Suche des Menschen nach dem Verständnis seiner selbst zu begreifen, die nun in der entschlüsselten Gensequenz ihre Antwort findet. Dabei wird indirekt die Identität des Menschen mit seinen Genen gleichgesetzt. Diese Identifizierung wird in symbolisch-verdichteter und transzendentaler Form in den Alltagsdiskurs der Individuen implementiert. Auf diese Weise wird bei den Individuen eine Genetifizierung ihres Bewusstseins[241] und ihrer Reflexion über sich als Mensch angelegt. Diese ist eine wesentliche Voraussetzung dafür, dass die Individuen ihre Selbsttechniken auf die Normalisierung des Erbgutes ausrichten. In diesem Zusammenhang kommt noch eine weitere Bedeutungsebene der Gralssage zum Tragen: die der Gralssage als Heilssage. Die Gestaltung der Entschlüsselung als Heilssuche verbindet das Wissen um genetische Dispositionen noch mit einer Art Gesundheitsvorsorge. Sowohl für die Identitätsfindung als auch die Gesundheitsvorsorge bedürfen die Selbsttechniken der Individuen eines Orientierungspunkts. Als Orientierungspunkt dient die im Rahmen des Humangenomprojekts entwickelte Modellsequenz des menschlichen Genoms. Diese Sequenz wird aufgrund spezifischer Machtverhältnisse gebildet. Das Genom bildet keinen globalen Durchschnitt ab, sondern repräsentiert lediglich die Sequenzen der am Projekt forschenden Nationen. Auf der Basis dieser Machtverhältnisse wird dieses »Modellgenom« als Norm für eine definierte genetische Normalität etabliert. Unter Bezug auf diese Norm bestimmen dann die Humangenetiker Devianzen und individuelle Risikoprofile. Für die Effizienz therapeutischer und präventiver Maßnahmen ist es entscheidend, dass nicht nur die Experten die individuellen genetischen Abweichungen bestimmen, sondern dass die Individuen der gendeterministischen Logik folgend, sich selbst bzw. ihren Nachwuchs über ihre genetischen Dispositionen in Normalitätsbereiche verorten. Diese Selbsteinordnung der Individuen wird institutionalisiert in der humangenetischen Beratung angelegt. In den Gesprächen werden die Selbsttechniken der Individuen auf eine Normalisierung des Erbgutes ausrichtet, die mit eugenischen Konsequenzen verbunden sind. Die humangenetische Beratung bedient sich dabei der Technologien des Selbst. In diesen Prozessen wirken die Individuen auf sich selbst in der Form ein, dass sie bestimmte Operationen mit ihren Körpern, mit ihrer Psyche und mit ihrer Lebensführung vollziehen, um einen bestimmten Zustand von Vollkommenheit zu erlangen. In diesem Sinne richten die Individuen ihre Lebensführung einschließlich ihres Kinderwunsches nach ihren genetischen Dispositionen aus. Sie sind bereit, sich umfangreichen Untersuchungen und Therapien zu unterziehen, um einen Stand genetischer Normalität zu erreichen. Diese euphänische Ausrichtung der Selbsttechniken setzt voraus, dass die Individuen ihre Individualität als maßgeblich durch ihre Gene bestimmt begreifen. Von zentraler

241 In einer kritischen Auseinandersetzung mit den Ausführungen des Molekularbiologen J. D. Watsons über eine »Ethik des Genoms«, die in der Frankfurter Allgemeinen Zeitung vom 26.09.2000 erschienen sind, grenzt der Theologe Dietmar Mieth ein »genetifiziertes Bewusstsein« gegenüber einer Aufgeklärtheit ab. Er bezieht sich in diesem Zusammenhang auf die von Watson thematisierte Vermittlung genetischen Wissens. Das genetifizierte Bewusstsein fasst er als Ergebnis dieses Vermittlungsprozesses. (vgl. MIETH 2001, S.33)

Bedeutung ist hierbei die Selbstthematisierung der Individuen im Rahmen der Familienanamnese, die zu Beginn jeder Humangenetischen Beratung erfolgt und in der die Familienvorgeschichte erfragt wird. Beim »Durch-die-Familie-Fragen« rekonstruieren die Klienten zusammen mit den beratenden Experten die Familiengeschichte in Hinblick auf mögliche genetische Abnormitäten. Dabei wird bislang privates und teilweise auch tabuisiertes Familienwissen einer professionellen Kategorisierung durch humangenetische Experten zugänglich gemacht und in individuelle Risikoprofile übersetzt, die dann mittels genetischer Tests empirisch erfasst und operationalisiert werden können. Zudem wird das Familienwissen mit spezialdiskursivem Wissen über Gene, Erbgänge und Entwicklung verbunden. Anschließend setzen die Klienten im Gespräch mit den beratenden Ärzten ihre individuellen Risikowerte zu ihrer Lebensplanung und ihrem sozialen Kontext in Beziehung. Auf diese Weise werden die ermittelten Werte der subjektiven Einschätzung der Individuen zugänglich gemacht; die Zahlenwerte werden subjektiviert. Vor diesem Hintergrund entwickeln die Klienten dann ein auf ihre Erbanlagen hin ausgerichtetes Risikomanagement, das mit konkreten Entscheidungen verbunden ist. Die Genetifizierung ihres individuellen Bewusstseins ist die Basis dieses Risikomanagements und bestimmt nachweislich die Entscheidungsfindung im Rahmen der genetischen Diagnostik. Dadurch dass sich diese Genetifizierung mit dem Grundsatz der Autonomie, dem zentralen medizinethischen Paradigma, verbindet, wird die Effizienz des Risikomanagements weiter gesteigert. Denn seit der Moderne wird die Autonomie als konstitutives Merkmal des eigenen Subjektstatus angesehen.[242] Die Rede von der Patientenautonomie im Rahmen der humangenetischen Beratung appelliert an das Selbstverständnis der Individuen als autonome Subjekte. Die darin integrierten Wissensformationen wirken somit direkt auf das Selbstverständnis der Individuen ein. Dabei erweist sich die Generierung der Beratung als nichtdirektiv als konstitutiv. Bei der Entwicklung ihres Grundsatzes orientiert sich die nichtdirektive Beratung an dem Recht auf Selbstbestimmung. Die Selbstbestimmung der Patienten wird generell in der informierten Entscheidung, dem »Informed Consent« operationalisiert, mit der in ärztliche Interventionen eingewilligt werden muss.[243] Die Möglichkeit der Patientenentscheidung wird hier explizit an eine medizinische Informiertheit gebunden. In den Protokollen humangenetischer Beratungsgespräche wird deutlich, dass sowohl die Ärzte als auch die Klienten in die sog. medizinische Informiertheit das Wissen über die individuellen genetischen Dispositionen, die als risikoträchtig generiert werden, einschließen. Über die Applikation, dass mündige Patienten informiert sind, wird hier die Kenntnis

---

242 vgl. zur Autonomie und persönlichen Verantwortung als Elemente des modernen Subjektverständnisses WALDSCHMIDT 1999, S. 13.
243 Zum Informed Consent WALDSCHMIDT 1999, S. 21.

der persönlichen Gensequenz mit dem Status eines autonomen Subjekts verbunden. In diesem Kontext entwickelt sich eine Vorstellung von Mündigkeit, die neben dem Zugeständnis an Selbstbestimmung auch die Verpflichtung der Patienten beinhaltet, im Rahmen ihres persönlichen Risikomanagements Verantwortung für sich, ihre Krankheiten und Therapien zu übernehmen. Der Medizinethiker und Philosoph Martin Sass spricht diesbezüglich von einer »Bürgermündigkeit für Gesundheitsrisiken« (Sass 1989, S. 16). Den damit verbundenen Verantwortungsbereich gestaltet er nach dem Grundsatz, dass Risken vermieden werden sollen. Humangenetiker gehen stets von einem »Basisrisiko für angeborene Erkrankungen und Fehlbildungen« (Schmidtke 1997, S. 28) in der Bevölkerung aus. Demnach sind alle Individuen in der Hinsicht gefährdet, das ihre Gensequenz von der als Norm definierten Sequenz abweichen könnte. In Anbetracht dieser generellen Gefährdung kann die Humangenetische Beratung den Individuen nur als ein vernünftiges Unterstützungsangebot erscheinen, das von mündigen Bürgern vor dem Hintergrund einer Kosten-Nutzen-Kalkulation eigenständig als Dienstleistung nachgefragt werden sollte. Diese Art der Bürgermündigkeit entwickelt sich im Kontext einer neoliberalen Politik, die ihren Bürgern die Gesundheitsrisiken und -kosten zunehmend als Individualkosten aufbürdet, um Kosten im Gesundheitswesen einzusparen. Weiter suggeriert die Rede über genetische Risiken, dass das Subjekt durch aktives Risikomanagement einen gewissen Freiraum gegenüber der Determination durch seine Gene gewinnen kann. So soll die prädiktive Diagnostik ihnen dazu verhelfen, ihre individuelle Lebensführung frühzeitig auf eine Vermeidung von möglichen Belastungen auszurichten, so dass die individuelle Lebensqualität unter den gegebenen genetischen Dispositionen optimiert werden kann. In diesem Sinne kann das Risiko auch als Chance gesehen werden.

Im Bereich der pränatalen Diagnostik (PD) dehnt sich das Risikomanagement auf die Gestaltung der genetischen Dispositionen der nachfolgenden Generation aus. Die wissenschaftstheoretische Untersuchung der Grundlagen der pränatalen Diagnostik zeigt, dass die PD gemäß den Annahmen des zentralen Dogmas der Molekularbiologie von der Vorstellung ausgeht, dass eine Veränderung im Genotyp direkt mit einer Veränderung im Phänotyp einhergeht. Entsprechend werden die Embryonen anhand ihrer genetischen Dispositionen in Risikogruppen eingeteilt. Ob die Embryonen dann ausgetragen und geboren werden, hängt davon ab, wie die zukünftigen Eltern im Gespräch mit den beratenden Ärzten das Risiko für sich einordnen. Eine von Nippert erhobene Umfrage unter Frauen, die eine pränatale Untersuchung in Anspruch nehmen, zeigt, dass die Geburt eines behinderten Kindes oft als ein nicht verantwortbares Risiko eingeschätzt wird. So stimmen 71,8% der befragten Frauen folgender Aussage zu: »Ich habe mich für die vorgeburtliche Untersuchung entschieden, weil ich es nicht für verantwortlich halte, ein behindertes Kind zur

Welt zu bringen.« (Nippert 1998, S. 160) Die Frauen nehmen in letzter Konsequenz die Selektion eines Embryos mit abweichenden Dispositionen als verantwortungsvolles Handeln wahr. Diese Wahrnehmung setzt meines Erachtens eine Rationalisierung der Selektion und damit des Ausschlusses von Leben voraus, wie sie nachweislich im Rahmen evolutionistischer Wissensformationen erfolgt. An diesem Punkt knüpfen die reprogenetischen Verfahren an evolutionistische Wissensformationen an. In diesen evolutionistischen Formationen bekommt das Ausgrenzen und das Töten des Anderen, des Anormalen insofern eine schöpferische und Systemerhaltende Funktion zugewiesen, als dass ein als existenziell zu Grunde gelegtes Gleichgewicht der Natur nur noch durch Ausgrenzung abweichender Elemente erhalten werden kann. Dass im französischen und englischen Sprachgebrauch von einem »therapeutischen Schwangerschaftsabbruch« gesprochen wird, zeigt, wie dieses produktive Verständnis des Todes Eingang in die Entscheidungsfindung im Bereich der pränatalen Diagnostik gefunden hat. Durch die Charakterisierung des Schwangerschaftsabbruchs als therapeutisch erscheint die Tötung von Embryonen letztendlich als ein gerechtfertigtes medizinisches Verfahren. Diese produktive Deutung der Abtreibung findet sich auch in der Mediendebatte über die gegenwärtige Embryonenforschung. Der Molekularbiologe James D. Watson nimmt die Entschlüsselung des Genoms zum Anlass, in der FAZ vom 26.09.2000 eine neue Ethik zu formulieren, in der er die Selektion sog. erbgeschädigter Embryonen unter Rekurs auf Darwins Selektionstheorie zunächst als naturgegebene Notwendigkeit generiert und sie dann als ethischen Konsens der Zukunft proklamiert. Dabei sieht Watson die Berechtigung zur Abtreibung dadurch gegeben, dass er erbgeschädigten Embryonen die Möglichkeit abspricht, ein produktives Leben zu führen. Sein Plädoyer wurde in der Bundesrepublik als Fürsprache für eine sog. »neue« Eugenik interpretiert und löste erneut eine Kontroverse über die Menschenwürde und Schutzwürdigkeit des Embryos aus. Auffallend ist, dass einige der an der Diskussion beteiligten Experten in Anlehnung an die Abstammungslehre Darwins ein Verfahren genealogischen Wissens entwickeln, um eine Grenze zwischen menschlichem und noch nicht-menschlichem, zwischen normalem und anormalem Leben ziehen zu können. So verortet Hubert Markl, Leiter des Max-Planck-Instituts, in seinem FAZ-Artikel vom 27.11.2001 den Embryo auf einer in Relation zum Menschen niedrigeren Entwicklungsstufe. Der Embryo hat ihm zufolge die Grenze zum Menschen noch nicht überschritten. So wie die Raupe noch kein Schmetterling, so ist nach Markl auch der potentielle Mensch noch kein wirklicher Mensch. Indem er den Embryo als »Vorläufer des geborenen Menschen« generiert, relativiert er dessen Menschenwürde und das daran gebundene Recht auf Leben allgemein (Markl, 2001). Beide Schutzgüter erscheinen demnach im Umgang mit menschlichen Embryonen verhandelbar. Und über diese verhandelt James D.

Watson in seinem Plädoyer. In seiner Auseinandersetzung über das Recht auf Leben schreibt er der Vorstellung von Leben das Prinzip der Nützlichkeit ein. Das Leben erbgeschädigter Embryonen stellt er folglich als Belastung dar und assoziiert dessen Abtreibung als Form der natürlichen Auslese. Die Einsicht in die Notwendigkeit der Auslese verbindet er mit der Subjektposition des aufgeklärten, rationalen Individuums, mit der sich seine Leser identifizieren. Die in dieser Art und Weise angelegte Subjektbildung ist die Voraussetzung dafür, dass nicht mehr der Staat Normalisierungswissen im Rahmen der Pränatalen Diagnostik in Form einer reproduktiven Selbstauslese umsetzt, sondern die potentiellen Eltern dies selbst tun. Mit der Anwendung der Präimplantationsdiagnostik (PID) in der Reproduktionsmedizin steht nun erstmals ein medizinisches Diagnoseverfahren zur Verfügung, mit dem Eltern die Möglichkeit haben, unter den zur Verfügung stehenden Embryonen den in Hinblick auf seine genetischen Prädispositionen »besten« Embryo auszusuchen. Dieser Embryo wird dann in die Gebärmutter retransferiert, während die sog. »risky embryos« verworfen werden. Indem die Selektion von Embryonen mit der Möglichkeit zur Optimierung verbunden werden kann, ermöglicht sie auch Formen positiver Eugenik. Für die Durchsetzung gegenwärtiger eugenischer Konzepte ist es schließlich von zentraler Bedeutung, dass über die Zuweisung von Eigenverantwortung das Individuum zumindest moralisch haftbar gemacht werden kann, wenn es die aus ärztlicher Sicht notwendigen therapeutischen Behandlungen nicht in Anspruch nimmt. Zudem könnte die Ablehnung der therapeutischen Behandlungen und / oder eine den Gesundheitsnormen nicht entsprechende Lebensführung mit erheblichen sozialen und versicherungstechnischen Folgen wie mit einer Erhöhung der Versichertenbeiträge oder mit der Ablehnung des Versichertenschutzes verbunden sein. An diesem Punkt verknüpfen sich die Selbsttechniken des Individuums mit gesellschaftlichen Normierungstechniken in einer sozialen Praxis. Eigenverantwortung und Normierung gehen hier miteinander einher und verstärken sich gegenseitig. Auf diese Weise ist es möglich, dass heute über eine reproduktive Selbstauslese und über ein prophylaktisches Selbstmanagement genetischer Risiken eine Normalisierung der Gesellschaft erreicht wird, die als staatlich eugenisches Programm wahrscheinlich nicht akzeptiert werden würde.

Anhang

Leitfaden zur Materialaufbereitung naturwissenschaftlicher Texte[244]

Institutioneller Kontext
    Begründung der Auswahl des Textes
    Autor (Funktion, Spezialgebiete)
    Welcher Theorierichtung wird Ansatz zugeordnet?

Text-Oberfläche des Gesamtwerkes
    Gliederung des Werkes in Kapitel
    Erfassen der Themenbereiche anhand von Überschriften und Zwischenüberschriften
    Auswahl aussagekräftiger Kapitel

Feinanalyse der ausgewählten Kapitel
    Text-Oberfläche der ausgewählten Kapitel
        Gliederung der Kapitel in Sinneinheiten
        In den Kapiteln angesprochene Themenbereiche
        Welche Gegenstände, Begriffe und Verfahrensweisen werden in den Kapiteln entwickelt?

    Sprachlich-rhetorische Mittel
        Kollektivsymbolik und Bildlichkeiten
        Wortschatz und Stil
        Referenzbezüge: Berufung auf Wissenschaftler und Theorieansätze

    Inhaltliche Aussagen
        Aussagen der Autoren zu folgenden Themenbereichen, die für die Generierung eugenischer Konzepte konstitutiv sind:

- Die Rede von Ausgrenzung und Auslese in Hinblick auf die Fortpflanzung des Menschen und auf die Weitergabe von Erbgut an die nächste Generation bzw. die Rezeption der Selektionsgesetze
- Die Beziehung zwischen der Entwicklung eines Individuum bzw. einer bestimmten Population und dem menschlichen Erbgut
- Die Beschreibung und Einordnung von physiologischen Differenzen zwischen Individuen und Menschengruppen

---

244 Die Materialaufbereitung beruht auf einem Analyseleitfaden, den Siegfried Jäger vor allem für Medienanalysen entwickelt hat und den ich in Bezug auf die Bearbeitung von umfangreichen wissenschaftlichen Texten modifiziert habe. vgl. Jägers Leitfaden zur Medienanalyse insbesondere: JÄGER, SIEGFRIED 1999a, S. 171ff. und 1999b S.141ff.

- Wie fasst der Autor die Gegenstände: Entwicklung, Erbgut bzw. Vererbung, Normalität oder Tüchtigkeit und Selektion?
- Wie setzt der Autor diese Gegenstände zueinander in Beziehung?
- Welche Art von Menschenbild setzt der Autor voraus, vermittelt der Autor?
- Welche Art von Gesellschaftsverständnis setzt der Autor voraus, vermittelt der Autor?
- Welche Zukunftsvisionen entwickelt der Autor?

Zusammenfassung und Verortung im Diskursstrang

Anhang

Übersicht: Artikelserie in der FAZ (Sept. 2000 – Nov. 2001), die im Kontext von Watsons Plädoyer für eine Selektion sog. »erbgeschädigter« Embryonen erschienen ist.

Datum; Autor; Titel; Rubrik

1. 26.09.2000; Watson, James D.; Die Ethik des Genoms; Feuilleton
2. 27.09.2000; Bh; Gegen den Menschen nach Maß; Natur und Wissenschaft
3. 28.09.2000; F.A.Z.; Nazi-Logik; Feuilleton
4. 29.09.2000; Ritter, Henning; Unethisches Angebot; Politik
5. 02.10.2000; Schmidt, Martha ; Die Gene und das Glück; Briefe an die Herausgeber
6. 04.10.2000; Spall, Lorenz; Watsons unausgesprochene Antworten; Briefe an die Herausgeber
7. 04.10.2000; Propping, Peter; Irrtum, Mr. Watson; Feuilleton
8. 05.10.2000; Hermann, Klaus Dr.; Genetisch einwandfrei und ohne Makel; Briefe an die Herausgeber
9. 05.10.2000; Krause, Lutz; Krankheiten wie Krebs, Diabetes, Alzheimer; Briefe an die Herausgeber
10. 06.10.2000; Müller-Jung, Joachim; Neuer Adam frisch aus der Retorte; Feuilleton
11. 10.10.2000; Harbauer, Jutta; Eingeschränkt und zugleich bereichert; Briefe an die Herausgeber
12. 10.10.2000; Aubel, Bettina; James D. Watson beim Wort genommen; Briefe an die Herausgeber
13. 13.10.2000; Leven, Karl-Heinz Prof. Dr.; In die Nazi-Ecke gerückter James D. Watson; Briefe an die Herausgeber
14. 13.10.2000; Risse, Winfried Dr.; Gefährliche Zukunftsvision; Briefe an die Herausgeber
15. 16.10.2000; Krause, Henry; Die Priesterkaste der Genforscher; Briefe an die Herausgeber
16. 16.10.2000; Hornstein, Otto P. Prof. Dr.; Irgendwann auch optimierte Designer-Babys; Briefe an die Herausgeber
17. 21.10.2000; Rau, Johannes; Wir brauchen mehr Transparenz durch Wissenschaftsjournalismus; Feuilleton
18. 25.10.2000; Fuß, Tilman; Leichtfertiger Darwinismus; Briefe an die Herausgeber
19. 07.11.2000; F.A.Z.; Gottesdemontage; Feuilleton
20. 16.11.2000; Mieth, Dietmar; Watson steht im kalten Krieg mit jedem Andersgläubigen; Feuilleton
21. 18.11.2000; Müller-Hill, Benno; Warum schweigen die deutschen Gen-Forscher; Feuilleton
22. 30.01.2001; Fey, Georg H., Gethmann, Carl Friedrich; Wir dürfen unsere Evolution nicht dem Zufall überlassen; Feuilleton
23. 27.11.2001; Markl, Hubert; Eine Raupe ist noch lange kein Schmetterling; Feuilleton

Transkript FAZ Die Ethik des Genoms

Die Ethik des Genoms

Warum wir Gott nicht mehr die Zukunft des Menschen überlassen dürfen /
Von James D. Watson

Der Erfolg der Entschlüsselung des menschlichen Erbguts wird unsere Gesellschaft mit völlig neuen ethischen Fragestellungen konfrontieren.
Für mich hat die Genom-Kartierung zwei wesentliche Ziele. Das erste besteht eindeutig darin, daß die Medizin nun sehr viel schneller in der Lage sein wird, krankheitserzeugende Gene zu identifizieren. Die meisten erblich bedingten Krankheiten beschränken sich nicht auf seltene Fälle, die nur wenige Familien betreffen, sondern umfassen ein breites Spektrum von verbreiteten Krankheiten wie Diabetes, Arteriosklerose, Alzheimer und viele Krebserkrankungen.
Die zweite wichtige Bedeutung der Genom-Kartierung liegt in der Tatsache begründet, daß das Genom als der grundlegende Bauplan unseres Lebens Instruktionen für die normale Entwicklung und Funktionsweise des menschlichen Körpers bereitstellt. Wir verdanken es nämlich nicht unserer Umwelt, sondern unserer Natur, also unseren Genen, daß wir Menschen und keine Schimpansen sind. Dies bedeutet keinesfalls, daß zwischen unserer genetischen Ausstattung und der von Affen gravierende Unterschiede bestehen. Tatsächlich führen die jeweils 100 000 Gene von Affen und Menschen ungefähr die gleichen biochemischen Aufgaben aus. Aber die fünf

Millionen Jahre Evolution, die uns von den Schimpansen trennen, haben zu einschneidenden Abweichungen von unseren Affenvorfahren geführt, und diese Abweichungen betreffen sowohl die genaue Zeit, zu der manche menschlichen Gene wirken, als auch die Häufigkeit. mit der sie ihre jeweiligen Proteinprodukte erstellen.

Allmähliche Veränderungen bestimmter Schlüsselgene haben dazu geführt daß der erwachsene menschliche Organismus viele Eigenschaften des jungen Schimpansen beibehält. So ähnelt zum Beispiel die Form eines ausgewachsenen menschlichen Hirns der eines Schimpansen-Babys, und unser Mangel an Körperbehaarung erinnert ebenfalls an den Zustand eines Schimpansen-Jungen. Wenn das Humangenomprojekt abgeschlossen sein wird, wird es in unserer Macht stehen, die grundlegenden genetischen Eigenschaften zu erkennen, die uns zu Menschen machen. Einen zentralen, wenn auch noch längst nicht erreichten Meilenstein auf diesem Weg bildet die Gruppe von Instruktionen, die zur Entwicklung jener Eigenschaften unseres Gehirns geführt haben, denen wir es verdanken, daß wir lesen und schreiben können.

Der Widerstand gegen die Kartierung des Genoms speist sich aus Ängsten, die die ethischen, rechtlichen und sozialen Folgen der neuen Erkenntnisse betreffen. Befürchtet wird vor allem, es könnten neue Formen der Diskriminierung entstehen, durch die Menschen mit einer genetischen Disposition für schwere Krankheiten auf dem Arbeitsmarkt und im Versicherungsfall benachteiligt würden.

Die Frage, wie genetisches Datenmaterial vor Mißbrauch geschützt werden kann, spielt für diese Befürchtungen eine ent-

scheidende Rolle. Darüber hinaus sorgen sich Kritiker aber auch darum, ob wir als Menschen mit dem immer umfassenderen Wissen über unsere Gene überhaupt umgehen können. Und wann werden wir in der Lage sein, jedem Bürger das genetische Wissen zu vermitteln, das er benötigen wird, wenn er in der Lage sein soll, in aufgeklärter Weise mit den neuen Informationen und ihren Folgen umzugehen?
Um diese Probleme in Angriff zu nehmen, haben wir zu Beginn des Humangenomprojekts in den Vereinigten Staaten ein spezielles neues Programm auf den Weg gebracht, das sich mit den ethischen, rechtlichen und sozialen Implikationen des Genomprojekts auseinandersetzen sollte (»Elsi«). Als dieses Programm 1989 initiiert wurde, haben wir drei Prozent der Mittel für die Genomforschung für Initiativen wie diese verwandt; heute fließen fünf Prozent der Forschungsgelder in Programme dieser Art.
Die Anliegen des Elsi-Programms werden dadurch kompliziert, daß unterschiedliche Erbkrankheiten — dies wird immer deutlicher — ganz unterschiedliche ethische, rechtliche und soziale Probleme aufwerfen. Wir müssen mit den Schwierigkeiten von Patienten, die an zystischer Fibrose leiden und dreißig Jahre oder sogar älter werden können, ganz anders umgehen als mit den Opfern der Tay-Sachs-Krankheit, die unter schrecklichen Bedingungen höchstens das zweite Lebensjahr erreichen. Bisher hat nur der Staat Kalifornien eine Gesetzgebung geschaffen, die darauf abzielt, die auf genetischem Wissen basierende Diskriminierung von Versicherungskunden zu unterbinden, während es noch keine Regulierungen oder Gesetze gibt, die individuelles ge-

netisches Datenmaterial schützen.
Selbst wenn ein ausreichendes Regel-
und Gesetzeswerk existierte, gäbe es noch
viele Problemfälle, denen man mit diesen
Instrumenten nur schwer gerecht werden
könnte. Kann man Menschen zum Beispiel
die Verantwortung auferlegen, sich über ihre genetische Verfassung zu informieren,
bevor sie sich fortpflanzen? Wird es in Zukunft als unmoralisch gelten, die Geburt
von Kindern mit gravierenden genetischen
Defekten zuzulassen? Und können diese
Kinder später rechtlich gegen ihre Eltern
vorgehen, weil diese nicht verhindert haben, daß ihre Kinder mit nur einer kleinen
Chance auf ein Leben ohne physisches und
seelisches Leiden auf die Welt kamen?
Denjenigen, die diese Positionen vertreten, muß folgendes entgegengehalten werden: Wenn wir versuchen, das genetische
Schicksal unserer Kinder zu bestimmen,
handeln wir wie Eugeniker, die auf den
schrecklichen Spuren der Nazis wandelten,
die ebenfalls genetische Argumente anführten, als sie Gaskammern errichteten, um
250000 bereits sterilisierte Insassen aus den
psychiatrischen Institutionen der Zeit vor
dem Zweiten Weltkrieg umzubringen.
Während die Eugenik im frühen zwanzigsten Jahrhundert fast als zukunftsträchtige
Bewegung galt und von vielen prominenten
Amerikanern unterstützt wurde, lehren
uns die schrecklichen späteren Praktiken
der Nazis, daß eugenische Argumente in
Zukunft wieder eingesetzt werden könnten, um die Vernichtung vorgeblich nichtswürdiger politischer Philosophien oder ethnischer Gruppen zu propagieren.
Solche Befürchtungen werden nicht nur
von Minderheiten geäußert, die um ihre Zukunft fürchten, sondern auch von vielen

Deutschen, deren Empörung über ihre eigene Geschichte dazu führt, daß sic die Gentechnik in jeder Hinsicht ablehnen, weil sie glauben, daß die neuen genetischen Technologien einen Nährboden für die Wiederbelebung rassistischer eugenischer Maßnahmen bieten.

Ähnlich starker Widerstand gegen Programme zur Verhinderung der Geburt schwer genetisch behinderter Kinder kommt von Menschen, die glauben, daß alles menschliche Leben die Existenz Gottes widerspiegelt und daher mit allen Möglichkeiten, die uns zur Verfügung stehen, versorgt und unterstützt werden sollte.

Diese Menschen glauben auch, daß erblich behinderte Föten die gleichen existentiellen Rechte haben wie jene, denen ein gesundes und produktives Leben gegeben ist.

Solche Argumente sind allerdings nicht überzeugend für all jene von uns, denen die religiös motivierte Behauptung der Unantastbarkeit des Lebens nicht einleuchtet und die statt dessen glauben, daß menschliches und anderes Leben nicht von Gott geschaffen wurde, sondern durch einen evolutionären Prozeß entsteht, der den Darwinschen Prinzipien der natürlichen Auslese folgt.

Dies bedeutet indes keineswegs, daß Menschen keine Rechte hätten. Natürlich haben sie solche, aber diese Rechte sind nicht auf eine göttliche Schöpfung zurückzuführen, sondern auf soziale Verträge, die Menschen untereinander abschließen, weil sie erkannt haben, daß menschliche Gesellschaften ihre Existenz nur durch Regeln sichern können, die Stabilität und Vorhersagbarkeit garantieren. Eine der wichtigsten dieser Regeln ist das in praktisch allen Gesellschaften gültige Verbot der Tötung von Mitmenschen, wenn nicht notwendige

Selbstverteidigung geboten ist. Ohne diese Regel wäre die Überlebensfähigkeit einer menschlichen Gesellschaft entscheidend eingeschränkt und niemand könnte sicher sein, daß ihm all jene erhalten bleiben, die er liebt und von denen er abhängig ist. Andererseits würde die Abtreibung eines genetisch behinderten Fötus nicht das Leben derjenigen einschränken, in deren Welt dieses Kind sonst hineingeboren worden wäre. In einem solchen Fall sollte tatsächlich vielmehr die Erleichterung darüber im Vordergrund stehen, daß niemand gezwungen wurde, ein Kind zu lieben und zu unterstützen, dessen Leben niemals Anlaß zur Hoffnung auf Erfolge gegeben hätte.
Ich sehe daher nur unnötiges Leid durch Gesetze entstehen, die auf der Grundlage der Macht willkürlicher religiöser Eingebungen die Geburt erblich behinderter Kinder erzwingen, obwohl die Eltern es vorziehen würden, solche Schwangerschaften abzubrechen, weil sie hoffen, daß ihr nächstes Kind gesund sein wird.
Läßt man im Namen Gottes unnötige persönliche Tragödien geschehen, so wird dies sowohl diejenigen aufbringen, die nach weniger dogmatischen Regeln leben, als auch viele Anhänger von religiösen Gruppierungen, deren Führer die absolute Unantastbarkeit allen menschlichen Lebens verkünden. Letztere werden sich nämlich fragen, ob die Worte Gottes, so wie sie hier ausgelegt werden, tatsächlich wichtiger sind als die Gesundheit ihrer Kinder oder der Kinder ihrer Freunde.
Auf lange Sicht ist es unvermeidbar, daß jene Instanzen, die von ihren Anhängern verlangen, sich im Namen Gottes Leid zuzumuten, sich mit ihren immer hohler klingen-

den moralischen Verkündigungen isolieren, bis man sie schließlich ignorieren wird.
Und trotzdem sollte es uns nicht überraschen, wenn es zu immer stärkerem Widerstand gegen das Humangenomprojekt kommt. Denn dieses Projekt gilt als das exponierteste Symbol einer evolutionsbiologischen und genetischen Auffassung der menschlichen Existenz. Da aber die medizinischen Anliegen des Genomprojekts kaum von der Hand zu weisen sind, werden die Kritiker betonen, daß das reduktionistische Menschenbild des Projekts der spirituellen Dimension unserer Existenz nicht gerecht wird. Diese Dimension, so werden die Gegner hervorheben, habe weit größeren Einfluß darauf, ob wir in unserem Leben Erfolg haben oder versagen, als unsere Gene. Mit diesem Argument wird man fordern, daß wir unser Geld besser ausgeben sollten, um unsere ökonomischen und moralischen Lebensbedingungen zu verbessern, anstatt nach Genen zu suchen, die nach Meinung dieser Kritiker keinen großen Einfluß auf unsere Gesundheit und unser Sozialverhalten haben.
Aber allmählich müssen wir uns der Erkenntnis stellen, daß all die Mittel, die für die oben genannten Zwecke verwendet werden, nichts an den erschütternden Tragödien ändern werden, die Erbkrankheiten im Leben vieler Menschen anrichten. Aus diesem Grund wird es während der nächsten Jahrzehnte einen immer stärkeren Konsens darüber geben, daß Menschen das Recht haben, dem Leben erbgeschädigter Föten ein Ende zu setzen.
Es bleibt allerdings die Frage bestehen, wem die Entscheidung über den Abbruch einer Schwangerschaft überlassen werden sollte. Diese Wahl sollte unter keinen Um-

ständen dem Staat gewährt werden, da selbst in unserer recht homogenen Kultur keine Einigkeit darüber herrscht, welche künftigen Lebensformen gefördert werden sollten. Die Entscheidung ist einzig Sache der künftigen Mutter und des Vaters (sofern er sich seiner elterlichen Verantwortung stellt).

Eine solche nicht regulierte Entscheidungsfreiheit eröffnet natürlich die Möglichkeit unverantwortlicher Entscheidungen, die allen Beteiligten nur Leid zufügen können. Aber wir sollten von komplizierten genetischen Entscheidungssituationen nicht erwarten, daß sie besser gelöst werden als so viele andere Probleme unseres Lebens. Und wir haben Grund zu der Hoffnung, daß wir bessere Entscheidungen treffen werden, sobald wir mehr über die Folgen des genetischen Würfelwurfs wissen. Wenn wir dieses Wissen erlangen wollen, müssen wir der Genetik eine wesentlich wichtigere Rolle in unseren Lehrplänen beimessen. Genauso wichtig ist, daß die angemessenen genetischen Vorsorgeuntersuchungen allen Bürgern unabbängig von ihrem ökonomischen und sozialen Status zugänglich sind.

Gleichzeitig müssen wir begreifen, daß die menschliche Gesellschaft nur zögerlich zu einer genetischen Weltsicht vorstoßen wird. Selbst die stärksten Befürworter genetischer Forschung werden von Zeit zu Zeit befürchten, wir könnten zu schnell in jene Rolle hineinwachsen, die wir in der Vergangenheit den Göttern zugedacht haben. Damals konnten nur die Götter die Zukunft vorhersagen und unserem künftigen Schicksal eine gute oder schlechte Wendung geben. Heute liegt dies zum Teil in unseren eigenen Händen.

Diese Situation macht vielen Menschen
angst, denn sie fürchten, daß wir unsere
Macht dazu mißbrauchen könnten, statische und genetisch segregierte Gesellschaften zu erschaffen, in denen nicht allen Bürgern die Aussicht auf Hoffnung und Menschenwürde gegeben wäre.
Wenn wir also mit Hilfe der Genetik in
eine bessere Zukunft vorstoßen wollen,
müssen wir diesen Weg mit Vorsicht und
viel Demut beschreiten.
Der Autor ist Molekularbiologe am Cold Spring
Harbor Laboratory in New York. Zusammen mit
Francis Crick entdeckte er die Doppelhelixstruktur des Erbguts, für die er 1962 den Nobelpreis erhielt
Aus dem amerikanischen Englisch von Julika
Griem.

Quelle: FAZ 26.09.2000 / Feuilleton

Leitfaden zur Materialaufbereitung im Rahmen der diskursanalytischen Untersuchung der Printmedien[245]

Allgemeine Charakterisierung der Zeitung: Politische Verortung, Leserschaft, Auflage usw.

Überblick über den gesamten Jahrgang der FAZ und FR im Jahr 2000
Zeitliche Präsentation und Häufung reprogenetischer Themenbereiche in Hinblick auf die Debatte, die Watsons Forderung, erbgeschädigte Embryonen abzutreiben, auslöste

Materialaufbereitung für die exemplarische Feinanalyse

Platzierung und Layout des Artikels
  Welcher Rubrik ist der Artikel zugeordnet?
  Grafische Gestaltung

---

245 Die Materialaufbereitung beruht auf einem Analyseleitfaden den Siegfried Jäger vor allem für Medienanalysen entwickelt hat und den ich auf meine Thematik hin leicht modifiziert habe. vgl. zur Analyse von Medientexten (Entwicklung eines Leitfadens) u.a. JÄGER, SIEGFRIED 1999a, S. 171ff. und 1999b S.141ff.

Beschreibung der Textstruktur
  Im Artikel angesprochene Themenbereiche
  Gliederung des Artikels in Sinneinheiten

Inhaltliche Aussagen – Übertragung von Wissensformationen
  Welche genetischen Wissensformationen vermittelt der Text?
  Welche evolutionistischen Wissensformationen vermittelt der Text?
  Welche semantischen Felder strukturieren dieses Formationsgefüge?
  Welche Subjektpositionen vermittelt der Text?
  Welche Argumentationsstrukturen sind erkennbar?

Sprachlich-rhetorische Mittel
  Implikate und Anspielungen
  Kollektivsymbolik
  Redewendungen
  Akteure (Pronominalstruktur)
  Referenzbezüge

Überblick über die von Watsons Artikel ausgelöste Diskussion
  Auswahl besonders aussagekräftiger Artikel
    Autor (Funktion, Institution)
    Zeitliche Abfolge der einzelnen Artikel
    Bezugnahme auf die Thesen von Watson
    Im Artikel angesprochene Themen
    Referenzbezüge

  Kurze Zusammenfassung der zentralen Aussagen der einzelnen Artikel
    Berufung auf Evolutionstheorie und Genetik

  Überblick über die Argumentationslinien der Diskussion
    Welche Art von Menschenbild wird in der Debatte diskutiert bzw. vermitteln die Autoren?
    Welche Art von Technikverständnis vermitteln die Autoren?
    Welche Zukunftsvisionen werden entwickelt?

  Zusammenfassende Interpretation
    Zusammenfassung der Kernaussagen
    Verortung des Plädoyers und der sich anschließenden Diskussion im Diskursstrang

Literaturverzeichnis

Abels, Gabriele 2000: Strategische Forschung in den Biowissenschaften: der Politikprozeß zum europäischen Humangenomprojekt, Berlin

Ach, Johann S.; Brudermüller, Gerd; Runtenberg, Christa (Hrsg.) 1998: Hello Dolly? Über das Klonen, Frankfurt a. M.

Altner, Günther; Kepplinger, Hans-Mathias; Mohr, Hans; Willmitzer, Lothar 1994: Rationalität und Irrationalität in der Gentechnologie-Diskussion, St. Augustin

Anders, Günther 1983: Die Antiquiertheit des Menschen. Über die Seele im Zeitalter der zweiten industriellen Revolution. Bd. I, München

Annas, George J.; Elias, Sherman (Hrsg.) 1992: Gene Mapping. Using Law and Ethics as Guides, New York, Oxford

Arendt, Hannah 2003: Vita activa oder Vom täglichen Leben, München

Arnold, Wolfgang (Hrsg.) 1989: Entwicklung. Interdisziplinäre Aspekte zur Evolutionsfrage, Stuttgart

Arnstutz, Nathalie; Kuoni, Martina (Hrsg.) 1994: Theorie-Geschlecht-Fiktion, Stroemfeld

Ärzte Zeitung 03.06.2002: Knappe Mehrheit plädiert für ein PID Verbot, Ärzte Zeitung

Aubel, Bettina 10.10.2000: James D. Watson beim Wort genommen, Frankfurter Allgemeine Zeitung, Nr. 235

Barbian, Elke; Berg, Giselind (Hrsg.) 1997: Die Technisierung der Zeugung. Die Entwicklung der In-Vitro-Fertilisation in der Bundesrepublik Deutschland, Pfaffenweiler

Bartels, Andreas 1996: Grundprobleme der modernen Naturphilosophie, Paderborn, München, Wien u. a.

Baumann-Hölzle, Ruth 1995: Das menschliche Genom, eine zu bewahrende Ressource oder manipulierbares Material? in: Rehmann-Sutter, Christoph; Müller, Hans Jakob (Hrsg.), S. 188-194

Baumann-Hölzle, Ruth; Kind, Christian 1998: Indikation zur pränatalen Diagnostik: Vom geburtshilflichen Notfall zum genetischen Screening. in: Kettner, Matthias (Hrsg.), S. 131-152

Baumunk, Bodo-Michael; Rieß, Jürgen (Hrsg.) 1994: Darwin und Darwinismus. Eine Ausstellung zur Kultur- und Naturgeschichte, Berlin

Baureithel, Ulrike 2001: Embryonenschutzgesetz vor der Revision? Versäumnisse, die uns jetzt einholen. Das Parlament, Jg. 2001, H. 11, S. 2

Bayer, Vera 1993: Der Griff nach dem ungeborenen Leben. Zur Subjektgenese des Embryos, Pfaffenweiler

Bayertz, Kurt 1987: GenEthik. Probleme der Technisierung menschlicher Fortpflanzung, Reinbek bei Hamburg

Bayertz, Kurt 1991: Wissenschaft als moralisches Problem. Die ethischen Besonderheiten der Biowissenschaften. in: Lenk, Hans (Hrsg.) 1991, S. 286-305

Bayertz, Kurt (Hrsg.) 1993a: Evolution und Ethik, Stuttgart

Bayertz, Kurt 1993 b: Autonomie und Biologie. in: Bayertz, Kurt (Hrsg.): Evolution und Ethik, Stuttgart 1993, S. 327-359

Bayertz, Kurt 1999: Dissens in Fragen von Leben und Tod: Können wir damit leben? Aus Politik und Zeitgeschichte, Jg. 1999, H. 6, S. 39-46

Bayertz, Kurt; Schmidtke, Jörg; Schreiber, Hans-Ludwig (Hrsg.) 1995: Somatische Gentherapie – Medizinische, ethische und juristische Aspekte, Stuttgart, Jena, New York

Beck, Ulrich 1996: Risikogesellschaft. Auf dem Weg in eine andere Moderne, Frankfurt a. M.

Beck-Gernsheim, Elisabeth (Hrsg.) 1995: Welche Gesundheit wollen wir? Dilemmata des medizintechnischen Fortschritts, Frankfurt a. M.

Beck-Gernsheim, Elisabeth 2001: Die soziale Konstruktion des Risikos – das Beispiel Pränataldiagnostik. in: Geyer, Christian (Hrsg.) 2001, S. 21-40

Bender, Wolfgang 1988: Ethische Urteilsbildung, Stuttgart, Berlin, Köln, Mainz

Beratungsstelle CARA e.V. 1995: Schwanger sein ein Risiko? Informationsbroschüre zu vorgeburtlichen Tests in der Schwangerschaft mit ihrer persönlichen und gesellschaftlichen Bedeutung, Bremen

Berg, Giselind 1999: Die Entwicklung der In-vitro-Fertilisation und ihrer Modifikationen. in: Gen-ethisches Netzwerk; Pichelhofer, Gabi (Hrsg.), S. 27-48

Berg, Giselind; Barbian, Elke; Werth, Inez 2000: ICSI – Zwischen Skepsis und Routine, Gen-ethischer Informationsdienst GID, Jg. 2000, H. 139, S. 8-11

Bergmann, Anna 1996: Die Verlebendigung des Todes und die Tötung des Lebendigen durch den medizinischen Blick, in: Trallori, Lisbeth N. (Hrsg.) 1996, S. 253-272

Bergmann, Anna 1998: Die verhütete Sexualität. Die medizinische Bemächtigung des Lebens, Berlin

Berufsverband Medizinische Genetik e.V 1990.: Grundsätze genetischer Beratung, Medizinische Genetik, Jg. 1990, H. 1, S. 4-5

Bh 2000: Gegen den Menschen nach Maß, Frankfurter Allgemeine Zeitung, Nr. 225 vom 27.09.2000

BMBF 2000: Genomforschung in Deutschland. Stand und Perspektiven, o.O.

BMJ 1998: Das Übereinkommen zum Schutz der Menschenrechte und der Menschenwürde im Hinblick auf die Anwendung von Biologie und Medizin – Übereinkommen über Menschenrechte und Biomedizin – des Europarates vom 4. April 1997.

Bonß, Wolfgang; Honneth, Axel (Hrsg.) 1982: Sozialforschung als Kritik. Zum sozialwissenschaftlichen Potential der Kritischen Theorie, Frankfurt a. M.

Bonß, Wolfgang; Holfeld, Rainer; Kollek, Regine (Hrsg.) 1993: Wissenschaft als Kontext – Kontexte der Wissenschaft, Hamburg

Braun, Kathrin (Hrsg.) 1999: «Life" is a battlefield. Aspekte der Bio-Macht, Hannover

Braun, Kathrin 2000: Menschenwürde und Biomedizin. Zum philosophischen Diskurs der Bioethik, Frankfurt, New York

Brieler, Ulrich 1998: Die Unerbittlichkeit der Historizität. Foucault als Historiker, Köln, Weimar, Wien

Brieler, Ulrich 2001: Geschichte,in: Kleiner, 2001, S. 170-190

Brilliant e.V. (Hrsg.) 1998: 24. Kongreß von Frauen in Naturwissenschaft und Technik. 21-24. Mai 1998 in Mainz. Dokumentation, Darmstadt

Bröckling, Ulrich; Krasmann, Susanne; Lemke, Thomas (Hrsg.) 2000: Gouvernementalität der Gegenwart. Studien zur Ökonomisierung des Sozialen, Frankfurt am Main

Brodde, Kirsten 1992: Wer hat Angst vor DNS? Die Karriere des Themas Gentechnik in der deutschen Tagespresse von 1973-1989, Frankfurt a. M., Berlin, Bern u. a.

Brody, David E.; Brody, Arnold R. 2000: Die sieben größten Rätsel der Wissenschaft ... und wie man sie versteht, München

Brumlik, Micha 1992: Die Gnostiker. Der Traum von der Selbsterlösung des Menschen, Frankfurt a. M.

Bublitz, Hannelore 1997: Gen- und Reproduktionstechnologie als Killer der Geschlechter-Kategorie? in: Disselnkötter, Andreas; Jäger, Siegfried; Kellershohn, Helmut u. a. (Hrsg.) 1997, S. 121-134

Bublitz, Hannelore (Hrsg.) 1998: Das Geschlecht der Moderne: Genealogie und Archäologie der Geschlechterdifferenz, Frankfurt a. M., New York

Bublitz, Hannelore 1999: Diskurstheorie als Gesellschafts- »Theorie«. »Diagnostik« historischer Praktiken am Beispiel der »Kulturkrisen« – Semantik und der Geschlechterordnung um die Jahrhundertwende. in: Bublitz, Hannelore; Bührmann, Andrea D.; Hanke, Christine; Seier, Andrea (Hrsg.) 1999, S. 22-48

Bublitz, Hannelore 2001a: Archäologie und Genealogie im Horizont einer historisch verfahrenden Kulturwissenschaft. Manuskript, o.O.

Bublitz, Hannelore 2001 b: Zur diskursanalytischen Rekonstruktion der Regelstrukturen sozialer Wirklichkeit, in: Keller, Reiner; Hirseland, Andreas; Schneider, Werner; Vichöver, Willy (Hrsg.), 2001, S. 225-260

Bublitz, Hannelore; Bührmann, Andrea D.; Hanke, Christine; Seier, Andrea (Hrsg.) 1999: Das Wuchern der Diskurse: Perspektiven der Diskursanalyse Foucaults. Frankfurt/Main, New York

Bührmann, Andrea 1995: Das authentische Geschlecht. Die Sexualitätsdebatte der Neuen Frauenbewegung und die Foucaultsche Machtanalyse, Münster

Bührmann, Andrea D. 1999: Der Diskurs als Gegenstand im Horizont der kritischen Ontologie der Gegenwart, in: Bublitz, Hannelore; Bührmann, Andrea; Hanke, Christine; Seier Andrea (Hrsg.) 1999 S. 49-62

Bundesärztekammer 1995: Richtlinien zum Gentransfer in menschliche Körperzellen, Deutsches Ärzteblatt, 92. Jg. (1995), H.11, S. A789-794

Bundesärztekammer 1998a: Richtlinien zur Diagnostik der genetischen Disposition für Krebserkrankungen, Deutsches Ärzteblatt, Jg. 1998a, H. 22, S. 1396-1403

Bundesärztekammer 1998 b: Richtlinien zur pränatalen Diagnostik von Krankheiten und Krankheitsdispositionen, Deutsches Ärzteblatt, 95. Jg. (1998), H. 50, S. 3236-3244

Bundesärztekammer 1998 c: Richtlinien zur Durchführung der assistierten Reproduktion, Deutsches Ärzteblatt, Jg. 1998, H. 95, S. A-3166-3171

Bundesärztekammer 2000: Diskussionsentwurf zu einer Richtlinie zur Präimplantationsdiagnostik, Berlin

Bundesärztekammer 2001: Genetische Diagnostik.Experten für Arztvorbehalt bei Gentests, Bundesärztekammer-Intern (BÄK-Intern), Januar 2001

Bundesärztekammer 2003: Richtlinien zur prädiktiven genetischen Diagnostik, Deutsches Ärzteblatt, 100. Jg. (2003), H. 19, S. A1297-1305

Bundesärztekammer 2004: BÄK begrüßt Diskriminierungsverbot bei Gentests. Pressemitteilung der Bundesärztekammer, o.O. 19.11.2004

Burgener, Peter 1964: Die Einflüsse des zeitgenössischen Denkens in Morels Begriff der »degenerescence«, Zürich

Büro für Technikfolgenabschätzung (TAB) 2003: PID im internationalen Vergleich, Gen-ethischer Informationsdienst GID, Jg. 2003, H. 160, S. 30-31

Burrichter, Clemens; Inhetveen, Rüdiger; Kötter, Rudolf (Hrsg.) 1987: Zum Wandel des Naturverständnisses, Paderborn, München, Wien, Zürich

Caesar, Peter (Hrsg.) 1999: Präimplantationsdiagnostik.Thesen zu den medizinischen, rechtlichen und ethischen Problemstellungen. Bericht der Bioethik-Kommission des Landes Rheinland-Pfalz vom 20. Juni 1999. o.O.

Canguilhem, Georges 1974: Das Normale und das Pathologische, München 1974

Canguilhem, George 1979: Wissenschaftsgeschichte und Epistemologie. Gesammelte Aufsätze, Frankfurt a. M.

Cassirer, Ernst 1925: Sprache und Mythos. Ein Beitrag zum Problem der Götternamen, Leipzig, Berlin

Cassirer, Ernst 1985: Symbol, Technik, Sprache. Aufsätze aus den Jahren 1927-1933, Hamburg

Cavalli-Sforza, Francesco; Cavalli-Sforza, Luca 1996: Verschieden und doch gleich. Ein Genetiker entzieht dem Rassismus die Grundlage, München

Cernaj, Ingeborg; Cernaj, Josef 1997: Am Anfang war Dolly. Geklont und manipuliert – Leben als Spielzeug der Wissenschaft, München

Chargaff, Erwin 1990: Ein rascher Aufstieg zum Olymp. in: Herbig, Jost; Hohlfeld, Rainer (Hrsg.), 1990 S. 358-363

Clark, William; Golinski, Jan; Schaffer, Simon (Hrsg.) 1999: The Sciences in enlightened Europe, Chicago, London

Cleve, Gabi; Jäger, Margret; Ruth, Ina (Hrsg.) 1998: Schlank und (k)rank. Schlanke Körper – schlanke Gesellschaft, Duisburg

Cleve, Gabriele; Ruth, Ina; Schulte-Holtey, Ernst (Hrsg.) 1997: Wissenschaft Macht Politik. Intervention in aktuelle gesellschaftliche Diskurse, Münster

Cohen, Daniel 1995: Die Gene der Hoffnung. Die Entschlüsselung des menschlichen Genoms und der Fortschritt in der Medizin, München, Zürich

Corea, Gena 1988: MutterMaschine. Reproduktionstechnologien – von der künstlichen Befruchtung zur künstlichen Gebärmutter, Frankfurt a. M. 1988

Cranor, Carl F. 1994: Are Genes Us? The Social Consequences of the New Genetics, New Brunswick, New Jersey

Crick, Francis 1970: Von Molekülen und Menschen, München

Crick, Francis 1990: Ein irres Unternehmen. Die Doppelhelix und das Abenteuer Molekularbiologie, München

Danailov, Atanas 1998: Die ideologische Interpretation des Weismannschen Neodarwinismus. in: Engels, Eve-Marie; Junker, Thomas; Weingarten, Michael (Hrsg.): 1998, S. 217-224

Darwin, Charles 1986: Die Abstammung des Menschen, Wiesbaden

Darwin, Charles 1998: Die Entstehung der Arten, Stuttgart

Dausien, Bettina; Herrmann, Martina; Oechsle, Mechtild (Hrsg.) 1999: Erkenntnisprojekt Geschlecht. Feministische Perspektiven verwandeln Wissenschaft, Opladen

Davies, Kevin 2001: Die Sequenz. Der Wettlauf um das menschliche Genom, München, Wien

Dawkins, Richard 1996a: Das egoistische Gen, Reinbek bei Hamburg

Dawkins, Richard 1996b: Und es entsprang ein Fluß in Eden. Das Uhrwerk der Evolution, München

Dawkins, Richard 1999: The Extended Phenotype. The Long Reach for the Gene, Oxford, New York

Degener, Theresia 1999: Die Geburt eines behinderten Kindes als Schaden? in: Genethisches Netzwerk; Pichelhofer, Gabi (Hrsg.), 1999, S. 81-96

Deutsche Forschungsgemeinschaft (DFG) 1999: Perspektiven der Genomforschung, Bonn

Deutsche Forschungsgemeinschaft (DFG) 1999: Humangenomforschung und prädiktive Diagnostik. Möglichkeiten – Grenzen – Konsequenzen. Stellungnahme der Senatskommission für Grundsatzfragen der Genforschung der Deutschen Forschungsgemeinschaft, Bonn

Deutsche Forschungsgemeinschaft (DFG) 2001: »Unvertretbare Abhängigkeiten«. Genethischer Informationsdienst GID, Jg. 2001, H. 146, S. 13-16

Deutscher Bundestag 2000: Chancen der Gentechnik als Schlüsseltechnologie des 21. Jahrhundert. o.O.

Der Spiegel 2000: Hochkultur im Techno-Rausch, Der Spiegel, Nr. 24 vom 10.06.2000 (http://www.spiegel.de/spiegel/0,1518,80323,00.html)

Diaz-Bone, Rainer 1999: Probleme und Strategien der Operationalisierung des Diksursmodells im Anschluß an Michel Foucault. in: Bublitz, Hannelore; Bührmann, Andrea D.; Hanke, Christine; Seier, Andrea (Hrsg.), 1999, S. 119-135

Disselnkötter, Andreas; Jäger, Siegfried; Kellershohn, Helmut (Hrsg.) 1997: Evidenzen im Fluß. Demokratieverluste in Deutschland. Modell D- Geschlechter – Rassismus – Pc, Duisburg

Dohrendorf, Rüdiger 1990: Zum publizistischen Profil der »Frankfurter Allgemeinen Zeitung«. Computerunterstützte Inhaltsanalyse von Kommentaren der FAZ, Frankfurt a. M., Bern, New York

Dreyfus, Hubert L.; Rabinow, Paul 1987: Michel Foucault. Jenseits von Strukturalismus und Hermeneutik, Frankfurt a. M.

Drux, Rudolf (Hrsg.) 1999: Der Frankenstein-Komplex. Kulturgeschichtliche Aspekte des Traums vom künstlichen Menschen, Frankfurt a. M.

Duden, Barbara 1987: Geschichte unter der Haut. Ein Eisenacher Arzt und seine Patientinnen um 1730, Stuttgart

Duden, Barbara 1993: Die Gene im Kopf. Zu den Wirkungen eines neuen Denkstils. in: Fleischer, Eva; Winkler, Ute (Hrsg.), 1993, S. 11-21

Duden, Barbara 1996: »Das Leben« als Entkörperung des Frauenkörpers. Überlegungen einer Historikerin. in: Trallori, Lisbeth N. (Hrsg.), 1996, S. 99-110

Dülmen Van, Richard (Hrsg.) 1998: Erfindung des Menschen, Schöpfungsträume und Körperbilder 1500-2000, Wien, Köln, Weimar

Düwell, Marcus 1998: Ethik der genetischen Frühdiagnostik- eine Problemskizze. in: Düwell, Marcus; Mieth, Dietmar (Hrsg.), 1998, S. 26-48

Düwell, Marcus; Mieth, Dietmar (Hrsg.) 1998: Ethik in der Humangenetik. Die neueren Entwicklungen der genetischen Frühdiagnostik aus ethischer Perspektive, Tübingen

Eberhard-Metzger, Claudia 1999: Das Molekül des Lebens. Einführung in die Genetik, München

Eichhorn, Cornelia; Grimm, Sabine (Hrsg.) 1994: Gender Killer. Texte zu Feminismus und Politik, Berlin

Eigen, Manfred 1992: Stufen zum Leben. Die frühe Evolution im Visier der Molekularbiologie Neuausgabe, München

Emmrich, Michael 1991: Der vermessene Mensch. Aufbruch ins Gen-Zeitalter, Berlin

Emmrich, Michael (Hrsg.) 1999: Im Zeitalter der Bio-Macht. 25 Jahre Gentechnik – eine kritische Bilanz, Frankfurt a. M.

Engelmann, Jan (Hrsg.) 1999: Michel Foucault. Botschaften der Macht. Der Foucault-Reader, Diskurs und Medien, Stuttgart

Engels, Eve-Marie 1987: Der Wandel des lebensweltlichen Naturverständnisses unter dem Einfluß der modernen Biologie. in: Burrichter, Clemens; Inhetveen, Rüdiger; Kötter, Rudolf (Hrsg.), 1987, S. 69-103

Engels, Eve-Marie (Hrsg.) 1995a: Die Rezeption von Evolutionstheorien im 19. Jahrhundert, Frankfurt a. M.

Engels, Eve-Marie 1995b: Biologische Ideen von Evolution im 19. Jahrhundert und ihre Leitfunktionen. Eine Einleitung, in: Engels, Eve-Marie (Hrsg.) 1995. S. 13-66

Engels, Eve-Marie 1998a: Der moralische Status von Embryonen und Feten – Forschung,Diagnose, Schwangerschaftsabbruch, in: Düwell, Marcus; Mieth, Dietmar (Hrsg.), 1998, S. 271-301

Engels, Eve-Marie (Hrsg.) 1998b: Handeln und Stellung des Menschen im Natur-Kultur-Verhältnis. in: Kunst- und Ausstellungshalle der Bundesrepublik Deutschland GmbH (Hrsg.),1998, S. 45-50

Engels, Eve-Marie (Hrsg.) 1999a: Biologie und Ethik, Stuttgart 1999

Engels, Eve-Marie1999b: Natur- und Menschenbilder in der Bioethik des 20. Jahrhunderts. Zur Einführung, in: Engels, Eve-Marie (Hrsg.) 1999a, S.7-42

Engels, Eve-Marie; Junker, Thomas; Weingarten, Michael (Hrsg.) 1998: Ethik der Biowissenschaften. Geschichte und Theorie, Berlin

Ernst; Thomas; Bock von Wülfingen, Bettina; Borrmann, Stefan; Gudehus, Christian (Hrsg.) 2004: Wissenschaft und Macht, Münster

Eschenbach, Wolfram von 1999: Parzival. Stuttgart

Evers, Marco; Franke, Klaus; Grolle, Johann 1999: Der antiliberale Reflex. Ob bei Botho Strauß« »Bocksgesang«, der Walser-Bubis-Debatte oder der Polemik um Peter Sloterdijk – stets zielt die intellektuelle Provokation auf den linksliberalen Mainstream, Der Spiegel, Jg. 1999, H. 39, S. 306-316

Faber, Brigitte; Puschke, Martina 2002: Mensch ist Mensch. Das Bild von Behinderung und Krankheit in der Pränataldiagnostik, GID Spezial, Jg. 2002, H. 3, S. 34-39

Feher, Ferenc; Heller, Agnes 1995: Biopolitik, Frankfurt a. M., New York (Campus)

Fesch, Glaudia 2000: Genetische Tests. Wie funktionieren sie, und was sagen sie aus?, Frankfurt a. M.

Feuerstein, Günter; Kollek, Regine; Uhlemann, Thomas 2001: Den Fortschritt gestalten, Gen-ethischer Informationsdienst GID, Jg. 2001, H. 148, S. 3-7

Fey, Georg H., Gethmann, Carl Friedrich 2001: Wir dürfen unsere Evolution nicht dem Zufall überlassen, Frankfurter Allgemeine Zeitung, Nr. 49 vom 30.01.2001

Feyerabend, Erika 2001: Technik als Weltzustand. Der Atomar-Genetisch-Informationelle Komplex, alaska: materialien, Jg. 2001, S. 13-19

Fischer, Ernst Peter 1988: Das Atom der Biologen. Max Delbrück und der Ursprung der Molekulargenetik, München

Fleck, Ludwig 1999: Entstehung und Entwicklung einer wissenschaftlichen Tatsache. Einführung in die Lehre vom Denkstil und Denkkollektiv. Mit einer Einl. hrsg. von Lothar Schäfer und Thomas Schnelle. Frankfurt a. M.

Fleischer, Eva; Winkler, Ute (Hrsg.) 1993: Die kontrollierte Fruchtbarkeit. Neue Beiträge gegen die Reproduktionsmedizin, Aachen

Flöhl, Rainer; Ritter, Hennig (Hrsg.) 1998: Wissenschaftsjahrbuch, 98. Natur und Wissenschaft, Geisteswissenschaften, Frankfurt a. M., Leipzig

Flower, Michael J.; Heath, Deborah 1993: Micro-Anatomo Politics: Mapping the Human Genome Project, Culture, Medicine and Psychiatry, Jg. 1993, H. 17, S. 27-41

Foucault, Michel 1973: Wahnsinn und Gesellschaft. Eine Geschichte des Wahns im Zeitalter der Vernunft, Frankfurt a. M.

Foucault, Michel 1978: Dispositive der Macht. Über Sexualität, Wissen und Wahrheit, Berlin

Foucault, Michel 1979: Der Wille zum Wissen. Sexualität und Wahrheit, Frankfurt a. M.

Foucault, Michel 1992: Was ist Kritik?, Berlin

Foucault, Michel 1993: Leben machen und sterben lassen: Die Geburt des Rassismus, in: Reinfeldt, Sebastian; Schwarz, Richard (Hrsg.) 1993, S. 27-50

Foucault, Michel 1994: Überwachen und Strafen. Die Geburt des Gefängnisses, Frankfurt a. M.

Foucault, Michel 1996a: Die Geburt der Klinik. Eine Archäologie des ärztlichen Blicks, Frankfurt a. M.

Foucault, Michel 1996b: Der Mensch ist ein Erfahrungstier. Gespräch mit Ducio Trombadori, Frankfurt a. M.

Foucault, Michel 1997: Archäologie des Wissens, Frankfurt a. M.

Foucault, Michel 1998: Die Ordnung des Diskurses, Frankfurt a. M.

Foucault, Michel 1999: Die Ordnung der Dinge, Frankfurt a. M.

Foucault, Michel 2000: Die Governementalität, in: Bröckling, Ulrich; Krasmann, Susanne; Lemke, Thomas (Hrsg.), 2000, S. 41-67

Fox-Keller, Evelyn 1995: Geschlecht und Wissenschaft: Eine Standortbestimmung. in: Orland, Barbara; Scheich, Elvira (Hrsg.), 1995, S. 64-91

Fox-Keller, Evelyn 1995: Erbanlagen, Umwelt und das Genomprojekt. in: Kevles, Daniel J.; Hood, Leroy (Hrsg.), 1995, S. 284-303

Fox Keller, Evelyn 1998a: Das Leben neu denken. Metaphern der Biologie im 20. Jahrhundert, München

Fox-Keller, Evelyn 1998b: Das Gen und das Humangenomprojekt – zehn Jahre danach, in: Kunst- und Ausstellungshalle der Bundesrepublik Deutschland GmbH (Hrsg.), 1998, S. S. 77-80

Fox Keller, Evelyn 2001: Das Jahrhundert des Gens, Frankfurt a.M.

Frankfurter Allgemeine Zeitung 1998: Alles über die Zeitung. Frankfurt a. M.

Frankfurter Allgemeine Zeitung 2000a: Sollen wir den Piloten ins Gehirn blicken?, Ein Gespräch mit James D. Watson, dem Pionier der Erbgutanalyse, Frankfurter Allgemeine Zeitung, Nr. 147 vom 28.06.2000

Frankfurter Allgemeine Zeitung 2000b: Ich sah vor mir die Anfänge einer Grammatik der Biologie, Dies ist die letzte Sequenz des menschlichen Genoms: Eine Dokumentation des Zieleinlaufs, Frankfurter Allgemeine Zeitung, Nr. 146 vom 27. Juni 2000

Frankfurter Allgemeine Zeitung 2000c: Nazi-Logik, Frankfurter Allgemeine Zeitung, Nr. 226 vom 28.09.2000

Frankfurter Allgemeine Zeitung 2000d: Gottesdemontage, Frankfurter Allgemeine Zeitung, Nr. 259 vom 07.11.2000

Frankfurter Allgemeine Zeitung 2000e: Britische Entscheidung ein ethischer Dammbruch, Breite Kritik in Deutschland, Klonen von Embryonen, Schröder gegen Scheuklappen in der Gentechnik, Frankfurter Allgemeine Zeitung, Nr. 297 vom 21.12.2000

Frankfurter Rundschau 2001: US-Forscher erzeugen genveränderte Babys. »Ja, wir haben der Natur ins Handwerk gepfuscht«, Frankfurter Rundschau, Nr.105 vom 07.05.2001

Fränznick, Monika; Wieners, Karin1996: Ungewollte Kinderlosigkeit. Psychosoziale Folgen, Bewältigungsversuche und die Dominanz der Medizin, Weinheim, München

Freeland, Stephen J.; Hurst, Laurence D. 2006: Der raffinierte Code des Lebens, Spektrum der Wissenschaft, Dossier 1 / 2006, S. 18-25

Friedrich, Hannes; Henze, Karl-Heinz; Stemann-Acheampong, Susanne 1998: Eine unmögliche Entscheidung. Pränataldiagnostik: Ihre psychosozialen Voraussetzungen und Folgen, Berlin

Friedrichs, Jürgen 1980: Methoden empirischer Sozialforschung, Opladen

Früh, Dorothee 1998: Humangenetische Forschung in Deutschland zwischen 1990 und 1914, in: Engels, Eve-Marie; Junker, Thomas; Weingarten, Michael (Hrsg.), 1998, S. 123-130

Fuchs, Ursel 1996: Gentechnik – Der Griff nach dem Erbgut. Eine kritische Bestandsaufnahme, Bergisch Gladbach

Fuchs, Ursel 2000: Die Genomfalle. Die Versprechungen der Gentechnik, ihre Nebenwirkungen und Folgen, Düsseldorf

Fuß, Tillmann 2000: Leichtfertiger Darwinismus, Frankfurter Allgemeine Zeitung, Nr. 248 vom 25.10.2000

Gadamer, Hans-Georg; Fries, Heinrich 1981: Mythos und Wissenschaft, Freiburg

Galton, Francis 1904: Its Definition, Scope and aims, [1904] in: Galton 1909, S. 35-43

Galton, Francis 1909: Essays in Eugenics, London

Galton, Francis 1910: Genie und Vererbung, Leipzig, engl. 1869

Geisler, Linus 2001: Kinder auf Bestellung. in: Graumann, Sigrid (Hrsg.), 2001, S. 169-178

Geisler, Linus 2002: Das Verschwinden des Leibes. Die Entleiblichung des Menschen durch die In-vito-Fertilisation und die Molekulargenetik, GID Spezial, Jg. 2002, H. 3, S. 3-14

Gen-ethisches Netzwerk e.V. (Hrsg.) 1999: Reproduktionstechnologien. Materialsammlung. Stand 1999, Berlin

Genethisches Netzwerk e.V. (Hrsg.) 2000: Genomanalyse, Gentests. Materialsammlung. Stand: Mai 2000, Berlin

Gen-ethisches Netzwerk; Pichelhofer, Gabi (Hrsg.) 1999: Grenzverschiebungen. Politische und ethische Aspekte der Fortpflanzungsmedizin, Frankfurt a. M.

Gerhard, Ute 1984: Politik als Dramenkonstellation. Soziale Perspektiven von Mythisierungen im 19. Jahrhundert. in: Link, Jürgen; Wülfing, Wulf (Hrsg.) 1984, S. 226-232

Gerhard, Ute; Link, Jürgen 1991: Zum Anteil der Kollektivsymbolik an den Nationalstereotypen. in: Link, Jürgen; Wülfing, Wulf (Hrsg.)1991, S. 16-52

Gerhard, Ute; Link, Jürgen; Schulte-Holtey, Ernst (Hrsg.) 2001: Infografiken, Medien, Normalisierung. Zur Kartografie politisch-sozialer Landschaften, Heidelberg

Gerhards, Jürgen; Neidhardt, Friedhelm; Rucht, Dieter 1998: Zwischen Palaver und Diskurs. Strukturen öffentlicher Meinungsbildung am Beispiel der deutschen Diskussion zur Abtreibung, Opladen, Wiesbaden

Geschäftsstelle des Wissenschaftlichen Koordinierungskomitees des Deutschen Humangenomprojektes, (Hrsg.): Das Humangenomprojekt. Von der Grundlagenforschung zur Anwendung in der modernen Medizin, Berlin o. J.

Gesellschaft für Humangenetik e.V. 1996: Positionspapier der Gesellschaft für Humangenetik e.V., Med. Genetik, Jg. 1996, H. 1, S. 125-131

Geyer, Christian (Hrsg.) 2001: Biopolitik. Die Positionen, Frankfurt a. M.

Gibbs, Wayt W. 2006: DNA ist nicht alles, Spektrum der Wissenschaft, Dossier 1 / 2006, S. 58-65

Gilbert, Walter 1995: Das Genom – eine Zukunftsvision. in: Kevles, Daniel J.; Hood, Leroy (Hrsg.), 1995, S. 95-108

Gill, Bernhard 1991: Gentechnik ohne Politik. Wie die Brisanz der Synthetischen Biologie von wissenschaftlichen Institutionen, Ethik- und anderen Kommissionen systematisch verdrängt wird, Frankfurt a. M., New York

Goerdeler, Jochen 2002: Genetische Diagnostik in der Medizin, Gen-ethischer Informationsdienst GID, Jg. 2002, H. 150, S. 15-18

Gould, Stefen Jay 1984: Darwin nach Darwin. Naturgeschichtliche Reflexionen, Frankfurt a. M., Berlin, Wien (Ullstein)

Gould, Stephen Jay 1990: Biologische Potentialität contra Biologischen Determinismus. in: Herbig, Jost; Hohlfeld, Rainer (Hrsg.) 1990, S. 132-142

Graumann, Sigrid 1998: »Präimplantationsdiagnostik« – Ein wünschenswertes und moralisch legitimes Ziel des Fortschritts in der vorgeburtlichen Medizin? in: Düwell, Marcus; Mieth, Dietmar (Hrsg.), 1998, S. 383-414

Graumann, Sigrid 1999: Selektion im Reagenzglas. Versuch einer ethischen Bewertung der Präimplantationsdiagnostik, in: Emmrich, Michael (Hrsg.), 1999, S. 105-124

Graumann, Sigrid 2000a: Die somatische Gentherapie. Entwicklung und Anwendung aus ethischer Sicht, Tübingen

Graumann, Sigrid: PID 2000b: Gen-Check vor der Schwangerschaft, Gen-ethischer Informationsdienst GID, Jg. 2000, H. 139, S. 13-16

Graumann, Sigrid 2000c: Heilen mit Genen?, Gen-ethischer Informationsdienst GID, Jg. 2000, H. 141, S. 3-7

Graumann, Sigrid (Hrsg.) 2001a: Die Genkontroverse. Grundpositionen. Mit der Rede von Johannes Rau, Freiburg, Basel, Wien 2001

Graumann, Sigrid 2001: Zwischen Zeugung und Erzeugung von menschlichem Leben besteht ein ethisch relevanter Unterschied, in: Graumann, Sigrid (Hrsg.) 2001, S. 88-94

Graumann, Sigrid 2003a: Risiko Gentherapie, Gen-ethischer Informationsdienst GID, Jg. 2003, H. 155, S. 33-35

Graumann, Sigrid 2003b: Ein fragwürdiges Verfahren, Gen-ethischer Informationsdienst GID, Jg. 2003, H. 156, S. 6-7

Gribbin, Mary; Gribbin John 1993: Ein Prozent Vorteil. Wie wenig uns vom Affen trennt, Boston, Berlin (Birkhäuser)

Grolle, Johann 2003: Die Sprache des Lebens, Der Spiegel, Jg. 2003, H. 9, S. 160-170

Grüber, Katrin; Krebs, Renee 2001: Schrittweise gewinnt eine Eugenik von unten Raum. Fortpflanzungsmedizin, der Mensch nach Maß und die Mär von der Selbstbestimmung. Ein Positionspapier, Frankfurter Rundschau, 29.05.2001

Habermas, Jürgen 1995: Theorien des kommunikativen Handelns, Frankfurt a. M.

Habermas, Jürgen 1998: Die postnationale Konstellation. Politische Essays, Frankfurt a. M.

Habermas, Jürgen 2001: Die Zukunft der menschlichen Natur. Auf dem Weg zu einer liberalen Eugenik?, Frankfurt a. M

Haeckel, Ernst 1908: Unsere Ahnenreihe. Progonotaxis Hominis, Jena

Hagner, Michael (Hrsg.) 1995a: Der falsche Körper. Beiträge zu einer Geschichte der Monstrositäten, Göttingen

Hagner, Michael 1995b: Vom Naturalienkabinett zur Embryologie. Wandlungen des Monströsen und die Ordnung des Lebens, in: Hagner, Michael (Hrsg.), 1995, S. 73-107

Hagner, Michael 1999: Enlightened Monsters. In: Clark, William; Golinski, Jan; Schaffer, Simon (Hrsg.): The Sciences in enlightened Europe, Chicago, London 1999, S. 175-217

Haker, Hille 1998a: Genetische Beratung und moralische Entscheidungsfindung. in: Düwell, Marcus; Mieth, Dietmar (Hrsg.), 1998, S. 238-268

Haker, Hille 1998b: Entscheidungsfindung im Kontext pränataler Diagnostik, in: Kettner, Matthias (Hrsg.), Frankfurt a. M., New York 1998, S. 223-251

Haker, Hille 2001a: Ein in jeder Hinsicht gefährliches Verfahren. Die Praxis der PID unter Abwägung aller Umstände. in: Geyer, Christian (Hrsg.), 2001a, S. 143-150

Haker, Hille 2001b: Präimplantationsdiagnostik und verantwortliche Elternschaft, in: Graumann, Sigrid (Hrsg.), 2001, S. 179-184

Hampel, Jürgen; Renn, Ortwin 1998: Chancen und Risiken der Gentechnik aus der Sicht der Öffentlichkeit. Kurzfassung der Ergebnisse des Verbundprojektes, Stuttgart

Hampel, Jürgen; Renn, Ortwin (Hrsg.) 1999: Gentechnik in der Öffentlichkeit. Wahrnehmung und Bewertung einer umstrittenen Technologie, Frankfurt a. M., New York

Hanke, Christine 2003: Diskursanalyse zwischen Regelmäßigkeiten und Ereignishaftem – am Beispiel der Rassenanthropologie um 1900, in: Keller, Reiner; Hirseland, Andreas; Schneider, Werner; Viehöver, Willy (Hrsg.), 2003, S. 98-118

Hansen, Friedrich; Kollek, Regine (Hrsg.) 1985: Gen-Technologie. Die neue soziale Waffe, Hamburg

Haraway, Donna 1991: Simians, Cyborgs, and women. The Reinvention of Nature, New York

Haraway, Donna 1995a: Primatologie ist Politik mit anderen Mitteln, in: Orland, Barbara; Scheich, Elvira (Hrsg.), 1995, S. 136-197

Haraway, Donna 1995b: Monströse Versprechen. Coyote-Geschichten zu Feminismus und Technowissenschaft, Hamburg, Berlin

Haraway, Donna 1995c: Die Neuerfindung der Natur. Primaten, Cyborgs und Frauen, Frankfurt a. M., New York

Hark, Sabine 1999: Deviante Subjekte. Normalisierung und Subjektformierung. in: Sohn, Werner; Mehrtens, Herbert (Hrsg.) 1999, S. 65-84

Hartbauer, Jutta 2000: Eingeschränkt und zugleich bereichert, Frankfurter Allgemeine Zeitung, Nr. 235 vom 10.10.2000

Hartog, Jennifer 1996: Das genetische Beratungsgespräch. Institutionalisierte Kommunikation zwischen Experten und Nicht-Experten, Tübingen

Hartog, Jennifer 1998: Die sprachwissenschaftliche Untersuchung von Beratungsdialogen. Befunde und Perspektiven, in: Kettner, Matthias (Hrsg.), 1998, S. 253-275

Hausmann, Christine 2006: Embryonal oder adult, Gen-Ethischer Informationsdienst GID, Nr. 176, 2006, S. 43-47

Hegener, Wolfgang 1992: Das Mannequin: vom sexuellen Subjekt zum geschlechtslosen Selbst, Tübingen

Heilmeier, Josef (Hrsg.) 1991: Gen-Ideologie. Biologie und Biologismus in den Sozialwissenschaften, Hamburg

Heinz, Marion; Kuster, Friederike (Hrsg.) 1998: Geschlechtertheorie Geschlechterforschung. Ein interdisziplinäres Kolloquium, Bielefeld

Helfrich, Hede (Hrsg.) 1995: Frauen zwischen Eigen- und Fremdkultur: Weiblichkeitsbilder im Spannungsfeld von Tradition und Moderne, Münster

Hemminger, Hans Jörg 1983: Der Mensch eine Marionette der Evolution? Eine Kritik an der Soziobiologie, Frankfurt a. M.

Hennen, Leonhard 1999: Datengewinn kennt kaum noch technische Barrieren, Genethischer Informationsdienst GID, Jg. 1999, H. 134, S. 6-7

Hennen, Leonhard; Petermann, Thomas; Sauter, Arnold 2000: Stand und Perspektiven der genetischen Diagnostik. Sachstandsbericht, o.O.

Hennen, Leonhard; Schmitt, Joachim J. 1995: Tests für eine schöne neue Welt, gsf mensch + umwelt, spezial 1995, S. 52-58

Hennnen, L.; Petermann, Th.; Schmitt, J.J. 1993: TA-Projekt »Genomanalyse«. Chancen und Risiken genetischer Diagnostik, Bonn

Hennen, Leonhard; Sauter, Arnold 2004: Präimplantationsdiagnostik. Praxis und rechtliche Regulierung in sieben ausgewählten Ländern. Sachstandsbericht, o.O.

Herbig, Jost; Hohlfeld, Rainer (Hrsg.) 1990: Die zweite Schöpfung. Geist und Ungeist in der Biologie des 20. Jahrhunderts, München, Wien (Hanser)

Hermann, Svea Luise 1999: »Bioethics Education«: Bioethik und Normalisierung, in: Braun, Kathrin (Hrsg.) 1999, S. 69-98

Hermann, Klaus 2000: Genetisch einwandfrei und ohne Makel, in: Frankfurter Allgemeine Zeitung, Nr. 231 vom 05.10.2000

Hildt, Elisabeth 1998: Über die Möglichkeit freier Entscheidungsfindung im Umfeld vorgeburtlicher Diagnostik, in: Düwell, Marcus; Mieth, Dietmar (Hrsg.), 1998, S. 202-224

Hitler, Adolf 1974: Mein Kampf, London

Hofmann, Heidi 1999: Die feministischen Diskurse über Reproduktionstechnologie. Positionen und Kontroversen in der BRD und den USA, Frankfurt, New York

Hohlfeld, Rainer 1998: Wissenschaftliche Leitvorstellungen für die Medizin, in: Kaiser, Gerd; Rosenfeld, Eva (Hrsg.), 1998, S. 45-59

Hohlfeld, Rainer 2001: Das Zeitalter von »Genomics«. Zur Politischen Ökonomie der Molekularen Medizin, alaska: materialien, Jg. 2001, S. 61-66

Holland-Cunz, Barbara 1997: Politische Anthropologie und Naturverständnis, in: von Winterfeld, Uta; Biesecker, Adelheid; Duden, Barabra; Spitzner, Meike, 1997, S. 141-159

Holzer, Horst 1994: Medienkommunikation. Einführung in handlungs- und gesellschaftstheoretische Konzeptionen, Opladen

Honnefelder, Ludger 1998: Versuchungen des Menschen, in: Kunst- und Ausstellungshalle der Bundesrepublik Deutschland GmbH (Hrsg.), 1998, S. 181-185

Hood, Leroy 1995: Biologie und Medizin im 21. Jahrhundert, in: Kevles, Daniel J.; Hood, Leroy (Hrsg.), 1995, S. 156-183

Hornstein, Otto. P. 2000: Irgendwann auch optimierte Designer-Babys, Frankfurter Allgemeine Zeitung, Nr. 240 vom 16.10. 2000

Hubbrard, Ruth; Wald Elijah 1997: Exploding the genmyth. How genetic information is produced and manipulated by scientists, physicians, employers, insurance companies, educators, and law enforcers, Boston

Hug, Detlef Matthias 1997: Konflikte und Öffentlichkeit. Zur Rolle des Journalismus in sozialen Konflikten, Opladen

Huhnke, Brigitta 1997: Macht, Medien und Geschlecht. Eine Fallstudie zur Berichterstattungspraxis der dpa, der taz sowie der Wochenzeitungen Die Zeit und Der Spiegel von 1980-1995, Opladen

Hume, David 1982: Eine Untersuchung über den menschlichen Verstand, Stuttgart

Hypatia e.V. (Hrsg.) 1999: Frauenmehrwert – eine Bilanz am Ende des Jahrtausends. 25. Kongreß von Frauen in Naturwissenschaft und Technik. 13-16. Mai 1999 in Darmstadt. Dokumentation, Darmstadt

Illies, Florian, Kaube, Jürgen 2000: Wie sollen wir damit umgehen, dass wir zu viel wissen?, Regeln für den Menschenpark: Ein Gespräch mit Gesundheitsministerin Andrea Fischer zur Genom-Entschlüsselung, Frankfurter Allgemeine Zeitung, Nr. 147 vom 28.06.2000

Jäger, Margret 1996a: Fatale Effekte. Die Kritik am Patriarchat im Einwanderungsdiskurs, Duisburg

Jäger, Margret 1996b: Fatale Effekte. Die Kritik am Patriarchat im Einwanderungsdiskurs. Materialband, Duisburg 1996b

Jäger, Siegfried 1996: Die Wirklichkeit ist diskursiv. in: Jäger, Margret; Wichert, Frank (Hrsg.), 1996, S. 9-20

Jäger, Siegfried 1997: Spiel mir das Lied vom Tod. Biopolitik in Bild. in: Jäger, Margret; Jäger, Siegfried; Ruth, Ina; Schulte-Holtey, Ernst; Wichert, Frank (Hrsg.), 1997, S. 62-99

Jäger, Siegfried 1998: Wege durchs Dickicht. Vorschläge zur Durchführung von Diskursanalysen, in: Cleve, Gabi; Jäger, Margret; Ruth, Ina (Hrsg.) 1998, S. 168-178

Jäger, Siegfried 1999a: Kritische Diskursanalyse. Eine Einführung, Duisburg (inzwischen: 4. Aufl. Münster 2004)

Jäger, Siegfried 1999b: Einen Königsweg gibt es nicht. Bemerkungen zur Durchführung von Diskursanalysen, in: Bublitz, Hannelore; Bührmann, Andrea D.; Hanke, Christine; Seier, Andrea (Hrsg.), 1999, S. 136-147

Jäger, Siegfried 2001a: Diskurs und Wissen, Theoretische und methodische Aspekte einer Kritischen Diskurs- und Dispositivanalyse, in: Keller, Reiner; Hirseland, Andreas; Schneider, Werner; Viehöver, Willy (Hrsg.), 2001, S. 81-112

Jäger, Siegfried 2001b: Rassismus und Institutioneller Rassismus als Effekte von Diskursverschränkungen, in: Jäger, Siegfried, Paul, Jobst, (Hrsg.) 2001, S. 49-67

Jäger, Siegfried 2004: Zum Objektivitätsanspruch der Naturwissenschaften aus diskursanalytischer Sicht, in: Ernst, Thomas; Bock von Wülfingen, Bettina; Borrmann, Stefan; Gudehus, Christian P. (Hrsg.), 2004, S. 58-64

Jäger, Siegfried 2005: Diskurs als »Fluß von Wissen durch die Zeit«. Ein transdisziplinäres politisches Konzept, Aptum, Jg.1, H. 1, 2005, S. 52-72

Jäger, Margret; Jäger, Siegfried 1997: Vernetzung biopolitischer Diskurse und ihre Machteffekte. in: Jäger, Margret; Jäger, Siegfried; Ruth, Ina; Schulte-Holtey, Ernst; Wichert, Frank (Hrsg.), 1997, S. 304-344

Jäger, Margret; Jäger, Siegfried; Ruth, Ina; Schulte-Holtey, Ernst; Wichert, Frank (Hrsg.) 1997, Biomacht und Medien. Wege in die Bio-Gesellschaft, Duisburg

Jäger, Margret; Schulte-Holtey, Ernst; Wichert, Frank 1997: Biomacht und Medien. Neue Formen der Regulierung von Bevölkerungen, in: Jäger, Margret; Jäger, Siegfried; Ruth, Ina; Schulte-Holtey, Ernst; Wichert, Frank (Hrsg.), 1997, S. 8-29

Jäger, Margret; Wichert, Frank (Hrsg.) 1996: Rassismus und Biopolitik. Werkstattberichte. DISS-Forschungsbericht 1996, Duisburg

Jäger, Siegfried; Paul, Jobst (Hrsg.) 2001: Die Rechte ist immer noch Bestandteil unserer Welt, Aspekte einer neuen konservativen Revolution, Duisburg

Jahn, Ilse 1990: Grundzüge der Biologiegeschichte, Jena

Judson, Horace Freeland 1995: Eine Geschichte der Wissenschaft und der Technologie der Genkartierung und-sequenzierung, in: Kevles, Daniel J.; Hood, Leroy (Hrsg.), 1995, S. 48-91

Jung, Matthias 2001: Diskurshistorische Analyse – eine linguistische Perspektive, in: Keller, Reiner; Hirseland, Andreas; Schneider, Werner; Viehöver, Willy (Hrsg.) 2001, S. 29-51

Jungk, Robert; Mundt, Hans J. (Hrsg.) 1966: Das umstrittene Experiment: Der Mensch. Siebenundzwanzig Wissenschaftler diskutieren die Elemente einer biologischen Revolution, München

Junker, Thomas 1998: Eugenik, Synthetische Theorie und Ethik. Der Fall Timofeeff-Ressovsky im internationalen Kontext. in: Engels, Eve-Marie; Junker, Thomas; Weingarten, Michael (Hrsg.), 1998, S. 7-40

Junker, Thomas; Paul, Sabine 1999: Das Eugenik-Argument in der Diskussion um die Humangenetik: eine kritische Analyse, in: Engels, Eve-Marie (Hrsg.), 1999, S. 161-193

Kaase, Max; Schulz, Winfried (Hrsg.) 1989: Massenkommunikation. Theorien, Methoden, Befunde, Opladen

Kaiser, Gerd; Rosenfeld, Eva (Hrsg.) 1998: Therapeutische und wirtschaftliche Perspektiven der Gentherapie. Szenarien für morgen, Düsseldorf

Kaiser, Gert; Rosenfeld, Eva; Wetzel-Vandai, Katharina (Hrsg.) 1997: Bio- und Gentechnologie. Anwendungsfelder und wirtschaftliche Perspektiven, Franfurt a.M., New York

Kallmeyer, W.; Klein, W.; Meyer-Hermann, R.; Netzer, K.; Siebert, H.J. (Hrsg.) 1974: Lektürekolleg zur Textlinguistik, o.O.

Kaminsky, Carmen 1999: Genomanalyse: Absichten und mögliche Konsequenzen in der Perspektive angewandter Ethik, in: Engels, Eve-Marie (Hrsg.), 1999a, S. 194-223

Kant, Immanuel 1966: Kritik der reinen Vernunft, Stuttgart

Kaufmann, Doris 1998: Eugenik- Rassenhygiene – Humangenetik, Zur lebenswissenschaftlichen Neuordnung der Wirklichkeit in der ersten Hälfte des 20. Jahrhunderts, in: Dülmen van, Richard (Hrsg.) Wien, Köln, Weimar 1998, S. 347- 365

Kaupen-Haas, Heidrun; Rothmaler, Christiane (Hrsg.) 1994: Naturwissenschaften und Eugenik, Frankfurt a. M.

Kaupen-Haas, Heidrun; Saller, Christian (Hrsg.) 1999: Wissenschaftlicher Rassismus. Analysen einer Kontinuität in den Human- und Naturwissenschaften, Frankfurt a. M., New York

Keck, Annette; Schmidt, Dietmar (Hrsg.) 1994: Auto(r)erotik. Gegenstandslose Liebe als literarisches Projekt, Berlin

Kelly, Kevin 1999: Der zweite Akt der Schöpfung. Natur und Technik im neuen Jahrtausend Frankfurt a. M.

Keller, Reiner 2001:Wissenssoziologische Diskursanalyse, in: Keller, Reiner; Hirseland, Andreas; Schneider, Werner; Viehöver, Willy (Hrsg.) 2001, S. 114-143

Keller, Reiner; Hirseland, Andreas; Schneider,Werner; Viehöver, Willy (Hrsg.) 2001a: Handbuch Sozialwissenschaftliche Diskursanalyse, Bd. I: Theorien und Methoden, Opladen

Keller, Reiner; Hirseland, Andreas; Schneider,Werner; Viehöver, Willy 2001b: Zur Aktualität sozialwissenschaftlicher Diskursanalyse, in: Keller, Reiner; Hirseland, Andreas; Schneider, Werner; Viehöver, Willy (Hrsg.) 2001, S. 7-27

Keller, Reiner; Hirseland, Andreas; Schneider,Werner; Viehöver, Willy (Hrsg.) 2003: Handbuch Sozialwissenschaftliche Diskursanalyse, Bd. II: Forschungspraxis, Opladen 2003

Kepplinger, Hans Mathias; Ehmig, Simone Christine; Ahlheim, Christine 1991: Gentechnik im Widerstreit. Zum Verhältnis von Wissenschaft und Journalismus, Frankfurt a. M., New York

Kerner, Max (Hrsg.) 1994: Technik und Angst – zur Zukunft der industriellen Zivilisation. Zweites interdisziplinäres Aachener Hochschulkolloquium vom 21.-23. Oktober 1993, Aachen

Kettner, Matthias (Hrsg.) 1998: Beratung als Zwang. Schwangerschaftsabbruch, genetische Aufklärung und die Grenzen kommunikativer Vernunft, Frankfurt a. M., New York

Kevles, Daniel J. 1995: Die Geschichte der Genetik und Eugenik, in: Kevles, Daniel J.; Hood, Leroy (Hrsg.), 1995, S. 13-47.

Kevles, Daniel J.; Hood, Leroy (Hrsg.) 1995: Der Supercode. Die genetische Karte des Menschen. Franfurt a. M., Leipzig

Kipke, Roland 2001: Mittendrin. Einblicke in praktische Nicht-Eugenik, GID Spezial, Jg. 2001, H. 2, S. 36-40

Kirschstein, Karin; Verein zur Förderung von Frauen in Naturwissenschaft und Technik e.V. (Hrsg.) 2000: Fließende Grenzen. 26. Kongress von Frauen in Naturwissenschaft und Technik. 1. bis 4. Juni 2000 in Hamburg. Dokumentation, Hamburg

Kitcher, Philip 1998: Genetik und Ethik Die Revolution der Humangenetik und ihre Folgen, München

Klein, Renate D. (Hrsg.) 1989: Das Geschäft mit der Hoffnung. Erfahrungen mit der Fortpflanzungsmedizin, Berlin

Kleiner, Marcus S. 2001: Michel Foucault, Eine Einführung in sein Denken, Frankfurt, New York

Klingmüller, Walter (Hrsg.) 1994: Gentechnik im Widerstreit, Stuttgart

Knippers, R. 1997: Molekulare Genetik, Stuttgart

Knußmann, Rainer 1996: Vergleichende Biologie des Menschen. Lehrbuch der Anthropologie und Humangenetik, Stuttgart, Jena, Lübeck, Ulm

Köchy, Kristian 2003: Vom Genom zum Proteom. Kündigt sich ein Paradigmenwechsel an?, GID Spezial, Jg. 2003, H. 4, S. 13-20

Koechlin, Florianne 1998: Das patentierte Leben. Manipulation, Markt und Macht, Zürich

Kohl, Franz 1998: Die eugenische Diskussion innerhalb der Neuropsychatrie und ihre Vorreiterrolle für die Einführung der Sterilisationsgesetzgebung, in: Engels, Eve-Marie; Junker, Thomas; Weingarten, Michael (Hrsg.), 1998, S. 143-160

Kohring, Matthias 1997: Die Funktion des Wissenschaftsjournalismus. Ein systemtheoretischer Entwurf, Opladen

Kolata, Gina 1997: Das geklonte Leben. Ein Jahrhundert-Experiment verändert die Zukunft des Menschen, München

Kollek, Regine 1994: Der Gral der Genetik. Das menschliche Genom als Symbol wissenschaftlicher Heilserwartungen des 21. Jahrhunderts, in: mittelweg, Jg. 1994, H. 36, S. 5-14

Kollek, Regine 1996: Metaphern, Strukturbilder, Mythen – Zur symbolischen Bedeutung des menschlichen Genoms. in: Trallori, Lisbeth N. (Hrsg.), 1996, S. 137-154

Kollek, Regine 1998: Genetische Diagnostik im sozialen Kontext, in: Kunst- und Ausstellungshalle der Bundesrepublik Deutschland GmbH (Hrsg.) 1998, S. 89-94

Kollek, Regine 1999: Schutz der Embryonen, Freiheit der Forscher. Fortpflanzungsmedizin im Widerstreit konkurrierender Grundrechte, in: Emmrich, Michael (Hrsg.), 1999, S. 125-136

Kollek, Regine 2000: Präimplantationsdiagnostik. Embryonenselektion, weibliche Autonomie und Recht, Tübingen

Kollek, Regine; Feuerstein, Günther 1999: Wenn aus Gesunden Noch-nicht-Kranke werden. Eine neue Technik revolutioniert die Medizin, in: Frankfurter Rundschau, Nr. 163 vom 17.07.1999

Krämer, Frank; Peter, Christan; Ruhrmann, Georg 1992: Das Bild der »Biotechnischen Sicherheit« und der »Genomanalyse« in der deutschen Tagespresse (1988-1990), Bonn

Krause, Henry 2000: Die Priesterkaste der Genforscher, Frankfurter Allgemeine Zeitung, Nr. 246 vom 16.10.2000

Krause, Lutz 2000: Krankheiten wie Krebs, Diabetes, Alzheimer, Frankfurter Allgemeine Zeitung, Nr. 231 vom 05.10.2000

Kratky; Karl W.; Bonet, Elfriede Maria (Hrsg.) 1989: Systemtheorie und Reduktionismus, Wien

Kretzenbacher, Heinz Leonhardt 1992: Wissenschaftssprache, Heidelberg

Kuhn, Thomas S. 1999: Die Struktur wissenschaftlicher Revolutionen, Frankfurt a. M.

Kulke, Christine; Scheich, Elvira (Hrsg.) 1992: Zwielicht der Vernunft. Die Dialektik der Aufklärung aus der Sicht von Frauen, Pfaffenweiler

Kunst- und Ausstellungshalle der Bundesrepublik Deutschland GmbH (Hrsg.) 1998: Gen-Welten, o.O.

Kühl, Stefan 1997: Die Internationale der Rassisten. Aufstieg und Niedergang der internationalen Bewegung für Eugenik und Rassenhygiene im 20. Jahrhundert, Frankfurt, New York

Küppers, Bernd-Olaf 1990: Der Ursprung biologischer Information. Zur Naturphilosophie der Lebensentstehung, München

Landeshauptstadt Stuttgart, Kulturamt (Hrsg.) 1994: Zum Naturbegriff der Gegenwart. Kongreßdokumentation zum Projekt »Natur im Kopf«. Stuttgart, 21.- 26. Juni 1993. Band 2, Stuttgart

Lefevre, Wolfgang 1984: Die Entstehung der biologischen Evolutionstheorie, Frankfurt a. M., Berlin, Wien

Leisewitz, Andre 1982: Von der Darwinschen Evolutionstheorie zur Molekularbiologie. Wissenschaftshistorische und -soziologische Studien zu einer materialistischen Geschichte der Biologie, Köln

Lemke, Thomas 1997: Eine Kritik der politischen Vernunft. Foucaults Analyse der modernen Gouvernementalität, Berlin, Hamburg

Lemke, Thomas 1998: Risiken und Nebenwirkungen. Biomacht im Zeitalter der Humangenetik, Diskurs, Jg. 1998, H. 4, S. 16-19

Lemke, Thomas 1999: Antwort auf eine Frage: Ist Foucaults »Geschichte der Wahrheit« eine wahre Geschichte? in: Bublitz, Hannelore; Bührmann, Andrea D.; Hanke, Christine; Seier, Andrea (Hrsg.), 1999, S. 177-193

Lemke, Thomas 2000: Die Regierung der Risiken. Von der Eugenik zur genetischen Gouvernementalität. in: Bröckling, Ulrich; Krasmann, Susanne; Lemke, Thomas (Hrsg.), 2000, S. 227-264

Lemke, Thomas 2001: Zurück in die Zukunft? – Genetische Diagnostik und das Risiko der Eugenik, in: Graumann, Sigrid (Hrsg.), 2001, S. 37-44

Lemke, Thomas 2004a: Veranlagung und Verantwortung. Genetische Diagnostik zwischen Selbstbestimmung und Schicksal, Bielefeld

Lemke, Thomas 2004b: Die Regierung genetischer Risiken, Gen-ethischer Informationsdienst GID, Jg. 2004, H. 161, S. 3-5

Lemke, Thomas 2004c: Pathos und Pathologie der Molekularen Medizin, Gen-ethischer Informationsdienst GID, Jg. 2004, H. 164, S. 39-41

Lenk, Hans (Hrsg.) 1991: Wissenschaft und Ethik, Stuttgart

Lepenies, Wolf 1976: Das Ende der Naturgeschichte. Wandel kultureller Selbstverständlichkeiten in den Wissenschaften des 18. und 19. Jahrhunderts, München, Wien

Lewontin, Richard C.; Rose, Steve; Kamin, Leon J. 1988: Die Gene sind es nicht ... Biologie, Ideologie und menschliche Natur, München, Weinheim

Leven, Karl-Heinz 2000: In die Nazi-Ecke gerückter James. D. Watson, Frankfurter Allgemeine Zeitung, Nr. 238 vom 13.10.2000

Link, Jürgen 1974: Literaturwissenschaftliche Grundbegriffe. Eine programmierte Einführung auf strukturalistischer Basis, München

Link, Jürgen 1984: Über ein Modell synchroner Systeme von Kollektivsymbolen sowie seine Rolle bei der Diskurs-Konstitution. in: Link, Jürgen; Wülfing, Wulf (Hrsg.), 1984, S. 63-92

Link, Jürgen 1984a: »Einfluß des Fliegens! – Auf den Stil selbst!«. Diskursanalyse des Ballonsymbols, in: Link, Jürgen; Wülfing, Wulf (Hrsg.), 1984, S. 149-164

Link, Jürgen 1984b: Diskursive Rutschgefahren ins vierte Reich? Rationales Rhizom, kulturR-Revolution 1984, H.5, S. 12-20

Link, Jürgen 1986a: fundamentale semantische relationen im symbolsystem der »simulation«, Katachresen-mäander, »erzählungen«, kultuRRevolution, 1986, H. 13, S. 39-45

Link, Jürgen 1986b: Kleines Begriffslexikon, kulturRRevolution, 1986, H. 11, S. 71

Link, Jürgen 1997: Versuch über den Normalismus. Wie Normalität produziert wird. Opladen

Link, Jürgen 1999: Diskursive Ereignisse, Diskurse, Interdiskurs: Sieben Thesen zur Operativität der Diskursanalyse, am Beispiel des Normalismus, in: Bublitz, Hannelore; Bührmann, Andrea D.; Hanke, Christine; Seier, Andrea (Hrsg.), 1999, S. 148-161

Link, Jürgen 2001a: Aspekte der Normalisierung von Subjekten. Kollektivsymbolik, Kurvenlandschaften, Infografiken., in: Gerhard, Ute; Link, Jürgen; Schulte-Holtey, Ernst (Hrsg.), 2001. S. 77-92

Link, Jürgen 2001b: Sicher, sicher, aber es ist alles ganz normal. Was Normen sagen, ist noch lange nicht die Norm: Zur gesellschaftlichen Funktion des guten Gewissens in der biopolitischen Debatte, in: Frankfurter Allgemeine Zeitung, Nr. 176 vom 01.08.2001.

Link, Jürgen; Wülfing, Wulf (Hrsg.) 1984: Bewegung und Stillstand in Metaphern und Mythen. Fallstudien zum Verhältnis von elementarem Wissen und Literatur im 19. Jahrhundert, Stuttgart

Link, Jürgen; Wülfing, Wulf (Hrsg.) 1991: Nationale Mythen und Symbole in der zweiten Hälfte des 19. Jahrhunderts. Strukturen und Funktionen von Konzepten nationaler Identität, Stuttgart

Link-Heer, Ursula; Link, Jürgen 1994: Kollektivsymbolik und Orientierungswissen. Das Beispiel des »Technisch-medizinischen Vehikel-Körpers«, Der Deutschunterricht, Jg. 1994, H. IV, S. 44-55

List, Elisabeth 1996: Der Körper, die Schrift, die Maschine. Vom Verschwinden des Realen hinter den Zeichen, in: Trallori, Lisbeth N. (Hrsg.), 1996, S. 191-108

List, Elisabeth 2002: Grenzen des Lebens, Grenzen der Technik. Die Wiederentdeckung des Lebendigen, GID Spezial, Jg. 2002, H. 3, S. 25-33

Lösch, Andreas 1998: Tod des Menschen / Macht zum Leben. Von der Rassenhygiene zur Humangenetik, Pfaffenweiler

Lösch, Andreas 2001: Genomprojekt und Moderne. Soziologische Analysen des bioethischen Diskurses, Frankfurt, New York

Lösch, Andreas 2003: Das doppelte Genom in der Genpatentierung, Gen-ethischer Informationsdienst GID, Jg. 2003, H. 160, S. 3-5

Löw, Rheinhard 1989: Evolution und Theorie – Philosophische Probleme des Evolutionismus. in: Arnold, Wolfgang (Hrsg.), 1989. S. 27-38

Lunshof, Jeatine E 1998: Genetische Beratung: Zwischen Nichtdirektivität und moralischem Diskurs, in: Düwell, Marcus; Mieth, Dietmar (Hrsg.), 1998, S. 227-237

Lüth, Paul 1984: Der Mensch ist kein Zufall. Umrisse einer modernen Anthropologie, Frankfurt a. M

Magiros, Angelika 2004: Kritik der Identität. »Bio-Macht« und »Dialektik der Aufklärung« Werkzeuge gegen Fremdenabwehr und (Neo-)Rassismus, Münster

Maier, Barbara 1998: Ethische Probleme der Pränataltherapie, in: Düwell, Marcus; Mieth, Dietmar (Hrsg.), 1998, S. 149-170

Maier Uwe G. 1994: Die molekulare Dimension der biologischen Evolution, in: Wieser, Wolfgang (Hrsg.), 1994, S. 109-128

Maranto, Gina 1998: Designer Babys. Träume vom Menschen nach Maß, Stuttgart

Markl, Hubert 2001: Eine Raupe ist noch lange kein Schmetterling, Frankfurter Allgemeine Zeitung, Nr. 274 vom 27.11.2001

Martschukat, Jürgen 2003: Diskurse und Gewalt: Wege zu einer Geschichte der Todesstrafe im 18. Und 19. Jahrhundert, in: Keller, Reiner; Hirseland, Andreas; Schneider, Werner; Viehöver, Willy (Hrsg.), 2003, S. 67-93

Materialistische Wissenschaftsgeschichte. Naturtheorie und Entwicklungsdenken, Berlin 1981

Mayr, Ernst 1990: Die Darwinsche Revolution und die Widerstände gegen die Selektionstheorie, in: Herbig, Jost; Hohlfeld, Rainer (Hrsg.), 1990, S. 44-70

Mayr, Ernst 1997: This is Biology. The Science of the Living world, London

Mayr, Ernst 2002: Darwins Apostel. Der fast hundert Jahre alte Biologe Ernst Mayr über den Siegeszug der Evolutionstheorie über Orpheus und die Zukunft des Menschen im Biotechzeitalter, Frankfurter Allgemeine Zeitung, Nr. 60 vom 12.03.2002

Mayring, Philipp 1993: Qualitative Inhaltsanalyse. Grundlagen und Techniken, Weinheim

Mehlmann, Sabine 1998: Sexualität und Geschlechterdifferenz, in: Cleve, Gabi; Jäger, Margret; Ruth, Ina (Hrsg.) 1998, S. 79-95

Mehlmann, Sabine 1999: Das doppelte Geschlecht. Die konstitutionelle Bisexualität und die Codierung der Geschlechtergrenzen (1903-1905), Paderborn

Merkel, Reinhard 2001: Rechte für Embryonen? Die Menschenwürde läßt sich nicht allein auf die biologische Zugehörigkeit zur Menschheit gründen, in: Geyer, 2001, S. 51-64.

Merten, Klaus 1995: Inhaltsanalyse. Einführung in Theorie, Methoden und Praxis, Opladen

Merten, Klaus; Schmidt, Siegfried J.; Weischenberg, Siegfried (Hrsg.) 1994: Die Wirklichkeit der Medien. Eine Einführung in die Kommunikationswissenschaft, Opladen

Mertens, Heide 1991: Wunschkinder. Natur, Vernunft und Politik, Münster

Merzhäuser, Silke 1999: Jenseits des Rechts auf Selbstbestimmung? Zur feministischen Theoriediskussion um weibliche reproduktive Freiheit im Kontext der pränatalen Diagnostik, in: Braun, Kathrin (Hrsg.), 1999, S. 161-192

Meyn, Hermann 1996: Massenmedien in der Bundesrepublik Deutschland, Berlin

Mieth, Dietmar 1998: Veränderung unserer Lebenswelt – Herausforderung der Verantwortung, in: Kunst- und Ausstellungshalle der Bundesrepublik Deutschland GmbH (Hrsg.), 1998, S. 176-180

Mieth, Dietmar 1999: Ethische Probleme der Humangenetik: eine Überprüfung üblicher Argumentationsformen, in: Engels, Eve-Marie (Hrsg.), 1999, S. 224-256

Mieth, Dietmar 2000: Watson steht im kalten Krieg mit jedem Andersgläubigen. Was gut ist, stiften nicht die Biologen: Die eugenischen Ideale des Nobelpreisträgers sind unmenschlich, Frankfurter Allgemeine Zeitung, Nr. 267 vom 16.11. 2000

Mieth, Dietmar 2001: Die Diktatur der Gene. Biotechnik zwischen Machbarkeit und Menschenwürde, Freiburg

Mixa, Elisabeth; Malleier, Elisabeth; Springer-Kremser, Marianne (Hrsg.) 1996: Körper – Geschlecht – Geschichte. Historische und aktuelle Debatten in der Medizin, Innsbruck, Wien

Mohr, Hans 1987: Natur und Moral. Ethik in der Biologie, Darmstadt

Müller, Hans Jakob 1995: Gentherapie unter besonderer Berücksichtigung der Behandlung von Erbkrankheiten, in: Rehmann-Sutter, Christoph; Müller, Hansjakob (Hrsg.): Ethik und Gentherapie. Zum praktischen Diskurs um die molekulare Medizin, Tübingen 1995, S. 43-56

Müller-Hill, Benno 1990: Genetik nach Auschwitz. in: Herbig, Jost; Hohlfeld, Rainer (Hrsg.): Die zweite Schöpfung. Geist und Ungeist in der Biologie des 20. Jahrhunderts, München, Wien, 1990, S. 79-106

Müller-Hill, Benno 2000: Warum schweigen die deutschen Gen-Forscher,Frankfurter Allgemeine Zeitung vom 18.11.2000

Müller-Jung, Joachim 2000: Neuer Adam frisch aus der Retorte, Frankfurter Allgemeine Zeitung, Nr. 232 vom 06.10.2000

Neidert, Rudolf 2000: Präimplantationsdiagnostik, Zunehmendes Lebensrecht. Genetische Untersuchungen am Embryo in vitro im medizinischen und juristischen Kontext, Deutsches Ärzteblatt, 97. Jg. (2000), H. 51-52, S. 3483-3486

Neidert, Rudolf 2003: Gesetzgeberische Reformnotwendigkeiten. Gesetzliche Statik und wissenschaftliche Dynamik in der Reproduktionsmedizin, Gesellschaftspolitische Kommentare, Jg. 2003, H. 3, S. 22-26

Nelkin, Dorothy 1994: Dangerous diagnostics. The social power of biological information, Chicago, London

Nelkin, Dorothy 1995: Die gesellschaftliche Sprengkraft genetischer Information, in: Kevles, Daniel J.; Hood, Leroy (Hrsg.) 1995, S. 195-209

Neuer-Miebach, Therese 1999: Zwang zur Normalität. Pränatale Diagnostik und genetische Beratung, in: Emmrich, Michael (Hrsg.), 1999, S. 69-104

Neumann-Held, Eva M 1996.: Die moderne Biologie auf der Suche nach dem »heiligen Gral«, in: Seising, Rudolf; Fischer, Tanja (Hrsg.), 1996. S. 135-159

Neumann-Held, Eva M. 1997: »Gene« können nicht alles erklären, Universitas – Zeitschrift für interdisziplinäre Wissenschaft, 52. Jg. (1997), H. 611, S. 469-479

Neumann-Held, Eva M 1998.: Jenseits des »genetischen Weltbildes«, in: Engels, Eve-Marie; Junker, Thomas; Weingarten, Michael (Hrsg.), 1998, S. 261-280

Newman, Stuart A. 2003: Untergang und Aufstieg der Systembiologie. Kehrt das Denken in biologischen Systemen zurück?, GID Spezial, Jg. 2003, H. 4 , S. 3-12

Nippert, Irmgard 1998: Wie wird im Alltag der pränatalen Diagnostik tatsächlich argumentiert? Auszüge aus einer deutschen und einer europäischen Untersuchung, in: Kettner, Matthias (Hrsg.), 1998, S. 153-172

Nippert, Irmgard 1999: Entwicklung der pränatalen Diagnostik, in: Gen-ethisches Netzwerk; Pichelhofer, Gabi (Hrsg.): Grenzverschiebungen. Politische und ethische Aspekte der Fortpflanzungsmedizin, Frankfurt a. M. 1999. S. 63-80

Oberer, Christine 2006: Verfügungsrecht über Embryonen, Gen-Ethischer Informationsdienst GID, Nr. 176, 2006, S. 36-38

Obermann Dorothee 1998: GenVisionen: »Wunschkinder in einer schönen neuen Welt«. Wie in den Medien der Übergang von der Reproduktionsmedizin zur »Reprogenetik« angelegt wird, in: Brilliant e.V. (Hrsg.), 1998, S. 257-262

Obermann, Dorothee 1999: »Fruchtbare« Versprechen der Reproduktionsmedizin? in: Hypatia e.V. (Hrsg.),1999, S. 382-388

Obermann, Dorothee 2000a: Die Suche nach dem heiligen Gral. Das Humangenomprojekt – Gendeterministische Effekte einer Mythisierung, Forum Wissenschaft, Jg. 2000, H. 3, S. 50-53

Obermann, Dorothee 2000b: GenBild(n)er – Von Metaphern, Geschichten und Mythen. Eine diskursanalytische Untersuchung biomedizinischer Leitbilder, in: Kirschstein, Karin; Verein zur Förderung von Frauen in Naturwissenschaft und Technik e.V. (Hrsg.), Hamburg 2000. S. 215-223

Obermann, Dorothee 2000c: Selbstbestimmt und fremdgesteuert. Die Debatte zur Reprogenetik im Blickfeld der »Bio-Macht« (Foucault), Arbeitspapier 2000-12, LUKACS-INSTITUT (LIS), Paderborn 2000

Oeser, Erhardt; Bonet, Elfriede Maria (Hrsg.) 1988: Das Realismusproblem, Wien

Oldenburg, Volker 1996: Der Mensch und das Monströse. Zu Vorstellungsbildern in Anthropologie und Medizin in Darwins Umfeld, Essen

Orland, Barbara; Rössler, Mechthild 1995: Women in Science – Gender and Science. Ansätze feministischer Naturwissenschaftskritik im Überblick, in: Orland, Barbara; Scheich, Elvira (Hrsg.), 1995, S. 12-63

Orland, Barbara; Scheich, Elvira (Hrsg.) 1995: Das Geschlecht der Natur. Feministische Beiträge zur Geschichte und Theorie der Naturwissenschaften, Frankfurt a. M.

Osborn, Frederick 1968: The Future of Human Heredity, New York

Ott, Cornelia 1998: Die Spur der Lüste. Sexualität, Geschlecht und Macht, Opladen

Paul, Jobst 1994: Im Netz der Bioethik, Duisburg

Peter, Jürgen 2004: Der Einbruch der Rassenhygiene in die Medizin, Frankfurt a. M.

Petermann, Franz; Wiedebusch, Silvia; Quante, Michael (Hrsg.) 1997: Perspektiven der Humangenetik: medizinische, psychologische und ethische Aspekte, Paderborn, München, Wien, Zürich

Pichlhofer, Gabriele 1998: Reproduktionstechnologie, Pränataldiagnostik und genetische Checks, diskus, Jg. 1998, H. 4, S. 12-15

Plessner, Helmuth 1975: Die Stufen des Organischen und der Mensch. Einleitung in die philosophische Anthropologie, Berlin, New York

Ploetz, Alfred 1895: Grundlinien einer Rassen-Hygiene, Berlin

Polikakov, Leon 1974: The Aryan Myth. A History Of Racist And Nationalist In Europe, o.O.

Pörksen, Uwe 1988: Plastikwörter. Die Sprache einer internationalen Diktatur, Stuttgart

Pörksen, Uwe 2001: Logos, Kurven, Visiotype, in: Gerhard, Ute; Link, Jürgen; Schulte-Holtey, Ernst (Hrsg.), 2001, S. 63-76

Portmann Adolf 1958: Zoologie und das neue Bild des Menschen, Hamburg

Potthast, Thomas 1999: Die Evolution und der Naturschutz. Zum Verständnis von Evolutionsbiologie, Ökologie und Naturethik, Frankfurt a. M., New York

Presse- und Informationsamt der Bundesregierung (Hrsg.) 1990: Das Embryonenschutz-Gesetz, Bonn

Propping, Peter 1998: Humangenetische Beratung, in: Kunst- und Ausstellungshalle der Bundesrepublik Deutschland GmbH (Hrsg.), 1998, S. 84-88

Propping, Peter 2000: Irrtum, Mr. Watsons, Frankfurter Allgemeine Zeitung, Nr. 230 vom 04.10.2000

Rammert, Werner 1993: Technik aus soziologischer Perspektive: Forschungsstand, Theorieansätze, Fallbeispiele. Ein Überblick, Opladen

Ratz, Erhardt (Hrsg.) 1995: Zwischen Neutralität und Weisung. Zur Theorie und Praxis von Beratung in der Humangenetik, München

Rau, Johannes 2000: Wir brauchen mehr Transparenz durch Wissenschaftsjournalismus, Frankfurter Allgemeine Zeitung, Nr. 245 vom 21.10.2000

Rau, Johannes 2001: Wird alles gut? – Für einen Fortschritt nach menschlichem Maß, in: Graumann, Sigrid (Hrsg.), 2001, S. 14-29

Reich, Jens 2000: Erfindung und Entdeckung. Wie weit wird die Menschheit die technische Inbetriebnahme der Natur treiben?, Frankfurter Allgemeine Zeitung, Nr. 146 vom 27.06.2000

Rehmann-Sutter, Christoph 1995: Keimbahnveränderungen in Nebenfolge? Ethische Überlegungen zur Abgrenzung der somatischen Gentherapie, in: Rehmann-Sutter, Christoph; Müller, Hansjakob (Hrsg.), 1995, S. 154-175

Rehmann-Sutter, Christoph; Müller, Hans Jakob (Hrsg.) 1995: Ethik und Gentherapie. Zum praktische Diskurs um die molekulare Medizin, Tübingen

Reiber, Hansotto 1998: Die Entstehung von Form und Krankheit. Selbstorganisation oder genetisches Programm – zwei Paradigmen im Widerstreit, in: Engels, Eve-Marie; Junker, Thomas; Weingarten, Michael (Hrsg.), 1998, S. 393-410

Reinfeldt, Sebastian; Schwarz, Richard (Hrsg.) 1993: Bio-Macht, Duisburg

Remane, Adolf; Storch, Volker; Welsch, Ulrich 1980: Evolution. Tatsachen und Probleme der Abstammungslehre, München

Renesse, Margot, von 2001: Verbieten hilft nicht. Wer die PID verhindern will, muß sich fragen lassen, welches Recht er dazu hat, in: Geyer, Christian (Hrsg.): Biopolitik. Die Positionen, Frankfurt a. M, 2001. S. 107-111

Rennie, John 2006: Jeder Versuch, andere am Verbessern von Dingen zu hindern, richtet sich gegen den Geist des Menschen, 50 Jahre Doppelhelix: Interview mit James D. Watson, Spektrum der Wissenschaft, Dossier 1 /2006, S. 6-9

Rheinberger, Hans-Jörg; Weingarten, Michael (Hrsg.) 1994: Jahrbuch für Geschichte und Theorie der Biologie, Berlin

Rheinberger, Hans-Jörg 1997: Von der Zelle zum Gen. Repäsentationen der Molekularbiologie, in: Rheinberger, Hans-Jörg; Hagner, Michael; Wahrig-Schmidt, Bettina (Hrsg.), Berlin 1997, S. 265-279

Rheinberger, Hans-Jörg 1998: Bemerkungen zur Geschichte der Molekulargenetik, in: Kunst- und Ausstellungshalle der Bundesrepublik Deutschland GmbH (Hrsg.), 1998, S. 58-64

Rheinberger, Hans-Jörg 2002: Experimentalsysteme und epistemische Dinge. Eine Geschichte der Proteinsynthese im Reagenzglas, Göttingen

Rheinberger, Hans-Jörg 2003: Das Jahrhundert der Genetik. Überblick und Ausblick. in: GID-Spezial, Nr. 4, Jg. 2003, S. 30-41

Rheinberger, Hans-Jörg; Hagner, Michael; Wahrig-Schmidt, Bettina (Hrsg.) 1997: Räume des Wissens. Repräsentation, Codierung, Spur, Berlin

Ricoeur, Paul 1988: Zeit und Erzählung. Zeit und historische Erzählung. Band 1, München

Reidel, Ulrike 2001: Der erschlichene Embryo. Warum Reinhard Merkel nur überredet, aber nicht überzeugt, in: Geyer, Christian (Hrsg.), 2001, S. 116-120

Riewenherm, Sabine 2000a: Gentechnologie, Hamburg

Riewenherm, Sabine 2000b: Wunsch und Wirklichkeit, Gen-ethischer Informationsdienst GID, Jg. 2000, H. 139, S. 3-7

Riewenherm, Sabine; Pichlhofer, Gabriele 1998: Reproduktionstechnologien, Genethisches Netzwerk e.V. (Hrsg.): Reproduktionstechnologien, Materialsammlung: Mai 1998, Berlin

Rifkin, Jeremy 2000a: Das biotechnische Zeitalter. Die Geschäfte mit der Gentechnik, München

Rifkin, Jeremy 2000b: Wir werden Kriege um Gene führen. Warum ich gegen die Patentierung des Menschen klage, Frankfurter Allgemeine Zeitung, Nr. 86 vom 11.04.2000

Rifkin, Jeremy 2000c: Was macht euch so ängstlich? Amerikas Kraft ist Amerikas Leitkultur: Eine Anfrage an die Deutschen, Frankfurter Allgemeine Zeitung, Nr. 269 vom 18.11.2000

Rifkin, Jeremy 2000d: Die neue Eugenik kommt als unser Freund. Der Trendforscher und Biomedizin-Experte Jeremy Rifkin im FR- Gespräch über den sanften Weg in der Gentechnologie, Frankfurter Rundschau, Nr. 212 vom 12.09.2000

Risse, Winfried 2000: Gefährliche Zukunftsvisionen, Frankfurter Allgemeine Zeitung, Nr. 238 vom 13.10.2000

Ritter, Henning 2000: Unethisches Angebot, Frankfurter Allgemeine Zeitung, Nr. 227 vom 29.09.2000

Roelcke, Volker 1999: Krankheit und Kulturkritik. Psychiatrische Gesellschaftsdeutungen im bürgerlichen Zeitalter (1790-1914), Frankfurt a. M., New York 1999

Rolf, Thomas 1999: Normalität. Ein philosophischer Grundbegriff des 20. Jahrhunderts, München

Ruhrmann, Georg 1996: Öffentlichkeit, Medien und Wissenschaft. Was leistet Risikokommunikation?, Bonn

Ruhrmann, Georg; Kohring, Matthias 1996: Staatliche Risikokommunikation. Informationspolitik und Akzeptanz, Bonn 1996

Ruhrmann, Georg; Schmidt, Christian; Bach, Axel 1996: Zur Argumentationsanalyse der Gentechnikberichterstattung, Duisburg

Ruhrmann, Georg; Stöckle, Thomas; Krämer; Frank; Peter, Christian 1992: Das Bild der »Biotechnischen Sicherheit« und der »Genomanalyse« in der deutschen Tagespresse (1988-1990), o.O.

Ruppel, Katja; Mieth, Dietmar 1998: Ethische Probleme der Präimplantationsdiagnostik, in: Düwell, Marcus; Mieth, Dietmar (Hrsg.), 1998, S. 358-379

Sanides-Kohlrausch, Claudia 1998: Konkurrierende Gene und konkurrenzfähige Organismen. Eine Einführung in die ökologisch orientrientierte Darwinismustradition der Soziobiologie, in: Engels, Eve-Marie; Junker, Thomas; Weingarten, Michael (Hrsg.), 1998, S. 281-302

Sarasin, Philipp 2001: Diskurstheorie und Geschichtswissenschaft, in: Keller, Reiner; Hirseland, Andreas; Schneider, Werner; Viehöver, Willy (Hrsg.), 2001, S. 53-79

Sarasin, Philipp 2003: Geschichtswissenschaft und Diskursanalyse, Frankfurt a. M.

Sass, Martin (Hrsg.) 1999: Medizin und Ethik, Stuttgart

Satzinger, Helga 1999: In-vitro-Befruchtung, Embryonenforschung und Keimbahntherapie: Zur Logik medizinischer Rechtfertigungsethik, in: Gen-ethisches Netzwerk; Pichelhofer, Gabi (Hrsg.) 1999, S. 13-16

Schäfer, Dieter 1998: Wann sind genetische Beratungen sinnvoll? Über Definition, Funktion und Bedeutung genetischer Beratung, in: Kettner, Matthias (Hrsg.),1998, S. 187-221

Scheffczyk, Leo (Hrsg.) 1991: Evolution. Probleme und Aspekte ihrer Theorie, Freiburg (Breisgau), München

Scheich, Elvira 1993: Naturbeherrschung und Weiblichkeit. Denkformen und Phantasmen der modernen Naturwissenschaften, Pfaffenweiler 1993

Scheich, Elvira 1995: Klassifiziert nach Geschlecht. Die Funktionalisierung des Weiblichen für die Genealogie des Lebendigen in Darwins Abstammungslehre, in: Orland, Barbara; Scheich, Elvira (Hrsg.), 1995, S. 270-288

Scheich, Elvira 1997: Wahrheit, Natur, Wirklichkeit. Eine historische Skizze zur Moralisierung und Mechanisierung von Objekten, in: Winterfeld von, Uta; Biesecker, Adelheid, Spitzner, Meike (Hrsg.), 1997, S. 119-140

Schell von, Thomas; Mohr, Hans (Hrsg.) 1995: Biotechnologie – Gentechnik. Eine Chance für neue Industrien, Berlin, Heidelberg

Schenk, Michael; Sonje, Deziderio 1998: Journalisten und Gentechnik, München

Schimpf, Silke 1997: Wissens- und Wortschatzvariationen im Bereich der Sexualität. Untersuchungen anhand ausgewählter Zeitschriftentexte, Frankfurt a. M.

Schindele, Eva 1990: Gläserne Gebär-Mütter. Vorgeburtliche Diagnostik – Fluch oder Segen, Frankfurt a. M.,

Schindele, Eva 2000: Wenn der Wunsch nach Kindern zurückgestellt wird. Weibliche Lebensentwürfe und moderne Reproduktionstechnologien, in: Frankfurter Rundschau, Nr. 287 vom 09.12.2000

Schindele, Eva 2001: Weibliche Lebensentwürfe im Kontext von Fortpflanzungsmedizin und Pränataldiagnostik, in: Graumann, Sigrid (Hrsg.), 2001, S. 52-66

Schlosser, Host D. (Hrsg.) 1998: Mit Hippokrates zur Organgewinnung? Medizinische Ethik und Sprache, Frankfurt a. M.

Schmidt, Gunnar 1994: Nahblicke – Feinblicke. Francis Galtons Suche nach Spuren und Gesichtern, in: Kaupen-Haas, Heidrun; Rothmaler, Christiane (Hrsg.), 1994, S. 57-82

Schmidt, Gunnar 1999: Francis Galton: Menschenproduktion zwischen Technik und Fiktion, in: Kaupen-Haas, Heidrun; Saller, Christian (Hrsg.), 1999, S. 327-345

Schmidt, Martha 2000: Die Gene und das Glück, Frankfurter Allgemeine Zeitung, Nr. 229 vom 02.10.2000

Schmidtke, Jörg 1995: Die Indikationen zur Pränataldiagnostik müssen neu bestimmt werden, Med. Genetik, Jg. 1995, H. 1, S. 49-52

Schmidtke, Jörg 1997: Vererbung und Ererbtes. Ein humangenetischer Ratgeber, Reinbek bei Hamburg

Schmidtke, Jörg 1998: Potentiale, Grenzen und Konsequenzen der Gentechnologie in der Medizin, in: Kaiser, Gerd; Rosenfeld, Eva (Hrsg.), 1998. S. 17-44

Schmidtke, Jörg; Wolff, Gerhard 1991: Die »Altersindikation«, ihre Abschaffung und die Folgen, Med. Genetik, Jg. 1991, H. 1, S. 16-19

Schmitz, Siegfried 1983: Charles Darwin. Leben – Werk – Wirkung, Düsseldorf

Schmuhl, Hans-Walter 2001: Von Darwin zu Hitler. Die Geschichte der alten Eugenik, GID Spezial, Jg. 2001, H. 2, S. 6-13

Schneider, Ingrid 1999: Präimplantationsdiagnostik, Embryonenforschung und Keimbahntherapie. Thesen und Argumente, in: Gen-ethisches Netzwerk; Pichelhofer, Gabi (Hrsg.), 1999, S. 49-62

Schneider, Ingrid 2003: PID von Morgen – Eltern haften für ihre Kinder?, Gen-ethischer Informationsdienst GID, Jg. 2003, H. 156, S. 8-11

Schöffski, Oliver 2000: Gute und schlechte Risiken. Genanalysen – Fluch oder Segen für die Versicherungswirtschaft, Frankfurter Rundschau, Nr. 56 vom 07.03.2000

Scholem, Gershom 1973: Zur Kabbala und ihrer Symbolik, Frankfurt a. M.

Scholem, Gershom 1977: Von der mystischen Gestalt der Gottheit. Studien zu Grundbegriffen der Kabbala, Frankfurt a. M.

Schöne-Seifert, Bettina; Krüger, Lorenz (Hrsg.) 1993: Humangenetik – Ethische Probleme der Beratung, Diagnostik und Forschung. Dokumentation der Jahresversammlung des Arbeitskreises Medizinischer Ethik-Kommissionen in der Bundesrepublik Deutschland, Stuttgart, Jena, New York

Schrödinger, Erwin 1987: Was ist Leben? Die lebende Zelle mit den Augen des Physikers betrachtet, Darmstadt

Schroeder-Kurth, Traute 1997: Auf ein Wort: Präimplantationsdiagnostik, Med. Genetik, Jg. 1997, H. 1, S. 154-159

Schüler, Herdit M.; Zerres, Klaus 1998: Pränatale Diagnostik, in: Düwell, Marcus; Mieth, Dietmar (Hrsg.),1998, S. 15-25

Schuller, Marianne 1994: Austieg und Fall von »Krankheitsbildern«: Hysterie und Melancholie. Zum Sichtbarkeits- und Wisssenschaftsparadigma in der Moderne, in: Kaupen-Haas, Heidrun; Rothmaler, Christiane (Hrsg.), 1994, S. 41-56

Schuller, Marianne 1999: »Entartung«. Zur Geschichte eines Begriffs, der Geschichte gemacht hat, in: Kaupen-Haas, Heidrun; Saller, Christian (Hrsg.), 1999, S. 122-136

Schuller, Marianne; Reiche, Claudia; Schmidt, Gunnar (Hrsg.) 1998: BildKörper. Verwandlungen des Menschen zwischen Medium und Medizin, Hamburg

Schulte-Holtey, Ernst 1997: Gesundheit. Angst. Lebensstil. Orientierungs-Service und Subjektivierung, in: Jäger, Margret; Jäger, Siegfried; Ruth, Ina, Schulte-Holtey, Ernst; Wichert, Frank (Hrsg.), 1997, S. 249-303

Schulte-Holtey, Ernst 1998: Körper/Figuren. Zur interdiskursiven Konstitution elementaren Wissens, in: Heinz, Marion; Kuster Friederike (Hrsg.), 1998, S. 63-82.

Schulte-Sasse, Jochen; Werner, Renate 1977: Einführung in die Literaturwissenschaft, München

Schulz, Winfried 1997: Politische Kommunikation. Theoretische Ansätze und Ergebnisse empirischer Forschung zur Rolle der Massenmedien in der Politik, Opladen

Schuster, Peter 1994: Molekulare Evolution an der Schwelle zwischen Chemie und Biologie, in: Wieser, Wolfgang (Hrsg.), 1994, S. 49-75

Schwerin, Alexander von 2000: Dogmatische Gene. Paradigma der genetischen Krankheit als Spezialfall, GID Spezial, Jg. 2000, H. 1, S. 3-8

Seier, Andrea 1997: Interdiskurstheorie (Jürgen Link). Internes Arbeitspapier im Rahmen des Projektes »Kulturkrise und Geschlechterverhältnisse«, Universität-GH Paderborn, Paderborn

Seier, Andrea 1999: Kategorien der Entzifferung:Macht und Diskurs als Analyseraster, in: Bublitz, Hannelore; Bührmann, Andrea D.; Hanke, Christine; Seier, Andrea (Hrsg.)1999, S. 75-86

Seising, Rudolf; Fischer, Tanja (Hrsg.) 1996: Wissenschaft und Öffentlichkeit, Frankfurt a. M.; Berlin, Bern u. a.

Serres, Michael (Hrsg.) 2002: Elemente einer Geschichte der Wissenschaften, Frankfurt a. M.

Sieferle, Rolf Peter 1989: Die Krise der menschlichen Natur. Zur Geschichte eines Konzepts, Frankfurt a. M.

Silver, Lee M. 1998: Das geklonte Paradies. Künstliche Zeugung und Lebensdesign im neuen Jahrtausend, München

Singer, Peter 1994: Praktische Ethik, Stuttgart 1994

Singer, Peter 1999: Schwangerschaftsabbruch und ethische Güterabwägung, in: Sass, Martin (Hrsg.), 1999, S. 139-159

Skorupinski, Barbara 2001a: Chromosomen est Omen, Gen-ethischer Informationsdienst GID, Jg. 2001, H. 147, S. 29-31

Skorupinski, Barbara 2001b: Irgendwie ein Mensch? Gen-ethischer Informationsdienst GID, Jg. 2001, H. 146, S. 11-12

Sohn, Werner: Zwischen Ethik und Genetik: Eugenik im Deutschen Kaiserreich und in der Weimarer Republik, in: Engels, Eve-Marie; Junker, Thomas; Weingarten, Michael (Hrsg.), 1998, S. 131-142

Sohn, Werner: Diskursanalyse am Beispiel der klassischen Genetik. in: Bublitz, Hannelore; Bührmann, Andrea D.; Hanke, Christine; Seier, Andrea (Hrsg.), 1999, S. 210-230

Sohn, Werner 1999: Bio-Macht und Normalisierungsgesellschaft – Versuch einer Annäherung, in: Sohn, Werner; Mehrtens, Herbert (Hrsg.), 1999, S. 9-29

Sohn, Werner; Mehrtens, Herbert (Hrsg.) 1999: Normalität und Abweichung. Studien zur Theorie und Geschichte der Normalisierungsgesellschaft, Opladen , Wiesbaden

Spaemann, Robert 2001: Gezeugt, nicht gemacht. Die verbrauchende Embryonenforschung ist ein Anschlag auf die Menschenwürde, in: Geyer, Christian (Hrsg.), 2001, S. 41-51

Spall, Lorenz 2000: Watsons unausgesprochene Antworten, Frankfurter Allgemeine Zeitung, Nr. 230 vom 04.10.2000

Stein, Anne-Dore (Hrsg.) 1992: Lebensqualität statt Qualitätskontrolle menschlichen Lebens, Berlin

Stein, Gottfried (Hrsg.) 1995: Gentechnologie. Der Sprung in eine neue Dimension, München, Landsberg am Lech

Steindor, Marina 2001: Modellversuch Gen-Test, Gen-ethischer Informationsdienst GID, Jg. 2001, H. 148, S. 10-11

Steindor, Marina 2002: Testen um jeden Preis, Gen-ethischer Informationsdienst GID, Jg. 2002, H. 154, S. 7-10

Tamnourin, Pierre 2006: Das grandiose Genom-Projekt, Spektrum der Wissenschaft, Dossier 1 / 2006, S. 12-17

Taylor, Frederick Winslow 1994: Die Grundsätze wissenschaftlicher Betriebsführung, Auszüge aus der deutschen autorisierten Übersetzung von Rudolf Roesler (1913), in: Uske, Hans (Hrsg.), 1994, S. 8-27

Testard, Jacques; Sele, Bernard 1995: Towards an efficient medical eugenics: is the desirable always the feasible?, Human Reproduction, Jg. 1995, H. 12, S. 3086-3090

Theisen, Heinz 1991: Bio- und Gentechnologie – eine politische Herausforderung, Stuttgart, Berlin, Köln

Tolmein, Oliver 2000: Wissen ohne Macht, Gen-ethischer Informationsdienst GID, Jg. 2000, H. 143, S. 3-4

Tolmein, Oliver 2004: Gesundheit auf Probe, Gen-ethischer Informationsdienst GID, Jg. 2004, H. 165, S. 36-37

Trallori, Lisbeth N. 1993: Die Politik des Lebendigen – Zur Logik des genetischen Codes, in: Fleischer, Eva; Winkler, Ute (Hrsg.),1993, S. 49-64

Trallori, Lisbeth N. (Hrsg.) 1996a Die Eroberung des Lebens. Technik und Gesellschaft an der Wende zum 21. Jahrhundert, Wien

Trallori, Lisbeth N. 1996b: Im Zeitalter des Codes, in: Trallori, Lisbeth N. (Hrsg.),1996, S. 7-32

Treusch-Dieter, Gerburg 1990: Von der sexuellen Rebellion zur Gen- und Reproduktionstechnologie, Tübingen

Treusch-Dieter, Gerburg 1993: Analyse des Bundesgesetzes über die medizinische Fortpflanzungshilfe beim Menschen, in: Fleischer, Eva; Winkler, Ute (Hrsg.), 1993, S. 65-80

Treusch-Dieter, Gerburg 1997: Die neue Cyberkeit. Die Leiche, das Reagenzglas, das Gehirn und das Netz, Ästhetik & Kommunikation, 26. Jg. (1997), H. 96, S. 95-100

Treusch-Dieter, Gerburg 2001: Das Geschlecht der Gene. Zur Theologie und Technologie des Klonens, alaska: materialien, Jg. 2001, S. 27-30

Uhlemann, Thomas 1999: Medikamente und Gentests aus dem Internet, in: Genethisches Netzwerk; Pichelhofer, Gabi (Hrsg.), 1999, S. 131-142

Urban, Dieter; Pfenning, Uwe; Allhoff, Joachim 1998: Bewertende Einstellungen zur Gentechnik: ihre Form, ihre Inhalte und ihre Dynamik. Kurzbericht zu Ergebnissen des Forschungsprojektes »Einstellungen zur Gentechnik«, Stuttgart

Uske, Hans (Hrsg.) 1994: Die aktuelle Diskussion um Lean Produktion, Textheft zur sozialwissenschaftlichen Personalentwicklung, Duisburg

Venter, Craig, J. 2000: Der Mensch in der Genfalle, Frankfurter Allgemeine Zeitung, Nr. 84 vom 08.04.2000

Virilio, Paul 1996: Die Eroberung des Körpers. Vom Übermenschen zum überreizten Menschen, Frankfurt a. M.

Vogel, Christian 1993: Soziobiologie und die moderne Reproduktionstechnologie, in: Bayertz, Kurt (Hrsg.), 1993, S. 199-219

Völker, Klaus (Hrsg.) 1994: Künstliche Menschen. Dichtungen und Dokumente über Golems, Homunculi, lebende Statuen und Androiden, Stuttgart

Wagemann, Uta 2006: Gentherapie erfolgreich, Patient tot?, Gen-Ethischer Informationsdienst GID, Nr.176, 2006, S. 32-35

Waldschmidt, Anne 1992: Humangenetische Beratung heute – ein Instrument der Auslese, in: Stein, Anne-Dore (Hrsg.), 1992, S. 118-127

Waldschmidt, Anne 1996: Das Subjekt in der Humangenetik. Expertendiskurse zu Programmatik und Konzeption der genetischen Beratung 1945-1990, Münster

Waldschmidt, Anne 1998: Flexible Normalisierung oder stabile Ausgrenzung: Veränderungen im Verhältnis Behinderung und Normalität, Soziale Probleme, 9. Jg. (1998), H. 1, S. 3-25

Waldschmidt, Anne 1999: Selbstbestimmung als Konstruktion. Alltagstheorien behinderter Frauen und Männer, Opladen

Waldschmidt, Anne 2001: Normalistische Landschaften in der genetischen Beratung und Diagnostik, in: Gerhard, Ute; Link, Jürgen; Schulte-Holtey, Ernst (Hrsg.), 2001, S. 191-204

Waldschmidt, Anne 2003: Der Humangenetik-Diskurs der Experten: Erfahrungen mit dem Werkzeugkasten der Diskursanalyse, in: Keller, Reiner; Hirseland, Andreas; Schneider, Werner; Viehöver, Willy (Hrsg.), 2003, S. 147-168

Walter, Wolfgang 1983: Der Geist der Eugenik. Francis Galtons Wissenschaftsreligion in kultursoziologischer Perspektive, Bielefeld

Watson, James D. 1990: Die Doppel- Helix. Ein persönlicher Bericht über die Entdeckung der DNS-Struktur, in: Herbig, Jost; Hohlfeld, Rainer (Hrsg.),1990, S. 350-357

Watson, James D. 1995: Eine persönliche Sicht des Genomprojektes, in: Kevles, Daniel J.; Hood, Leroy (Hrsg.),1995, S. 184-192

Watson, James D. 2000: Ethik des Genoms, Frankfurter Allgemeine Zeitung, Nr. 224 vom 26.09.2000

Weber, Max 1985: Gesammelte Aufsätze zur Wissenschaftslehre, o.O.

Wegener, Hildburg 1999: Verweigern – zurückdrängen – überflüssig machen. Verhandlungsoptionen im Umgang mit selektiver vorgeburtlicher Diagnostik, in: Emmrich, Michael (Hrsg.), 1999, S. 137-146

Weier, Robert F.; Lawrence, Susan C.; Fales, Evan (Hrsg.) 1994: Genes and Human Self-Knowledge. Historical and Philosophical Reflections on Modern Genetics, Iowa City

Weingart, Peter (Hrsg.) 1974: Wissenschaftssoziologie II. Determinanten wissenschaftlicher Entwicklung, o.O.

Weingart, Peter; Kroll, Jürgen; Bayertz, Kurt 1992: Rasse, Blut und Gene. Geschichte der Eugenik und Rassenhygiene in Deutschland, Frankfurt a. M.

Weingarten, Michael 1998: Veränderung und Konstanz. Die Evolution von Organismen, Arten und Populationen, in: Kunst- und Ausstellungshalle der Bundesrepublik Deutschland GmbH (Hrsg.),1998, S. S. 16-26

Weismann, August 1904: Vorträge über Deszendenztheorie, Jena

Weizenbaum, Joseph 1978: Die Macht der Computer und die Ohnmacht der Vernunft, Frankfurt

Wert, Guido de 1998: Dynamik und Ethik der genetischen Präimplantationsdiagnostik – Eine Erkundung, in: Düwell, Marcus; Mieth, Dietmar (Hrsg.),1998, S. 327-357

Wertz, Dorothy C.; Fletcher, John C. (Hrsg.) 1989: Ethics and Human Genetics. A Cross-Cultural Perspective, Berlin, Heidelberg, New York u. a. (Springer) 1989

Weß, Ludger 1992: Eugenik im Zeitalter der Gentechnologie – Vom Zwang zur freiwilligen Inanspruchnahme, in: Stein, Anne-Dore (Hrsg.),1992, S. 65-82

Weß, Ludger 1996: Die Träume der Genetik, in: Trallori, Lisbeth N. (Hrsg.), 1996. S. 111-118

Weß, Ludger 1998: Die Träume der Genetik. Gentechnische Utopien von sozialem Fortschritt, Frankfurt a. M.

Weß, Ludger 2001: Der »Neue Mensch« als Ware. Von der Zwangseugenik zur Konsumeugenik, alaska: materialien, Jg. 2001, S. 20-22

Wichert, Frank 1997: Und die Gene sind es doch! in: Jäger, Margret; Jäger, Siegfried; Ruth, Ina; Schulte-Holtey, Ernst; Wichert, Frank (Hrsg.), 1997, S. 213-248

Wichterich, Christa (Hrsg.) 1994: Menschen nach Maß. Bevölkerungspolitik in Nord und Süd, Göttingen

Wieser, Bernhard 2006: PND: Unausweichliche Entscheidungen, Gen- Ethischer Informationsdienst GID, Nr. 176, 2006, S. 40-42

Wieser, Wolfgang (Hrsg.) 1994a: Die Evolution der Evolutionstheorie. Von Darwin zur DNA, Heidelberg, Berlin, Oxford u. a.

Wieser, Wolfgang 1994b: Gentheorien und Systemtheorien: Wege und Wandlungen der Evolutionstheorie im 20. Jahrhundert, in: Wieser, Wolfgang (Hrsg.), 1994, S. 15-48

Wiesing, Urban 1998: Gene, Krankheit und Moral, in: Kunst- und Ausstellungshalle der Bundesrepublik Deutschland GmbH (Hrsg.) 1998. S. 95- 99

Wilms, Beate 1994: »Emotionen« im Spiegel der Technikberichterstattung. Eine Inhaltsanalyse ausgewählter Tageszeitungen am Beispiel des Kölner Petunienexperimentes, Münster, Hamburg

Wils, Jean-Pierre (Hrsg.) 1997: Anthropologie und Ethik. Biologische, sozialwissenschaftliche und philosophische Überlegungen, Tübingen, Basel

Wilson, Edward O. 2000: Die Einheit des Wissens, München

Winnacker, Ernst-Ludwig 1990: Synthetische Biologie, in: Herbig, Jost; Hohlfeld, Rainer (Hrsg.), 1990, S. 369-385

Winnacker, Ernst-Ludwig 2001: Niemand will den Menschen die Utopien nehmen. Plädoyer für eine Verständigung über die Grenzen der Biowissenschaften: Wider einen stupiden Gen-Determinismus, Frankfurter Allgemeine Zeitung, Nr. 292 vom 15.12.2001

Winnacker, Ernst-Ludwig; Rendtorff, Trutz; Hepp, Hermann (Hrsg.) 1999: Gentechnik: Eingriffe am Menschen. Ein Eskalationsmodell zur ethischen Bewertung, München

Winterfeld, Uta von; Biesecker, Adelheid; Duden, Barbara (Hrsg.) 1997: Vom Zwischenruf zum Kontrapunkt. Frauen – Wissenschaft – Natur, Bielefeld

Wolf, Herta 1998: Galton in: Schuller, Marianne; Reiche, Claudia; Schmidt, Gunnar (Hrsg.), Hamburg 1998, S. 77-120

Wolff, Gerhardt 1998: Über den Anspruch von Nichtdirektivität in der genetischen Beratung, in: Kettner, Matthias (Hrsg.),1998, S. 173-186

Wuketits, Franz M. 1988: Evolutionstheorien. Historische Voraussetzungen, Positionen, Kritik, Darmstadt

Wuketits, Franz, M. 1990: Gene, Kultur und Moral. Soziobiologie – Pro und Contra, Darmstadt

Wunder, Michael 2001: Von der Schwangerenvorsorge zur Menschenzüchtung. Pänataldiagnostik und Reproduktionsmedizin am Scheideweg, GID Spezial, Jg. 2001, H. 2, S. 14-27

Wunder, Michael; Neuer-Miebach, Therese (Hrsg.) 1998: Bio-Ethik und die Zukunft der Medizin, Bonn

Zankl, Heinrich 1998: Genetik. Von der Vererbungslehre zur Genmedizin, München

Zerres, Klaus; Rüdel, Reinhardt (Hrsg.) 1993: Selbsthilfegruppen und Humangenetiker im Dialog. Erwartungen und Befürchtungen, Stuttgart

Glossar[246]

Abort: Fehlgeburt.

Allel: Variante eines Gens.

Alzheimersche Krankheit: Präsenile, meist ab dem 6. Lebensjahrzehnt auftretende Degenerationskrankheit, die auf dem Zugrundegehen der Großhirnrinde beruht. Symptome sind fortschreitender Sprach- und Persönlichkeitszerfall bis zur Demenz.

Aminosäuresequenz: Reihenfolge der Aminosäuren, der Bausteine der Eiweiße im Eiweißmolekül.

Amniozentese: Fruchtwasserentnahme durch Punktion mittels einer Hohlnadel durch die Bauchdecke der Schwangeren.

Autosomal: Bezieht sich auf Gene und Chromosomenteile, die auf den Autosomen liegen.

Autosomen: Chromosomen mit Ausnahme der Geschlechtschromosomen.

Base: Als Basen werden die Grundbausteine der DNA und RNA bezeichnet.

BRA1 /BRA2: Krebsdispositionsgene für Brust und Eierstockkrebs.

Chorea Huntington: Veitstanz, dominant erbliche neurologische Erkrankung, die meist erst im höheren Lebensalter manifestiert wird. Symptome sind unkontrollierte Bewegungen, Sprachstörungen und zunehmende geistige Verwirrung.

Chorion(zotten)biopsie: Entnahme von Chorionzottengewebe bei Schwangeren. Die Punktionsnadel wird durch den Muttermund an die Chorionzotten herangeführt. Dieses Gewebe wird von dem befruchteten Ei nach der Einnistung in die Gebärmutter gebildet.

Chromosomen: Struktureinheiten im Kern jeder Zelle, die aus Nukleinsäuren und Proteinen bestehen. Enthalten die genetische Information.

Chromosomenaberration: Chromosomenveränderungen.

Codon: Einheit auf der DNA, die drei Basen enthält.

Diabetes mellitus: Zuckerkrankheit; Stoffwechselerkrankung infolge Insulinmangels.

Diploid: In der Zelle ist i.d.R. jedes Chromosom doppelt (diploid) vorhanden. Ein Chromosom stammt von der Mutter und eines vom Vater.

Direkter Gentest: molekulargenetische Untersuchung, bei der die mit einer Krankheit in Verbindung gebrachte Veränderung unmittelbar nachgewiesen wird.

DNA: Abkürzung für Desoxyribonukleinsäure. Die DNA ist der chemische Träger der Erbinformation. Sie ist im Zellkern lokalisiert. Die DNA ist ein Polynukleotid, wobei die einzelnen Nukleotide aus einer Base, aus Desoxyribose und Phosphorsäure bestehen. Am Aufbau der DNA sind vier Basen beteiligt: Adenin, Guanin, Cytosin und Thymin. Die Nukleotide sind über Wasserstoffbrücken-Bindungen zu einer Dopppelhelix verbunden.

---

246 Dieses Glossar habe ich mit folgenden Hilfsmitteln erstellt: Schüler Duden, Die Biologie, 1986; Glossar aus: DÜWELL, MIETH (Hrsg.) 1998, S. 499 ff.; Glossar aus: EBERHARD-METZGER 1999, S. 128ff..

DNA-Sequenz: Abfolge der Nukleotide der DNA.

Doppelhelixstruktur: Spiralenförmig angeordnete Struktur zweier paralleler Stränge von DNA.

Drosophila (melanogaster): Taufliege, das von dem amerikanischen Forscher T. H. Morgan eingeführte, inzwischen klassisches Versuchstier für Erbforschungen.

Enzym: Proteine, die als Katalysatoren alle Stoffwechselprozesse der lebenden Zelle beschleunigen.

Embryotransfer: Übertragung der außerhalb der Gebärmutter befruchteten Eizelle

Erbmaterial / Erbgut: Das gesamte genetische Material einer Zelle bzw. eines Organismus. Auch: Genom.

Fetal: Zum Fetus gehörend.

Fetoprotein(AFP): Vom Fetus stammendes Protein im Blutkreislauf der Mutter. Die Menge dieses Proteins im mütterlichen Blut ist ein Hinweis auf mögliche Entwicklungsdefekte des Feten. Große Mengen dieses Proteins im mütterlichen Blut können auf einen Neuralrohrdefekt des Feten hinweisen (s. auch Triple Test).

Fruchtwasserpunktion: s. Amniozentese

Gen: Einheit auf der DNA. In der klassischen Genetik werden Gene als Einheiten der Merkmalsausbildung definiert. Die molekulare Genetik definierte Gene als einzelne Abschnitte in einem viele Gene umfassenden Nukleinsäuremolekül (meist DNA), die jeweils die Information für die Bildung eines einheitlichen, vollständigen Genprodukts eines Enzyms enthalten.

Gendiagnostik: Direkte und indirekte Identifizierung von normalen und defekten Genen auf DNA-Ebene.

Genetischer Code: Ein Codon besteht aus drei Basen. Ein oder mehrere dieser Codons werden einer Aminosäure zugeordnet.

Genetische Prädisposition: Genetisch bedingte Neigung einer Person, ein bestimmtes Merkmal zu entwickeln.

Genom: Das gesamte genetische Material einer Zelle bzw. eines Organismus.

Genomanalyse: Anwendung molekulargenetischer Techniken bei der Untersuchung des Erbmaterials eines Lebewesens.

Genotyp: Im Genotyp sind die Allele aller Gene auf dem Chromosom eines bestimmten Lebewesens zusammengefasst.

Genpool: Gesamtheit aller Gene einer bestimmten Organismenart.

Gentherapie: Nach alter Definition: Veränderung von defekten Genen zur Therapie von Krankheiten. Nach neuer Definition: Gentransfer zur Therapie von genetisch bedingten Krankheiten, indem die Wirkstoffproduktion in den Körper verlegt wird.

Heterozygot: mischerbig.

Homozygot: reinerbig.

ICSI: Intra cytoplasmatic sperm injection. Ein (bewegungseingeschränktes Spermium) wird mit einer Mikropipette in die Eizelle eingebracht.

Indirekter Gentest: Nachweis einer Erbanlage mit Hilfe gekoppelter Markierer.

In utero: In der Gebärmutter.

In vivo: Im Körper.

Intrauterin: In der Gebärmutter.

Invasiv: Eine Behandlungsmethode in der Fortpflanzungsmedizin ist invasiv, wenn in den Körper der Frau eingegriffen wird, z.b. wenn bei der Amniozentese mit einer Hohlnadel durch die Bauchdecke Fruchtwasser entnommen wird.

In-vitro-Fertilistion (IVF): Befruchtung einer Eizelle außerhalb des Körpers im Reagenzglas (in vitro).

Keimbahntherapie: Gezielte Veränderung von DNA-Abschnitten in Ei- oder Samenzellen bzw. befruchteten Eizellen. Diese Genveränderungen werden an die nächste Generation weitergegeben.

Klonen: Vervielfältigen von Organismen, Zellen oder Genen aus einem einzigen Vorläufer, so dass identische Abkömmlinge (Klone) vorliegen.

Kryokonservierung: Tiefgefrierverfahren zur Haltbarmachung von Ei- und Samenzellen sowie von Embryonen mit flüssigem Stickstoff.

Lesch-Nyhan-Syndrom: Seltene, X-chromosomal rezessiv vererbte Stoffwechselkrankheit. Sie äußert sich am Ende der Säuglingszeit u.a. in spastischen Lähmungen und psychomotorischer Retardierung. Später kommt während des Kleinkindalters die Tendenz zur Selbstverstümmelung hinzu.

Markierer: Eine DNA-Sequenz, deren chromosomaler Abstand zu einem Gen bekannt ist. Bei einem indirekten Gentest, kann ein solcher Markierer »stellvertretend« für das Gen untersucht werden.

Meiose: Teilung der Vorläufer von Geschlechtszellen mit Halbierung des Chromosomensatzes. Auch: Reifeteilung.

Molekulargenetik: Teilgebiet der Genetik und Molekularbiologie, das sich mit der Analyse genetischer Vorgänge auf der Ebene der DNA beschäftigt.

Monogen: Auf die Wirkung nur eines Gens zurückzuführen.

Mitose: Teilung von Körperzellen nach Verdoppelung des Chromosomensatzes.

Mutation: Veränderung der DNA.

mRNA: Messenger-RNA. Kopie der DNA, die die zur Proteinsynthese nötigen Informationen aus dem Zellkern ins Zellplasma transportiert.

Multiple Sklerose: Wiederholte herdförmige Entzündungen des zentralen Nervensystems unbekannter Ursache mit zurückbleibenden Nervenschädigungen.

Muskeldystrophie Typ Duchenne: X-chromosomal rezessive Muskelerkrankung, die durch Muskelschwund aufgrund von Enzymdefekten zustande kommt. Schäden der Herzmuskulatur und eine muskuläre Ateminsuffizienz führen meist vor dem 20. Lebensjahr zum Tod.

Neuralrohrdefekt: s. Neuralrohrverschlußstörung.

Neuralrohrverschlußstörung: Entwicklungsstörung des Feten, insbesondere Erkrankungen des Rückenmarks und des Gehirns, die häufig mit schweren Missbildungen verbunden sind z.B. Spina bifida (offenes Rückenmark).

Nidation: Einnistung der befruchteten Eizelle in die Gebärmutterschleimhaut.

Nukleus: Kern, Zellkern.

Ontogenese: Keimentwicklung des Individuums.

Phänotyp (Phän): Äußeres Erscheinungsbild eines Organismus, das durch den Genotyp und Umweltfaktoren bestimmt wird.

Phenylketonurie: Stoffwechselerkrankung. Aufgrund eines Enzymdefektes ist der Umbzw. der Abbau der Aminosäure Phenylalanin zu Tyrosin gestört. Das sich dadurch im Körper anstauende Phenylalanin führt zu geistiger Behinderung.

Plazenta: Mutterkuchen, mit dem der Fetus durch die Nabelschnur verbunden ist, und der seine Versorgung mit Nährstoffen sichert.

Polkörperchen: Während der Reifeteilung der weiblichen Keimzellen entstehende inaktive Zellen.

Polypeptid: Besteht aus Aminosäuren, den Grundbaustein der Eiweißkörper.

Population: Gesamtheit aller Individuen in einem geographisch begrenzten Verbreitungsgebiet. Die Einzelindividuen sind untereinander fortpflanzungsfähig.

Populationsgenetik: Untersucht, welchen Gesetzmäßigkeiten die Vererbung bestimmter Merkmale in einer Population folgt.

Prädiktive Medizin: Eine Krankheit voraussagendes und auf Vermeidung des Ausbruchs der Krankheit hinzielendes Verständnis der Medizin.

Präembryo: Embryo vor der Einnistung in die Gebärmutterschleimhaut.

Präimplantationsdiagnostik (PID): Molekulargenetisches Diagnoseverfahren, das die Zellen eines Embryos vor der Einnistung in die Gebärmutter auf genetische Erkrankungen untersucht.

Pränatal: Vorgeburtlich.

Rekombination: Austausch von genetischem Material zwischen Chromosomen.

Replikation: Verdoppelung der Erbsubstanz. Sie erfolgt vor jeder Zellteilung.

Rezessiv: Eigenschaften eines Merkmals, gegenüber alternativen Merkmalen des gleichen Gens unterlegen zu sein (Gegenteil: dominant).

Ribonukleinsäure (RNA): Nukleinsäure, die in der Regel als Kopie von DNA-Molekülen gebildet wird.

Sequenz: Allgemeiner Begriff für die Reihenfolge von Bausteinen in kettenförmigen Biomolekülen. Abfolge der Basen in der DNA oder Abfolge der Aminosäuren in den Proteinen.

Sequenzierung: Die Ermittlung der Reihenfolge der Basen in der DNA oder der Aminosäuren in den Proteinen.

Screening: Suchtest zur Erfassung bestimmter Erkrankungen an definierten Gruppen aus der allgemeinen Bevölkerung.

Serum: Blut, von dem die zellulären Bestandteile und das Fibrinogen (ein Protein) abgetrennt werden. Serum enthält u.a. die Y-Globuline (Antikörper).

Tay-Sachs-Krankheit: Eine erbliche Fettspeicherkrankheit, die mit Erblindung und schwerer geistiger und körperlicher Entwicklungsverzögerung einhergeht. Sie führt innerhalb der ersten Lebensjahre zum Tode.

Totipotenz: Eigenschaft von Zellen, in deren Zellkern noch alle Gene des Organismus vorhanden sind. Theoretisch könnte sich aus totipotenten Zellen ein neuer Organismus herausbilden.

Transgen: Bezeichnung für einen Organismus, in dessen Erbgut die Erbanlage eines anderen Lebewesens eingebaut wurde.

Transkription: Die Überschreibung der in der DNA gespeicherten Information für ein Protein in RNA.

Translation: Bedeutet das »Übersetzen« der Basensequenz der m-RNA in die Aminosäuresequenz der Proteine.

Triple-Test: Untersuchung des mütterlichen Blutes auf bestimmte Hormone und auf Proteine, die vom Fetus stammen. Über das Verhältnis der Parameter zueinander wird eine Risikoziffer für eine möglicherweise vorliegende Trisomie 21 oder einen Neuralrohrdefekt beim Fetus berechnet.

Trisomie 21 (Down Syndrom): (Früher »Mongolismus« genannt) Chromosomenstörung bei der ein zusätzliches Chromosom 21 vorhanden ist. Die körperliche und geistige Entwicklung der Betroffenen ist verlangsamt.

Uterus: Gebärmutter.

Zellbiopsie: Die Untersuchung von Zellen, die einem lebenden Organismus entnommen wurden.

Zotten: Vorstülpungen der Plazenta, die mit dem kindlichen Blut in Verbindung stehen und dadurch den Austausch mit Nährstoffen ermöglichen.

Zygote: Die befruchtete Eizelle nach Verschmelzung von Ei- und Samenzelle.

Zystische Fibrose: Auch: Mukoviszidose; erbliche Stoffwechselanomalie mit großer Varianz in der Schwere der Erkrankung. Die Krankheit führt zu schweren Funktionsstörungen des Atemwegs- und des Verdauungssystems.

Duisburger Institut für Sprach- und Sozialforschung

Seit 1987 bearbeitet das DISS ein Themenspektrum, das in der Öffentlichkeit vielfach als unbequem und lästig angesehen wird. Doch brisante Themen wie Rassismus und Rechtsextremismus, wie Militarisierung und Nationalismus, wie Sozialstaatsabbau und Ausgrenzung von Minderheiten müssen angesprochen werden, damit sie nicht unter der Oberfläche auswirken können. Das DISS will einen Beitrag dazu leisten, die Konstitutionsprozesse solcher Vorgänge zu erforschen. Dabei geht es nicht nur um die Beschreibung von Gefährdungen, sondern auch darum, positive Potentiale innerhalb der Gesellschaft zu entdecken. Der diskurstheoretische Ansatz, auf den sich die Arbeiten des DISS stützen, bietet hier Möglichkeiten zu konstruktiven Lösungsvorschlägen.

Die Arbeitsschwerpunkte liegen zurzeit in folgenden Bereichen:
- Rassismus und Einwanderung in Deutschland
- Entwicklungen der extremen Rechten
- Völkisch-nationalistische und militaristische Tendenzen
- Historische Diskursanalysen zur jüdischen Publizistik im 19. Jahrhundert
- Soziale Ausgrenzung

Zu diesen Themen wurden im DISS eine Bibliothek und ein umfangreiches Archiv aufgebaut. Diese Einrichtungen können von Wissenschaftler*innen* sowie von Journalist*innen* genutzt werden.

Daneben veröffentlicht das DISS Monographien und Sammelbände in der EDITION DISS des Unrast-Verlags (Münster).

Das DISS-JOURNAL, in dem die Arbeit des DISS dargestellt wird und Kommentare zu aktuellen politischen Ereignissen publiziert werden, erscheint in der Regel zweimal im Jahr und wird Interessierten gegen die Erstattung der Versandkosten zugeschickt.

Mitgliedschaft / Spenden

Das DISS ist auf finanzielle Unterstützung durch Einzelpersonen und Organisationen angewiesen, damit es seine Arbeit „gegen den Strich" fortsetzen kann. Spenden an das DISS sind steuerlich absetzbar.

DISS, Siegstraße 15, 47051 Duisburg
Tel 0203-20249, Fax 0203-287881;
e-mail: info@diss-duisburg.de
www.diss-duisburg.de

Spenden: Konto 209-001167; Stadtsparkasse Duisburg (BLZ 35050000)

Angelika Magiros
Kritik der Identität
›Bio-Macht‹ und ›Dialektik der Aufklärung‹ - Werkzeuge gegen Fremdenabwehr und (Neo-)Rassismus
Edition DISS Bd. 5 | 284 Seiten | 18 EUR [D] | ISBN 3-89771-734-4

Foucaults Geschichte der Bio-Macht und die aufklärungskritische These Horkheimers und Adornos repräsentieren höchst unterschiedliche Traditionen der Moderne-Kritik. Doch treffen sie sich in einem Punkt. Die packend geschriebene Studie zeigt, dass und wie dieser gemeinsame Kern für eine Analyse moderner Formen von Fremdenfeindlichkeit fruchtbar gemacht werden kann.

Margarete Jäger / Jürgen Link (Hg.)
Macht – Religion – Politik
Zur Renaissance religiöser Praktiken und Mentalitäten
ISBN 3-89771-740-9 | Edition DISS Bd. 11 | 304 S. | 24 EUR [D]

Dass mit Religion Politik gemacht wird und damit Macht und Herrschaft verbunden sind, ist keine neue Erkenntnis. Gerade in den letzten Jahren sind solche „Spiele der Macht" (Foucault) vor allem in Verbindung mit dem Islam diskutiert und problematisiert worden. Vielfach wird dabei jedoch die Frage vernachlässigt, inwieweit die politischen Grundlagen in Deutschland und Europa durch Religion geprägt sind und spirituelle Bedürfnisse (aus)nutzen. Das Buch will deshalb das so genannte Abendland hinsichtlich seiner religiösen Grundlagen befragen. Auf welche Weise machen sie sich diese politisch geltend? Haben wir es mit einer Renaissance religiöser Phantasien zu tun? Nimmt ihr Einfluss auf die Politik zu?

Alfred Schobert / Siegfried Jäger (Hg.)
Mythos Identität
Fiktion mit Folgen
ISBN 3-89771-735-2 | | Edition DISS Bd. 6 | 234 S. | 18 EUR [D]

Nationale Mythen und Vorstellungen von Identität sind zwar Konstrukte, sie haben aber reale Folgen. Die Beiträge diskutieren unterschiedliche Konzepte und Entwicklungen der Nationen- und Identitätenbildung international.
Mit Beiträgen von: Kurt Lenk (Erlangen), Inan Gololobov (Moskau), Yomb May (Neubeuern), Gudrun Quenzel (Essen), Alfred Schobert (Duisburg), Siegfried Jäger (Duisburg), Semra Celik (Berlin), Frank Wichert (Duisburg), Moshe Zuckermann (Tel Aviv) u.a.

Heiko Kauffmann, Helmut Kellershohn, Jobst Paul (Hg.)
Völkische Bande
Dekadenz und Wiedergeburt - Analysen rechter Ideologie
Edition DISS Bd. 8 | 254 Seiten | 18 EUR [D] | ISBN 3-89771-737-9

Die Autorinnen präsentieren Ergebnisse der neueren Faschismusforschung anhand eingehender Einzelanalysen und Fallstudien z.B. zu Armin Mohler, Arthur Möller van den Bruck, Thomas Mann, Guy Héraud.

Mit Beiträgen u.a. von Roger Griffin, Heiko Kauffmann, Kurt Lenk, Volker Weiß und Moshe Zuckermann

Siegfried Jäger (Hg.)
Wie kritisch ist die Kritische Diskursanalyse?
Ansätze zu einer Wende kritischer Wissenschaft
Edition DISS Bd. 20 | ISBN 978-3-89771-749-7 | ca. 300 S. | ca. 24 EUR [D]

Referiert und diskutiert wird die Frage nach dem zivilgesellschaftlich-politischen Nutzen der sich an Michel Foucault orientierenden Kritischen Diskursanalyse. Die Beiträge, lassen sich in primär theoretisch-methodische unterteilen und einen empirischen Teil, der verschiedene Anwendungsmöglichkeiten an Diskursanalysen brisanter Themen verdeutlicht.

Siegfried Jäger
Kritische Diskursanalyse
Eine Einführung
4. Auflage

Edition DISS Bd. 3 | 404 Seiten | 24 EUR [D] | ISBN 3-89771-732-8

„Wie kaum ein anderer hat in Deutschland JÄGER (und seine Duisburger Mitarbeiter) so kontinuierlich die FOUCAULTsche Diskurstheorie aufgegriffen, methodisch in kritischen Diskursanalysen umgesetzt und die diskursanalytische interessierte Öffentlichkeit – auch in jeweils erste Entwürfe – Einblick nehmen lassen." (Historical Social Research)

Gerda Heck
›Illegale Einwanderung‹
Eine umkämpfte Konstruktion in Deutschland und den USA
Edition DISS Band 17 | ISBN 978-3-89771-746-6 | ca. 280 S. | ca. 24 EUR [D]
erscheint im 7/08

Von staatlicher Seite wird versucht, die klandestine Einwanderung mittels Kontrolle und Abschottung zu unterbinden. Doch Migrationskontrolle produziert genau das, was sie eigentlich verhindern soll: den „illegalen Einwanderer". Im Mittelpunkt dieses Buches stehen die verschiedenen Akteure, die in das Migrationsgeschehen und die Debatte eingreifen.

Regina Wamper
Das Kreuz mit der Nation
Christlicher Antisemitismus in der Jungen Freiheit
Edition DISS Band 18 | ISBN 978-3-89771-747-3 | 208 S. | 22.00 EUR [D]

Religion und Glaube spielen in der völkisch-nationalistischen Wochenzeitung Junge Freiheit eine zentrale Rolle. Dadurch werden Bilder von Juden und Judentum vermittelt, die längst vergessen schienen und sowohl belegen, dass Antijudaismus eine immer noch aktuelle Form der Judenfeindschaft ist, als auch dass dieser christliche Antisemitismus mit Strategien des modernen und sekundären Antisemitismus verschränkt und gekoppelt ist. Die diskursanalytische Studie richtet sich nach den zentralen Themen dieser Diskurse.